HOFMANN:

JUGENDBERATUNG IN DER BUNDESREPUBLIK DEUTSCHLAND

MÜNCHENER STUDIEN ZUR ERZIEHUNGSWISSENSCHAFT

Herausgegeben von
Prof. Dr. Bruno Hamann

# JUGENDBERATUNG IN DER BUNDESREPUBLIK DEUTSCHLAND

## Situationsanalysen – Alternative Konzepte – Modellvorstellungen



von

Cornelia Hofmann

KLINKHARDT

1990

VERLAG JULIUS KLINKHARDT · BAD HEILBRUNN/OBB.

CIP-Titelaufnahme der Deutschen Bibliothek

**Hofmann, Cornelia:**
Jugendberatung in der Bundesrepublik Deutschland :
Situationsanalysen – alternative Konzepte –
Modellvorstellungen / von Cornelia Hofmann. – Bad
Heilbrunn/Obb. : Klinkhardt, 1990
(Münchener Studien zur Erziehungswissenschaft)
Zugl.: München, Univ., Diss., 1990
ISBN 3-7815-0654-1



D 19


Gesamtherstellung: WB-Druck GmbH & Co. Buchproduktions KG. Rieden
Printed in Germany 1990
ISBN 3-7815-0654-1

## ZUR KONZEPTION DER REIHE "MÜNCHENER STUDIEN ZUR ERZIEHUNGSWISSENSCHAFT"

Der Pädagogik als Wissenschaft oder Erziehungswissenschaft ist aufgetragen, das Erziehungsgeschehen hinsichtlich seiner Sinnhaftigkeit, Voraussetzungen, Bedingungen, Formen, seines Verlaufs und seiner Wirkungen zu erforschen und zu erklären. Sie hat eine Theorie der Erziehung darzustellen, die diesbezügliche Sachverhalte und Zusammenhänge verdeutlicht und Handlungsorientierung bietet. Ihr Themenkatalog ist so umfassend wie ihr Gegenstandsbereich (die Erziehung bzw. das Erziehungsgeschehen).

Die in dieser Reihe veröffentlichten Arbeiten sollen zur Klärung wesentlicher Probleme dieses weiten Feldes beitragen. Die Vielfalt pädagogischer Sichtweisen und Bestrebungen soll dabei Berücksichtigung finden. Sowohl in methodischer wie auch in sachlich-inhaltlicher Hinsicht wird der Bogen weit gespannt sein. Neben der Darstellung und Erörterung theoretischer Fragestellungen erhalten auch praktische Problemkonstellationen und Akzentuierungen gebührenden Raum. Es gibt Grund- und Zeitfragen, die der Erziehungswissenschaft zur Klärung resp. Bewältigung aufgegeben sind: diese wie jene können hier ein Forum finden.

Nicht nur Forschungsgegenständen und Themen, die der Allgemeinen Pädagogik zuzuordnen sind, soll hier Platz eingeräumt werden, sondern auch solchen der Differentiellen Pädagogik bzw. der Spezialpädagogiken oder erziehungswissenschaftlichen Teildisziplinen. Ferner ist beabsichtigt, dem notwendigen Gespräch der Pädagogik mit ihren Nachbarwissenschaften Raum zu geben. Ebenso soll sich die Tatsache, daß es zwischen beiden gemeinsame Forschungs- und Arbeitsfelder gibt, auf denen eine Kooperation möglich und nötig ist, in dieser Reihe widerspiegeln.

Zentrales Anliegen des hier vorliegenden Bandes ist eine systematische Untersuchung der Situation der Jugendberatung in der Bundesrepublik Deutschland. Dabei werden nicht nur vorfindbare Formen und Bereiche "gängiger" Jugendberatung aufgezeigt, sondern auch "alternative Konzepte" dargestellt und der Modellentwurf einer Weiterbildungsberatung vorgelegt.

Im Rahmen der "Situationsanalysen", denen eine Darstellung wichtiger Lebensprobleme heutiger Jugendlicher vorangeht, wird untersucht, welche Beratungsstellen derzeit vorhanden, welches Funktionsverständnis und welche Akzentsetzungen mit ihnen verbunden und welche störende Einflüsse in den Beratungssituationen zu konstatieren sind. Im besonderen wird auch auf die Diskrepanz von Anspruch und Wirklichkeit in den Beratungsbereichen hingewiesen.

Die Verfasserin legt dar, wie durch alternative Konzepte diese Diskrepanz zu überwinden gesucht wird: vornehmlich durch Neuorientierungen bezüglich der Aufgaben- und Zielsetzung von Jugendberatung, der Arbeitsweisen, Beraterfunktionen sowie geeigneter Organisationsformen und nicht zuletzt einer besseren Berücksichtigung der Gesamtpersönlichkeit des Ratsuchenden und seiner Einbettung in den lebensweltlichen Kontext.

Auf der Grundlage alternativer Konzepte, wie sie da und dort erprobt bzw. praktiziert werden, unternimmt es Hofmann, Modellvorstellungen für die "Weiterbildungsberatung Jugendlicher" zu entwickeln bzw. zu explizieren. Da es Beratungsstellen solcher Art nur mehr erst im Aufbaustadium gibt - also hier noch Pionierarbeit zu leisten ist - widmet sie deren Konzeptualisierung relativ breiten Raum. Im Anschluß an das seit geraumer Zeit im Rahmen der Erwachsenenpädagogik erörterte Konzept der Weiterbildung sucht sie Funktionen, Aufgaben, Inhalte und Organisationsform dieses Beratungsbereichs näher zu bestimmen. Der dabei erstellte Forderungskatalog reicht bis hin zu jugend- und bildungspolitischen Maßnahmen.

Die vorliegende Untersuchung basiert auf umfangreichem Quellenmaterial. Das Literaturverzeichnis weist grundlegende Literatur aus, die zu vertiefender Beschäftigung auch mit Detailfragen anleiten kann.

München, im Mai 1990 Der Herausgeber

## Vorwort

Beratung ist modern. Spezielle Institutionen von der Erziehungs- über die Schuldner- bis zur Vermögensberatung bieten ihre Dienste an. Selbst die Kleinanzeigen der Tageszeitungen verheißen unter der Rubrik "Verschiedenes" Beratung in allen Lebenslagen: "Beratung durch einen PC-Spezialisten", "die erfahrene Modeberaterin", "Mediale Lebensberatung durch Kartenlegen" (diskret per Post!), "Einzel- und Partnerschaftsberatung durch Sozialpädagogin" - um nur einige willkürlich herausgegriffene Beispiele zu nennen. Der Beratungsbedarf in unserer sich rasch wandelnden Gesellschaft scheint nie zu versiegen. Immer neue Problemlagen entstehen bzw. werden produziert, für die sich schnell auskunftswillige Experten finden.

Traditionellerweise wird besonders dem Jugendalter ein hoher Orientierungs- und Informationsbedarf zugeschrieben. Verschiedenste, vielfach konkurrierende Anforderungen in den einzelnen Lebens- und Entwicklungsfeldern führen in dieser Lebensphase zu Unsicherheiten und Desorientierungen, die gegenwärtig durch die verschlechterte Situation der Jugend in unserer Gesellschaft und eine allgemeine Werteverunsicherung noch verstärkt werden. Die vorliegende Arbeit geht von der Annahme aus, daß Beratung als pädagogische Aufgabe und Handlungsform unter bestimmten Voraussetzungen in der Lage ist, den Jugendlichen wirksame Hilfen und Unterstützung bei der Bewältigung der an sie herangetragenen Entwicklungsaufgaben sowie von akuten Krisensituationen zu bieten. Auf der Grundlage von Situationsanalysen institutionalisierter Jugendberatung in der Bundesrepublik Deutschland werden alternative Konzepte und Modellvorstellungen zur Untermauerung dieser Annahme entwickelt.

Diese Arbeit stellt eine redigierte Fassung meiner im Oktober 1989 an der Ludwig-Maximilians-Universität vorgelegten Dissertation dar, wobei ich mich an dieser Stelle bei Herrn Prof.Dr. Bruno Hamann, der die Beschäftigung mit dieser Thematik anregte und begleitete, für seine engagierte und kritische Unterstützung bedanken möchte.

Cornelia Hofmann

## INHALTSVERZEICHNIS

## EINLEITUNG

"Erscheinungsbilder, Verhalten und gesellschaftliche Situation der Jugend hatten schon immer Anlaß zur Beschäftigung mit darauf bezogenen Problemen gegeben." (Hamann 1982, S. 9) Neben den vielfältigen Versuchen der Human- und Sozialwissenschaften, jugendliche Phänomene zu deuten und in Theorien zu fassen, bemüht sich die Jugendhilfe als Teilbereich der Sozialpädagogik von jeher, die Entwicklungsmöglichkeiten junger Menschen zu stärken und bei konkreten Konfliktlagen unterstützend einzutreten. Eine mögliche Form der Intervention ist die Jugendberatung, die sich sowohl in Einrichtungen der Jugendhilfe als auch in anderen Beratungsinstitutionen vollziehen kann.

Im Mittelpunkt der vorliegenden Arbeit stehen Analysen zur Situation der Jugendberatung in der Bundesrepublik Deutschland, die anhand ausgewählter institutionalisierter Beratungsangebote vorgenommen werden. Ausgangspunkt hierfür ist die Untersuchung von Grundproblemen heutiger Jugendlicher: unter Einbeziehung von Entwicklung und Stand der Jugendforschung werden allgemeine Merkmale der Jugendphase charakterisiert und Veränderungen in der Lebens- und Erfahrungswelt der Jugendlichen dargestellt.

In den weiteren Ausführungen werden theoretische und praktische Aspekte institutionalisierter Jugendberatung dargelegt. Hierfür ist zunächst eine Abklärung des Begriffs der Beratung sowie der besonderen Merkmale von Jugendberatung erforderlich. Die Analyse der Beratungsangebote stellt vornehmlich darauf ab, inwieweit diese den Vorstellungen und Erwartungen der Jugendlichen in inhaltlicher sowie institutionell-organisatorischer Hinsicht entsprechen und inwieweit sie ihre theoretischen Konzepte praktisch realisieren können. Es wird sich zeigen, daß zwischen "Anspruch und Wirklichkeit" der Beratungsstellen Diskrepanzen bestehen, deren tiefere Ursachen in einem nächsten Schritt zu erforschen sind.

Zur Überwindung der hier aufgezeigten Probleme und Widersprüche wird ein Modell alternativer Jugendberatung entwickelt, in das Vorstellungen über Aufgaben- und Zielsetzung, Arbeitsweisen und Funktionen der Berater sowie dafür geeignete Organisationsformen eingehen. Die alternativen Konzepte der Jugendberatung werden schließlich am Modellentwurf einer Weiterbildungsberatung für Jugendliche demonstriert. Der Bereich der Weiterbildung gewinnt in unserer Gesellschaft zunehmend an Bedeutung; gleichzeitig ist das Jugendalter als Phase "potentieller

Bildungsmobilität" geradezu prädestiniert für Lern- und Bildungsprozesse und besitzt Signalwirkung für das Lernen im weiteren Lebenslauf. Diese Faktoren sowie die mangelnde Transparenz des Weiterbildungsbereichs rechtfertigen die Forderung nach einer adäquaten, zielgruppenspezifischen Weiterbildungsberatung für Jugendliche, die dazu beitragen kann, jungen Menschen das "Rüstzeug" zur Bewältigung der großen gesellschaftlichen wie individuellen Herausforderungen zu vermitteln.

## 1. Grundprobleme heutiger Jugendlicher - Ergebnisse der Human- und Sozialwissenschaften

Jede Generation junger Menschen war und ist spezifischen Problemlagen ausgesetzt, die sich mit dem gesellschaftlich-sozialen Wandel ständig verändern. Diese Dynamik wird auch deutlich, führt man sich die Entwicklung der wissenschaftlichen Beschäftigung mit Jugend und die Art und Weise der Identifizierung und Behandlung ihrer Grundprobleme vor Augen. Die nachfolgenden Ausführungen zeigen zunächst die wichtigsten Stationen und den gegenwärtigen Stand der Jugendforschung in der Bundesrepublik Deutschland in ihrer Verflechtung mit gesellschaftlichen Wandlungsprozessen auf. Grundprobleme Jugendlicher sind jedoch auch durch allgemeine Kennzeichen und die Struktur dieses Lebensabschnitts bestimmt: charakteristischen Merkmalen der Lebensphase Jugend und dem sich hier seit einiger Zeit vollziehenden Strukturwandel ist in einem zweiten Schritt nachzugehen. Schließlich ist die Lebens- und Erfahrungswelt heutiger Jugendlicher daraufhin zu überprüfen, welche objektiven Veränderungen sich in den Sozialisationsfeldern vollzogen haben und in welcher Art und Weise sich diese auf die subjektiven Einstellungen und Sichtweisen der Jugendlichen auswirken.

Mit dieser Vorgehensweise wird versucht, sich den komplexen Problemlagen Jugendlicher auf mehreren Ebenen zu nähern und sie nicht in unzulässiger Weise auf private, sich mit zunehmendem Alter "von selbst" erledigende Schwierigkeiten zu reduzieren.

### 1.1. Jugendforschung in der Bundesrepublik Deutschland - Entwicklung und gegenwärtiger Stand

Wir sprechen heute ganz selbstverständlich von "Jugend" als einer eigenständigen Lebensphase, meist ohne zu bedenken, daß "Jugend als Phase im menschlichen Lebenslauf ein historisch entstandenes und sich in seiner Struktur ständig veränderndes 'Produkt'" darstellt und damit ökonomischen, kulturellen und sozialen Wandlungsprozessen unterliegt (Hurrelmann/Rosewitz/Wolf 1985, S. 33).

Auch die Jugendforschung hat sich erst mit "Entstehung" des Phänomens "Jugend" selbst entwickelt und ist ebenso wie dieses historisch-gesellschaftlichen Veränderungen unterworfen. Die Geschichte dieses Forschungsbereichs wird durch Verschiebungen und Wandlungen des Vorverständnisses von Jugend und Jugendalter, der jeweiligen Forschungs- und Erkenntnisinteressen sowie der zugrundeliegenden theoretischen und/oder methodischen Ansätze geprägt (Hamann 1986, S. 139).

Der nachfolgende Überblick über Entwicklung und Stand der Jugendforschung in der Bundesrepublik Deutschland soll den Wandel in den Sichtweisen wissenschaftlicher Beschäftigung mit Jugend veranschaulichen. Dabei wird auch die enge Verflechtung von Jugendforschung mit der öffentlich-politischen Thematisierung von Jugendfragen und die Art und Weise der "Behandlung" von Jugendproblemen in unserer Gesellschaft aufgezeigt. Gleichzeitig wird die Heterogenität und "Kurzlebigkeit" des Forschungsgegenstandes "Jugend" sichtbar.

Verfolgt man die historische Entwicklung der Jugendforschung, so kristallisieren sich sechs Perioden heraus.[1]

### 1.1.1. Phasen der Jugendforschung bis Ende des 2. Weltkriegs

Ein philosophisches und theologisch-pädagogisches Interesse an der menschlichen Entwicklung und Generationenfolge kann bis in die Antike zurückverfolgt werden. Dieses Interesse dominiert auch die erste Phase der Jugendforschung Ende des 18. bis Anfang des 19. Jahrhunderts, in der bereits erste Ansätze und Umrisse einer "empirischen" Jugendforschung ausgemacht werden können. Ein auch in anderen erzieherischen Zusammenhängen allgemein feststellbares empirisches Interesse richtet sich nun auch auf die Jugendentwicklung. Der Begriff der "Jugendkunde" taucht erstmals auf (v. Weiller: Versuch einer Jugendkunde, 1800).

Diese Zuwendung zur Jugend ist zum einen auf den sich in dieser Zeit vollziehenden Prozeß ihrer "Ausgliederung" aus den Lebensordnungen der Erwachsenen zurückzuführen: Aufgrund sozialgeschichtlicher und ökonomischer Entwicklungen kommt nunmehr ein Großteil der Heranwachsenden in den Genuß einer eigentlichen Jugendphase, die bislang nur - vor allem zum Zwecke der höheren Bildung - einer privilegierten Oberschicht vorbehalten war. Daneben führen pädagogische Ideen, die sich mit der von Rousseau ausgehenden Problematisierung der Jugendphase als einer Altersstufe mit eigenen Bedürfnissen und dem pädagogischen Bild des Kindes in der Reformpädagogik auseinandersetzen, zu einer intensiveren Beschäftigung mit der Jugend. Diese Erkenntnisse haben vor allem zur Forderung nach einer Berücksichtigung altersgemäßer Bedingungen des Lernens geführt (Hornstein 1980, S. 241; 1980a, S. 317 f.).

Im weiteren Verlauf des 19. Jahrhunderts tritt das empirisch-forschende Interesse gegenüber der pädagogisch normativen Zuwendung zur Jugend wieder zurück. Das Jugendalter war jedoch als eigene, auch in der sozialen Realität gerade erst sichtbar gewordene Altersphase "entdeckt" und auch in ersten empirischen Ansätzen erforscht (Hornstein 1980, S. 241).

Granville S. Hall legt 1904 mit seinem Werk "Adolescence" den ersten umfassenden Beitrag zu einer speziellen Jugendforschung auf empirischer Grundlage vor und leitet damit die 2., "klassische" (Hornstein 1980, S. 241) Periode der Jugendforschung ein (erstes Drittel des 20. Jahrhunderts), die primär psychologisch ausgerichtet ist. Im Vordergrund stehen innere Reifungsprozesse, die als bestimmend für die menschliche Entwicklung und besonders für die jugendliche Reifung angenommen werden. Von dieser Annahme aus verzweigen sich zwei weitere Forschungsrichtungen: zum einen diejenigen Ansätze, die von einer Determination von Pubertät und Adoleszenz durch biologische Triebkräfte ausgehen (Wiener Schule, v.a. Bühler etc.) und in diesem Sinne Reifungs- und Phasentypologien entwerfen; zum anderen eine kulturphilosophisch-phänomenologisch geprägte Richtung, die im Jugendalter einen Prozeß geistiger Entwicklung sieht, in dem ein innerer Formtrieb, ein bewußtes Streben nach Persönlichkeitsgestaltung dominiert (Hauptvertreter Eduard Spranger: Psychologie des Jugendalters, 1924) (Hamann 1986, S. 139; Wilbert 1983, S. 335). Daneben werden in dieser Zeit erste empirische Einzeluntersuchungen zum Lebensschicksal der proletarischen Jugend durchgeführt, die mehr sozialpädagogisch und soziologisch-politisch orientiert sind (z.B. Dehn, G.: Proletarische Jugend. Lebensgestaltung und Gedankenwelt der großstädtischen Proletarierjugend. Berlin 1929; Bondy, C.: Die proletarische Jugendbewegung in Deutschland. Lauenburg 1922) (Wilbert 1983, S. 335).

Einen wesentlichen Beitrag zur Jugendforschung leistet Siegfried Bernfeld, der in seinen Schriften ("Über den Begriff der Jugend", 1914; "Ein Institut für Psychologie und Soziologie der Jugend", 1917) "bereits die zentralen Fragestellungen, Forschungsentwürfe und Grundlagen für eine soziologische Herangehensweise an Jugend vorformuliert." (Griese 1980, S. 392) Bernfeld betont vor allem die Stellung der Jugend in der Gesellschaft als ein sozialwissenschaftliches Problem der Eingliederung und die Tatsache einer schichtspezifisch verkürzten und daher benachteiligten Kulturpubertät (Wilbert 1983, S. 335 f.).

Auch diese Phase der Jugendforschung steht in engem Zusammenhang mit einer neuen Phase der Geschichte der Jugend selbst, nämlich der Jugendbewegung. Nahezu alle Autoren stehen unter dem Einfluß des "Aufbruchs" der bürgerlichen Jugend bzw. des "Kampfes" der proletarischen Jugend verbunden mit den vielfältigen sozialen Problemen zwischen den beiden Weltkriegen (Hornstein 1980, S. 242). Im gesellschaftlichen Prozeß hat die Jugendpsychologie die Aufgabe, die Probleme, die durch die nunmehr in breiter Front erfolgte Ausgliederung der Jugend aus Sozialverbänden des Erwachsenenlebens und die psychischen Folgen der verzögerten Eingliederung der Jugend in die Erwachsenenwelt entstanden sind, zu erklären und damit pädagogisch handhabbar zu machen (Hornstein 1980, S. 242).

Von 1933 bis Anfang der 50er Jahre liegt die Jugendforschung in Deutschland brach. Die Machtergreifung Hitlers und die damit verbundene Verfolgung kritischer - jüdischer - Wissenschaftler unterbricht jäh die vorausgegangenen fruchtbaren Jahre sozialwissenschaftlicher Jugendforschung (Griese 1980, S. 392).

### 1.1.2. Soziologisch orientierte Jugendforschung

Die dritte Periode der Jugendforschung nach dem 2. Weltkrieg von ca. 1950 - 1965 ist vorwiegend soziologisch orientiert und durch eine Vielzahl demoskopischer Erhebungen gekennzeichnet. Das leitende Erkenntnisinteresse richtet sich nicht nur auf generationstypische Entwicklungs- und Verhaltensmuster der Jugendlichen, sondern befaßt sich auch mit Fragen der Anpassung und Integration Jugendlicher an und in die Gesellschaft (Hamann 1986, S. 139 f.).

Bezugspunkt und Vorbild ist vor allem die amerikanische Jugendforschung, auf deren Grundlage Studien für die bundesrepublikanischen Verhältnisse erstellt werden. Starken Einfluß üben vor allem die strukturell-funktionale Systemtheorie Parsons, die psychoanalytisch-sozialpsychologische Interpretation der Identitätsproblematik Eriksons und die Subkulturthese Colemans aus (Tippelt 1984, S. 12; Griese 1980, S. 393).

Während zunächst die Bedürfnisse und Probleme der Nachkriegszeit (Berufsnot, Reedukation) im Mittelpunkt stehen, die man mit Mitteln der Meinungsumfrage zu erfassen sucht, folgen Versuche zusammenfassender Generalisierungen ("Die Skeptische Generation" - Schelsky; "Die Generation der Unbefangenen" - Graf von

Blücher) auf der Grundlage von Ergebnissen großangelegter Jugenduntersuchungen (z.B. Emnid, Shell) (Hornstein 1980, S. 242).

### 1.1.3. Die Neuorientierung nach 1968

Die Protestbewegungen der Jugend Ende der 60er Jahre leiten die vierte Phase der Jugendforschung ein, in der sich sowohl eine inhaltliche als auch eine methodische Neuorientierung der sozialwissenschaftlichen Forschung zum Thema Jugend vollzieht. Für diese Neuorientierung sind drei Entwicklungen ausschlaggebend:

Zum einen steht der Forschung in der Bundesrepublik Deutschland eine neue Basis des sozialwissenschaftlichen Erkenntnis- und Theoriestandes zur Verfügung. Die Jugendunruhen, die ein bisher nicht erwartetes Kritik- und Protestpotential zum Vorschein bringen, sind stärkste Herausforderung der traditionellen Jugendforschung und des von ihr produzierten Klischees von der angepaßten, "unbefangenen" Jugend. Folge davon ist eine Fülle von Untersuchungen über das politische Abweichungs- und Protestpotential in der Jugend sowie eine theoretische Neuorientierung vor allem der Jugendsoziologie. Es wird Kritik an der Methode der Meinungsumfrage und an der dieser Forschung "impliziten Anpassungs- und Integrationsideologie" geübt. Im Vordergrund steht die Frage nach den Chancen der Jugend, gesellschaftliche Veränderungsprozesse in Gang zu setzen und nach ihrer Rolle als Mutationspotential (vgl. Hornstein 1980, S. 242). Im Anschluß an den Ausbau der Soziologie und das Wiederanknüpfen an die angelsächsische sozialwissenschaftliche Forschung wird die Diskussion über Jugendtheorien nun nicht mehr psychologisch geführt, sondern auf gesellschaftstheoretischer und -kritischer Ebene. Die Auseinandersetzung erfolgt insbesondere zwischen marxistisch orientierten (Lessing/Liebel) und funktionalistisch orientierten Autoren (Eisenstadt).

Zum anderen beeinflussen die im Zusammenhang bildungs- und ausbildungspolitischer Bestrebungen entstandenen Untersuchungen zumindest indirekt einen weiteren Teil der Forschungen, so z.B. Studien zur Situation der beruflichen Ausbildung. Im Vordergrund steht die Frage nach dem Einfluß von Erziehungs-, Sozialisations- und Lernfeldern auf Einstellungen und Verhaltensweisen Jugendlicher (Hamann 1986, S. 140).

Schließlich erhält die Jugendforschung auch von der Entwicklung der Sozialisationsforschung, als deren Teil sie sich mehr und mehr versteht, Impulse. Im Mittelpunkt steht das Bestreben, die für das Jugendalter spezifischen Lern- und Sozialisationsprozesse in ihren objektiven gesellschaftlichen und institutionellen Determinanten, in ihren subjektiven Voraussetzungen und Konsequenzen und schließlich hinsichtlich der darin enthaltenen Problem- und Konfliktlagen zu analysieren (Hornstein 1980, S. 243).

Insgesamt werden in dieser Phase eine Vielzahl jugendtheoretischer Überlegungen in Gang gesetzt, die jedoch weithin "ad-hoc-Theorien" bleiben (Griese 1982, S. 17) und auch wenig zu einer Systematisierung der Jugendforschung beitragen können.

Nach einer Reihe von Publikationen, die eine notwendige Bestandsaufnahme der Jugendforschung leisten[2], gehen vor allem von folgenden Ansätzen wichtige Impulse aus: von der kritisch-theoretischen Studie von Döbert/Nunner-Winkler (1975), vom interaktionistisch-ethnomethodologisch orientierten Ansatz Bohnsacks (1973) und vom marxistischen Versuch van Onnas (1976) (Tippelt 1984, S. 16; Griese 1980, S. 396).

### 1.1.4. Neue Ansätze seit Mitte der 70er Jahre

Mitte der 70er Jahre ist die Jugendforschung erneut mit einer gewandelten Situation der Jugend konfrontiert. Gesellschaftliche Veränderungen, wie die Energie- und Umweltkrise, zunehmende Arbeitslosigkeit, numerus clausus sowie weitere Begleiterscheinungen der nun im Jugendalter befindlichen geburtenstarken Jahrgänge, bestimmen Verhaltensweisen und Einstellungen, Wert- und Orientierungsmuster der Jugendlichen. Das Bild der Jugend erscheint vielschichtiger und differenzierter denn je. Neben Flucht- und Ausstiegsphänomenen (Drogen, Sekten, Apathie und Resignation) sowie Protestbewegungen (Hausbesetzungen, Jugendunruhen) ist auch jugendliches Engagement z.B. in Alternativprojekten, der Ökologie- und Friedensbewegung zu beobachten. Die große Masse der Jugendlichen scheint jedoch einen reibungslosen Übergang in das Erwachsenenalter zu vollziehen (Griese 1980, S. 397). Diese fünfte Phase der Jugendforschung ist charakterisiert durch das Bestreben, die Individual- und Soziallage der Jugend im Kontext der sie mitbestimmenden Faktoren und vor allem auch unter Berücksichtigung des raschen sozialen Wandels in differenzierter Weise zu erklären, die wechselseitige Beeinflussung der verschiedenen Faktoren aufzudecken und verstärkt empirische Daten und Fakten miteinzubeziehen (Hamann 1986, S. 140; 1982, S. 85 f.).

Nach Meinung von Griese (1980, S. 397) bleibt Jugendforschung dieser Zeit jedoch in Versuchen der Beschreibung und Erklärung der neuen Phänomene - Jugendarbeitslosigkeit, Drogen-, Alkoholprobleme, Jugendsekten etc. - stecken. Kritisch ergänzt der Autor, daß die nunmehr als problematisch angesehenen Erscheinungen zum Teil schon länger existierten und zudem häufig auf individuelle Ursachen ohne Berücksichtigung gesellschaftlicher Zusammenhänge reduziert werden. Dies trifft vor allem auf Studien zur Jugendarbeitslosigkeit zu.

Während die Jugendsoziologie kaum neue Ansätze hervorbringt, werden in der Erziehungswissenschaft verschiedene innovative Konzepte vorgestellt, die auch die aktuelle Diskussion bestimmen. Dazu gehören z.B. die Thesen vom "Neuen Sozialisationstyp" (Ziehe 1979), der "sozialökologische Ansatz" (Baacke 1979; 1980) sowie - als Reaktion auf die sich verschärfenden gesellschaftlichen Problemlagen - die Thematisierung von "Jugend als Problem" (Hornstein 1979).

Mit der Shell-Studie "Jugend '81" setzt ein Perspektivenwechsel, eine "subjektive Wende" in der Jugendforschung ein. Das Frageinteresse dieser Studie gilt weniger der Prägung der jugendlichen Persönlichkeit bzw. den Problemen bei der Integration in die Gesellschaft. Vielmehr werden Akzente in zweierlei Richtung gesetzt: zum einen befaßt sich die Untersuchung mit biographischen Problemlagen und Lösungswegen der Jugend auf der Grundlage der Annahme, daß konventionelle Lebensentwürfe sowie traditionelle Ziele der Gesellschaft brüchig geworden seien. Es soll geklärt werden, wie Jugendliche vor diesem Hintergrund die auf sie zukommenden Anforderungen in Bezug auf Beruf und Arbeit, Ehe und Sexualität, Umgehen mit Natur und Technik beurteilen und bewältigen. Zum anderen werden Inhalte und Ausdrucksformen der Jugendkultur, die vielfältigen Formen der alltagskulturellen Praxis thematisiert (Jugendwerk der Deutschen Shell 1982, S. 14; zur Kritik repräsentativer Jugendstudien vgl. Baethge/Schomburg/Voskamp 1983, S. 50ff.).

### 1.1.5. Jugendforschung in den 80er Jahren: Jugendgenerationen im Zeitvergleich

Die sechste Periode der Jugendforschung ab Mitte der 80er Jahre wird geprägt von zeitvergleichenden Umfrageanalysen.

Anliegen der Studie "Jugendliche und Erwachsene '85" des Shell-Jugendwerks ist es, durch die Kontinuität und Kompatibilität des Datenmaterials einen echten Vergleich zwischen zwei Jugendgenerationen, der der 50er Jahre und der der 80er

Jahre, zu ermöglichen und eventuelle Entwicklungs- und Veränderungstendenzen aufzuzeigen (Jugendwerk der Deutschen Shell 1985, Bd. 1, S. 5). Darüber hinaus will die Studie der Isolierung der Perspektive, aus der Jugend in den letzten Jahren zu einem Schwerpunkt der öffentlichen Rhetorik gemacht wurde, widersprechen: das Bild heutiger Jugendlicher wird sowohl aus einem Vergleich mit der Jugend der 50er Jahre als auch aus einem Vergleich mit den Erwachsenen heute heraus gezeichnet (Jugendwerk der Deutschen Shell 1985, Bd. 1, S. 10). In Fortführung des methodischen Ansatzes der Shell-Studie "Jugend '81" befaßt sich die Untersuchung vor allem mit dem Verhältnis der Generationen zueinander, mit möglichen Veränderungen von Einstellungen zu Politik und zur Zukunft der Gesellschaft sowie von sozialen Orientierungsmustern. Weitere Themen sind Freizeit und Jugendkultur (Jugendwerk der Deutschen Shell 1985, Bd. 1, S. 29ff.).

Allerbeck/Hoag (1985, 1985a) versuchen, in einer zeitvergleichenden Umfrageanalyse und Panelbefragungen, die den Grundstein für künftige Zeitvergleiche legen sollen, Veränderungen der westdeutschen Jugend zwischen 1962 und 1983 herauszuarbeiten. Die Vergleichsuntersuchung wurde 1962 unter der Leitung von L.v. Friedeburg durchgeführt. Den Anstoß zu dieser Untersuchung sehen die Autoren in der "Krise" der Jugendforschung Anfang der 80er Jahre. Ihrer Meinung nach sind in dieser Zeit drei typische Forschungsrichtungen auszumachen, von denen keine befriedigende Resultate liefert: Die Ergebnisse der quantitativ orientierten Umfrageforschung führen eine weitgehend angepaßte, mit den Verhältnissen recht zufriedene Jugendgeneration vor. Kritiker dieser Umfrageforschung bestreiten diesen Befund und versuchen zu belegen, daß die "Aussteiger" die eigentliche typische Jugendgeneration repräsentieren. Andere Untersuchungen wählen einen Mittelweg und beschränken sich darauf, nicht alle, sondern nur eine "Mehrheit" der Jugendlichen zu beschreiben (Allerbeck/Hoag 1985a, S. 30). In Konsequenz für die eigene Arbeit wollen Allerbeck/Hoag vor allem die Kritik an der Umfrageforschung konzeptuell berücksichtigen. Ziel ihrer Studie ist es, die Situation der Heranwachsenden zu klären und die Probleme der Jugend, ihre Lebensperspektiven und Zukunftsvorstellungen empirisch zu erfassen (1985, S. 11). Konstanten und Veränderungen im Vergleich der Generationen wird anhand folgender Themenkomplexe nachgegangen: die Rolle der Gleichaltrigen, das Verhältnis zu den Eltern bzw. generell zu Erwachsenen, die Einstellung zu Beruf und Arbeit, Familie und Ehe, Politik und Gesellschaft sowie Lebenspläne und Zukunftsperspektiven.

## 1.1.6. Zusammenfassung und aktuelle Tendenzen

Selbstverständnis und Schwerpunktsetzung von Jugendforschung haben sich im Lauf der historisch-gesellschaftlichen Entwicklung mehrfach verändert. Die jeweiligen Forschungsperioden, die nachfolgend ab der Zeit nach dem 2. Weltkrieg zusammengefaßt werden, sind durch jeweils spezifische Generalisierungen von Jugend, durch bestimmte Schlagwörter charakterisiert, die suggerieren, "alle" Jugendlichen der jeweiligen Zeit entsprächen diesem "Etikett".

Nach 1945 ist Jugendforschung vor allem auf die Lebenssituation der jugendlichen Nachkriegsgeneration und deren besondere Probleme gerichtet. Hauptthemen sind Berufsnot, Mobilität, Verhältnis zum Staat, politische Einstellung und Verantwortung etc. Bis Ende der 60er Jahre folgt eine stark auf Anpassung und Integration ausgerichtete Orientierung. Es geht um Jugend als Durchgangsphase, als Übergang; thematisiert werden die Vorbereitung auf Erwachsenenrollen, die Einführung in die Kultur und die Herausbildung eigener Handlungsräume. Schlagwörter dieser Zeit sind die "skeptische Generation" und die "unbefangene Generation".

Mit den Jugendunruhen der 60er Jahre gerät Jugend als Konflikt- und Abweichungspotential in den Blick; es ist die Rede von der "kritischen Generation". Jugendforschung versucht, abweichendes Verhalten zu erklären, Agitation, Rebellion, Leistungsverweigerung etc. als Massenphänomen zu erfassen. Dominant sind Fragen nach der Jugend als Faktor gesellschaftlichen Wandels, nach Intensität und Richtung des politischen Engagements sowie nach dem politischen Protestpotential in der Jugend. Hauptforschungspunkte sind der Generationenkonflikt, sozialer Wandel und jugendliche Sub- und Gegenkultur.

Mitte der 70er Jahre steht die zum Problem gewordene, "überzählige Generation" im Zusammenhang mit Geburtenberg und Ausbildungskrise im Mittelpunkt der Betrachtung. Damit wird die Frage nach der gesellschaftlichen Integration auf dem Weg über Ausbildungs- und Arbeitsmarkt aufgeworfen. Untersucht werden Arbeitsmarktchancen, Berufseinmündungsprozesse und die Bedingungen des Arbeitsmarktes.

Ende der 70er/Anfang der 80er Jahre gilt Jugend als "Aussteiger-" bzw. "narzißtische Generation" (Drogen, Sekten, alternative Bewegungen, neue soziale Bewegungen mit neuartigen Ausdrucks- und Artikulationsformen, Jugendprotest und Hausbesetzerszene). Die Frage nach der Motivation, der Identifizierung der Heranwachsenden mit Staat und Gesellschaft steht im Mittelpunkt der Forschung (Hornstein 1982, S. 6f.).

Diese Chronologie macht zweierlei deutlich: Jugendforschung kann sich zum einen immer nur auf einen Teilaspekt ihres komplexen Untersuchungsgegenstandes beziehen. Dadurch steht sie immer in Gefahr, daß dieser Teilaspekt "bei der Rezeption ihrer Ergebnisse für das Ganze genommen wird" bzw. daß die "Kluft zwischen wissenschaftlichen Erkenntnissen über Jugend und deren Lebenswirklichkeit übersehen und ignoriert wird." (Hornstein 1985, S. 354) Daß Jugendforschung diese Gefahr nicht bannen kann - vielleicht auch gar nicht will - zeigt sich an den oben genannten "Etiketten", mit denen Jugend belegt wird. Zum anderen veranschaulicht die Entwicklung, daß Jugendforschung "in einer sehr direkten Weise durch die wechselnden Formen und Inhalte öffentlich-politischer Thematisierung der Jugend, durch die Probleme, die dabei jeweils aktuell im Vordergrund stehen, bestimmt ist." (Hornstein 1985, S. 352) Damit kann sie auf neuartige Verhaltensweisen der Jugend immer nur mit Zeitverzögerung reagieren und versuchen, diese mit Erklärungsmustern zu unterlegen. Wenn die Untersuchungsergebnisse veröffentlicht werden, sind sie meist schon überholt: "Das 'Untersuchungsobjekt Jugend' (ist) dem Untersuchungssubjekt Jugendforschung enteilt." (Griese 1983, S. 2; vgl. auch Brusten/ Herriger/ Malinowski 1983, S. 17)

Der Einfluß politischer Administration auf die Jugendforschung manifestiert sich insofern, als diese bei akuten, bereits öffentlich diskutierten Jugendproblemen oder bei anstehenden Entscheidungen, etwa im Bildungswesen, eine entsprechende Aufbereitung des Standes der Jugendforschung veranlaßt, z.B. in Form von Jugendberichten oder Enquête-Kommissionen (z.B. über den Jugendprotest im demokratischen Staat) (Hornstein 1985, S. 353; vgl. ausführlich zur Institution der Jugendberichte Hornstein 1982, S. 11 ff.). Jugendforschung wird hier vielfach dazu mißbraucht, vorgefaßte politische Meinungen zu bestätigen und Maßnahmen, die nicht an den Ursachen von Problemen ansetzen, sondern an Symptomen kurieren, zu legitimieren (vgl. dazu auch Wilhelmi 1986, Lehmann 1986).

Wir verfügen heute über eine Vielzahl von Daten, Statistiken und Theorieansätzen über einzelne Ausschnitte aus der Lebens- und Erfahrungswelt von Jugendlichen, die jedoch weithin unverbunden nebeneinander stehen und sich zum Teil sogar - aufgrund der unterschiedlichen Interessen der Auftraggeber von Jugendforschung - widersprechen.

Aufgabe einer unabhängigen, "rein wissenschaftlichen" Jugendforschung muß es sein, auf eine integrierte, interdisziplinäre Arbeit hinzuwirken. Dabei müssen folgende Faktoren berücksichtigt werden: der rapide gesellschaftliche Wandel, die zunehmenden gesellschaftlichen Krisen und Widersprüche, die biographischen Erfahrungen der Jugendlichen, ihre subjektiven motivationalen Lagen sowie institutionelle Überformungen im Erziehungs- und Bildungssystem, aber auch außerhalb von ihm. Zugleich muß der historische Wandel der Lebensspanne Jugend und des ihr zugeordneten Jugendbegriffs reflektiert werden (Baacke/Heitmeyer 1985, S. 7). Mit anderen Worten: Jugendforschung muß den jeweiligen soziokulturellen Kontext und die institutionellen Bedingungen in ihre Forschung miteinbeziehen sowie jene gesellschaftlichen Prozesse, die diese jeweiligen Gegebenheiten konstituieren. Nur so kann die komplexe Lebenslage Jugendlicher, die gegenwärtig durch tiefgreifende Widersprüche geprägt ist, annähernd charakterisiert werden. Diese Forderung ist umso nachdrücklicher zu stellen angesichts der Tatsache, daß Ergebnisse der Jugendforschung als Grundlage für jugend- und bildungspolitische Planungen und Entscheidungen herangezogen werden sowie die öffentliche Identifizierung und Behandlung jugendspezifischer Problemlagen wechselseitig beeinflussen.

Mit welchem "Etikett" wird nun Jugend heute, an der Schwelle in die 90er Jahre, belegt; welche Forschungsschwerpunkte sind gegenwärtig auszumachen? Zunächst ist festzuhalten, daß in nahezu allen Publikationen Bezug genommen wird auf Thesen zu einem "allgemeinen Wertewandel" und zum "Strukturwandel der Jugendphase" (vgl. 1.2.2.). Vor allem das Verhältnis der Jugendlichen zu Arbeit und Gesellschaft sowie Jugendkulturen und Jugendstile werden unter diesen Aspekten thematisiert. Doch diese Schwerpunkte werden kaum aufeinander bezogen. Baethge (1985, S. 281) beklagt die Separierung in eher arbeits- und berufsbezogene und eher (sub-)kulturtheoretische Ansätze und fordert einen verstärkten Dialog zwischen diesen Konzepten. Auch Heitmeyer (1986, S. 20) kritisiert das Gegeneinander von kulturorientierten und arbeitsorientierten Jugendkonzepten. Hornstein (1989) stellt eine Überbetonung bzw. Verabsolutierung des kulturellen Aspekts fest und sieht in der "Ästhetisierung" von Jugend die Gefahr, daß von den konkreten Problemlagen Jugendlicher abgelenkt wird.

Böhnisch (1985, S. 302f.) konstatiert, daß es gegenwärtig weniger eine allgemeine Jugenddebatte um Fragen der Integration der Jugend in die Gesellschaft gebe (wie Ende der 70er und Anfang der 80er Jahre), als vielmehr eine Thematisierung von Jugend "für sich" sowie Untersuchungen über einzelne Teil- und Problemgruppen unterhalb der Integrationsdimension. Damit ginge es vorrangig um die Frage, wie sich gesellschaftliche Probleme gruppenspezifisch befrieden oder verschieben lassen.

Auch die aktuelle Jugendliteratur belegt ihren Untersuchungsgegenstand mit verschiedenen "Labels": da ist, um nur einige Beispiele zu nennen, die Rede vom "privaten" Jugendlichen (Kabel/Sönnichsen/Splanemann 1987), vom "neuen" Typ des politisch abstinenten, an sublimen Selbststilisierungen interessierten Jugendlichen (Olk 1986, S. 41), von der "Wende-Jugend" (Farin/Müller 1984), von der "modebewußten, manieristischen Schickimicki-Jugendgeneration" (Ferchhoff 1985, S. 63) oder von einer, nur in antinomischer Sichtweise zu beschreibenden, "Jugend zwischen den Zeiten" (Keller M. 1988). Ein Blick auf die vielfältigen Ausdrucksformen der Jugendkultur und die unterschiedlichen Bewältigungs- und Verarbeitungsversuche Jugendlicher genügt jedoch, um sich davon zu überzeugen, daß dies - einmal mehr - nur medien- und öffentlichkeitswirksame reduktionistische Plakatierungen sind.

Es hat den Anschein, als sei es gegenwärtig unzulässiger denn je, "die" Jugend charakterisieren zu wollen, auch wenn es mittlerweile Gemeinplatz geworden ist, daß es "die" Jugend nicht gibt. Momentan stehen wir einer bisher unbekannten, breiten, pluralen, vielschichtigen und "bunten" Palette jugendlicher (sub-)kultureller Lebensweisen, Lebenswelten und Stilvarianten, einer "Jugend im Plural" (Pöggeler 1982, S. 389) gegenüber. Diese Tatsache erfordert "Formen der Forschung, in denen die eindringende, differenzierte Analyse jugendlicher 'Lebenswelten' mit der Analyse des gesellschaftlichen Strukturwandels verbunden wird, innerhalb dessen Jugend erst in ihrer jeweiligen zeitgeschichtlichen Form verstehbar wird." (Hornstein 1985, S. 361) Ein angemessenes Jugendbild kann nicht gezeichnet werden, "solange Jugendliche als Exoten und ostentativ auffällige bzw. bizzare Ausdrucksformen als jugendliche Normalität betrachtet (und vermarktet) werden." (Hoffmann 1987, S. 122)

### 1.2. Allgemeine Kennzeichen der Jugendphase

Entwicklung und Stand der Jugendforschung konnten in diesem Rahmen nur sehr verkürzt und schwerpunktmäßig wiedergegeben werden. Die Darstellung einzelner theoretischer Ansätze oder die Entwicklung von Methoden quantitativ und qualitativ orientierter Jugendforschung (vgl. hierzu Tippelt 1988; Fuchs 1988) mußten weitgehend ausgeblendet bleiben. Deutlich ist jedoch geworden, wie problematisch es ist, von "der" Jugend schlechthin zu sprechen und allgemeingültige Aussagen über diesen "Untersuchungsgegenstand" treffen zu wollen: "Jugend als eine historisch-gesellschaftlich in höchstem Maße abhängige 'Größe' befindet sich in derart raschem Wandel, daß jeder Versuch einer Fixierung zu dem Zeitpunkt, zu dem er unternommen wird, auch schon in seinen Ergebnissen überholt scheint." (Hornstein 1982, S. 5)

Dennoch weist die Jugendphase auch konstitutive Strukturmerkmale auf. Neben den psycho-physischen Veränderungen der Pubertät sind dies die sogenannten "Entwicklungsaufgaben", die von allen Heranwachsenden - zumindest in unserem Kulturkreis - bewältigt werden müssen. Diesen Entwicklungsaufgaben können als Hauptaufgaben das Finden und Erhalten einer stabilen Identität sowie der Erwerb von Handlungskompetenzen übergeordnet werden.

Darüber hinaus ist Jugend eingebettet in gesellschaftlich-historische Rahmenbedingungen, die die Struktur dieser Lebensphase prägen und Einfluß auf die Art und Weise ausüben, wie Jugendliche die an sie herangetragenen Entwicklungsaufgaben bewältigen. In letzter Zeit wird diesbezüglich der "Strukturwandel der Jugendphase" bzw. die "Entstrukturierung der Jugend" diskutiert.

Die nachfolgenden Ausführungen stellen zunächst sowohl das "klassische" Konzept der Entwicklungsaufgaben als auch handlungstheoretische Neuorientierungen in diesem Bereich vor und gehen dann der Frage nach, wie die Jugendlichen selbst die Bedeutung der Entwicklungsaufgaben einschätzen und über welche Mittel und Wege sie zu deren Bewältigung verfügen.

Um den Strukturwandel der Jugendphase zu verdeutlichen, wird überprüft, ob und inwieweit sich bedeutsame Lebenslaufereignisse der Jugendphase verschoben haben und ob man wirklich generell von einer "Postadoleszenz" als einer neuen Phase im Lebenslauf sprechen kann.

### 1.2.1. Entwicklungsaufgaben im Jugendalter

Jugendforschung stimmt heute weitgehend darüber ein, daß Jugend als eigenständige Phase im menschlichen Lebenslauf zu verstehen ist, die von anderen Phasen (der Kindheit und dem Erwachsenenalter) abgrenzbar ist und einen charakteristischen und spezifischen Stellenwert besitzt. Die Abgrenzung gegenüber anderen

Phasen des Lebenslaufs kann anhand der Entwicklungsaufgaben erfolgen, die in Charakter und Form im Jugendalter eine besondere Ausprägung erfahren (vgl. Hurrelmann/Rosewitz/Wolf 1985, S. 12f.).

#### 1.2.1.1. Das Konzept der Entwicklungsaufgaben

Das Konzept der Entwicklungsaufgaben geht auf R.J. Havighurst zurück, der bereits in den 40er Jahren Arbeiten zu diesem Thema vorlegte. Havighurst beschreibt Entwicklung allgemein und im Jugendalter im besonderen als Bewältigung einer Reihe von Entwicklungsaufgaben. Darunter versteht er Anforderungen, "die sich aus dem Zusammenspiel von physischen Reifeprozessen, soziokulturellen Erwartungen sowie individuellen Befähigungen und Aspirationen ergeben" (Silbereisen/Kastner 1986, S. 67). Sie bezeichnen "kulturell und gesellschaftlich vorgebene Erwartungen und Anforderungen ..., die an Personen einer bestimmten Altersgruppe gestellt werden." (Hurrelmann/Rosewitz/ Wolf 1985, S. 12)



Über die zeitlichen Spannen und Abfolgen, innerhalb derer die Entwicklungsaufgaben zu bewältigen sind, bestehen gesellschaftlich definierte Vorstellungen (Hurrelmann/Rosewitz/Wolf 1985, S. 13). Die Bewältigung einer jeweils früheren Entwicklungsaufgabe ist notwendige Voraussetzung dafür, eine spätere meistern zu können. Havighurst geht hierbei von einem nahezu deterministischen Stufen-Sequenz-Modell aus; ein empirischer Nachweis der behaupteten Abfolge von Entwicklungsaufgaben liegt jedoch nicht vor (Silbereisen/Kastner 1986, S. 67).

Für das Jugendalter formuliert Havighurst folgende Entwicklungsaufgaben: Aufbau von neuen und reiferen Beziehungen zu Altersgenossen beiderlei Geschlechts; Übernahme der männlichen oder weiblichen Geschlechterrolle; Akzeptieren der eigenen körperlichen Erscheinung und effektive Nutzung des Körpers; Erreichen emotionaler Unabhängigkeit von den Eltern und anderen Erwachsenen; Vorbereitung auf Ehe und Familienleben; Vorbereitung auf eine berufliche Karriere; Erlangung von Werten und eines ethischen Systems, das als Leitfaden für das Verhalten dient - Entwicklung einer Ideologie; Erstreben und Erreichen von sozial verantwortlichem Verhalten (zit. n. Dreher/Dreher 1985, Abb.1, S. 59).

Havighurst betrachtet diese Aufgaben nicht isoliert, sondern bringt sie in Zusammenhang mit denen des Kindesalters und denen des Erwachsenenalters. Insofern kann das Jugendalter als Resultat der Kindheit und zugleich als Determinante für spätere Lebensphasen verstanden werden (Dreher/Dreher 1985, S. 58).

Zur Klassifikation der Entwicklungsaufgaben liegen inzwischen verschiedene Ansätze vor (z.B. Oerter 1982, S. 244ff.), inhaltlich bleiben sie jedoch an die von Havighurst formulierten Aufgaben angelehnt. Ergänzt werden beispielsweise die Bewältigung des Umgangs mit sozialen Institutionen, in denen Kontrolle und Fremdbestimmung vorherrschen (z.B. Schule und Betrieb) oder die reflektierte Nutzung des Konsummarktes und des kulturellen Freizeitmarktes etc. (Steinkamp 1986, S. 137).

Besonders hervorgehoben wird stets das Finden einer eigenständigen Identität und die Entwicklung von Handlungskompetenz. In intensiver Auseinandersetzung mit den gesellschaftlich vorgebenen Normen, Werten und Handlungsanforderungen, mit denen er sich bei der Bewältigung der Entwicklungsaufgaben konfrontiert sieht, muß der Heranwachsende versuchen, Identität zu gewinnen ("Individuation"), um der "drohenden Zerstückelung und Diffusion des Selbstbildes und des Selbstverständnisses" entgegenzuwirken. Diese vorgebenen Normen und Werte dienen als Bezugspunkte für die Erzeugung und Sicherung eines subjektiven "Lebenssinns". Defizite oder Widersprüche in diesem angebotenen "Weltbild" können zu Orientierungs- und Selbstwertkrisen führen (Hurrelmann/Rosewitz/Wolf 1985, S. 13f).

Die Suche nach Identität bedeutet den Prozeß der Selbst- und Fremdentdeckung, der Selbst- und Fremddefinition und ist verbunden mit der Ablösung von den in der Kindheit tragenden Normen und Bezugspersonen. Dieser Prozeß verläuft für die Jugendlichen häufig schmerzhaft und nicht ohne Krisen. "Identitätsbildung ist gelungen, wenn Kindheitsdefinitionen bewältigt, weitergeführt, verarbeitet und in ein neues Identitätsgefühl integriert werden." (Müller 1981, S. 17)

Der Erwerb von Handlungskompetenz ("Integration") zielt darauf ab, in allen sozialen Handlungssektoren einen dem Erwachsenenstatus entsprechenden Grad der Autonomie der Handlungssteuerung zu erreichen und damit den bislang "unterprivilegierten" Status zu überwinden (Hurrelmann/Rosewitz/Wolf 1985, S. 15). Dies bedeutet, die grundlegenden gesellschaftlichen Werte, Normen und Rollen beherrschen zu lernen sowie deren "Spannbreite der Generalisierung" zu erkennen, d.h. die Fähigkeit zu erwerben, sich in unterschiedlichen Situationen und Subwirklichkeiten zu bewegen und die Werte, Normen und Rollen kompetent und situationsgerecht anzuwenden (Müller 1981, S. 24).

Markierungspunkte sind hierbei in der Regel der Übertritt in den Berufs- und Erwerbstätigensektor, die Ablösung vom Elternhaus, die Gründung einer festen Partnerschaft und eigenen Familie sowie Autonomie in den Bereichen "politischer Bürger" und "Konsument". In diesen Feldern gilt es, nicht nur Handlungskompetenzen aufzubauen, sondern auch die Anforderungen zwischen den einzelnen Handlungsbereichen zu koordinieren (Heitmeyer/Hurrelmann 1988, S. 57). Die Partialisierung und unterschiedliche Kompetenzzuweisung in den einzelnen Handlungsfeldern durch die Erwachsenen erschwert diese Koordinationsaufgabe und verschärft die Verhaltensunsicherheit der Jugendlichen (Müller 1981, S. 26).

Zusammenfassend kann festgehalten werden, daß Havighurst durch die Zusammenschau der Entwicklungsaufgaben des Jugendalters mit der Kindheit und dem Erwachsenenalter bereits Aspekte vorwegnimmt, die gegenwärtig in der Entwicklungspsychologie diskutiert werden: die aktive Bewältigung von Entwicklungsaufgaben in Verbindung mit Prozessen lebenslangen Lernens.

1.2.1.2. Die Bewältigung von Entwicklungsaufgaben

Wird Jugend unter dem Aspekt lebenslanger Entwicklung betrachtet, so steht weniger die Jugend als Gruppe im Mittelpunkt, als vielmehr "Verläufe und Mechanismen, Kontinuitäten und Diskontinuitäten von Veränderungen über die gesamte Lebensspanne." (Silbereisen/Kastner 1986, S. 63) Aus diesem Blickwinkel eröffnen sich die Besonderheiten der Jugendphase im Gegensatz zu anderen Lebensabschnitten. Entwicklung ist dabei nicht als Prozeß zu verstehen, der erlitten wird und sich gewissermaßen von selbst vollzieht. Vielmehr ist der Mensch aktiver Gestalter seiner eigenen Entwicklung und zwar in allen Abschnitten der Lebensspanne. Dies gilt in besonderem Maße für das Jugendalter, in dem es vom Jugendlichen erwartet und gefordert wird, sein "Schicksal" in die eigene Hand zu nehmen.

Zur Erklärung und Beschreibung von Entwicklung jenseits von mechanistischen Kausalmodellen werden in jüngster Zeit handlungstheoretische Positionen herangezogen: So betrachten etwa Dreher/Dreher (1985a, S. 32) die Auseinandersetzung mit Entwicklungsaufgaben im Jugendalter als aktives zielbezogenes Handeln, das vom Jugendlichen geleistet wird und deshalb individuelle Züge trägt. Die "normativen Zielprojektionen" sind jedoch keineswegs eindeutig festgelegt und alles andere denn einfach strukturiert. Sie erfordern "im Gegenteil Handeln unter Bedingungen von Unbestimmtheit, Komplexität und Widersprüchlichkeit." (Silbereisen 1986, S. 31)

Neben der kognitiv-reflexiven Komponente spielen hier auch emotionale Prozesse eine entscheidende Rolle (Silbereisen 1986, S. 31). Darüber hinaus vollziehen sich die Handlungsformen und Zielsetzungen bei der Auseinandersetzung mit Entwicklungsaufgaben im Rahmen von Ausschnitten von Umwelt, ja im Spannungsfeld verschiedener, möglicherweise miteinander konkurrierender Umwelten (Dreher/Dreher 1985a, S. 32; Oerter 1982, S. 246; vgl. 1.2.1.1.).

Die aktive Bewältigung von Entwicklungsaufgaben im Jugendalter kann sowohl eine Stabilisierung bestehender Systeme bedeuten, wenn Anforderungen und Erwartungen der Umwelt wahrgenommen und durch tradierte Verhaltensformen beantwortet werden, als auch die Möglichkeit einer Veränderung der Systeme, wenn die gestellten Anforderungen und Erwartungen als Anlaß zur Selektion und Erprobung von Verhalten dienen.

Im Zuge der Entwicklung der Denk- und Erkenntnisstruktur im Jugendalter und dem damit einhergehenden Wandel des Bewußtseins, wie der Jugendliche sich und sein Handeln wahrnimmt und reguliert, verändert sich auch die Bedeutsamkeit einer Entwicklungsaufgabe und die Art der Auseinandersetzung mit ihr unabhängig von den konkreten Inhalten. Wird eine Entwicklungsaufgabe bewältigt, so bedeutet dies eine Erweiterung der Handlungsmöglichkeiten und eine Steigerung umweltbezogener Handlungskompetenz. Für die aktive Einflußnahme auf den weiteren Fortgang der Entwicklung ist die Erkenntnis entscheidend, daß Entwicklungsfortschritte nicht nur im Vollzug von Handlungen liegen, sondern über "Handlung" Einfluß auf die eigene Entwicklung genommen werden kann. Mit anderen Worten bedeutet dies - neben dem Wissen um Möglichkeiten und Formen eigener Aktivitäten - die Erkenntnis der instrumentellen Funktion von "Handlung" für den Ausbau und die Erweiterung von Kompetenzen und Zielsetzungen. Darüber hinaus hat die bewußte Handhabung von Zielsetzungen (Mittel-Ziel-Relationen, Teilziele) auch Konsequenzen für die Herstellung der Zielsetzungen selbst. Indem der Jugendliche erkennt, daß er Ziele suchen und setzen und damit Entwicklungsfortschritte herbeiführen kann, wird er zum Zielsetzer, d.h. zum "Regisseur seiner Entwicklung" (Dreher/Dreher 1985a, S. 33).

Voraussetzung dafür sind kognitive und reflexive Leistungen, d.h. Operationen des formalen Denkens (vgl. Piaget). Es muß eine Art der kognitiven Auseinandersetzung erfolgen, "die nicht nur die eigene Person *und* Bedingungen der Umwelt erfaßt, sondern sich selbst *in* einer Umwelt begreift." (Dreher/Dreher 1985a, S. 33) Dies bedeutet das Erkennen und Wahrnehmen von Grenzen für Zielsetzungen und Verwirklichungsformen, die in der Person selbst und/oder in äußeren Bedingungen liegen. Folge davon muß nicht Passivität oder Resignation sein; vielmehr können Barrieren als Anforderung verstanden werden, Kräfte zu aktivieren und Wege zu suchen, diese Grenzen zu beseitigen. "Bewältigung" verbindet sich hier mit Prozessen der "Problemsuche" und "Lösungsfindung" (Dreher/Dreher 1985a, S. 33).

In diesem Zusammenhang wird auch deutlich, daß die Bewältigung von Entwicklungsaufgaben nicht einem "Alles-oder-Nichts-Prinzip" unterliegt. Das Maß zur Bewältigung ist letztlich nur aus dem gesamten Lebensplan des Individuums zu bestimmen. Eine minimale Erfüllung der Entwicklungsaufgaben bietet die Voraussetzung, um innerhalb einer Gesellschaft existieren zu können. Eine maximale Erfüllung bedeutet vollkommene Anpassung und entspricht kaum dem Ziel der Selbstgestaltung einer individuellen Entwicklung. Eine optimale Bewältigung weist auf den relativen Stellenwert einer Entwicklungsaufgabe unter anderen Zielsetzungen hin, "sofern Selbstgestaltung auf der Basis vorgegebener Strukturen als Richtgröße für die Herstellung eines Lebensplans akzeptiert werden kann." Diese Bewußtseinslage ist nicht Ausgangspunkt, sondern eher Resultat der Entwicklung im Jugendalter und wird bzw. will nicht von allen Jugendlichen in gleichem Maße erreicht werden (Dreher/Dreher 1985a, S. 33f.).

Auch Silbereisen/Kastner beleuchten die Bewältigung von Entwicklungsaufgaben aus handlungstheoretischer Sicht. Das Konzept "Entwicklung als Handlung im Kontext" (Silbereisen 1986; Silbereisen/Kastner 1986) soll einen Vergleich der Formen der Auseinandersetzung einer Person mit den unterschiedlichsten Anforderungen im Verlauf ihrer Biographie ermöglichen. Empirische Erprobungen erfolgen vornehmlich im Bereich der Drogenproblematik.

Das Konzept der Entwicklungsaufgaben wird ferner mit dem des "Coping" und dem der "kritischen Lebensereignisse" verknüpft (zum Forschungsstand vgl. Seiffge-Krenke 1986). Vor allem Olbrich (1984, 1985) betont in diesem Zusammenhang, daß das Jugendalter zwar eine Phase mit tiefgreifenden Veränderungen sei, doch keineswegs so mit Krisen und Konflikten belastet, wie es traditionell dargestellt werde. Vielmehr werde die Jugendphase von der Mehrzahl der Jugendlichen in produktiver und konstruktiver Weise bewältigt. "Coping" ist nicht als einfache Reaktion auf ein Ereignis zu sehen, das geschehen ist, sondern als eine aktive Kraft beim Prägen dessen, was geschieht und dessen, was geschehen wird. "Der Jugendliche verfügt über die Potentiale zur aktiven Mitgestaltung seiner eigenen Entwicklung." (Olbrich 1985, S. 15) Olbrich räumt jedoch ein, daß dies nicht für jeden Jugendlichen und für jedes Ausmaß der Problembelastung zutreffe. Fühlt sich der Jugendliche beispielsweise durch eine Konfliktkonstellation überlastet, so zieht er sich eher zurück und meidet aktive Formen der Problembewältigung. Darüberhinaus betont der Autor, daß die Wahl adäquater Bewältigungsmechanismen abhängig ist von der bisherigen Entwicklungsgeschichte des Heranwachsenden (Olbrich 1985, S. 15; vgl. auch Herzog 1987).

#### 1.2.1.3. Einschätzung der Bedeutsamkeit der Entwicklungsaufgaben durch die Jugendlichen

Inzwischen liegen Untersuchungen vor, die Entwicklungsaufgaben nicht länger aus der Forschungsperspektive beschreiben, sondern aus dem Blickwinkel der Jugendlichen selbst authentisch zu erfassen suchen. Es soll herausgefunden werden, welche persönlichen Voraussetzungen und situativen Möglichkeiten nach Meinung der Jugendlichen notwendig sind, um die gestellten Anforderungen zu bewältigen.

Die bereits zitierte Studie von Dreher/Dreher (1985a) beruht auf einer mündlichen Befragung sowie auf einem nach inhaltsanalytischen Kriterien ausgewerteten Fragebogen. Den Jugendlichen wurden Fragen zu Entwicklungsaufgaben anhand von zehn Themen präsentiert: "Peer-Beziehungen", "Akzeptieren der eigenen körperlichen Erscheinung", "Rolle", "Aufnahme intimer Beziehungen", "Ablösung vom Elternhaus", "Beruf", "Partner/Familie", "Selbstkonzept", "Wertorientierung" und "Zukunftsplanung". Folgende Ergebnisse können festgehalten werden (für das Folgende vgl. Dreher/Dreher 1985a, S. 39ff.):

Die Mehrzahl der Jugendlichen selbst schätzt die Bedeutsamkeit der Entwicklungsaufgaben als "sehr wichtig" und "wichtig" ein (vgl. auch Oerter 1985, S. 65). Die Prioritätenliste wird - mit geschlechts- und altersspezifischen Differenzierungen - angeführt von "Beruf", gefolgt von "Selbstkonzept" und "Peerbeziehungen". Es schließen sich an "Wertorientierung", "Zukunftsplanung", "Akzeptieren der eigenen körperlichen Erscheinung" und "Aufnahme intimer Beziehungen". Am wenigsten von Bedeutung ist für die Jugendlichen "Ablösung vom Elternhaus" und "Vorstellungen über den zukünftigen Partner, Familie". In geschlechtsspezifischer Hinsicht zeigen sich deutliche Unterschiede im Hinblick auf die "Aufnahme intimer Beziehungen": dieser Aufgabe räumen männliche Jugendliche einen höheren Stellenwert ein, wobei keine Unterschiede in den Beweggründen für die Bedeutsamkeit festgestellt werden können. Gleiche Prioritäten werden beim "Beruf" gesetzt: auch bei den Mädchen rangiert der Beruf vor der Familiengründung. Die Bedeutsamkeit des eigenen Aussehens wird zwar von den Mädchen besonders akzentuiert, spielt jedoch auch für die männlichen Jugendlichen eine große Rolle.

Ein Fortschreiten in der Bewältigung von Entwicklungsaufgaben zeichnet sich vor allem zwischen solchen Aufgaben ab, "die in Richtung auf die Erweiterung des Lebensraums und das Hineinwachsen in die Lebensgestaltung des Erwachsenen sinnstrukturelle Gruppierungen darstellen." (Dreher/Dreher 1985a, S. 44). Hinsichtlich des Zusammenhangs zwischen Bedeutsamkeit und Bewältigungsgrad der Entwicklungsaufgaben ist festzustellen, daß Jugendliche die Bedeutung einer Entwicklungsaufgabe um so mehr erkennen, je intensiver sie sich mit ihr auseinandersetzen bzw. in der Bewältigung voranschreiten. Die Bedeutsamkeit ändert sich also mit dem Bewältigungsstand, wobei nicht mehr die Auseinandersetzung wichtig ist, sondern das erreichte Ziel als Thematik der eigenen Lebensgestaltung an Bedeutsamkeit gewinnen kann (vgl. 1.2.1.2.).

Das Wissen und Bewußtsein der Jugendlichen darüber, wie Entwicklungsaufgaben bewältigt werden können, differiert für die einzelnen Aufgaben. Die Jugendlichen greifen dabei auf implizite Entwicklungskonzepte zurück: sie sehen Entwicklung entweder als ausschließliche Leistung des Individuums, als ein "automatisches Geschehen", dem man passiv gegenübersteht bzw. das man "erleidet" oder als Integration von Eigenaktivität und externer Hilfe.

An Aufgaben, die "ausschließlich durch eigene Aktivität" zu bewältigen sind, werden nahezu alle Bereiche genannt außer "Ablösung" und "Beruf". Eine Entwicklungsaufgabe erhält damit Züge von "Privatheit", wird zum persönlichen Problem und weniger eines des Entwicklungsabschnitts. Entsprechend wird auch die Bewältigung der Aufgabe als Ergebnis der eigenen Tüchtigkeit gewertet, wobei der Umkehrschluß, also die Bewertung von Schwierigkeiten als Versagen der eigenen Person negative Auswirkungen auf das Selbstkonzept haben kann.

Die Bewertung von Entwicklung als "automatisches Geschehen" erfolgt vor allem in den Bereichen "Peer", "Körper", "Rolle", "intime Beziehungen" und "Zukunft". Bestimmte Entwicklungsschritte, auch solche, die objektiv extern beeinflußt waren, werden als etwas gesehen, was sich einfach ereignet hat.

Die Aufgaben "Ablösung" und "Beruf" nehmen insofern eine Sonderstellung ein, als sie bei "ausschließliche Eigenaktivität" und "unbeeinflußbares Geschehen" nicht genannt werden. In diesen Bereichen ist bei den Jugendlichen "durchgängig das Bewußtsein vorhanden ..., daß die Bewältigung in Zusammenhang mit Komponenten der Umwelt und der eigenen Person zu sehen ist, d.h. von Systemwirkungen abhängt." (Dreher/Dreher 1985a, S. 49)

An externen Hilfen, die bei der Bewältigung der Entwicklungsaufgaben von Nutzen sein können, nennen die Jugendlichen Informationsmaterial und Medien sowie die Vermittlung von Information bzw. die Beratung durch ältere Jugendliche und Erwachsene. Darüber hinaus wird die Rolle der Gleichaltrigen und Freunde für alle Aufgabenbereiche betont, wobei insbesondere auf offene Gespräche und Diskussionen, Tips und Informationen über Erfahrungen mit vergleichbaren Problemen und versuchten Lösungen sowie auf das Zusammensein und die Erlebnisse in der Gruppe abgestellt wird.

Ein hoher Stellenwert wird auch der elterlichen Hilfe eingeräumt. Die Jugendlichen sehen ihre Eltern weniger als Barrieren ihrer Selbstgestaltungsvorschläge als vielmehr als Interaktionspartner, die bereit sind ihre Entwicklung mit zu fördern. Neben einer Modellfunktion ("Eltern beobachten") erwarten die Jugendlichen von den Eltern motivationale und emotionale Unterstützung sowie die Rücknahme von Aktivität und Kontrolle.

An möglichen eigenen Beiträgen zur Bewältigung einer Entwicklungsaufgabe nennen die Jugendlichen sehr vielfältige Aspekte. Für den Bereich Berufswahl und die Bewältigung der Berufswahlentscheidung werden beispielsweise folgende Planungsschritte genannt: Informationen über Berufe sammeln, sich über Voraussetzungen und notwendige Qualifikationen und seine Interessen, Fähigkeiten und Eignung klar werden, sich entscheiden, Ziele setzen und verfolgen.

Zusammenfassend kann festgehalten werden, daß die Jugendlichen über einen erstaunlichen Umfang von Handlungswissen und ein überraschendes Repertoire von Konzepten für die Bewältigung der Aufgaben, die sich ihnen stellen, verfügen. Im realen Verhalten kommen jedoch oft nur Bruchteile dieser Ressourcen zum Ausdruck. Da die Jugendlichen mit einer Fülle von Aufgaben und Problemen konfrontiert werden, sind Entwicklungsfortschritte in allen Bereichen nicht gleichzeitig möglich.

Die Erwachsenen registrieren an den Jugendlichen meist nur Defizite - Fortschritte werden als Selbstverständlichkeiten hingenommen.

Zu berücksichtigen ist, daß bei den Jugendlichen der Erwerb von Handlungspraxis abhängig ist von den "Übungsfeldern" im vorgebenen Lebensraum, in denen Handlungsalternativen erprobt werden können, von der Vermittlung von Suchstrategien, durch die Entwicklungschancen aufgedeckt und wahrgenommen werden können und schließlich vom Vermögen der Erwachsenen, entwicklungsbezogene Intervention zu leisten. Eine Optimierung dieser Voraussetzungen kann jedoch nur Erfolg zeigen, wenn die Hilfe gewollt wird, d.h. wenn der Jugendliche eine Entwicklungsaufgabe als bedeutsam erkennt und bereit ist, sich damit aktiv auseinanderzusetzen.

Ein interessanter Aspekt dieser Untersuchung zum Schluß: Die Jugendlichen wurden aufgefordert, über die zur Debatte stehenden Aufgaben hinaus selbst Entwicklungsaufgaben zu formulieren. Am häufigsten wurde genannt eine noch intensivere Beschäftigung mit der Entwicklung der eigenen Persönlichkeit, wobei der Gewinn an Selbständigkeit, Selbstsicherheit und Selbstkontrolle im Vordergrund steht (Dreher/Dreher 1985, S. 64f.). Darüber hinaus führten die Jugendlichen folgende Punkte an: die Verbesserung der sozialen Kompetenz (Probleme lösen zu können bei Meinungsverschiedenheiten; Umzugehen lernen mit Menschen verschiedener Generationen; Abbau von Vorurteilen; Toleranz gegenüber Menschen aus anderen Nationen), komplexe Strukturen des Staates und der Umwelt zu begreifen (politische und wirtschaftliche Zusammenhänge durchblicken zu können; Klarheit über politische Ziele zu bekommen; Gesetze und ihre Sprache zu verstehen) und ein Bewußtsein für die Umwelt zu entwickeln (Handlungsmöglichkeiten für Umweltschutz und Friedenssicherung aufzubauen und aktiv zu werden). Die Jugendlichen verweisen mit diesen Vorstellungen auf Bereiche, wo sie Defizite und Probleme in der Erwachsenengesellschaft erfahren und erkannt haben (Dreher/Dreher 1985a, S. 58).

### 1.2.2. Zum Strukturwandel der Jugendphase

Über den Zeitpunkt und die Abfolge der Bewältigung der Entwicklungsaufgaben existieren - wie bereits erwähnt - gesellschaftlich definierte Vorstellungen. Mit der "Chronologisierung" und "Standardisierung" des Lebenslaufs in modernen Gesellschaften (vgl. hierzu ausführlich z.B. Gillis 1980, Mitterauer 1986) entwickelt sich eine "weibliche bzw. männliche Normalbiographie", die das zeitliche Auftreten und die Reihenfolge bestimmter zentraler Lebensereignisse strukturiert und deren einzelne

Sequenzen jeweils spezifische Verhaltens- und Handlungsanforderungen an das Individuum stellen. Auch für die Jugendphase trifft tendenziell eine "Homogenisierung" und "Standardisierung" - allerdings mit geschlechts- und schichtspezifischen Einschränkungen - zu: Jugend kann idealtypisch als "kollektive Statuspassage" bezeichnet werden, die mit dem Eintritt bestimmter Ereignisse (Pubertät etc.) beginnt und mit dem Durchlaufen bestimmter Übergangsereignisse (Schule und Ausbildung, Gründung einer eigenen Familie) zum Abschluß kommt (Olk 1988, S. 127).

Seit einiger Zeit wird nun darüber diskutiert, ob diese fest umrissene Statuspassage "Jugend" im Auflösen begriffen sei, ob man von einer "Entstrukturierung" bzw. von einem "Strukturwandel" der Jugendphase sprechen könne. Einige Autoren konstatieren eine "Individualisierung" bzw. "Biographisierung" (Fuchs 1983) und "Destandardisierung" der Jugendphase (Olk 1985, 1988); von Throtha (1982) proklamiert gar das "Verschwinden der Jugend". Indizien für Wandlungen in der Struktur der Jugendphase ergeben sich anhand von zeitlichen Verschiebungen von Übergangsereignissen.

### 1.2.2.1. Verschiebungen von Lebenslaufereignissen

Gegenwärtig zeichnet sich in westlichen Industriegesellschaften eine Verlängerung der Schulbesuchzeit und damit eine lebenszeitliche Aufschiebung des Übergangs in die Erwerbstätigkeit ab (Hurrelmann/Rosewitz/Wolf 1985, S. 39ff.).

Als Folge der generellen Ausweitung der Schulzeit in den letzten 20 - 25 Jahren sowie einer im Zuge der "Bildungsexpansion" erfolgten Umschichtung zwischen den einzelnen Bildungsgängen (mehr Jugendliche besuchen heute weiterführende Schulen) verbringen immer mehr Jugendliche immer mehr Zeit in Einrichtungen des öffentlichen Bildungswesens. Die anhaltende Krise auf dem Arbeitsmarkt verstärkt zusätzlich diesen Trend, indem sie die Jugendlichen geradezu zwingt, sich wenigstens in den schulischen "Warteschleifen" vor Arbeitslosigkeit zu bewahren. Ein langgestreckter Schulbesuch wird damit zum vorherrschenden Charakteristikum jugendlichen Lebens und prägend für die Struktur der Lebensphase insgesamt: "Jungsein" erhält immer mehr die Form des "Schülerseins" (Münchmeier 1986, S. B45).

Die Schule als zentraler Lernort stellt institutionsspezifische Anforderungen an das Sozial- und Leistungsverhalten und ermöglicht die Erfahrung der gesellschaftlichen

Realität nur vermittelt, sozusagen "aus zweiter Hand", wodurch die Freizeit zum zentralen Ort der Wirklichkeitssuche und -erfahrung wird (Münchmeier 1986, S. B46). Darüber hinaus besitzt Schule eine lebensgeschichtlich tiefergreifende Bedeutung für die soziale Plazierung in der Sozialstruktur der Gesellschaft. "Jugendzeit ist zuallererst und zunächst einmal Schulzeit, und wegen des harten Kampfes um günstige Ausgangspositionen im Plazierungssystem damit eine Phase der unmittelbaren Bewältigung lebensrelevanter Aufgaben und Probleme." (Arbeitsgruppe Schulforschung 1980, zit. n. Hurrelmann/Rosewitz/Wolf 1985, S. 53)

Jugendliche bleiben mit der Ausdehnung des Schulbesuchs für längere Zeit von zentralen gesellschaftlichen Bereichen, vor allem der Arbeitswelt ferngehalten, wodurch sich auch die Zeit der ökonomischen Abhängigkeit vom Elternhaus verlängert. Aber nicht nur die markanten Lebenslaufereignisse "Schulabschluß" und "Berufswahl" treten zeitlich verzögert bzw. mit einer breiteren Streuung auf; auch das Heiratsalter verschiebt sich zeitlich immer weiter nach hinten und streut stärker. Viele Jugendliche wollen zunächst "Alternativen zur Ehe" erproben. Gleichzeitig hat sich der Zeitpunkt der Aufnahme intimer Beziehungen nach vorne verschoben: "Die bislang normativ fest verknüpften Verhaltensbestandteile Aufnahme einer intimen Zweierbeziehung, Heirat, Mutterschaft/Vaterschaft lockert sich auf." (Olk 1986, S. 54f.)

Die gesellschaftlichen Teilhabemöglichkeiten der Jugendlichen haben sich in den letzten zwei bis drei Jahrzehnten in den Bereichen Konsum und Freizeit stark ausgeweitet (Olk 1986, S. 55). So verfügen z.B. die meisten Jugendlichen heute schon ab einem frühen Zeitpunkt ganz selbstverständlich über verschiedene Arten von Medien und Fortbewegungsmitteln. Während also die ökonomische Selbständigkeit immer später erlangt wird, ist der Spielraum der Jugendlichen für selbstbestimmte Verhaltensweisen im Freizeit- und Konsumbereich, im Bereich der unmittelbaren sozialen Beziehungen, im Bereich politischen und religiösen Handelns und Denkens relativ groß (Hurrelmann/Rosewitz/Wolf 1985, S. 53). Die wichtigsten Übergangsereignisse von der Jugend in das Erwachsenenalter haben sich "enttraditionalisiert" und damit auch "individualisiert" (Olk 1988, S. 127).

Gleichzeitig ist in einigen Bereichen, z.B. bei der Aufnahme intimer Beziehungen eine "Verfrühung" der Adoleszenz festzustellen: Der Beginn der Jugend wurde vorverlegt und franst zum Ende der Kindheit hin aus (Jugendwerk der Deutschen Shell 1985, Bd. 1, S. 258). Die klassischen Phänomene der Adoleszenz haben sich in das

Schulalter der 9-14-jährigen verschoben; Böhnisch/Schefold (1985, S. 119) sehen Tendenzen zu einer Zweiteilung der Jugendphase in eine "Frühadoleszenz" und eine "nachschulische Lebensphase", wobei ihrer Meinung nach jede dieser Phasen eine eigenständige Bedeutung besitzt und besondere Probleme der Lebensbewältigung mit sich bringt.

Die Frage, welche Konsequenzen sich für die Jugendlichen aus der Verlängerung der Schulzeit und dem späteren Eintritt in das Berufsleben ergeben, wird kontrovers beantwortet. Auf der einen Seite wird argumentiert, daß sich durch die Individualisierung für alle Jugendlichen die Chance eröffne, eine balancierte Ich-Identität und autonome Handlungskompetenzen zu erwerben. Der spätere Eintritt in das Berufsleben ermögliche zum ersten Mal in nennenswertem Umfang auch den bisher benachteiligten Gruppen von Jugendlichen einen Entfaltungsspielraum für Selbstfindung und Identitätsbildung.

Auf der anderen Seite wird im "kontinuierlichen Abbau arbeitsbezogener Lebensformen" (Hurrelmann/Rosewitz/Wolf 1985, S. 51) die Gefahr gesehen, daß sich arbeits- und berufsfremde Wert- und Interessenhaltungen bilden, die eine spätere angemessene Orientierung in der Arbeits- und Berufswelt unmöglich machen. In diesem Zusammenhang wird vielfach auch eine zunehmende Orientierung an postmaterialistischen, ansatzweise hedonistischen Werten diagnostiziert (Hurrelmann/Rosewitz/Wolf 1985, S. 52). Eine weitere Befürchtung wird dahingehend geäußert, daß angesichts sich objektiv verschlechternder Lebensbedingungen und zunehmender Belastungspotentiale die Bewältigung der Entwicklungsaufgaben immer schwieriger wird und sich viele Jugendliche in Isolation oder gesellschaftliche Überanpassung flüchten (Krüger 1988, S. 19). Schließlich sehen einige Autoren durch die frühe Teilhabe der Jugendlichen im Freizeit- und Konsumsektor jugendtypische Lebens- und Erfahrungsräume schwinden: Verhaltensweisen, Orientierungsmuster und Lebensstile würden erwachsenenähnlich und erwachsenengleich, was durch die alltäglichen stilbildenden Effekte der Massenmedien verstärkt werde (Hurrelmann/Rosewitz/Wolf 1985, S. 51f.).

Es kann wohl keine dieser Einschätzungen verallgemeinert werden, aber zwei Aspekte sprechen für eine Befürwortung der letztgenannten Position. Zunächst ist festzuhalten, daß trotz der Verbesserung der Chancenstrukturen im Bildungswesen nach wie vor geschlechts- und schichtspezifische Benachteiligungen bestehen, die eine generelle Ausdehnung der Schulbesuchszeit für alle Jugendlichen verhindern.

"Trotz im historischen Vergleich objektiv günstigerer Chancenstrukturen im Bildungssystem ... hat sich der Wettbewerb um günstige Ausgangspositionen für den beruflichen Plazierungsprozeß erheblich verschärft." - "Der Wettlauf um die höchsten Bildungsabschlüsse ist unverändert durch unterschiedliche Startbedingungen gekennzeichnet." (Hurrelmann/Rosewitz/Wolf 1985, S. 43) Die Biographisierung der Jugendphase eröffnet also nur echte Chancen, wenn die Lebensbedingungen günstig sind. Diese Voraussetzung trifft auch auf den größeren Entfaltungsspielraum im privaten Bereich zu. Dieser ist teilweise nur vorgespiegelt und von kommerziellen Interessen bestimmt. Die Nutzungsmöglichkeiten sind jeweils abhängig von der sozialen Lebenslage und damit von der Schichtzugehörigkeit der Jugendlichen (Hurrelmann/Rosewitz/Wolf 1985, S. 53).

1.2.2.2. Postadoleszenz - eine neue Phase im Lebenslauf?

Als Resultat der fortschreitenden Öffnung der Schere zwischen sozio-ökonomischer und soziokultureller Selbständigkeit, also der späten Autonomie im Erwerbsleben gegenüber einer frühen Autonomie in politisch-ethischen, partnerschaftlich-sexuellen und kulturell-konsumorientierten Handlungsbereichen, sehen die Autoren der Shell-Studie "Jugend '81" die Abspaltung einer Nach-Jugendphase, der Postadoleszenz. Neben den verlängerten Schul- und Ausbildungszeiten könne dieser Untersuchung zufolge der Weg in die Postadoleszenz auch - eher unfreiwillig - über Arbeitslosigkeit bzw. Um- und Weiterschulung sowie eine sich verselbständigende Jugendszene in den urbanen Zentren führen, die bestimmte Überlebenstechniken jenseits des Arbeitsprozesses ermögliche und einen "informellen ökonomischen Sektor" bilde (Jugendwerk der Deutschen Shell 1982, S. 101f.).

Die Postadoleszenz sei geprägt von oppositionellen Lebensentwürfen und postmateriellen Orientierungen, d.h. einer relativen Geringschätzung materieller Güter bei gleichzeitigem Streben nach Kommunikation und Interaktion, Mitmenschlichkeit, Wärme etc. Dieses Wertewandel- und Postmaterialismus-Theorem wird widersprüchlich beurteilt. Diskutiert werden in diesem Zusammenhang vor allem zwei Positionen: Der Versuch des theoretischen und empirischen Nachweises eines tiefgreifenden Wandels in den Wertstrukturen von R. Inglehart[3] sowie die empirischen Untersuchungen zu einem behaupteten Zerfall traditioneller Wertsysteme von Kmieciak[4] und Noelle-Neumann[5].

Inglehart führt den von ihm diagnostizierten tiefgreifenden Wertewandel in westlichen Industrieländern auf den relativen Wohlstand der Bevölkerung nach Ende des 2. Weltkrieges zurück. Unter postmaterialistischen Werten subsumiert er Bedürfnisse nach sozialer Anerkennung, Selbstverwirklichung, politischer Partizipation sowie intellektuelle und ästhetische Befriedigung. Basis der Inglehart'schen Überlegungen ist zum einen die "Mangelhypothese", die einen Zusammenhang zwischen sozioökonomischem Wandel und einem Wandel der Wertprioritäten behauptet und zum anderen die "Sozialisationshypothese", wonach sich Wertstrukturen nur im Kindes- und Jugendalter herausbilden und verändern - im Erwachsenenalter seien die Wertstrukturen konstant und unveränderbar. Demzufolge vollzieht sich der Wertewandel nach Inglehart auch nur über einen Generationenwechsel. Bei konstanten guten wirtschaftlichen Verhältnissen prognostiziert Inglehart eine zunehmende Verbreitung postmaterieller Orientierungen - eine "stille Revolution" (vgl. Inglehart 1980; Baethge/ Schomburg/Voskamp 1983, S. 57 ff.).

Kmieciak schließt aus empirischem Datenmaterial auf einen Zerfall bzw. eine beschleunigte Veränderung traditioneller Wertsysteme seit Mitte der 50er Jahre, wobei er jedoch keinen totalen Zusammenbruch der bürgerlichen Kultur befürchtet. Stabile und neue kohärente Werte seien noch nicht festzustellen. Eindeutiges Indiz für die Veränderung der Wertsysteme sei die konsistent feststellbare Rangreduktion von Berufs- und Leistungsorientierungen zugunsten einer privatistisch-hedonistischen Haltung. Noelle-Neumann argumentiert, daß es trotz der Verbesserung des materiellen Lebensstandards zu keiner "Verbürgerlichung der Arbeiter" komme; es setze sich vielmehr das "Wertesystem der Proletarier" durch. Noelle-Neumann bewertet diese Entwicklung negativ als mangelnde Anerkennung bzw. Zustimmung zu "bürgerlichen Werten" sowie als Ausbreitung einer Mentalität, die auf der individuellen Ebene mangelnde Zufriedenheit und mangelndes Glücksempfinden bedeute und zugleich gesellschaftlich, als Problem mangelnden Leistungswillens, bedenkliche Folgen zeitigen könne (Baethge/Schomburg/Voskamp 1983, S. 70ff.).

An dieser Stelle kann keine ausführliche Auseinandersetzung mit diesen Ansätzen und ihrem empirischen Nachweis erfolgen (vgl. hierzu Baethge/Schomburg/Voskamp 1983; Klages 1984). Gegen Inglehart muß jedoch grundsätzlich eingewendet werden, daß Symptome einer Werteverunsicherung nicht nur bei der jungen Generation festzustellen sind, sondern alle Altersgruppen erfaßt haben und sich in der Praxis äußerst widersprüchlich darstellen. Darüber hinaus deuten neuere empirische Untersuchungen darauf hin, daß man weniger von einem tiefgreifenden Wertewandel als vielmehr von einer Verschiebung in den Wertstrukturen sprechen sollte (vgl. Sinus-Institut 1983). Die schlichte Dichotomisierung in "Materialisten" und "Postmaterialisten" erscheint angesichts dieses komplexen Phänomens nicht zulässig (Baethge/Schomburg/Voskamp 1983, S. 80ff.).

Auch die Beurteilung von Existenz, Entstehung und Ausprägung der Postadoleszenz selbst ist widersprüchlich. Nach Ergebnissen des Sinus-Instituts (1983, S. 96) gibt es "keine hinreichende empirische Basis für die Annahme, reale ökonomische und gesellschaftliche Veränderungen hätten zu einer für alle jungen Menschen neuen Verlaufsform des Übergangs von der Kindheit zum Erwachsenenalter geführt." Ähnlich konstatiert Olk (1985, S. 299), daß sich die Jugendphase zwar insgesamt verlängere, das Phänomen der Postadoleszenz jedoch nicht zu verallgemeinern sei. Vielmehr ließe sich eine verlängerte Jugendphase beobachten, die jedoch inhaltlich höchst unterschiedlich bestimmt sein könne. Pöggeler (1986) betrachtet die Postadoleszenz als künstliches Produkt, als Zwang zur verlängerten Unselbständigkeit, wodurch über die Unfähigkeit politischer und gesellschaftlicher Institutionen hinweggetäuscht werden soll, genügend Ausbildungs- und Arbeitsplätze zur Verfügung zu stellen. Die Künstlichkeit des Begriffs zeige sich allein schon daran, daß es Postadoleszenz in Zeiten der Vollbeschäftigung nicht gebe, ja dann sogar eine Verkürzung der Jugend gefordert werde.

Folgende Aspekte relativieren die in der Shell-Studie angeführten Ursachen der Existenz einer neuen Lebensphase "Postadoleszenz": Es wurde bereits festgestellt, daß trotz gestiegener Bildungschancen eine verlängerte Schulbesuchszeit nicht für alle Jugendlichen zutrifft. Nach wie vor bestehen vor allem schichtspezifische Benachteiligungen. "Die Lebensphase der Post-Adoleszenz ... wird von einer in den letzten Jahren gewachsenen Gruppe von Angehörigen des Bildungsbürgertums in ihren theoretisch beschriebenen Konsequenzen durchlebt." (Sinus-Institut 1983, S. 22) Arbeitslosigkeit - von der Shell-Studie "Jugend '81" als weiterer Zugangsweg zur Post-Adoleszenz angeführt - stellt ein vorübergehendes Phänomen dar, das sehr unterschiedlich empfunden und verarbeitet wird; ein eigenes Lebensstadium entsteht durch Arbeitslosigkeit nicht. Die in der Shell-Studie als dritte Zugangsmöglichkeit angegebene "Szene" der Metropolen schließlich ist begrifflich nicht klar zu operationalisieren. In dieser "Szene" sind die unterschiedlichsten Gruppierungen anzutreffen, so z.B. auch diejenigen, die die Shell-Studie als weitere Zugangsformen nennt. Eine klare Abgrenzung ist somit nicht möglich (Sinus-Institut 1983, S. 22; Tippelt 1984, S. 37 f.).

Nicht zuletzt kann auch kritisch angemerkt werden, warum mit der Postadoleszenz und vor allem mit der postmateriellen Orientierung verbundene Begriffe wie "Wandlungsfähigkeit, Flexibilität, Offenheit, antidogmatische und antiideologische Haltungen, kritische Einstellungen zum Arbeitsprozeß ... für das Erwachsenenalter per Definitionem ihre Gültigkeit verlieren sollten." (Sinus-Institut 1983, S. 96)

### 1.2.3. Zusammenfassung

Abschließend kann festgehalten werden, daß die Jugendphase geprägt ist durch die Bewältigung der Entwicklungsaufgaben, deren Hauptziele der Aufbau einer stabilen Identität und das Erreichen von Handlungskompetenz sind. Es wurde gezeigt, daß sich die Bewältigung der Entwicklungsaufgaben - aus handlungstheoretischer Sicht - in einem aktiven Prozeß vollzieht, den die Jugendlichen potentiell aktiv leisten und selbst steuern können. Bezüglich der Art und Weise, wie sie die Bewältigung einer Aufgabe angehen können, verfügen die Jugendlichen über ein breites Handlungsrepertoire, das jedoch nur unter günstigen biographisch-lebensgeschichtlichen Voraussetzungen aktiviert werden kann.

Die Bewältigung der Entwicklungsaufgaben wird gegenwärtig durch Strukturveränderungen der Jugendphase überformt. Indem Jugend ihre selbstverständliche Abgrenzbarkeit von Kindheit und Erwachsenenleben verliert (Jugendwerk der Deutschen Shell 1985, S. 257), werden dem Heranwachsenden hohe psychische, soziale und intellektuelle Integrationsleistungen abverlangt. Das Risiko des Scheiterns an diesen Anforderungen ist gegenwärtig extrem erhöht (Baethge 1985, S. 284).

Der Existenz einer eigenständigen Lebensphase "Postadoleszenz" kann nicht zugestimmt werden. Die Zugangswege, die die Shell-Studie "Jugend '81" dafür angibt, erscheinen zum Teil nicht plausibel und verallgemeinerungsfähig. Es gibt sicherlich Jugendliche in den "Szenen" der Großstädte, auf die die Charakterisierung eines Postadoleszenten einschließlich postmaterieller Orientierung zutrifft; es gibt aber ebenso den Jugendlichen auf dem Land, der mit 16 Jahren engagiert eine Lehre beginnt und bemüht ist, sich materiell eine Existenz aufzubauen.

So verweisen auch die "allgemeinen Kennzeichen der Jugendphase" letztlich auf die Heterogenität dieser Altersgruppe. Die Komplexität von Jugend kann nicht durch die Proklamation einer neuen Lebensphase "Postadoleszenz" aufgelöst werden.

## 1.3. Die Lebens- und Erfahrungswelt heutiger Jugendlicher - objektive Veränderungen und subjektive Einstellungen und Sichtweisen der Jugendlichen

Nachdem im vorangegangenen Kapitel Grundstrukturen der Jugendphase herausgearbeitet wurden - die Bewältigung von Entwicklungsaufgaben unter den Bedingungen des Strukturwandels der Jugendphase - soll im folgenden der Frage nachgegangen werden, ob und inwieweit sich in der Lebenswelt heutiger Jugendlicher in den letzen Jahren objektiv feststellbare Veränderungen vollzogen haben. Ausgangspunkt der Überlegungen ist, daß die allgemeinen Jugendprobleme der Identitätsfindung und der Integration in die Gesellschaft "überformt (werden) von allgemeinen gesellschaftlichen Entwicklungen" und "in ihrem Erscheinungsbild nur im Zusammenhang mit diesen verständlich" sind (Klawe 1982, S. 99).

Die einzelnen für die Jugendlichen relevanten Lebensfelder Familie, Schule bzw. Ausbildung und Beruf, Freizeit und Freundesgruppe, Sexualität und Partnerschaft sowie ihr Verhältnis zu Gesellschaft und Politik werden in ihrer gegenwärtigen Situation dargestellt und auf etwaige objektiv feststellbare Wandlungen hin überprüft. Darüber hinaus soll jeweils auch die subjektive Sicht der Jugendlichen miteinbezogen werden, also die Frage, ob sie und wie sie diese Veränderungen wahrnehmen, verarbeiten und gegebenenfalls in ihre Zukunftsplanung und Lebensperspektiven einarbeiten.

Bei der Frage nach der Lebenslage der Jugend muß stets bewußt bleiben, daß sie - vor allem in diesem begrenzten Rahmen - pauschal und wenig differenzierend dargestellt werden muß. Unterschiede in der sozialen Herkunft, in den vorherrschenden Lebensmustern und qua Geschlecht geprägten Lebensentwürfen können nur angesprochen und nicht in der notwendigen Ausführlichkeit behandelt werden. Darüber hinaus müßten auch sozial-ökologische Aspekte der Lebens- und Erfahrungswelt miteinbezogen werden, d.h. diejenigen Einflüsse, die vom konkreten "Setting" des Wohn- und Lebensraums der Jugendlichen ausgehen und die Bewältigungs- und Verarbeitungsformen entscheidend mitprägen.[6] Es scheint dennoch gerechtfertigt, Aspekten der Lebenslage heutiger Jugendlicher in allgemeiner Form nachzugehen, da sich "bei allen Differenzierungsversuchen auch vergleichbare Verhaltensmuster zeigen." (Thiersch 1983, S. 21)

### 1.3.1. Familie, Ablösung vom Elternhaus und Generationenkonflikt

Die Familie stellt ein soziales Bezugssystem dar, das den Jugendlichen Hilfe und Unterstützung bietet bei der Bewältigung bzw. Planung von Schulanforderungen und Berufsperspektiven, bei der Entwicklung eines Werte- und Normensystems sowie - im Wandel von der Produktions- zur Konsumgemeinschaft - beim Aufbau von Verhaltensweisen im Konsum- und Freizeitbereich (Hurrelmann/Rosewitz/Wolf 1985, S. 66). Die individuelle Wirkung der Familie als Sozialisationsinstanz ist abhängig von ökonomischen, ökologischen, kulturellen und anderen gesellschaftlichen Rahmenbedingungen sowie vom jeweiligen Ausmaß der Verfügbarkeit über materielle und immaterielle Ressourcen (Hurrelmann/Rosewitz/Wolf 1985, S. 65). Insgesamt prägen die in familiären Interaktionen gewonnenen Erfahrungen auf spezifische Weise spätere Handlungs- und Erlebensformen der Kinder und Jugendlichen in außerfamiliären Bereichen (Brusten/Herriger/Malinowski 1983, S. 30). "Die Familie kann geradezu als 'Ort' des Erwerbs wichtiger Qualifikationen und der Entstehung und Ausprägung lebensbedeutsamer Verhaltensmuster angesehen werden." (Hamann 1988, S. 88)

Im folgenden werden zunächst einige demographische und sozialstrukturelle Veränderungen der Familie wiedergegeben, die sich auf die Sozialisation der Jugendlichen auswirken. Wesentlich für die Bedeutung der Familie im Jugendalter ist die Tatsache, daß sich die Jugendlichen vom Elternhaus ablösen und dieser Ablösungsprozeß für beide Seiten mit Problemen und Konflikten belastet ist. Wie sich die Loslösung der Jugendlichen von der Familie unter den gegebenen Bedingungen eines Strukturwandels der Jugendphase vollzieht, wird in einem zweiten Schritt beschrieben. Dem Elternhaus fällt weiterhin eine wichtige Rolle bei der Plazierung ihrer Kinder im Bildungs- und Ausbildungswesen zu. Es ist zu belegen, daß hier nach wie vor schichtspezifische Faktoren wirksam sind. Schließlich werden neuere Jugendstudien hinsichtlich ihrer Ergebnisse zu Aussagen Jugendlicher über das Verhältnis zu ihren Eltern ausgewertet. In diesem Zusammenhang soll auch das Verhältnis der Generationen allgemein zueinander thematisiert werden: kann man von einem tiefgreifenden Generationenkonflikt sprechen?

#### 1.3.1.1. Demographische und sozialstrukturelle Veränderungen

Der Anteil der Familien mit Jugendlichen ist rückläufig. Gleichzeitig geht auch die Zahl der Kinder in den Familien kontinuierlich zurück. Fast die Hälfte der Kinder und

Jugendlichen wachsen heute als Einzelkinder auf und sind zunehmend auf Gleichaltrigenkontakte außerhalb der Familie angewiesen. In diesen Familien wird die Kommunikationsstruktur meist von den Eltern dominiert. Eine Entlastungs- und Unterstützungsmöglichkeit durch Geschwister ist bei Einzelkindern nicht gegeben (Pettinger 1985, S. 267). Die Tendenz zu kleineren Familien mit weniger Kindern konstatieren auch Hurrelmann/Rosewitz/Wolf (1985, S. 67): da gleichzeitig das Durchschnittsheiratsalter sinke und die Lebenserwartung steige, gehe die "Lebensdauer" familialer Systeme mit Kindern und Jugendlichen zurück.[7]

Trotz stark gestiegener Scheidungsraten leben gegenwärtig mehr Jugendliche in vollständigen Familien als noch vor 20 Jahren. Diese Ergebnisse sind eindeutig auf die Folgen des Kriegs zurückzuführen - aus "Kriegswaisen" sind heute "Scheidungswaisen" geworden (Allerbeck/Hoag 1985, S. 56). Jugendliche mit einem geschiedenen Elternteil erleben oftmals eine Phase der familialen Desorganisation und Diskontinuität. Aus einer Scheidung muß jedoch nicht zwangsläufig eine Verschlechterung der Familiensituation resultieren. Möglicherweise wird der Jugendliche sogar entlastet, indem er nicht ständig gezwungen ist, sich zwischen die Eltern zu stellen oder Partei für einen Teil zu ergreifen. Folge der Zunahme der Scheidungen ist auch ein Anstieg der Wiederverheiratungen. Für die Jugendlichen bedeutet dies, sich mit dem jeweiligen neuen Partner des Elternteils auseinanderzusetzen, was nicht selten zu Anpassungsproblemen und Verhaltensstörungen führt (Pettinger 1985, S. 268).

Die Erwerbsquote der Mütter hat zugenommen; Auswirkungen auf die Binnenstruktur der Familie und das Rollenbild der Frau sind wahrscheinlich (Pettinger 1985, S. 268). Das gute Verhältnis zu den Müttern, das allgemein von den Jugendlichen angegeben wird, leidet unter der Berufstätigkeit nicht (Allerbeck/Hoag 1985, S. 62). Gleichzeitig hat die Erfahrung von Arbeitslosigkeit eines Familienmitglieds zugenommen. So bezeichnen nach Ergebnissen der Shell-Studie "Jugendliche und Erwachsene '85" sowohl Eltern als auch Jugendliche Arbeitslosigkeit als das gegenwärtig größte Problem (Jugendwerk der deutschen Shell 1985, Bd.1, S. 13). Neben den psychosozialen Folgen für die Betroffenen selbst und die Atmosphäre in der Familie hat vor allem die Reduzierung finanzieller Hilfen bei gleichzeitig steigenden Kosten erhebliche psychische Belastungen auch für die Kinder und Jugendlichen in den Familien zur Folge.[8]

Die meisten Jugendlichen wohnen noch bei ihren Eltern (1983: 80 %; Allerbeck/Hoag 1985, S. 54), wenn sich auch der Zeitpunkt des Auszugs aus der elterlichen

Wohnung in den letzten Jahrzehnten vorverlagert hat (Jugendwerk der Deutschen Shell 1982, S. 105). In diesem Befund spiegeln sich jedoch weniger verminderte Ablösungstendenzen der Jugendlichen wider, als vielmehr ihre verlängerte ökonomische Abhängigkeit vom Elternhaus (Allerbeck/Hoag 1985, S. 59) und der desolate Zustand des Wohnungsmarktes besonders für junge Menschen. Vor allem in Großstädten zeichnet sich ab, daß das "Wohnungsproblem" eines der wichtigsten Anliegen der jungen Generation ist (Sozialreferat der Landeshauptstadt München, S. 31ff.).

#### 1.3.1.2. Ablösung vom Elternhaus

Im Jugendalter treten im Verhältnis zur Familie Prozesse der Ablösung in den Vordergrund, wie dies bereits als Entwicklungsaufgabe des Jugendalters formuliert wurde. Diese Prozesse vollziehen sich auf verschiedenen Ebenen:

- der interaktionellen Ebene des gemeinsamen Kontakts und Zusammenseins: hier wird die Ablösung zunächst vollzogen, da sich hier der geringste Widerstand der Eltern bietet. Freizeit wird zunehmend ohne Eltern außerhalb der Familie verbracht. Diese Entwicklung hat zwangsläufig auch Folgen für die
- normative Ebene direkter elterlicher Einflußnahme und Kontrolle. Die Eltern haben durch die reduzierten Sozialkontakte weniger Möglichkeiten der Einflußnahme und der Vermittlung von Wertorientierungen, Einstellungen und Haltungen;
- der emotionalen Ebene gefühlsmäßiger Bindungen, Loyalität und Solidarität zwischen Eltern und Jugendlichen. Im Zuge der sozialstrukturellen Veränderungen in Richtung Kleinfamilie und der damit verbundenen besonderen soziopsychischen Struktur in der Familie scheinen sich tiefe emotionale Bindungen noch zu verstärken, wodurch die Loslösung auf dieser Ebene besonders problematisch wird (vgl. Neidhardt 1970, S. 61).

Die Dimensionen des Ablösungsprozesses können nach Hurrelmann/Rosewitz/Wolf (1985, S. 63f.) auch folgendermaßen klassifiziert werden: auf einer kulturellen Ebene erfolgt die Ablösung elternunabhängig und je nach persönlichem Lebensstil. Diese kulturelle Ablösung erfolgt eher als die räumliche, die durch den Auszug aus dem Elternhaus vollzogen wird - häufig bei fortsetzender finanziell-materieller Abhängigkeit von Eltern - der dritten Ebene der Ablösung. Prozesse der Ablösung erfolgen auf diesen Ebenen zu unterschiedlichen Zeitpunkten und in variierender Intensität.

Durch Strukturveränderungen der Jugendphase hat sich der Ablösungsprozeß in seinen verschiedenen Dimensionen auseinandergezogen und insgesamt verlängert (vgl. 1.2.2.1.): die kulturelle Ablösung, z.B. in Bezug auf den Medienkonsum erfolgt heute schon in der Kindheit und der frühen Jugend. Der räumliche Ablösungsprozeß erfolgt immer früher. Dagegen weist die materiell-finanzielle Ablösung eine entgegengesetzte Tendenz auf. Die bereits erwähnte spezifische sozio-psychische Struktur in den Kleinfamilien läßt darauf schließen, daß dort häufig noch umfassende emotionale Bindungen bestehen, auch wenn eine räumliche Ablösung bereits vollzogen ist (Hurrelmann/Rosewitz/Wolf 1985, S. 68).

"Insgesamt ist für das Jugendalter eine Verlagerung der primären Bedeutung der Familie in Richtung auf materielle Sicherung und Unterstützung festzustellen, wodurch die sozioökonomische Position der Familie trotz des frühen soziokulturellen Ablösungsprozesses an Gestaltungseinfluß auf die Jugendphase gewinnt." (Hurrelmann/Rosewitz/Wolf 1985, S.70)

Die Ablösung ihrer Kinder bedeutet auch für die Eltern eine Umbruchsituation.[9] Vielen Eltern fällt es schwer, ihr "emotionales Potential" den gewandelten Bedürfnissen der Jugendlichen und ihrer veränderten sozialen Lage anzupassen, in neue Rollenbeziehungen umzustrukturieren und einzubringen. Bislang verdeckte Konflikte und Probleme in der Familiensituation können unter besonders belastenden Bedingungen leichter zum Ausbruch kommen (vgl. Hornstein 1977a, S. 516f.).

#### 1.3.1.3. Die Rolle der Eltern bei der Plazierung in Bildung, Ausbildung und Beruf

Seit einigen Jahren gewinnen die Einrichtungen des Bildungswesens für die Plazierung der heranwachsenden Generation in der Gesellschaft zunehmend an Bedeutung. Durch ihre Qualifikations- und Selektionsfunktion fällt ihnen eine vorentscheidende Rolle in der Vergabe von Bildungszertifikaten zu. Dieser Zuweisungsprozeß ist zugleich ein Prozeß der Selektion nach sozialer Herkunft: die große Mehrheit der Kinder aus Arbeiterfamilien besucht nach wie vor die Hauptschule (Engel/Hurrelmann 1987, S. 82f.). Vielfach lassen sich Arbeiterfamilien trotz gleicher Bildungsbereitschaft wie Mittelschichteltern leichter von ihren Bildungswünschen abdrängen; sie resignieren schneller und sind in stärkerem Maße auf das Urteil Außenstehender angewiesen (Pettinger 1985, S. 268f.). Im weiteren Verlauf der Schulzeit verschiebt sich die Bildungsbeteiligung ständig weiter zugunsten eine Privilegierung der Kinder aus Angestellten- und Beamtenfamilien (Engel/Hurrelmann 1987, S. 83).

Die Plazierung der Kinder und Jugendlichen in Bildung und Ausbildung wird also vorentschieden durch ihre soziale Herkunft.[10] Im einzelnen wirken als Einflußfaktoren: die Berufsstellung und Ausbildung der Eltern, das Einkommen der Familie, die Kinderzahl, die Konfession, regionale Unterschiede, geschlechtspezifische Unterschiede, die Art der Berufsvollzüge des Vaters, das Informations- und Unterstützungsverhalten der Eltern, Wertorientierungen, das Erziehungsverhalten sowie die Familienbeziehungen (Tippelt 1984, S. 41ff.; vgl. auch Engel/Hurrelmann 1987, S. 83f.: "indirekte" und "direkte" Einflußfaktoren).

Diese "Vorläufersozialisation" in Familie und Schule, die auch Art und Umfang der Lern- und Sozialerfahrungen im allgemeinen mitprägt, kommt - verstärkt durch die jeweils absolvierte Schulbildung - bei der Berufswahl zum Tragen: auch hier manifestiert sich die "Vererbung gesellschaftlicher Ungleichheit." (Hamburger Jugendstudie 1983, S. 46; vgl. auch Schober-Gottwald 1977, S. 163) Die Herkunftsfamilie hat nicht an Bedeutung "als hauptsächliche Institution der Programmierung sozialer Laufbahnen für den gesellschaftlichen Nachwuchs verloren." (Engel/Hurrelmann 1987, S. 92)

Ihre Rolle hat sich jedoch insofern verändert, als sich die meisten Eltern heute der weitreichenden Bedeutung der Entscheidung für eine bestimmte Schullaufbahn bzw. Berufsausbildung bewußt sind. Sie sind bemüht, ihren Kindern möglichst gute Startchancen zu eröffnen und "den ranghöchsten schulischen und nachschulischen Lebensweg" (Engel/Hurrelmann 1987, S. 92; vgl. auch Hurrelmann/Wolf 1986, S. 6) zu erreichen. Neben diesem Streben nach "Maximierung von Bildungszertifikationen" (Engel/Hurrelmann 1987, S. 92) bieten die Eltern bei der Wahl und Suche eines Ausbildungs- und Arbeitsplatzes nicht nur Rat und Hilfestellung, sondern setzen sich auch tatkräftig dafür ein, ihren Kindern etwa über "Beziehungen" einen Ausbildungs - oder Arbeitsplatz zu verschaffen (Allerbeck/Hoag 1985, S. 87).

Gleichzeitig ist vielen Eltern die Gefahr des Scheiterns ihrer Bemühungen bewußter. Sie verfolgen die Schullaufbahn ihrer Kinder intensiver, was nicht ohne Folgen für die binnenfamiliären Beziehungen bleibt. Schule als potentielles Thema und mögliche Konfliktquelle ist im Familienalltag zumindest latent dauernd präsent (Ulich 1989, S. 181f.).

1.3.1.4. Das Verhältnis zu den Eltern aus der Sicht der Jugendlichen

Nach Ergebnissen der aktuellen Jugendstudien bezeichnet die Mehrzahl der Jugendlichen ihr Verhältnis zu den Eltern als gut (z.B. Allerbeck/Hoag 1985, S. 59 f.; Sinus-Institut 1985, S. 16f.). Die Eltern werden heute jedoch erheblich differenzierter gesehen als vor 20 Jahren, d.h. daß Vater und Mutter mehr als einzelne Personen und nicht so sehr als "gemeinsame Instanz" wahrgenommen werden[11] (Allerbeck/Hoag 1985, S. 61f.). Dies entspricht den allgemeinen Individualisierungstrends innerhalb der Familien: "Mütter, Väter und die einzelnen Kinder betrachten sich selbst und die anderen Familienmitglieder immer mehr als Personen mit ganz bestimmten Eigenheiten, nicht als jemanden, der sich entsprechend einer allgemeinen gesellschaftlichen Rollenzuschreibung zu verhalten hat." (Deutsches Jugendinstitut 1989, S. 126) Häufig wird ein besseres Verhältnis zur Mutter genannt, auch wenn diese berufstätig ist und somit weniger Zeit für die Kinder aufbringen kann (Allerbeck/Hoag 1985, S. 62). Die große Rolle der Mütter als Vertrauenspersonen betonen auch die Sinus-Studie (1985, S. 17) und ein Report des Deutschen Jugendinstituts (1989, S. 125). Bauer/Hellmann/Pardon (1983, S. 89) stellen dagegen fest, daß der Freund bzw. die Freundin die Mutter als Vertrauensperson verdrängt haben.

Das Urteil, das Jugendliche über ihre Eltern abgeben, ist also vorwiegend positiv. Wenn auch viele Jugendliche glauben, daß eine "autonome Welt der Jugendlichen" mit eigenen Normen, Werten und Lebensstilen existiert, so suchen die meisten nicht den Konflikt, sondern Verständigung und Ausgleich mit den Eltern. Die Beziehung zu ihnen erweist sich auch in Zeiten persönlicher Krisen als belastbar (Sinus-Institut 1985, S. 19).

Konflikte mit den Eltern zentrieren sich heute vorwiegend auf den Bereich der Mode, auf jugendkulturelles Prestigetum und - damit verbunden - auf den "Konsumdrang" der Jugendlichen. Typische frühere Adoleszenzkonflikte, wie z.B. Ausgehen oder Schminken haben sich in die Pubertät vorverlagert (Jugendwerk der Deutschen Shell 1985, Bd.1, S. 15).

Die Erziehungsstile, Vorstellungen von Erziehung und der Einfluß der Kinder haben sich in der Beurteilung durch die Jugendlichen erheblich verändert. Der Erziehungsstil der Eltern wird heute eher als antiautoritär, tolerant und milde eingeschätzt (Allerbeck/Hoag 1985, S. 64). Insgesamt beurteilen die Jugendlichen die Erziehung durch ihre Eltern recht positiv, wobei allerdings gut die Hälfte der Jugendlichen mit der

Erziehungstradition ihrer Eltern brechen und das "Miteinander-Reden" zum Leitmotiv der Erziehung ihrer eigenen Kinder machen möchte (Jugendwerk der Deutschen Shell 1985, S. 17).

1.3.1.5. Kann man von einem Generationenkonflikt sprechen?

Dieses harmonische Bild des Verhältnisses Jugendlicher zu ihren Eltern steht wenig in Einklang mit den viel diskutierten Thesen des Generationenkonflikts und der Vorstellung von Konflikten zwischen Heranwachsenden und ihren Eltern als geradezu klassische, ja konstitutive Merkmale des Ablösungsprozesses.

Die diesbezügliche Literatur spiegelt gegensätzliche Meinungen über Existenz und Ausprägung eines Generationenkonflikts wider. Die These, daß die Situation in der Familie grundsätzlich durch den Generationenkonflikt geprägt sei, kann heute wohl in dieser pauschalen Form nicht mehr aufrechterhalten werden. Es ist eher der Ansicht zuzustimmen, daß der klassische Generationenkonflikt abgelöst worden ist durch Nivellierungstendenzen im Hinblick auf den Altersstatus, die Berufs- und Lebenserfahrung sowie die elterliche bzw. Erwachsenenautorität (Pettinger 1985, S. 271). Diese Tendenzen sind auch im Kontext des Strukturwandels der Jugendphase zu sehen.

Die aktuellen Jugendstudien können ebenfalls keine tiefgreifende Kluft zwischen den Generationen feststellen (Allerbeck/Hoag 1985, S. 66). Dennoch: "Zwischen den Generationen besteht ein neuartiger kollektiver Konflikt. Er speist sich nicht aus Quellen innerhalb der Familie, sondern aus außerfamilialen sozialen Prozessen." (Allerbeck/Hoag 1985, S. 68) Ähnlich konstatiert Schütze (1988, S. 234), daß sich der Konflikt zwischen den Generationen weniger auf der familialen als auf der gesellschaftlichen Ebene abspiele: Die Jugendlichen artikulierten Kritik an den Erwachsenen ungleich schärfer als an den eigenen Eltern. Klingler (1981, S. 45) spricht von einer gewissen Distanz zwischen Jüngeren und Älteren und mangelhaftem gegenseitigen Verständnis. Die Shell-Studie "Jugendliche und Erwachsene '85" (S. 69f.) führt diverse Kritikpunkte an, die Jugendliche und Erwachsene heute gegenseitig an sich bemängeln, z.B. moderne Süchte und Abhängigkeiten, zu hohe Ansprüche und Leichtfertigkeit einerseits sowie falsches Verhältnis zur heutigen Jugend, falsche Lebensweise und falsches Erziehungsverhalten andererseits.

Die Einschätzung der Frage, ob man von einem Generationenkonflikt sprechen kann, ist wohl stark von persönlichen Erfahrungen abhängig und kann in diesem Rahmen auch nicht abschließend geklärt werden. In der Diskussion sollten jedoch methodische Aspekte der Fragestellung und Stichprobenauswahl der Jugenduntersuchungen berücksichtigt werden: Zum einen sind die Antworten der Jugendlichen auf die Frage nach dem Verhältnis zu ihren Eltern auch im Kontext des Charakters der Untersuchungen zu beurteilen: Konflikte werden hier wohl eher verdrängt - auch im Sinne sozialer Erwünschtheit. Zum anderen scheint in diesem Zusammenhang die Tatsache zum Tragen zu kommen, daß sich die klassischen Konfliktbereiche der Adoleszenz zunehmend in die Pubertät vorverlagern und diese Altersgruppe in den Stichproben meist nicht enthalten ist.

#### 1.3.1.6. Zusammenfassung

Der Familie wurde in den letzten Jahren vorgeworfen, sie leide unter Funktions- und Orientierungslosigkeit, verkomme zur bloßen Konsumgemeinschaft und verliere ihre "verhaltensprägende Kraft" (Behr 1982, S. 29,38f.). Die hier vorgelegten Untersuchungsergebnisse deuten darauf hin, daß zwar das quantitative Gewicht der Familie durch die Zunahme öffentlicher Sozialisation im Bildungs- und Ausbildungswesen zurückgegangen ist, die qualitiative Bedeutung der Familie für die Entwicklung von Handlungskompetenzen und die Bewältigung der Entwicklungsaufgaben sich jedoch nicht verringert hat (vgl. auch Olk 1985, S. 295). Die Jugendlichen betonen die Rolle der elterlichen Unterstützung in emotionaler und motivationaler Hinsicht und erhoffen sich durch Beobachtung der Eltern Lern- und Handlungsfortschritte (vgl. 1.2.1.3).

Doch mit den Strukturveränderungen der Jugendphase haben sich die Dimensionen des Ablösungsprozesses verschoben und auseinandergezogen und damit hat sich auch die Funktion der Familie verändert. Familie dient heute vor allem der materiellen Sicherung und Unterstützung. Ihre Rolle als lebensstilprägende Wohn- und Lebensgemeinschaft ist relativ klein (Hurrelmann 1987, S. 545).

Zudem sind sich auch die Eltern ihres Wert- und Normengefüges nicht mehr sicher. Vielen stellt sich die Frage, welche Normen und Werte sie überhaupt an die nachfolgende Generation tradieren sollen. Aufgrund des raschen sozialen und technologischen Fortschritts existieren vielfach Informationsdefizite, die zu einer zusätzlichen

Verunsicherung führen, wenn es darum geht, den Jugendlichen Hilfestellung bei der Planung und Entwicklung von Zukunfts- und Lebensperspektiven zu bieten.

Die "weltorientierende Funktion", die die Jugendlichen gegenwärtig unter den komplexen, ständig im Wandel begriffenen, Gesellschafts- und Wirtschaftsstrukturen nötig hätten, vermag Familie kaum zu leisten. "Familie als pädagogische Provinz befindet sich in einem historischen Konkurrenzkampf mit öffentlichen und mit selbsternannten kommerziellen Erziehern der Jugend." (Jugendwerk der Deutschen Shell 1985, Bd.1, S. 18)

### 1.3.2. Schule

Es wurde bereits ausgeführt, daß "Jungsein" im Kontext des Strukturwandels der Jugendphase gegenwärtig immer mehr den Charakter des "Schülerseins" annimmt (vgl. 1.2.2.1.). Die Schule als Sozialisationsinstanz im Jugendalter ist von zentraler, diesen Lebensabschnitt weitgehend definierender Bedeutung. Gleichzeitig erhält Schule eine immer größere Rolle als Plazierungs- und Selektionsinstanz.

Diesem Bedeutungszuwachs der Schule hat Jugendforschung bislang kaum Rechnung getragen. Schülerforschung ist eine vernachlässigte Größe und steht relativ unverbunden neben der Jugendforschung (Böhnisch 1985, S. 307; Helsper 1988, S. 249).

Im folgenden soll versucht werden, einen kurzen Situationsbericht der Schule zu liefern und ihre Bewertung durch die Jugendlichen selbst aufzuzeigen.

#### 1.3.2.1. Gegenwärtige Situation und Funktion der Schule

Schule stellt "... die für alle Gesellschaftsmitglieder obligatorische sekundäre Sozialisationsinstanz mit qualifikatorischen, selektiven und legitimatorischen Funktionen" (Brusten/Herriger/Malinowski 1983, S. 30) dar.

Seit den 60er Jahren erfährt der Schulbesuch durch die Verlängerung der Pflichtschulzeit, die Ausweitung qualifizierter Schulabschlüsse und die Beschulungsmaßnahmen als Reaktion auf die hohe Jugendarbeitslosigkeit eine deutliche lebensgeschichtliche Ausdehnung.[12] Gleichzeitig haben sich Verschiebungen in der Verteilung der Schüler auf die verschiedenen Schulformen vollzogen: die Mehrzahl der

Jugendlichen besucht heute weiterführende Schulen, wobei allerdings immer noch schichtspezifische Benachteiligungen gegeben sind (vgl. 1.3.1.3). Festzustellen ist auch eine alltägliche Ausweitung der Schulzeit. Schule ist zur zentralen gesellschaftlichen Organisation des Jugendalters geworden, die den jugendlichen Alltag und die jugendliche Biographie stark beeinflußt (Helsper 1988, S. 255f.).

Primäre Aufgabe der Schule ist es, die Schüler mit denjenigen Kenntnissen und Fertigkeiten auszustatten, die sie für die Bewältigung ihres weiteren Lebenslaufs und des Berufslebens benötigen (Hurrelmann/Rosewitz/Wolf 1985, S. 81). In den letzten Jahren haben sich die Erziehungsleistungen und Sozialisationsaufgaben der Schule immer weiter ausgedehnt. Sie reichen von der Entlastung der Familie bis hin zur Möglichkeit, in Sozialisationsprozesse intervenierend einzugreifen, z.B. bei der Begabungsförderung (Hurrelmann/Rosewitz/Wolf 1985, S. 80).

Diese Entwicklung wird unterschiedlich beurteilt. Kritiker der Schule halten diese Ausweitung im Hinblick auf die Persönlichkeitsentwicklung junger Menschen für dysfunktional bzw. defizitär. Frei gewählte und individuell geprägte Formen der Kommunikation und der sozialen Interaktion würden durch an Konkurrenz und Leistung orientierten Beziehungen ersetzt. Die abstrakten und praxisfernen schulischen Leistungsanforderungen und die vielfach durch Distanz und Fremdheit geprägte Lehrer-Schüler-Beziehung erschwerten die Identitätsbildung der Jugendlichen und ihre Orientierung an reflexiv geprüften sozialen Werten. Aus betriebskritischer Sicht wird dagegen argumentiert, daß die Schule jener Ort sei, der allgemeine Bildung vermittle, altershomogene Kommunikation der Heranwachsenden fördere und einen handlungsentlasteten Freiraum zur individuellen Selbstformung biete. Die Sozialisation im privaten Produktions- und Dienstleistungsbetrieb mit seinen an privatwirtschaftlichen Verwertungsinteressen orientierten Organisations- und Ausbildungsprinzipien stelle die reale Alternative zur schulischen Sozialisation dar, wobei den schulischen Sozialisationsprozessen weitaus günstigerer Einfluß zugeschrieben wird (Sinus-Institut 1985, S. 28; 1983, S. 76).

Ähnlich sieht Baethge (1985, S. 286f.; vgl. auch Hurrelmann 1983, S. 30) in der Verlängerung der Schulzeit eine positiv zu bewertende Potentialität: Schule sei der Kristallisationspunkt von Stilbildungen, ermögliche altershomogene Kommunikation und die Nutzung der freien Zeit für eigene Interessen. Einschränkend weist der Autor darauf hin, daß der Realisierung dieser Potentialität Hindernisse vor allem auf dem Arbeitsmarkt entgegenstehen. Betrachtet man die Aussagen der Jugendlichen selbst über Schule und Berichte über Schulversagen und Schulstreß, so ist wohl eher den Schulkritikern zuzustimmen.

Unbestritten ist jedoch, daß Schule aufgrund ihrer spezifischen Struktur besondere Anforderungen an die Jugendlichen stellt: sie bindet den Jugendlichen in einen abgesonderten Lebensbereich mit einer ausgeprägten Eigensystematik, auf die sich die Schüler einstellen müssen. Die individuelle Auseinandersetzung mit dieser Anforderungsstruktur ist abhängig von den sozialstrukturell vorgeprägten Voraussetzungen und Möglichkeiten der Jugendlichen zu ihrer Verarbeitung und Bewältigung (Hurrelmann/Rosewitz/Wolf 1985, S. 79). Die Schule fordert von den Jugendlichen das Eingehen auf begrenzte, eher fachspezifisch orientierte und wenig emotional gefärbte soziale Beziehungen. Sie erwartet fachliches und leistungsbezogenes Interesse und eine selektive, am jeweiligen Inhalt ausgerichtete Aufmerksamkeit. Sie fordert weiterhin einen hohen Grad von Verhaltensdisziplinierung, wobei diejenigen Schüler im Vorteil sind, denen solche Interaktionsstrukturen aus der Familie vertraut sind (Hurrelmann/Rosewitz/Wolf 1985, S. 81).

Tatsache ist weiterhin, daß sich aufgrund der gesellschaftlichen Strukturveränderungen der äußere Druck auf das Schulsystem verstärkt hat und die Anwendung von Leistungsmaßstäben sowie die Vergabe von Gratifikationen wichtiger geworden sind (Hurrelmann/Rosewitz/Wolf 1985, S. 91). Gleichzeitig ist jedoch im Gefolge der Arbeitsmarktkrise der Wert dieser schulischen Zertifikate fragwürdig und unsicher geworden. Ein guter Schulabschluß garantiert noch keinen sicheren Vorsprung im Wettbewerb um Ausbildungs- und Studienplätze (vgl. auch Czerwenka 1988, S. 133).

Besonders stark betroffen von dieser Entwicklung sind die Mädchen. Bei der schulischen Bildung haben sie die Jungen mittlerweile eingeholt, z.T. auch schon überholt. Eine entsprechende Umsetzung und Verwertung der Bildungsabschlüsse scheitert jedoch meist an den Hürden des Ausbildungs- und Arbeitsmarktes (vgl. Seidenspinner/Burger 1982).

1.3.2.2. Einschätzung der Schule durch die Jugendlichen

Schule wird von den Jugendlichen in differenzierter, aber deutlich nüchtern-distanzierter Weise als notwendige Einrichtung akzeptiert. Ihr Besuch wird als notwendig erachtet für die Entwicklung zum vollwertigen Gesellschaftsmitglied. Insofern wird die Existenz und Legitimität der Schule nicht in Frage gestellt (Hurrelmann 1983, S. 34).

In ihren konkreten Ausprägungen und Erscheinungsformen jedoch stößt Schule bei den Jugendlichen vielfach auf Ablehnung (Czerwenka 1988, S. 138).

Nach Ergebnissen der Sinus-Studie (1985, S. 78) richten sich die Hauptkritikpunkte der Schüler auf zu große Klassen, Lehrermangel und Unterrichtsausfall. Daneben bemängeln die Schüler die assymmetrische Interaktion im Unterricht, d.h. die Dominanz des Lehrers und ihr mangelndes Mitspracherecht. Kritik wird auch geübt an der methodischen Vermittlung der Lerninhalte durch die Lehrer (Czerwenka 1988, S. 141). Insgesamt stellen Allerbeck/Hoag (1985, S. 78) einen Rückgang der Schulzufriedenheit fest - Schulunlust nimmt zu. Nach wie vor wird über "Schulstreß" geklagt, der aber heute auch auf das Elternhaus zurückzuführen ist, da sich die Eltern verstärkt um die Schulleistungen ihrer Kinder kümmern als früher (Allerbeck/Hoag 1985, S. 81f). Die Schüler erfahren die Anforderungen und Urteile in der Schule immer auch durch die Leistungserwartungen und Notenreaktionen ihrer Eltern. In vielen Familien ist die Schulleistung permanenter Konfliktherd (Ulich 1989, S. 185f.).

Nach Helsper (1988, S. 262; vgl. auch Aster/Kuckartz 1988) betrifft die Kritik, die Jugendliche an der Schule üben, vor allem die "institutionellen Kernzonen" der Schule, d.h. den Unterricht selbst, Tests und Zeugnisse, den Leistungsdruck sowie das Verhältnis zu den Lehrern. Dagegen werden die "informellen Randzonen" der Schule eher positiv beurteilt: Schulausflüge, schulische Freizeit und vor allem das Zusammensein mit Gleichaltrigen.

In einer Untersuchung von Hurrelmann (1983, S. 34) beklagt ca. die Hälfte der Jugendlichen die mangelnde Transparenz der schulischen Leistungs- und Verhaltensanforderungen, die sie zum Teil als willkürlich und ungerecht empfinden. Die Anforderungen stellen für viele Schüler ein kompliziertes System dar, in dem ihre eigenen Fähigkeiten, Interessen und Bedürfnisse kaum Berücksichtigung finden. Vor allem leistungsschwache Schüler und auch Kinder aus Unterschichtfamilien empfinden diese Bedingungen als fremdartig, belastend und undurchschaubar. Leistungsstarken Schülern fehlt vielfach der "tiefere Sinn" des Ganzen, sie empfinden die Strukturen als "entfremdet", wodurch die Möglichkeit vergeben wird, unmittelbar von den Anforderungen zu profitieren. Die Jugendlichen erfahren sich "okkupiert in ihrer Zeit, beansprucht für Lernaufgaben, deren gesellschaftlich-kulturellen Nutzen sie nicht einsehen und angestrengt für Ziele (z.B. dem Erwerb von Berufslernchancen oder gesellschaftlichem Status), die sie durch die Schule doch nicht erreichen können." (Thiersch 1983, S. 21)

Viele Jugendliche reagieren auf diese Konstellation, indem sie zunehmend instrumentelle Orientierungsmuster in Bezug auf Schule entwickeln, d.h. sie erfüllen die systemspezifischen Anforderungen der Schule unabhängig von Inhalten und vorhandenen Interessen (Hurrelmann/Rosewitz/Wolf 1985, S. 79).

Die Mehrzahl der Schüler schätzt die Aufgaben schulischer Bildung als "Vorbereitung auf das spätere Leben" ein und befindet sich damit in Einklang mit Eltern und Lehrern. "Sinn" wird der Schule zugestanden, soweit sie etwas für die Bewältigung der Zeit nach der Schule, vor allem das Berufsleben leistet. Die gesellschaftliche Selektions- und Plazierungsfunktion wird von den Jugendlichen als Faktum anerkannt; sie akzentuieren diese Funktion sogar sehr stark und messen dem Zeugnis eine Art "Tauschwert" bei für den Eintritt in das Leben nach der Schule, d.h. das Berufsleben, das für die meisten der Inbegriff des Erwachsenenlebens ist (Hurrelmann/Rosewitz/Wolf 1985, S. 89). Die Jugendlichen folgen damit dem gesellschaftlichen Deutungsmuster "Lernen für das Leben", wodurch die instrumentelle Orientierung noch einmal verdeutlicht wird - die Erziehungs- und Bildungsfunktion der Schule wird immer mehr zurückgedrängt. "Die Jugendlichen werden zu einer die Berufs- und Lebenschancen sichernden 'Optimierungsstrategie' gezwungen." (Hurrelmann/ Rosewitz/Wolf 1985, S. 90)

### 1.3.2.3. Zusammenfassung

Die Schule hat sowohl an gesellschaftlicher als auch an individueller Bedeutung zugenommen. Verbesserten Bildungschancen stehen verschlechterte Berufschancen entgegen, die einer Umsetzung der erworbenen Kenntnisse und Fähigkeiten im Berufsleben - vor allem bei Mädchen - im Wege stehen.

Für die Jugendlichen stellt Schule einen zentralen, nicht zu umgehenden Lebensbereich dar, dem sie mit einer Art "ritualistischen" Haltung, mit instrumentellstrategischen Handlungsorientierungen begegnen und der in der Regel nicht in einer solchen Weise erlebt wird, daß er einen sinnstiftenden Beitrag zur Gestaltung der Jugendphase leisten kann (Hurrelmann/Rosewitz/Wolf 1985, S. 94). Die Schule als zentrale gesellschaftliche Organisation des Jugendalters trägt im Gegenteil "wesentlich zur Entstehung jugendlicher Sinnkrisen bei." (Helsper 1988, S. 263) Für die persönliche

Entwicklung messen die Jugendlichen den außerschulischen Entfaltungsmöglichkeiten mehr Bedeutung bei (Hurrelmann/Rosewitz/Wolf 1985, S. 94; vgl. dazu auch Bietau/Breyvogel/Helsper 1981). Schüler mögen auch früher schon an der Schule "gelitten" haben, aber heute ist beachtenswert, daß diese Einstellungen stark verbreitet sind, von den Jugendlichen bewußt und intensiv wahrgenommen und ausdrücklich thematisiert werden (Boßmann 1982, S. 13).

Schule hat es damit bislang nicht geschafft, die Folgen gesellschaftlicher Veränderungen für sich und die Schüler in gleicher Weise ernst zu nehmen (Rademacker 1985, S. 159). Sie läßt sich im Gegenteil immer mehr als "Statusvorverteiler" und "Aufstiegsvehikel" sowie zur Abschöpfung der Arbeitsplatznachfrage mißbrauchen (Hurrelmann 1983, S. 31). Trotz aller Neuerungen und Verbesserungen ist sie nicht imstande, Lebenserfahrungen in glaubwürdiger Form zu vermitteln - ja, sie steht zunehmend in Gefahr, als Institution den Jugendlichen Lebenserfahrungen vorzuenthalten (Thiersch 1983, S. 21). So ist der Wunsch vieler Jugendlicher nachvollziehbar, das Lernen in der Schule möge mehr mit der eigenen Person zu tun haben, mit den derzeitigen Interessen und zukünftigen Perspektiven oder einfach mit dem "Leben" (Czerwenka 1988, S. 145).

Erwähnt werden soll schließlich noch, daß auch ganz pragmatische Chancen, die sich der Schule aufgrund neuerlicher demographischer Veränderungen mit dem bereits einsetzenden "Schwund der Jugend" bieten würden, ungenutzt bleiben: die Klassen- und Gruppenzahlen bleiben weiterhin zu hoch; große Meßzahlen sind mittlerweile normal geworden (Pöggeler 1987, S. 53).

### 1.3.3. Ausbildung, Arbeit und Beruf

Berufliche Sozialisation kann als "komplexer Lern- und Erfahrungsprozeß" betrachtet werden, in dem sich das Individuum mit den materiellen und sozialen Bedingungen seiner Arbeitssituation auseinandersetzt und "zentrale Interpretationen sozialer Sachverhalte derart konkretisiert und modifiziert, daß seine damit verbundenen Persönlichkeitsveränderungen entweder stabilisierend oder transformierend auf die gesellschaftlichen Verhältnisse zurückwirken." In diesem Prozeß werden nicht nur berufsbedeutsame Qualifikationen erworben, sondern auch allgemeine Orientierungen und Verhaltensmuster entfaltet. Die Auswirkungen der jeweiligen Ausbildungs- und Arbeitsprozesse erstrecken sich somit auf die gesamte Persönlichkeitsentwicklung und stellen eine wichtige Voraussetzung für die Ausbildung von Identität dar (Pätzold 1988, S. 274 f.; vgl. auch Dieckmann/Hafeneger 1985, S. 381).

Beruf und Arbeit sind in unserer Gesellschaft von entscheidender Bedeutung; Wert, Status und Prestige eines Menschen werden fast ausschließlich vom Beruf her bestimmt. Der einzelne wird "mit seinem Beruf am eindeutigsten und folgenreichsten gesellschaftlich lokalisiert." (Hornstein 1982a, S. 161) Auch aus dieser Sicht kommt der Bewältigung der Entwicklungsaufgabe "Einstieg in das Berufsleben" eine wesentliche Rolle für die Ausbildung und Stabilisierung von Identität zu: "Im Prozeß der Berufswahl und Berufsentscheidung wird schließlich darüber entschieden, wer ich gesellschaftlich und damit zu einem gut Teil auch individuell eigentlich bin und sein werde." (Hornstein 1982a, S. 162)

Seit Mitte der 70er Jahre erschweren nun aufgrund langfristiger strukturell bedingter Wandlungen in der Produktion sowie ungünstiger demographischer Konstellationen Lehrstellenmangel und Arbeitslosigkeit einen reibungslosen Übergang Jugendlicher in das Erwerbsleben. Dabei treten Probleme sowohl im Übergang von der Schule in die Berufsausbildung als auch von dort in das Beschäftigungssystem auf. Es ist anzunehmen, daß diese Entwicklung Einfluß auf das Verhältnis der Jugendlichen zu Arbeit und Beruf sowie auf ihre Zukunfts- und Lebensperspektiven zeitigt.

### 1.3.3.1. Der Übergang vom Bildungs- in das Beschäftigungssystem

Der Prozeß berufsbildender Maßnahmen im Jugendalter wird durch die (erste) Berufswahl, den Übergang von der Schule in die betriebliche Ausbildung (= 1. Statuspassage) eingeleitet und durch den Erwerb einer (ersten) Berufsqualifikation im Übergang von der beruflichen Qualifikation in die abhängige Erwerbstätigkeit (= 2. Statuspassage) vorläufig abgeschlossen (Hamburger Jugendstudie 1983, S. 39).

Die Berufswahl Jugendlicher vollzieht sich im Spannungsfeld zwischen persönlichen Interessenpräferenzen (subjektivem Sinn) und gesellschaftlicher Plazierung (objektiver Chancenstruktur) (Hamburger Jugendstudie 1983, S. 53), d.h. sie wird bestimmt durch subjektive Neigungen, Vorstellungen von sich selbst und der eigenen Identität einerseits und schicht- und geschlechtsspezifischen Faktoren, der allgemeinen ökonomischen Lage sowie den konkreten Gegebenheiten im sozialen Bezugsfeld der Jugendlichen andererseits.

Die Berufswahlentscheidung muß vor allem bei Hauptschülern in einer Phase des Lebenslaufs getroffen werden, die ohnehin durch Unsicherheiten und Desorientierungen geprägt ist. Einige Autoren gehen davon aus, daß Jugendliche im Alter von 15 oder 16 Jahren zu einer bewußten Berufswahl noch nicht in der Lage sind. Nunner-Winkler (1981, S. 125f.) konstatiert als Ergebnis offener Interviews mit Jugendlichen eine strukturell bedingte Unfähigkeit, sozio-kognitiv voraussetzungsreichere Kriterien (Eigeninitiative, Sinnstiftung) für die eigene Berufsentscheidung zu berücksichtigen (vgl. auch Saterdag/Stegmann 1980, S. 2f.; Boßmann 1982, S. 12). Bender-Szymanski (1984, S. 224) dagegen kommt in einer Untersuchung zu dem Schluß, daß die These vom unreflektierten Entscheidungsverhalten von Hauptschülern nicht aufrechterhalten werden könne (vgl. auch Schneermann/Werres 1985). Wie auch immer das Berufswahlverhalten von Hauptschülern realiter einzuschätzen ist, so steht doch fest, daß die Wahl in einer extrem schwierigen Lebensphase erfolgen muß und Unterstützungsleistungen der Umwelt (Eltern, Gleichaltrige, Berufsberatung) nicht immer in ausreichendem Maße vorhanden sind.

Wie bereits ausgeführt (vgl. 1.3.2.1.), hat seit einigen Jahren der Einfluß schulischer Zertifikate auf den Eintritt in das Berufsleben stark zugenommen. Damit setzt sich die "Vererbung gesellschaftlicher Ungleichheit" über die schulischen Bildungsabschlüsse auch bei der beruflichen Plazierung fort; die "objektive Chancenstruktur" dominiert gegenüber den "persönlichen Interessenpräferenzen" (Hamburger Jugendstudie 1983, S. 46; Baumann u.a. 1979, S. 133ff.). Gegenwärtig ist "das sicherlich in anderen Zeiten eher vorhandene Gleichgewicht von Berufswünschen, -vorstellungen einerseits und den objektiven Möglichkeiten seiner Befriedigung andererseits ... kaum gegeben." (Hornstein 1982a, S. 140) Der Übergang von der Schule in die Arbeitswelt ist heute eine mit erheblichen Unsicherheiten verbundene Umbruchsituation für die Heranwachsenden (Dieckmann/Hafeneger 1985, S. 381).

Das Ausbildungsplatzangebot hat sich zwar in den letzten Jahren mit dem Rückgang der geburtenstarken Jahrgänge verbessert; vor allem im Handwerk wird mittlerweile wieder um Auszubildende geworben. Aber es bestehen nach wie vor erhebliche regionale, branchen- und geschlechtsspezifische Disparitäten, die einer Realisierung der Berufswünsche vieler Jugendlicher entgegenstehen. Der Druck des Arbeitsmarktes wirkt sich unvermindert vor allem auf die sog. Problemgruppen aus: Hauptschüler mit schlechtem bzw. ohne Schulabschluß, Abgänger aus Schulen für Lernbehinderte (Sonderschulen), Mädchen, behinderte und ausländische Jugendliche sowie sozial benachteiligte Jugendliche (z.B. Heimjugendliche). Viele dieser Jugendlichen sind gezwungen, zunächst einmal in berufsvorbereitenden Lehrgängen, beruflichen Vollzeitschulen oder sonstigen "Warteschleifen" unterzukommen, da sie im Konkurrenzkampf mit höher qualifizierten Jugendlichen, die verstärkt in die betriebliche Ausbildung drängen, nicht bestehen können (Petzold/Schlegel 1983, S. 55ff.; Petzold 1983).

Das primäre Interesse, eine Berufsausbildung zu absolvieren, geht bei den Jugendlichen selten verloren, wenn auch mit der Zeit Modifikationen und Abstriche in Bezug auf den gewünschten Beruf vorgenommen werden und sich inhaltlich-tätigkeitsbezogene Vorstellungen reduzieren. Wie eine Untersuchung zur sozialen Verwandtschaft von Ausbildungsberufen zeigt, sind benachbarte (milieu-konforme) Berufe für die Jugendlichen bis zu einem gewissen Grad problemlos austauschbar. Aber es exisitieren scharfe Grenzen, deren erzwungene Übertretung Enttäuschung, Unzufriedenheit und den Wunsch nach baldigem Berufswechsel nach sich zieht (Beck/Brater/Wegener 1979).

Die Jugendlichen antizipieren die Schwierigkeiten, die auf sie mit der Berufswahl und der Suche nach einem Ausbildungsplatz zukommen, sehr früh, meist schon Jahre vor dem Verlassen der Schule. Bei Hauptschülern beginnt die Auseinandersetzung mit den Problemen des Arbeitsmarktes in dem Moment, da die Hauptschule als Abschluß für sie feststeht (Heinz u.a. 1985, S. 97). Die Notwendigkeit, sich an den Gegebenheiten des Arbeitsmarktes orientieren und auch "irgendeine" Lehrstelle akzeptieren zu müssen, erscheint den Jugendlichen als hinzunehmende Konsequenz ihrer persönlichen Leistungen in der Schule. Die ihnen mehr oder weniger aufgenötigten Berufsentscheidungen werden in der "biographischen Konstruktion" durch Suchen in der Vergangenheit und Herstellen von Verbindungen mit eigenen Neigungen zu Erfahrungen, die sie mit biographischen Momenten begründen und dadurch subjektiv mit Sinn ausstatten (Heinz u.a. 1985, S. 191; Bremer Jugendstudie 1983, S. 162). Viele Jugendliche üben aber auch scharfe Kritik an den Ausbildungs- und Arbeitsverhältnissen sowie an der Berufsschule, die sie als wenig sinnvoll empfinden (Petzold 1983, S. 204f.; Kloas 1987, S. 354f.).

Auch die zweite Statuspassage, also der Übergang von der Berufsausbildung in die Erwerbstätigkeit ist zunehmend mit Problemen belastet. Dies belegt die überdurchschnittlich hohe Arbeitslosenquote der 20-24jährigen (Baethge/Schomburg/Voskamp 1983, S. 231) - zum Teil auch Folge des verzögerten Eintritts in das Berufsleben - sowie die Zahl der arbeitslosen Berufsanfänger mit abgeschlossener Berufsausbildung. Viele Betriebe, vor allem diejenigen, die über Bedarf ausgebildet haben (wie z.B. Kfz-Mechaniker, Bürokaufleute, Bäcker etc.) übernehmen ihre Auszubildenden nach der Lehrzeit nicht in ein normales Arbeitsverhältnis. Den Jugendlichen werden nach der Ausbildung häufig Teilzeitbeschäftigungen oder befristete Arbeitsverträge angeboten sowie nicht ausbildungsadäquate Tätigkeiten zugemutet. Viele Jugendliche berichten von einer Verschlechterung ihrer Position und ihrer Bezahlung sowie von höheren Belastungen (Baethge/Schomburg/Voskamp 1983, S. 233; vgl. auch Frackmann 1985, S. 109ff.). Umschulungen und Neuorientierungen gehören damit heute schon fast zur "normalen" beruflichen Biographie.

Insgesamt muß die Lage auf dem Ausbildungs- und Arbeitsplatzmarkt wohl nicht mehr ganz so düster beurteilt werden wie noch vor einigen Jahren. Aber abgesehen von den ganz konkreten individuellen Erfahrungen mit den Schwierigkeiten der Arbeitsplatzsuche oder der Arbeitslosigkeit - und dazu müssen auch "Fälle" in der Familie, Verwandtschaft und Bekanntschaft gezählt werden - ist das Bewußtsein der Jugendlichen dahingehend geprägt, daß vermehrte Anstrengungen und Leistungsbereitschaft noch keinen sicheren Ausbildungs- oder Arbeitsplatz im gewünschten Beruf garantieren. Die Jugendlichen haben sich mittlerweile darauf eingestellt, sich mit den gegebenen Bedingungen zu arrangieren und auch Abstriche zu machen. Der Glaube an die Leistungsgerechtigkeit in der Gesellschaft und an die Offenheit von Aufstiegs- und Mobilitätsprozessen auf der Grundlage selbstkontrollierbarer Merkmale wie Leistung und Anstrengung ist stark reduziert (Fend/Prester 1985, S. 67). Die traditionellen Mechanismen der Status- und Postitionszuweisung funktionieren nicht mehr, wodurch nicht nur der "Aufbau einer eigenen materiellen, beruflichen und familiären Existenz" erschwert wird, sondern "auch alle anderen materiellen und ideellen Lebensbereiche der Jugendlichen jenseits von Arbeitswelt und Ausbildungsbereichen", letztlich die gesamte Lebensperspektive berührt werden (Frackmann/Kuhls/Lühn 1981, S. 79).

Bei den euphorischen Reden über den derzeit partiell festzustellenden Mangel an Auszubildenden darf nicht vergessen werden, daß von den Geburtsjahrgängen 1960 - 1970 13,4 % ohne Ausbildung geblieben sind und vermutlich auch bleiben werden. Es ist davon auszugehen, daß die Ausbildungslosigkeit dieser jungen Menschen ihr ganzes weiteres Erwerbsleben bestimmen und potentiell schneller Arbeitslosigkeit nach sich ziehen wird (Klemm 1988, S. 9).

1.3.3.2. Jugendarbeitslosigkeit: psychosoziale Folgen und Verarbeitungsformen

Das Problem der Jugendarbeitslosigkeit kann trotz der Erfolgsmeldungen der Statistiker der Bundesanstalt für Arbeit noch nicht zu den Akten gelegt werden. Es ist nach wie vor davon auszugehen, daß ein nicht unerheblicher Teil von Jugendlichen - mit einer hohen Dunkelziffer ist zu rechnen[13] - von Arbeitslosigkeit betroffen ist und zwar sowohl an der ersten als auch - verstärkt - an der zweiten Schwelle auf dem Weg in das Beschäftigungssystem. Darüber hinaus ist die Erwartung von Arbeitslosigkeit bei Schülern und beschäftigten Jugendlichen allgegenwärtig. Eine latente Betroffenheit besteht schon vor Eintritt des eigentlichen Ereignisses. Die Antizipation von Arbeitslosigkeit ist damit bereits in die jugendliche Biographie eingebaut (Christe 1989, S. 42).

Über die psychischen und sozialen Folgen der Arbeitslosigkeit von Jugendlichen und deren Verarbeitungsformen existieren zahlreiche Untersuchungen, die zum Teil zu widersprüchlichen Befunden kommen. So berichten einige Autoren vor allem von der Isolation und den personalisierenden Deutungsmustern der Betroffenen (z.B. Burger/ Seidenspinner 1977; Heinemann 1978), andere wiederum bescheinigen arbeitslosen Jugendlichen normale Sozialkontakte und ein Wissen um die strukturellen Ursachen ihrer Lage (z.B. Sinus-Institut 1983; Baumann u.a. 1979, S. 70ff.). Haar/Stark-von der Haar (1982) stellen vor allem auf die materielle Notlage als gravierendste Folge von Arbeitslosigkeit ab, die soziale Notlagen entscheidend mitbedinge. Wacker (1976, auch Pintar 1978) kommt dagegen zu dem Ergebnis, daß weit massiver als die finanziellen Probleme die persönlichen und sozialen Belastungen empfunden würden.

Die einzelnen Ergebnisse dieser Untersuchungen sollen in diesem Rahmen nicht ausführlich referiert werden. Vielmehr gilt es, auf einige wesentliche Merkmale der Auswirkungen und Bewältigungsversuche der Jugendlichen hinzuweisen.

Zunächst ist festzuhalten, daß die Jugendlichen sehr unterschiedliche Formen der Auseinandersetzung zeigen. Die Erfahrung und Verarbeitung von Arbeitslosigkeit ist unter anderem abhängig vom biographischen, sozialen, situativen und materiellen Kontext der Jugendlichen. Gegenwärtig kann das Reaktionsverhalten tendenziell als eine Mischung aus Anpassungsstrategien und Qualifikationsbemühungen charakterisiert werden (Christe 1989, S. 44).

Die psychosozialen Belastungen, die mit Arbeitslosigkeit verbunden sind, können sich auf alle Lebensbereiche erstrecken. Hier nur einige Stichpunkte: Einschränkung des ökonomischen Handlungsspielraums und damit eine Gefährdung des Prozesses der finanziellen Verselbständigung; Erfahrung der Überflüssigkeit; Verengung des psycho-sozialen Lebensraums, Resignation und Apathie; Reduktion des Anspruchsniveaus und Dequalifikation; Verlust der Zeitperspektive und Auswirkungen auf die Zeitverwendung; Erschütterung von Vertrauensbeziehungen, Entstehen von Mißtrauen und Zynismus, der häufig auch nach der Wiedereingliederung in den Arbeitsprozeß erhalten bleibt; Tendenz zur Konfliktindividualisierung; Erfahrung der Ohnmacht und Ausweglosigkeit; Somatisierung der Konfliktverarbeitung; Auswirkungen auf politische Partizipation und politische Radikalisierung; Erfahrung sozialer Stigmatisierung und sozialer Isolation; Störung der Entwicklung der heterosexuellen Beziehungen; Fixierung auf die Herkunftsfamilie (Kreutz/Wuggenig 1978, S. 492ff.). Die Gefahr des Rückzugs und des völligen Verschwindens in der Herkunftsfamilie ist besonders bei Mädchen gegeben, die im Fall der Arbeitslosigkeit vor allem zur Mithilfe im Haushalt oder im elterlichen Betrieb oder Landwirtschaft herangezogen werden (vgl. Bilden u.a. 1980, 1981; Gerstung 1980).

Insgesamt sind arbeitslose Jugendliche weitgehend desorientiert im Hinblick auf ihre berufliche und persönliche Zukunft. Es wird ihnen vor allem die Chance genommen, Selbstvertrauen und das Bewußtsein zu entwicklen, etwas zu leisten und gebraucht zu werden. Vielmehr breitet sich das Gefühl des Versagens und Überflüssigseins aus. Die Gefahr der Stigmatisierung durch Arbeitslosigkeit wird von den Jugendlichen deutlich empfunden; ebenso der Mechanismus der "sich selbst erfüllenden Prophezeiung". Die Jugendlichen übernehmen entweder diese negative Fremdidentifikation oder bauen sich andere Wertvorstellungen auf. Manche sehen sich selbst entsprechend dieser Klischees und versuchen sich nach "unten", gegenüber denjenigen, die noch "schlechter" sind, abzugrenzen (Burger/Seidenspinner 1977 S. 155ff.).

Einige Untersuchungen gehen der Frage nach, ob und welche Beziehung zwischen Jugendarbeitslosigkeit und dem Auftreten von abweichendem Verhalten, vor allem von Jugendkriminalität besteht. Ein eindeutiger monokausaler Zusammenhang kann nicht behauptet und empirisch nachgewiesen werden (vgl. Kreutz/Wuggenig 1978; Malinowski 1983).

Festzuhalten bleibt, daß für die Jugendlichen mit dem Fehlen der Sozialisationsinstanz "berufliche Arbeit" ein grundlegender Erfahrungsraum verloren geht, in dem sich Handlungskompetenz, Qualifikation und personale Identität in Kommunikation mit Gleichaltrigen und in aktiver Auseinandersetzung mit Arbeitsaufgaben entwickeln (Pätzoldt 1988, S. 287). Dadurch werden sowohl der Integrationsprozeß der Betroffenen in die Gesellschaft gestört, als auch die Identitätsprobleme im Jugendalter entscheidend verschärft.

1.3.3.3. Die Einstellung Jugendlicher zu Arbeit und Beruf

Das Verhältnis Jugendlicher zu Arbeit und Beruf kann sehr unterschiedliche Formen annehmen. Ebenso wie die verschiedenen Verarbeitungsformen von Arbeitslosigkeit sind auch die subjektiven Reaktionsmuster auf die potentielle Beschäftigungsproblematik abhängig von den jeweiligen persönlichen und sozialen Ressourcen, den sozialräumlichen Gegebenheiten, von Unterstützungsleistungen der Umwelt etc.

In den letzten Jahren ist im Zusammenhang mit den bereits vorgestellten Thesen zum Wertewandel (vgl. 1.2.2.2.) viel darüber diskutiert worden, ob man von einem grundsätzlichen Wandel in der Arbeitsorientierung, gar von einem Zerfall traditioneller Arbeitswerte (Noelle-Neumann) bei der jungen Generation sprechen könne. Das Sinus-Institut (1983, S. 82; vgl. auch Allerbeck/Hoag 1985, S. 69f.) kommt zu dem Ergebnis, daß Arbeit für die Jugendlichen nach wie vor einen wichtigen Lebensinhalt darstellt, sich ihr Stellenwert in der Selbstdefinition der Jugendlichen aber verändert hat. Ein genereller Rückzug Jugendlicher aus dem Arbeitsleben zugunsten ihrer Selbstverwirklichung in der Freizeit könne nicht bestätigt werden. Auch Baethge/Schomburg/Voskamp (1983, S. 131f.) finden keine Belege für die These vom innerlichen Rückzug der Jugendlichen aus der Arbeit. Vielmehr unternehmen die Jugendlichen erhebliche Anstrengungen für eine qualifizierte Ausbildung, messen dieser eine wachsende Bedeutung für ihr Arbeitsleben zu und orientieren ihr betriebliches Verhalten an einem Verständnis von Arbeit als Chance für die Gestaltung der individuellen Zukunft. Arbeitsinhaltliche Interessen an einer Realisierung subjektiver Ansprüche und Bedürfnisse in der Arbeit spielen eine große Rolle. Nach Meinung der Autoren ist Arbeit auch für die Identität der Jugendlichen nach wie vor ein wichtiger Bezugspunkt, wenn auch nicht geklärt werden kann, wie stark die identitätsbildende Kraft von Arbeit einzuschätzen ist.

Nach Untersuchungen der Sinus-Studie (1983, S. 84ff.) werden für die Jugendlichen neben den materiellen zunehmend postmaterielle Orientierungen in Beruf und Arbeit wichtig. Darüber hinaus sind kommunikative und "athmosphärische" Aspekte (vor allem für Mädchen) von Bedeutung. Doch werden "interessengeleitet-engagierte" Arbeitsorientierungen und "konventionell-materielle" Orientierungen keineswegs völlig zugunsten einer "freizeitbezogen-hedonistischen" Arbeitsorientierung aufgegeben. Ca. 1/5 der befragten Jugendlichen geben an, daß Arbeit für sie nur ein Weg sei, um Freizeit- und Konsumbedürfnisse befriedigen zu können und der berufliche Erfolg nur eine untergeordnete Rolle spiele. Diese Orientierung geht einher mit politischem Desinteresse und einem Rückzug in die Privatsphäre (Sinus-Institut 1983, S. 76f.).

Insgesamt kann festgehalten werden, daß man nicht von einem tiefgreifenden Wertewandel in der Arbeitsorientierung und erst recht nicht von einem Zerfall der Arbeitswerte sprechen kann. Eine Diskontinuität in der Entwicklung zeichnet sich allenfalls bei jungen Frauen ab: hier hat sich die Berufsorientierung eindeutig neben der traditionellen Familienorientierung herausgebildet (Heinz 1985, S. 143). Was sich insgesamt verändert hat, das sind die Rangpositionen der beruflichen Wertstrukturen. Fend/Prester (1985, S. 67f.) stellen in einem Vergleich der Jugend der 70er Jahre mit der der 80er Jahre fest, daß die Berufssicherheit an Bedeutung zugenommen hat, wohingegen materielle Aspekte noch weniger bedeutsam sind. Die Bedeutung von idealistischen Aspekten und Identifikationsbedürfnissen mit dem Beruf als Bereich der Selbstverwirklichung hat sich in ihrer hohen Wertschätzung nicht verändert. Im Bereich der Bedeutung von Leistung und Arbeit sind die Ergebnisse sehr ambivalent. Die Ängstlichkeit, durch Leistungsstreben eventuell den eigentlichen Sinn des Lebens zu verkennen, geht zurück. Gleichzeitig reduziert sich die Bedeutung der Arbeit als Erfüllungsperspektive menschlichen Daseins. Mit anderen Worten bedeutet dies, daß die emotionale Abwehr von Leistungsstreben ebenso zurückgeht wie die positive Identifikation mit der Arbeit. Die Autoren deuten diesen an sich widersprüchlichen Befund als Hinweis darauf, daß nicht Leistung an sich vermehrt abgelehnt wird, aber der Glaube abnimmt, im Beruf wichtige Werte realisieren zu können.

Verliert also Arbeit ihre identitäts- und sinnstiftende Kraft? Hält man sich nochmals vor Augen, unter welchen Bedingungen Jugendliche heute den Eintritt in das Berufsleben vollziehen bzw. eben nicht vollziehen, dann ist es wahrscheinlich, daß sie einem nicht angestrebten Beruf nur sehr bedingt Aspekte abgewinnen können, die die Entwicklung einer positiven Identifikation mit Arbeit fördern könnten. Berichte von Jugendlichen, die im Arbeitsprozeß stehen, zeigen, wie belastend die Jugendlichen häufig die Arbeitssituation empfinden: sie machen die Erfahrung der Fremdbestimmung und des Zwanges, der mehr oder weniger großen Sinnlosigkeit der Arbeit sowie die Erfahrung ausgenutzt zu werden (z.B. Damm 1981, S. 71ff.).

Wenn Arbeit wirklich ihre identitäts- und sinnstiftende Kraft eingebüßt hat, besteht die Gefahr, daß die Jugendlichen resignieren und sich mit den Verhältnissen abfinden. Eine verstärkte Anpassung an gesellschaftliche Anforderungen steht jedoch konträr zu den Selbstverwirklichungsbestrebungen des Jugendalters. Eine Verfolgung anderweitiger Sinnangebote wird dadurch erschwert, daß traditionelle sinnstiftende Faktoren wie etwa die Religion oder das allgemeine Normen- und Wertesystem an Bedeutung verloren haben (Hornstein 1982a, S. 163). So ist gegenwärtig unter den Jugendlichen eine weitverbreitete Diffusität und Unsicherheit in den Berufs- und Lebensperspektiven sowie tendenziell eine Verlagerung zentraler Lebenswerte in den Bereich von Freizeit, privatem Glück und subkulturellen Beziehungen festzustellen (Hornstein 1982a, S. 169).

#### 1.3.3.4. Zusammenfassung

Ausbildung, Arbeit und Beruf dürfte derjenige Bereich sein, in dem sich die einschneidendsten Veränderungen vollzogen haben und der für die Jugendlichen die größten und folgenreichsten Probleme beinhaltet. Durch die Verknappung sozialer Chancen auf dem Arbeitsmarkt ist ein grundlegendes Orientierungs- und Erwartungsmuster der heranwachsenden Generation gegenüber der Gesellschaft in die Brüche gegangen. Herkömmliche Mechanismen der Status- und Positionszuweisung funktionieren sowohl in der Erfahrung der Jugendlichen als auch objektiv nicht mehr (Hornstein 1980b, S. 15f.). Berufswege verlaufen heute nicht mehr geradlinig, sondern über viele Umwege, Umleitungen und Brüche (Hornstein 1982a, S. 148). Damit verliert auch das Jugendalter seinen traditionellen gesellschaftlichen Sinn als Zeit der Vorbereitung auf Späteres, des Entwurfs von Lebensplänen und Zukunftsperspektiven.

Durch Arbeitslosigkeit oder unterwertige bzw. ausbildungsfremde Tätigkeiten erfahren die Jugendlichen eine radikale Infragestellung dessen, was sie bisher geleistet haben und damit auch eine Infragestellung einer wesentlichen Sinndimension ihres bisherigen Lebens. Zunehmend größeren Teilen von Jugendlichen wird die Möglichkeit erschwert, Arbeit als geeignete Basis der Identitätsbildung zu erleben (Baethge 1985, S. 288).

### 1.3.4. Freizeit und die Gruppe der Gleichaltrigen

Die differenzierten Einstellungen der Jugendlichen in Bezug auf Arbeit und Beruf lassen auch veränderte Orientierungen im Freizeitbereich vermuten. Es kann wohl nicht bestritten werden, daß die Bedeutung der Freizeit stark zugenommen hat; ob allerdings Opaschowskis (1983, S. 29) These, die Freizeit habe der Arbeit den Rang abgelaufen, generell zuzustimmen ist, muß bezweifelt werden.

Die neueren Jugenduntersuchungen weisen übereinstimmend darauf hin, daß die Gruppe der Gleichaltrigen von herausragender Bedeutung ist für die Freizeitgestaltung der Jugendlichen und darüber hinaus wesentliche Funktionen bei der Bewältigung der Entwicklungsaufgaben wahrnimmt.

In Bezug auf die präferierten Freizeitaktivitäten Jugendlicher soll vor allem die Rolle der Medien, genauer der modernen Informations- und Kommunikationstechnik thematisiert werden, die heute eine bestimmende Rolle sowohl in der Lebenswelt der Jugendlichen als auch in der der Erwachsenen spielt.

Die Bedeutung der Jugendarbeit und der Jugendverbände für die Freizeitgestaltung Jugendlicher geht tendenziell zurück. Offensichtlich bleiben hier grundlegende Bedürfnisse der Jugendlichen ausgeklammert.

#### 1.3.4.1. Bedeutung und Funktion der Freizeit für die Jugendlichen

Freizeit hat gesamtgesellschaftlich in den letzten 150 Jahren erheblich an Bedeutung gewonnen. Durch tägliche und lebenszeitliche Arbeitszeitverkürzungen sowie durch Strukturveränderungen der Arbeit selbst kommt der Freizeit neben einer Rekreations- zunehmend eine Kompensationsfunktion zu (vgl. auch Tippelt/Krauß/Baron 1986, S. 30f.). Diese Entwicklung wird verstärkt durch den Auf- und Ausbau einer Freizeitindustrie und den sich ausweitenden Medien- und Konsummarkt. Zusätzlich eröffnen neuartige "Blockbildungen" der Freizeit z.B. in Ferien oder Wochenenden unterschiedlichste Formen der Freizeitgestaltung (Tippelt 1984, S. 62).

Die große Bedeutung, die Freizeit im Jugendalter einnimmt, ist darauf zurückzuführen, daß gerade hier typische Bedürfnisse, wie z.B. soziale Anerkennung, Erreichen eines primären Status, das Bedürfnis nach Experimentieren mit Normen,

Werten und Erfahrungen Raum finden. Dieser Bedeutungszuwachs wird verstärkt durch den Strukturwandel der Jugendphase (Tippelt/Krauß/Baron 1986, S. 31).

In einem frühen Stadium der Jugendphase ermöglicht Freizeit den Jugendlichen zunächst eine räumliche Ablösung vom Elternhaus: es wird weniger Zeit mit den Eltern verbracht und soziale Kontakte können auch außerhalb der Familie geknüpft werden. Diese Loslösung gestaltet sich bei "Familienzentrierten" anders als bei "Jugendkulturorientierten" (Projektgruppe Jugendbüro 1977, S. 62ff.). Während für familienzentrierte Jugendliche in der Freizeit organisierte und von Erwachsenen kontrollierte und geleitete Kontexte, wie etwa Sportvereine oder andere Verbände wichtig sind, wollen subkulturorientierte Jugendliche mehr unter sich bleiben und in Cliquen und anderen Gruppierungen zusammenkommen. Ähnlich dokumentiert auch das Sinus-Institut (1985, S. 57f.) unterschiedliche Funktionen von Freizeit für den "konventionell erwachsenen-orientierten", den "strategisch erwachsenen-orientierten" und den "autonom-jugendorientierten" Heranwachsenden.

Freizeit besitzt heute einen eigenständigen Wert und dient zunehmend der Befriedigung des Bedürfnisses nach Selbstverwirklichung und Individuation. Die Verwirklichung von Freizeit in diesem Sinne ist jedoch abhängig von der jeweiligen Lebenslage und variiert im besonderen mit den Erfahrungen im Bildungs- und Ausbildungsbereich (Sinus-Institut 1985, S. 51). Werden z.B. Schule bzw. Arbeit und Beruf als eher frustrierende Institutionen erlebt, in denen eine rituelle Anpassung an Verhaltens- und Leistungsanforderungen dominiert, wird Freizeit zur Gegenwelt, die ohne Leistungsdruck ein unmittelbares Genießen und die Befriedigung "eigentlicher" Bedürfnisse ermöglicht (Tippelt 1984, S. 62).

Entsprechend stellt auch das Sinus-Institut (1985, S. 63f.) spezifische Formen des Freizeitverhaltens in Abhängigkeit der jeweiligen Arbeitsorientierung fest. Eine "interessengeleitet-engagierte" Arbeitsorientierung schlägt sich auch in einer aktiven und engagierten Freizeitgestaltung nieder. "Konventionell-materielle" Typen legen ein weitgehend auf den gesellschaftlichen Konventionen gründendes Freizeitverhalten an den Tag. Eine "freizeitbezogen-hedonistische" Arbeitsorientierung schließlich äußert sich in der Freizeit in einem ausgeprägten Wunsch und Anspruch nach Freiheit und Ungebundenheit.

1.3.4.2. Die Gruppe der Gleichaltrigen

Für die Gestaltung der Freizeit ist vor allem die Gruppe der Gleichaltrigen, das Zusammensein mit anderen von Bedeutung. Neben der Familie gehört die Gruppe der Gleichaltrigen zu den "wenigen Institutionen, die im Jugendalter eine übergreifende Funktion der Umweltvermittlung und -orientierung wahrnehmen." (Hurrelmann/Rosewitz/Wolf 1985, S. 74; vgl. Tippelt/Krauß/Baron 1986, S. 33)

Die Gleichaltrigen-Gruppe stellt ein "informelles und flexibles Bezugssystem in unterschiedlichen situativen Anknüpfungen" (Hurrelmann/Rosewitz/Wolf 1985, S. 70) dar. Zugang und Teilhabe an diesem System sind jedoch abhängig von den gegebenen soziokulturellen Lebensbedingungen. Die Gleichaltrigen-Gruppe übernimmt zu einem frühen Zeitpunkt sozialisierende Funktionen. Diese Gesellungsform gewährt ihren Mitgliedern gruppenbezogen vollwertige Teilnahmechancen und bietet damit Erfahrungen in einem als relevant empfundenen sozialen Raum, die den Jugendlichen in anderen Handlungsbereichen verwehrt bleiben. Durch den Aufbau von regelmäßigen sozialen Beziehungen unterstützt die Gleichaltrigen-Gruppe die Bewältigung einer bedeutsamen Entwicklungsaufgabe und leistet einen wichtigen Beitrag zur Identitätsentwicklung (Hurrelmann/Rosewitz/Wolf 1985, S. 70f.).

Bedeutung und konkrete Ausprägung der Gleichaltrigen-Gruppe variieren mit dem Alter. Sind in der frühen Jugendphase für die 12-14jährigen vor allem gleichgeschlechtliche Freundschaften wichtig, die durch ein hohes Maß an Vertraulichkeit, aber auch Anfälligkeit für Störungen und Mißdeutungen, gekennzeichnet sind, so lockern sich ab ca. 15 Jahren die Gesellungsformen in den Cliquen wieder auf. In diesen Gruppen bestehen meist keine engeren Beziehungen; sie dienen vor allem für gemeinsame Aktivitäten (Hurrelmann/Rosewitz/Wolf 1985, S. 71f.). Die Mitgliedschaft in solchen Cliquen hat in den letzten 20 Jahren erheblich zugenommen, wobei heute, im Gegensatz zu früher, auch Mädchen ganz selbstverständlich repräsentiert sind (Allerbeck/Hoag 1985, S. 39f.). Starke Unterschiede bestehen in regionaler Hinsicht, z.B. zwischen Dorf und Trabantensiedlung (Tippelt 1988a, S. 626). Die Cliquen, sowohl informeller Art als auch innerhalb von Vereinen, sind sozial in etwa homogen, wodurch auch hier soziale Klassen reproduziert werden. Das eigene soziale Netz der Jugendlichen ist heute dichter als vor 20 Jahren; Allerbeck/ Hoag bezeichnen dieses Phänomen als "Gleichaltrigen-Gesellschaft".

Im weiteren Verlauf der Jugendphase gewinnen heterosexuelle Beziehungen zunehmend an Bedeutung, wobei diese oft aus dem Kontext der Clique heraus entstehen. In diesem Zusammenhang geht die Tendenz in Richtung auf eine stabile soziale Beziehung zum Partner (Sinus-Institut 1985, S. 53f.; vgl. 1.3.5.3).

Insgesamt kann festgehalten werden, daß die Gleichaltrigen-Gruppe als Sozialisationsinstanz in den vergangenen Jahren erheblich an Bedeutung zugenommen hat. Zum Teil haben sich eigene Jugendkulturen ausgeprägt, in denen die Heranwachsenden versuchen, einen eigenständigen und von den Erwachsenen unabhängigen und abgesonderten Lebensstil zu entfalten (vgl. dazu ausführlich Baacke 1987; Baacke/Ferchhoff 1988).

Die Orientierungskraft der Gleichaltrigen ist vor allem im Freizeit- und Konsumbereich maßgeblich. Im Sektor Bildung und Beruf ist sie gegenüber der Familie eher schwach (vgl. auch Schneermann/Werres 1985, S. 27). Allgemein kann davon ausgegangen werden, daß Familie und die Gruppe der Gleichaltrigen tendenziell unterschiedliche Schwerpunkte im Verhaltens- und Orientierungsbereich setzen. Damit besteht zwischen Familie und "peers" in gewisser Weise ein Ergänzungsverhältnis, das aber in bestimmten Entwicklungsphasen auch in ein Konkurrenzverhältnis umschlagen kann (Hurrelmann/Rosewitz/Wolf 1985, S. 74). Die Gruppe der Gleichaltrigen kann ebenso für die Eltern Orientierungshilfe sein, indem diese Anhaltspunkte dafür bekommen, wie beispielsweise Taschengeld oder Ausgangszeiten in anderen Familien gehandhabt werden (Allerbeck/Hoag 1985, S. 35).

Im Zusammenschluß der Jugendlichen in Gleichaltrigen-Gruppen werden auch negative Konsequenzen gesehen. So konstatieren Allerbeck/Hoag (1985, S. 34) aufgrund der "strukturellen Alterssegregation", also der Entwicklung, daß nur Individuen gleichen Alters untereinander Kontakt haben, Folgen für die Zukunftsorientierung der Jugendlichen: die Jüngeren hätten nicht mehr die Möglichkeit, sich ihre eigene Zukunft anschaulich vorzustellen. Darüber hinaus gehen die Autoren davon aus (1985, S. 50), daß die peers eine schlechte Vorbereitung auf unsere Organisationsgesellschaft mit ihren spezifischen Anforderungen sind: "Auf dieses 'auskommen Müssen' bereitet die Sozialstruktur des Jugendalters Jugendliche im Grunde nicht vor. Im Gegenteil wird ein Sozialverhalten eingeübt, das die Übernahme von Erwachsenenrollen erschwert." (Allerbeck/Hoag 1985, S. 51f.) Diese Entwicklung könne bei den Jugendlichen zu einem Schock beim Eintritt in das Berufsleben führen.

Bei der Beurteilung der Bedeutung der Gleichaltrigen-Grupppe ist schließlich zu berücksichtigen, daß trotz allgemein gestiegener Mitgliedschaft in Cliquen sehr viele Jugendliche Schwierigkeiten haben, befriedigende Sozialkontakte zu Gleichaltrigen aufzubauen. Vielfach fühlen sich Heranwachsende ihren gleichaltrigen Freunden gegenüber benachteiligt, wenn die finanzielle Ausstattung nicht so günstig ist und sie nicht immer mit den anderen "mithalten" können. Dies kann zu Verunsicherungen in der sozialen Orientierung und der Wertschätzung der eigenen Person führen (Hurrelmann 1987, S. 544; 551).

#### 1.3.4.3. Freizeitaktivitäten und Mediennutzung

Wie bereits bei den unterschiedlichen Funktionen der Freizeit deutlich wurde, ist die konkrete Ausgestaltung der Freizeit abhängig vom Alter, vom Geschlecht und von der jeweiligen konkreten Lebenslage des Jugendlichen sowie vom zur Verfügung stehenden Freizeitangebot.

Es existieren zahlreiche Untersuchungen zum Freizeitverhalten Jugendlicher (z.B. Tippelt/Krauß/Baron 1986), die meist aufgrund mehr oder weniger repräsentativer Daten die Freizeitaktivitäten in Prioritätenlisten ordnen (kritische Anmerkungen zu diesen Untersuchungen finden sich etwa bei Damm 1985, S. 27f.). An dieser Stelle sollen die zum Teil variierenden Ergebnisse der Studien nicht in Einzelheiten wiedergegeben werden. Vielmehr konzentriert sich die Betrachtung der Freizeitaktivitäten Jugendlicher auf die Mediennutzung bzw. auf die Nutzung der Informations- und Kommunikationstechnik. Natürlich hängt auch das Medienverhalten von der spezifischen Lebenssituation der Jugendlichen ab. Bauer/Zimmermann (1987, S. 117) kommen zu dem Schluß, daß hier nicht nur Bildungsunterschiede wirksam werden, sondern sogar Wertorientierungen, zentrale Einstellungen und Lebensziele.

Die Rangliste der Freizeitbeschäftigungen wird zumeist, neben dem geselligen Beisammensein, über alle Altersstufen hinweg vom "Musikhören" angeführt. Musik ist ständiger Begleiter der Jugendlichen, augenscheinlich manifestiert durch den Siegeszug des Walkman's. Sie kann auch nebenbei konsumiert werden als Untermalung anderer Tätigkeiten, z.B. dem Zusammensein mit Freunden oder beim Sport. Mit der Bevorzugung bestimmter Musikrichtungen werden Grenzen hin zu den Erwachsenen gezogen und gleichzeitig der Stil der eigenen Bezugsgruppe hervorgehoben (Tippelt 1984, S. 64f.). Die "Medienkontakte" Jugendlicher erschöpfen sich jedoch nicht nur im Musikhören. Schorb (1986) listet in seinem Aufsatz "Die mediatisierte Jugendwelt" die vielfältigen und zeitlich ausgedehnten Kontakte eines "Durchschnittsjugendlichen" mit den unterschiedlichsten Medien von der Zeitung, über das Telefonieren bis hin zum Heimcomputer auf. Medien bestimmen den Alltag von Jugendlichen und Erwachsenen zeitlich und auch inhaltlich. Massenmediale Informations- und Unterhaltungsangebote dringen in den Binnenraum der Familie ein (Olk 1985, S. 19). Die Kommunikationsstruktur in manchen Familien wird wesentlich durch die Inhalte der Medien geprägt, aber diese umfassende Bestimmung durch Medien ist uns weder bewußt noch problematisch (Schorb 1986, S. 140). Dieser Umstand ist jedoch um so kritischer zu beurteilen, als die Entwicklung der "Mediatisierung" unserer Umwelt, die sich in den letzten 30 Jahren bereits mit einer rapiden Geschwindigkeit vollzogen hat, noch immer nicht abgeschlossen zu sein scheint. Der Medienkonsum wird mit der weiteren Etablierung der privaten Anbieter und der zunehmenden Verbreitung von Geräten wie Videorekorder, Bildschirmtext etc. in privaten Haushalten sowohl quantitativ steigen als auch sich qualitiativ verändern (Schorb 1986, S. 140f.).

Medienkonsum muß nicht unbedingt isoliertes Freizeitverhalten bedeuten. Viele Jugendliche setzen sich mit Freunden zusammen vor den Bildschirm oder den Computer, um gemeinsam einen Film zu konsumieren oder Fertigkeiten im Umgang mit den Rechnern zu erproben. Der intensive Umgang mit Computern begünstigt jedoch die Isolierung Jugendlicher (Schorb 1986, S. 143f.).

Insgesamt muß festgehalten werden, daß unser Alltag in vielfältiger Art und Weise mediatisiert ist und die Informations- und Kommunikationstechnik tief in unseren Alltag eingreift. Der Umgang mit Medien ist für Jugendliche heute selbstverständlich. Aber gerade dadurch werden negative Auswirkungen z.B. des Konsums von Horror- oder Gewaltfilmen per Videorekorder in den Hintergrund gedrängt. Wenn sich auch unmittelbare Wirkungen medialer (Gewalt-) Darstellungen auf den Betrachter nicht eindeutig belegen lassen, so ist doch zu vermuten, daß bestimmte - stets gleiche - Verhaltens- und Argumentationsmuster auf lange Sicht und unter bestimmten Umweltkonstellationen Vorbildfunktion für die Jugendlichen ausüben können. Die Motive, die Jugendliche für den Konsum solcher Filme angeben, spiegeln eine "Umkehrung von Fiktion und Realität" wider: sie wollen "etwas erleben" als Kontrast zum eintönigen Berufs- oder Schulalltag. Viele Jugendliche und auch Erwachsene können sich ein spannendes und anregendes Leben sogar nur mehr "vermittelt" vorstellen (Schorb 1986, S. 42).

### 1.3.4.4. Die Rolle der Jugendverbände und der Jugendarbeit

Seit einigen Jahren wird viel über die "Krise der Jugendarbeit" - sowohl der offenen Jugendarbeit als auch der Jugendverbandsarbeit - diskutiert. Als Ursachen für diese Krise werden der quanititative und qualitative Konkurrenzdruck mit kommerziellen Freizeitangeboten (Artmann 1986), die Situation der Jugendlichen (geprägt z.B. durch Arbeitslosigkeit) sowie die Situation der Jugendarbeit selbst (mangelnde Finanzen, zu wenig Personal, Inanspruchnahme als Sozialhilfe) angeführt (Damm 1987, S. 17f.). Janig (1981, S. 17) mißt der Jugendverbandsarbeit heute eine "marginale Stellung" bei. Die Jugendverbände berücksichtigen offensichtlich die eigenständigen psychischen und sozialen Persönlichkeitsmerkmale und Problemlagen Jugendlicher zu wenig und stehen tendenziell im Widerspruch zu dem Bedürfnis der Heranwachsenden nach informellen Gruppierungen und Treffs. Es dominieren vielmehr Kontrolle und stationär-reglementierte Einrichtungen (Behr 1982, S. 71f.).

Auch die offene Jugendarbeit hat an Bedeutung verloren. Damm (1987, S. 18f.) führt dies auf Wandlungen in der Freizeit der Jugendlichen zurück. Hier sei die Tendenz zur Autonomisierung sowie ein größeres Reservoir der Jugendlichen an eigenen Beschäftigungs- und Wahlmöglichkeiten festzustellen. Darüber hinaus würden gesellschaftliche Wandlungsprozesse die Jugendlichen zum einen von vielem *entlasten*, was sie früher zur Jugendarbeit trieb (z.B. Verbote der Eltern), sie zum anderen aber mit vielem *belasten*, wozu Jugendarbeit mit ihren klassischen Möglichkeiten wenig beitragen kann (z.B. Arbeitslosigkeit) (Damm 1988, S. 433).

Jugendarbeit insgesamt ist heute geprägt durch Institutionalisierung, Professionalisierung, Verwissenschaftlichung und Pädagogisierung (Janig 1981, S. 17). Emanzipatorische Lernprozesse sind gegenüber kompensatorischen Maßnahmen in den Hintergrund gedrängt worden. Abgesehen von gesellschaftlichen und strukturellen Ursachen "(ver)zweifeln" Jugendliche und Jugendarbeiter auch aneinander, weil die Konzeptionen offener Jugendarbeit der gegenwärtigen Lebenslage der Jugendlichen offensichtlich nicht mehr gerecht werden (Klawe 1982a, S. 349). Jugendarbeit muß sich heute vor allem fragen, inwieweit sie gegenüber kommerziellen Angeboten attraktiver sein und welche "ernsthaften" Antworten sie auf die gegenwärtige Sinnkrise bieten kann (Damm 1987, S. 19). Brenner (1987; vgl. auch Böhnisch/ Münchmeier 1987, S. 89ff.) weist darauf hin, daß sich Jugendarbeit verstärkt am "Territorialitätsprinzip" orientieren muß. Sie habe die Jugendlichen mit ihrem spezifischen Raumbedürfnis, mit ihrem Verlangen nach eigenen Territorien im

"Kampf" gegen ihre "territoriale Enteignung" zu unterstützen und den Aspekt der (Wieder-)Aneignung von Territorien stärker zu berücksichtigen.

#### 1.3.4.5. Zusammenfassung

Als Ergebnis kann festgehalten werden, daß die Bedeutung der Freizeit sowohl gesamtgesellschaftlich als auch für die Jugendlichen im besonderen gestiegen ist. Freizeit muß vielfach denjenigen identitätsbildenden Sektor mitübernehmen, der in anderen Bereichen, vor allem der Schule und dem Beruf ausgefallen ist.

Wesentliche Funktion kommt dabei der Gruppe der Gleichaltrigen zu, die stützend und stabilisierend wirkt im Hinblick auf die zu bewältigenden Entwicklungsaufgaben und die Ausbildung von Identität und Handlungskompetenzen. Die wichtigen Funktionen der Gleichaltrigen-Gruppe für den Bereich der Partnerschaft werden im folgenden Kapitel ausführlicher behandelt.

Die bereits bestehende und sich immer noch ausbreitende "Mediatisierung der Umwelt" birgt eher Gefahren für die Jugendlichen, wenn die Anwendung und der Konsum neuer Informations- und Kommunikationstechniken unhinterfragt bleiben.

Jugendarbeit vergibt gegenwärtig offensichtlich die Chance, ihre emanzipatorische und identitätsbildende Kraft zu entfalten. Professionalisierung und geringe Flexibilität im Hinblick auf jugendspezifische Problemlagen lassen sie für die meisten Jugendlichen wenig attraktiv erscheinen.

### 1.3.5. Sexualität und Partnerschaft

Mit dem Einsetzen der Pubertät kommt es zu einem "abrupten Ungleichgewicht in der psycho-physischen Basisstruktur der Persönlichkeit" (Hurrelmann/Rosewitz/Wolf 1985, S. 11) der Jugendlichen. Eine umfassende Reorganisation der Verhaltensmuster wird erforderlich. "Die sich entwickelnden Jugendlichen müssen sich mit einer rasch wandelnden 'inneren Realität' auseinandersetzen, die eine veränderte 'äußere Realität' provoziert, und beide Bereiche stellen sie vor neue Anforderungen, die sich gegenseitig in komplexer Weise bedingen." (Hurrelmann/Rosewitz/Wolf 1985, S. 11) Dies ist auch der Lebensabschnitt, in dem die Gesellschaft vorschreibt, daß bei der nachwachsenden Generation der Wunsch nach heterosexuellen Kontakten aufzutreten habe (Tippelt 1984, S. 69).

In den letzten zwei bis drei Jahrzehnten hat es - unterstützt durch die Studentenbewegung - ohne Zweifel eine breite Liberalisierung im Bereich der Sexualität gegeben. Die "Sexwelle" oder "Sexplosion" der 60er Jahre hat zwar zu keiner "sexuellen Revolution" geführt, aber es besteht doch Übereinstimmung, daß "eine gewisse Liberalisierung, Entformalisierung und Entkrampfung im Verhältnis der Geschlechter zueinander und untereinander eingetreten" (Pagenstecher/Hartmann 1985, S. 49) ist.

Dementsprechend zeigt sich auch ein Wandel in den diesbezüglichen konkreten Verhaltensweisen Jugendlicher, wie auch in ihren Norm- und Wertvorstellungen. Das sexuelle Verhalten Jugendlicher stellt sich jedoch heute nicht enthemmt, bindungs- und verantwortungslos dar, wie damals und heute unterstellt wird. Die Auflockerung bedeutet auch nicht, daß die Jugendlichen keine Probleme mehr in diesem Bereich hätten. Vielmehr ist die Entwicklung von Beziehungen im Jugendalter geprägt durch widersprüchliche Gefühle und Verhaltensunsicherheiten, die Auswirkungen haben können auf das Selbstkonzept und die Identitätsfindung und -erhaltung der Jugendlichen.

Grundsätzlich ist die Art und Weise, wie die Jugendlichen Sexualität und Partnerschaft erfahren individuell abhängig von der jeweiligen Lebenssituation, den Lebensumwelten, den Bezugsgruppen und Lebensperspektiven (Hornstein 1982a, S. 45). Die folgenden Aussagen über das sexuelle Verhalten Jugendlicher sind damit nur als Tendenzen zu verstehen.

#### 1.3.5.1. Die Entwicklung von Beziehungen im Jugendalter

Im Prozeß der Entwicklung von Beziehungen im Jugendalter zeichnen sich verschiedene Phasen ab. Insgesamt werden heute Freundschaften früher geschlossen; dies wird auch gesellschaftlich geduldet und akzeptiert (Allerbeck/Hoag 1985, S. 38f.; Jugendwerk der Deutschen Shell 1985, Bd. 1, S. 208).

Die ersten erotischen Annäherungen sind bei Jugendlichen im Alter von ca. 11-12 Jahren zu beobachten. Sie erfolgen zumeist in der Schule ("Briefchen-Schreiben" etc.) sowie im Kontext der Gleichaltrigen-Gruppe. Diese ersten Annäherungen bedeuten eher eine schüchterne Kontaktaufnahme und bleiben im Rahmen der Gruppenaktivitäten unvorbindlich. Es kommt für die Jugendlichen vor allem darauf an, neue Verhaltensformen zu erproben und eine Rückmeldung über das eigene Verhalten zu erfahren. Eine besondere Rolle spielen in dieser Phase Leitbilder und

Idole vor allem aus der Musikszene oder Sportwelt. Als "Mittler" dienen sie der Selbstfindung, der Absetzung und Unterscheidung von den Eltern und ermöglichen die Aufnahme einer unbedrohlichen Beziehung zum anderen Geschlecht. Sowohl Mädchen als auch Jungen begegnen diesen ersten Kontakten mit widersprüchlichen Gefühlen und Verhaltensunsicherheiten. Vielfach bestehen unrealistische wechselseitige Erwartungsbilder, bei denen traditionelle Rollenerwartungen, z.B. in Bezug darauf, wer die Initiative ergreifen sollte, aufeinanderstoßen (Pagenstecher/Hartmann 1985, S. 48ff.).

Der Zeitpunkt erster sexueller Aktivitäten bei Jugendlichen hat sich nach vorne verlagert. Laut Shell-Studie (Jugendwerk der Deutschen Shell 1985, Bd. 1, S. 204) gilt dies sowohl für Jungen als auch für Mädchen und zwar relativ unabhängig vom Bildungsniveau. Pagenstecher/Hartmann (1985, S. 55) dagegen konstatieren nach wie vor schicht- und geschlechtsspezifische Differenzen sowie einen Einfluß des Verhältnisses der Jugendlichen zu den Eltern.

Das Wissen um biologische Vorgänge hat sich bei den Heranwachsenden stark verbessert, aber es gelingt kaum, diese Informationen mit den Erfahrungen des eigenen Lebens zu verbinden. Es mangelt an Erfahrungen der Sexualität als Lebensbereicherung und "Vertiefung der Genußfähigkeit" (Baacke 1979, S. 81f.). Probleme ergeben sich vor allem auf der Ebene der sexuellen Identitätsfindung und der Entwicklung von Beziehungsfähigkeit (Presting/Sielert/Westphal 1987, S. 169ff.).

#### 1.3.5.2. Die Einflüsse der verschiedenen Lebensfelder

Die Rolle der Gleichaltrigen gewinnt im Bereich sexueller Sozialisation zunehmend an Gewicht. Die Gruppe der peers bildet vor allem für männliche Jugendliche eine Art "Operationsbasis", von der aus Annäherungsversuche und Rückmeldungen auf das eigene Verhalten erprobt werden können und die jederzeit einen gesicherten Rückzug erlaubt. Im Gegensatz zu Mädchen, die ihre Mitgliedschaft in einer Gleichaltrigen-Gruppe häufig zugunsten einer Jungenfreundschaft aufgeben, bleiben bei den Jungen die Bindungen an die Gruppe auch bei einer Mädchenfreundschaft bestehen. Die Gruppe der Gleichaltrigen bestimmt vor allem bei Jungen die Normen der Freundschaftsbeziehungen hinsichtlich ihrer äußeren Form und ihrer Dauer. Bei Mädchen erfüllt die Gruppe ähnliche Funktionen und bietet vor allem einen konkreten Schutz, falls die Beziehung zu dem Jungen scheitern sollte. Insgesamt stellt die GleichaltrigenGruppe den sozialen Ort dar, um Erfahrungen in Sexualität und Partnerschaft zu diskutieren und zu verarbeiten. Die jeweiligen Formen, in denen dies geschieht, sind subkulturell unterschiedlich (Hornstein 1982a, S. 64ff.).

Eine bewußte Sexualerziehung erfolgt in ca. der Hälfte aller Elternhäuser. Den Eltern, vor allem den Müttern, kommt bei der sexuellen Sozialisation ihrer Kinder eine besondere Bedeutung zu, die jedoch angesichts der Schwierigkeiten und Probleme, die die Eltern selbst mit diesem Thema haben, relativiert werden muß (Pagenstecher/Hartmann 1985, S. 57ff.). Das "Problem der Jugendsexualität" besteht zu einem guten Teil aus den Schwierigkeiten der Erwachsenen mit sich selbst, aus ihrer eigenen Sexualität und Unaufgeklärtheit (Baacke 1979, S. 85). Der Hinweis auf ein weiteres Stichwort in diesem Zusammenhang, nämlich auf das komplexe und weitgehend tabuisierte Thema des sexuellen Mißbrauchs in der Familie soll an dieser Stelle genügen.

In der Schule wird jugendliche Sexualität vorwiegend als bloße Vorbereitung auf ein später zu realisierendes, sozial normiertes Verhalten in der Ehe und als reifer Erwachsener gesehen (Arbogast/Tippelt 1981, S. 79). Im Sexualkundeunterricht dominiert biologisches Faktenwissen; Besonderheiten der weiblichen Sexualität beispielsweise kommen in diesem Rahmen kaum zur Sprache (Pagenstecher/Hartmann 1985, S. 59). Mit den privaten Problemen im Zusammenhang mit Sexualität und Liebe kann sich Schule nicht abgeben. Sie wird damit zur Institution, die wichtige Dimensionen der jugendlichen Erfahrungswelt ausblendet und durch ihre Strukturen und Funktionen Bedingungen setzt, in denen eher Konkurrenz und Leistungsstreben etc. gedeihen als Gefühle von Zärtlichkeit, Solidarität und Kooperation (Hornstein 1982a, S. 93f.).

Der Einfluß der Kirchen ist heute vergleichsweise gering. Es besteht jedoch ein Zusammenhang zwischen starker Religionsbindung und sexueller Unerfahrenheit (Pagenstecher/Hartmann 1985, S. 60f.).

Im Bereich sexueller Aufklärung und sexueller Erfahrung spielt somit die Gruppe der Gleichaltrigen eine zunehmende Rolle. Der Einfluß der Erwachsenen wird eher zurückgedrängt, wobei die Mütter bei den Mädchen noch den größten Einfluß ausüben. Die Jugendlichen beurteilen die Rolle ihrer Eltern ambivalent: zum einen möchten sie die Eltern aus diesem ureigensten, persönlichen Bereich abwehren und zurückdrängen; zum anderen plagt sie gleichzeitig eine Art schlechtes Gewissen, die Eltern aus diesen Erfahrungen auszuschließen (Hornstein 1982a, S. 72f.).

Die Entwicklung jugendlicher Sexualität ist schließlich in den Gesamtzusammenhang von "Sexualität" und "Gesellschaft" eingebettet: Sexualität ist gesellschaftlich, sozial bzw. kulturell geprägt und dient der "Sicherung der jeweiligen Herrschafts- und Vergesellschaftungsform." (Hornstein 1982a, S. 96) In Bezug auf Jugendsexualität bedeutet dies, daß deren Bestimmung der allgemeinen Definition des Jugendalters entspricht, d.h. daß Bedürfnisbefriedigung aufzuschieben und die Lust zu verdrängen ist. Von solchen Grundsätzen geht unter anderem - wie gezeigt wurde - auch die Schule aus. Dieser Forderung steht jedoch eine sexuelle "Warenwelt" entgegen, die zum uneingeschränkten Konsum einlädt. "Es wird ein hoher Input sexueller Stimulantien mit geringen Möglichkeiten sexueller Aktivität verbunden." (Hornstein 1982a, S. 100) Zur Lösung der damit einhergehenden Spannungen und Widersprüchlichkeiten werden Ersatzbefriedigungen verschiedenster Art herangezogen (Hornstein 1982a, S. 100).

#### 1.3.5.3. Einstellungen und Verhaltensweisen der Jugendlichen

Nach Ergebnissen des Sinus-Instituts (1983, S. 67ff.; vgl. auch Arbogast/Tippelt 1981, S. 81) streben die Jugendlichen eine feste Partnerschaft ausdrücklich an, wobei viele von ihnen vor der Heirat zunächst eine "Ehe auf Probe" planen. Als zentrale Voraussetzung jeder Partnerschaft betrachten die Jugendlichen "unbedingte Treue". Dominant ist die Sehnsucht nach Geborgenheit. Bopp (1988, S. 31) konstatiert in diesem Zusammenhang, daß der Spielraum sexueller Liberalisierung gegenwärtig so groß sei, daß er von vielen Jugendlichen eher als beängstigend erlebt werde. Persönliche Beziehungen würden "unerhört emotional aufgeladen" und sollten eine Intensität erhalten, die für den "Schmerz gesellschaftlicher Zurückweisung" entschädigen müßte (vgl. auch Presting/Sielert/Westphal 1987, S. 193f.).

Im Vergleich zu den 60er Jahren fällt der Rückgang der Heiratsabsichten sehr viel geringer aus als erwartet: An einer zukünftigen Eheschließung haben zwar Mädchen wie Jungen Zweifel, aber sie nimmt einen festen Platz ein in der Lebensplanung beider Geschlechter, ebenso der Wunsch nach Kindern (Allerbeck/Hoag 1985, S. 92; Sinus-Institut 1983, S. 67).

In der Untersuchung des Sinus-Instituts (1983, S. 63f.) wird hervorgehoben, daß die Mehrheit der Jugendlichen für ein für beide Geschlechter verbindliches Rollenbild plädiert, in dem gegensätzliche Rollenbilder spezifisch männlicher und weiblicher Art zu einem neuen Rollenmuster verschmelzen sollen. Dominierende Eigenschaften dieser "neuen Flexibilität" sind "Selbstsicherheit" und "Empfindsamkeit". Zu berücksichtigen ist in diesem Zusammenhang allerdings, daß hier nicht Verhalten untersucht wurde, sondern Einstellungen, also Dispositionen zu Verhalten, d.h. daß die hier vorgetragenen Einstellungen nur sehr bedingt in die Realität umgesetzt werden. Zumindest theoretisch jedoch besteht die Bereitschaft zu echter Partnerschaft und Aufhebung der Rollenfixierung.

Unterstellungen der Erwachsenen, Jugendliche heute praktizierten sexuelles Konsumverhalten und folgten alleine dem Lustprinzip, können somit nicht bestätigt werden (Pagenstecher/Hartmann 1985, S. 49f.). Die Vorverlegung sexueller Handlungen, das offenere Eingeständnis erotischer Bedürfnisse und die tendenziell bessere Informiertheit über technische und soziale Tatsachen haben zu keiner "Libertinage" und Verantwortungslosigkeit geführt. Die Jugendlichen befürworten im Gegenteil in der überwiegenden Mehrheit "Freizügigkeit mit Liebe" und zeigen keine Anzeichen einer wachsenden Bindunglosigkeit (Baacke 1979, S. 85).

1.3.5.4. Zusammenfassung

Abschließend kann festgehalten werden, daß die Entwicklungen der 60er Jahre für die heutigen Jugendlichen zwar gewisse Freiräume geschaffen haben, sie aber gleichzeitig vor neue Probleme stellen. So sind in unserer Zeit voreheliche sexuelle Beziehungen zu einer Selbstverständlichkeit und ein offeneres Reden über Empfindungen im sexuellen Bereich möglich geworden. Männer beginnen vereinzelt, ihre "Primusrolle" in Frage zu stellen; Frauen und junge Mädchen sind selbstbewußter geworden und äußern auch eigene Bedürfnisse (Pagenstecher/Hartmann 1985, S. 64f.).

Gleichzeitig ist jedoch die Vermarktung sexueller Bedürfnisse weiter fortgeschritten. In Peep Shows oder auch im Bereich der Werbung beispielsweise werden Frauen auf Sexualobjekte reduziert. Für junge Männer wird Sexualität vielfach zum "Hochleistungssport" stilisiert; es wird suggeriert, daß der "Supermann in Liebe" (Röhm 1980) gefragt sei. Pagenstecher/Hartmann (1985, S. 65) stellen bei einigen Jugendlichen als Reaktion auf diese vermarktete und "verordnete" Sexualität eine Art "neuer Askese" fest.

Dieser Trend wird gegenwärtig verstärkt durch die Ausbreitung der Immunschwächekrankheit Aids. Es ist sicher, daß das Auftreten dieser Virusinfektion die

Sexualbeziehungen von Jugendlichen in besonderer Weise betrifft und sowohl das Verhältnis zwischen Eltern und Kindern als auch das sexuelle Verhältnis der Geschlechter beeinflußt (Pagenstecher 1988, S. 339). Notwendig ist hier eine gründliche, jugendaltersgemäße und unverkrampfte Aufklärung ohne "moralischen Zeigefinger" und ohne Rückkehr zu Althergebrachtem, die in spezifischer Weise die Interessen und Bedürfnisse der Jugendlichen berücksichtigt.

### 1.3.6. Politik, Staat und Gesellschaft

Jedes politische System ist darauf angewiesen, daß seine Bürger sich mit ihm - zumindest bis zu einem gewissen Grad - identifizieren. Vor allem demokratische Gesellschaften bauen auf die innere Zustimmung des einzelnen und auf sein produktiv-kritisches Mitwirken an gesellschaftlichen Aufgaben und dem kulturellen und gesellschaftlichen Entwicklungsprozeß (Hornstein 1982a, S. 215 f.). Es ist evident, daß die Einstellung der jungen Generation zu Politik, Staat und Gesellschaft dabei von herausragender Bedeutung ist. Das Verhältnis der Jugend zu Politik und Staat ist ein hochkomplexes Phänomen, das bestimmt wird durch lebensgeschichtlich-biographische Erfahrungen und aktuelle Kontexte und Ereignisse.[14] Darüber hinaus ist die Art und Weise, wie Jugendliche Gesellschaft und Staat vor allem auch in prospektiver Hinsicht einschätzen, entscheidend für ihre eigenen Lebensperspektiven und Zukunftsplanungen.

Verschiedene Untersuchungen[15] befassen sich detailliert mit dem Wahlverhalten Jugendlicher, ihrer Einstellung zu Politik und Parteien, zur Wirtschaftsordnung im allgemeinen, zur Bundeswehr etc. In jüngster Zeit werden zunehmend Studien über diejenigen Jugendlichen durchgeführt, die sich gegen die bestehende Gesellschaftsordnung richten bzw. außerhalb von ihr stehen: über die sog. alternative Szene und Formen des Jugendprotestes. In diesem Rahmen können die Ergebnisse dieser Studien nicht in Einzelheiten referiert werden. Es geht vielmehr darum, Trends aufzuzeigen in der Einstellung und Einschätzung der Jugendlichen von Politik und Staat sowie der Entwicklung von alternativen Gruppen und Protestpotentialen. Man bedenke in diesem Zusammenhang auch die Ausführungen zum Verhältnis von Jugendforschung und öffentlich-politischer Thematisierung von Jugendproblemen.

#### 1.3.6.1. Die Beurteilung der Gesellschaft und ihrer Zukunft durch die Jugendlichen

Nach Ergebnissen der Shell-Studie "Jugend '81" (S. 15) schätzt die Mehrheit der Jugendlichen die Zukunft der Gesellschaft eher düster ein (58 %; 42 % sind eher zuversichtlich). Jeweils 95 % rechnen nicht damit, daß Kriege abgeschafft werden können und eine sorgenfreie Gesellschaft realisierbar wird. 80 % befürchten Rohstoffknappheit, Wirtschaftskrisen und Hungersnöte. 78 % der befragten Jugendlichen glauben nicht daran, daß mehr Gleichheit unter den Menschen möglich wird und 76 % rechnen damit, daß Technik und Chemie unsere Umwelt zerstören. Die Mehrheit der Jugendlichen glaubt nicht an eine "natürliche Höherentwicklung".

Nach Kreutz (1980, S. 345) sind es zwei Probleme, die im Vordergrund des Bewußtseins junger Menschen stehen: zum einen die Angst, daß die technische Entwicklung die natürlichen Lebensbedingungen zerstört und zum anderen die Sorge um den Arbeitsplatz und die beruflichen Möglichkeiten. Boßmann (1982, S. 189) stellt in einer Analyse von Schüleraufsätzen zum Thema "Zukunft" eine weitverbreitete Besorgnis, zum Teil sogar gravierende Ängste in Bezug auf die allgemeine, politische, gesellschaftliche, ökonomische und ökologische Zukunft fest. Die Jugendlichen äußern auch hier vor allem Angst vor Umweltzerstörung und Krieg und zeigen eher Skepsis in Bezug auf die Lösungskompetenz der Erwachsenen.

Die Befunde der Sinus-Studie (1983, S. 41) bestätigen im wesentlichen den eher pessimistischen Trend in der jungen Bevölkerung. Die Autoren weisen vor allem auf das hohe Maß der persönlichen Betroffenheit hin, das die großen Probleme unserer Zeit - Umweltzerstörung und Kriegsgefahr - bei den Jugendlichen auslösen. Als zentrales Grundmotiv diagnostizieren sie "Angst": "Angst ist offensichtlich die psychologische Triebfeder der Wahrnehmung und Verarbeitung zentraler politischer Probleme bei der Mehrheit der jungen Generation." (Sinus-Institut 1983, S. 41)

#### 1.3.6.2. Jugend und Politik - Interesse, Einstellungen und Verhaltensweisen

Das Interesse Jugendlicher an Politik, ihre jeweiligen Einstellungen und konkreten Verhaltensweisen sind primär von der Bildung und vom spezifischen Kontext ihrer jeweiligen Lebenslage abhängig. Daneben machen sich auch geschlechtsspezifische Einflüsse bemerkbar (Berger u.a. 1985, S. 488ff.).

Allgemein und im besonderen bei Jugendlichen wird seit langem politische Apathie und politisches Desinteresse beklagt. Wasmund (1982, S. 62) und auch Allerbeck/Hoag (1985, S. 134) stellen fest, daß das politische Interesse bei Jugendlichen weiter zurückgegangen ist. Nach Angaben der Shell-Studie (Jugendwerk der Deutschen Shell 1985, Bd. 1, S. 19f.) ist das politische Interesse heute jedoch größer als in den 50er Jahren. Vor allem Mädchen hätten diesbezüglich aufgeholt.

Bei diesen Ergebnissen ist zu berücksichtigen, daß politisches Interesse immer nur eine Angelegenheit von Minderheiten war und nach wie vor ist, auch bei Erwachsenen. "Für die meisten Jugendlichen ist die Politik etwas Entferntes, von ihren persönlichen Lebensbezügen und Interessen weitgehend abgehobenes Handeln, das sie nicht durchschauen." (Wasmund 1982, S. 62) Monokausale Erklärungsansätze für diesen Umstand greifen zu kurz; vielmehr kann davon ausgegangen werden, daß die Gesamtkonstellation in den traditionellen Sozialisationsfeldern die Entwicklung politischen Interesses nicht gerade fördert.

Wichtige Voraussetzung für die Entfaltung von politischem Interesse ist die politische Kommunikation in der Familie. Das Gespräch über Politik spielt jedoch in den meisten Familien eine marginale Rolle. Der Schule würde ausdrücklich die Aufgabe zufallen, zu einem "mündigen Staatsbürger" zu erziehen. Sie kann jedoch nicht einmal den Grundstock politischen Wissens vermitteln, was nicht zuletzt an der diesbezüglich mangelnden Ausbildung der Lehrer liegt. Letztlich vermittelt die Art und Weise, wie sich die politische Umwelt und die aktuelle Politik den Jugendlichen darstellt, wenig Aussicht auf Chancen zu wirksamer Mitarbeit (vgl. Wasmund 1982, S. 63f.; Görlitz 1979, S. 156f.).

So schätzen Jugendliche Politik in ihren offiziellen Ausdrucksformen eher negativ ein und beurteilen Politiker als Mitproduzenten vorhandener Mißstände. Sie erhoffen sich in der Regel keine Verbesserung durch eine persönliche Beteiligung an politischen Entscheidungsprozessen und zeigen eine eher abwartende Haltung - gekennzeichnet durch Distanz und Desillusion (Bauer/Hellmann/ Pardon 1983, S. 163f.; vgl. auch Boßmann 1982, S. 155).

Die Bereitschaft, sich mit der erlebten (Regierungs-)Politik zu identifizieren, hat deutlich nachgelassen, was sich beispielsweise auch an den "gebrochenen Formen" der Identifikation der Jugendlichen mit dem Wehrdienst ablesen läßt. Sowohl Wehrpflichtige als auch Zivildienstleistende sind von den Widersprüchlichkeiten und grundlegenden Spannungen der Weltsituation betroffen. Beide Gruppen erkennen den Widersinn der Argumentation "Frieden durch Aufrüstung" und sind in ihrer Welt- und Zukunftssicht eher pessimistisch. Insoweit erscheinen ihnen die Lösungen der Erwachsenen fragwürdig, kompromißhaft, nicht ausreichend und erfüllen für sie keine zukunfts- und orientierungsleitenden Funktionen (Hornstein 1982a, S. 221ff.).

Auch die Bereitschaft, sich in einer Partei zu organisieren, hat weiter abgenommen. Die Kluft zwischen den Parteien und der Jugend ist größer denn je. Überspitzt könnte man formulieren, daß die Jugend heute die Parteien ignoriert. Sie vermißt klare politische Konturen und echte Alternativen, setzt kein Vertrauen in die etablierten Parteien und zweifelt an deren Problemlösefähigkeit (Wasmund 1982, S. 65; Allerbeck/Hoag 1985, S. 134). Die Partei der "Grünen" wird positiver beurteilt und stößt auf große Sympathien bei den Jugendlichen (Wasmund 1982, S.67; Jugendwerk der Deutschen Shell 1985, Bd. 1, S. 20f.). Die Entwicklung geht offensichtlich dahin, "daß ein erheblicher Teil der jungen Leute in der politischen Programmatik und der politischen Praxis der etablierten Parteien ihre Wertvorstellungen nicht berücksichtigt sieht und auch nicht - vielleicht nicht mehr - daran glaubt, daß es einen Sinn hat, in diesen politischen Gruppierungen um die Verwirklichung der eigenen Wertvorstellungen zu kämpfen." (Hornstein 1983, S. 65)

Extreme Gruppierungen sowohl am rechten als auch am linken Flügel finden keine nennenswerten Anhänger. Die Befunde der Shell-Studie "Jugend '81" (S. 16f.) sprechen tendenziell gegen neonazistische Tendenzen unter den Jugendlichen. Vielmehr seien klare Gruppen von eindeutigen und gegebenenfalls auch aktiven Gegnern zu erkennen. Gegenwärtig befinden sich jedoch rechte Gruppierungen (z.B. "Die Republikaner") allgemein wieder im Aufwind (vgl. die Wahlen in Hessen und Berlin, die Europa-Wahlen 1989). Auch Jugendliche fühlen sich von den vereinfachenden Parolen, die sich vornehmlich gegen ausländische Mitbürger richten, angesprochen, vor allem, weil vorgegeben wird, Ausländer nähmen ihnen ihre Wohnungen und Arbeitsplätze weg.

Die Affinität zu politischen Gruppierungen im allgemeinen steht in engem Zusammenhang mit der spezifischen jugendlichen Lebenssituation und Lebenspraxis und korreliert darüber hinaus mit den jeweiligen Zukunftsperspektiven. So stehen optimistische Jugendliche eher der Union, pessimistische dagegen den Grünen nahe. Unions-Anhänger zeichnen eher konventionelle Lebensentwürfe und konformistische Orientierungen im Gegensatz zu unkonventionellen Lebensentwürfen und nonkonformistischen Orientierungen bei Grünen-Anhängern. Sympathisanten der SPD bleiben hier ohne klares Profil (Jugendwerk der Deutschen Shell 1981, S. 17).

Abgesehen vom Gang zur Wahlurne besteht eine geringe Neigung zu politischer Beteiligung. Dies spiegelt sich beispielsweise auch in einem geringen - und noch weiter sinkenden - Organisationsgrad in der Gewerkschaft wider (vgl. Baethge/ Schomburg/Voskamp 1983). Nur bei unmittelbarer Betroffenheit sind die Jugendlichen eher zu einem Engagement bereit, aber dann weniger in den etablierten politischen Organisationen als vielmehr in den "neuen sozialen Bewegungen" (Wasmund 1982, S. 69f.).

Unabhängig von den jeweiligen gewählten Mitteln politischer Partizipation wird von den Jugendlichen ein "großes Maß an Frustrationstoleranz und Enttäuschungsfestigkeit" (Görlitz 1979, S. 159) verlangt: "Wo politisches Engagement folgenlos bleibt, erlischt auch das Interesse an der Politik. Vielen Jugendlichen fehlt einfach die Motivation, sich für Politik zu interessieren, weil sie nicht einsehen können, wofür dieses Interesse gut sein und wem es nützen soll." (Wasmund 1982, S. 64)

### 1.3.6.3. Alternativbewegung und Jugendprotest

Die sogenannte "Alternativ- und Protestszene", von der sich viele Jugendliche einen Ausweg aus dieser Situation des Nicht-Verstandenwerdens erhoffen, stellt sich heute derart vielschichtig und vielgestaltig dar und befindet sich in derart raschem Wandel, daß Fixierungen und pauschale Charakterisierungen nicht möglich sind. Die folgenden Ausführungen verstehen sich als Kennzeichnung der wichtigsten Merkmale dieser Gruppierungen.

Die sehr heterogene "alternative Szene" versammelt verschiedene, z.T. auch widersprüchliche, Strömungen. Einer Untersuchung des BMJFG (zit.n. Tippelt 1984, S. 81ff.) zufolge lassen sich diverse Schattierungen unterscheiden: Eine Gruppe verfolgt Vorstellungen eines neuen Lebensstils, von Selbstverwirklichung und besserer Lebensqualität. Diese *"Alternativmentalität"* ist bei breiten und vor allem jüngeren und gebildeteren Bevölkerungskreisen anzutreffen und in enger Verbindung mit postmaterialistischen Orientierungen zu sehen. Die *"Alternativbewegung"* umfaßt verschiedenste politische und weltanschauliche Positionen, deren Gemeinsamkeit darin besteht, daß soziale Probleme, die vor allem die jüngere Generation betreffen, thematisiert werden. In *"Alternativprojekten"* werden die "konkreten Utopien" einer reformerischen Erprobung unterzogen, wobei vor allem im sozialen Bereich Erfolge verzeichnet werden können. Die *"engere Alternativszene"* schließlich bildet ein relativ abgeschlossenes, weitgehend autarkes Milieu und fungiert primär als "opinion leader".

Gemeinsam ist den verschiedenen Gruppierungen eine kritische Haltung gegenüber der gesellschaftlich-politischen Entwicklung, verbunden mit dem Anspruch, bessere Lösungen zu entwickeln. Sie streben danach, menschliche Selbstverwirklichung in anderen als den bisher gewohnten und möglichen Formen zu erreichen und beschränken sich nicht nur auf theoretische Diskussionen, sondern experimentieren auch an praktischen Erprobungen (Hornstein 1982a, S. 182). Im Mittelpunkt stehen ökologische und Friedensthemen; daneben exisitieren Gruppen, die für eine Sicherung der Menschenrechte eintreten (Bürgerrechtsbewegungen im weitesten Sinne), die Frauenbewegung sowie Gruppen die sich für eine Rehabilitation von Selbsterfahrung, Sinnlichkeit und Innerlichkeit engagieren (Tippelt 1984, S. 83; Hornstein 1982a, S. 182f.).

Alternative Projekte sind vielfach eine Antwort auf das Bedürfnis, ein Stück eigenes, selbstgestaltetes und nicht von fremden Zwecken bestimmtes Leben zu verwirklichen und damit Ausdruck veränderter Wertstrukturen. Die Form, in der dies geschehen soll, ist bestimmt durch "Kreativität", "Spaß" und einer Verbindung von Arbeit und Leben. In diesem Sinne können nach Hornstein (1982a, S. 184ff.) alternative Projekte als "Neugestalter des sozialen Lebens" aufgefaßt werden.

Der Ansicht, daß es sich beim besonders starken Engagement junger Leute in Alternativen um ein "mehr oder weniger lästiges Jugendproblem" handele, ist mit Hornstein (1982a, S. 195f.) zu widersprechen. Vielmehr kommen darin übergreifende, unsere Gesellschaft insgesamt betreffende Krisen- und Wandlungsprozesse zum Ausdruck. Die Tatsache, daß Jugendliche in überdurchschnittlich hohem Maße in alternativen Bewegungen anzutreffen sind, ist auf ihre soziale Lage zurückzuführen: sie sind noch nicht in dem Maße in beruflichen und sozialen Zwängen festgelegt wie die Erwachsenen, sind noch auf der Suche nach Orientierung und ihrem Platz in der Gesellschaft und deshalb noch offener, sensibler und kritischer.

Beachtenswert an der derzeitigen Alternativbewegung ist die Tatsache, daß sie nicht nur eine Angelegenheit der höher gebildeten Jugendlichen ist, sondern sich auch

Hauptschüler dieser Szene gegenüber aufgeschlossen zeigen (Sinus-Institut 1983, S. 48f.).

Der sogenannte "Jugendprotest" vollzieht sich außerhalb der gegebenen politischen Strukturen und Institutionen und auch außerhalb der Jugendorganisationen der Parteien. Trotz der massiven Schwierigkeiten im Bereich Arbeit und Beruf manifestiert er sich mehr an Problemen, die in den "unterschiedlichen Nichtarbeitsbereichen oder der allgemeinen Politik angesiedelt sind", z.B. Frieden, Umwelt etc. (Frackmann/Kuhls/Lühn 1981, S. 81). Der Protest der jungen Generation zielt "auf die Bedingungen des Lebens und Zusammenlebens schlechthin und auf die Weise ihres Zustandekommens." Letztlich richtet er sich "gegen die strukturelle Gewalt einer verstädterten Lebensweise" (Grymer 1983, S. 59f.). Dabei kommen nicht nur Angst- und Ohnmachtsgefühle der Jugendlichen zum Ausdruck, sondern auch Kritik an einer Erwachsenengeneration, die sich verwalten läßt und gegen Mißstände nichts unternimmt (Grymer 1983, S. 69).

Es ist zwar nur eine Minderheit, die offen protestiert, aber die Zahl derer, die auf den administrativ und juristisch ausgeübten Zwang zur Anpassung und zum Akzeptieren der gegebenen Verhältnisse nicht mit Unterwerfung, Einsicht und Anpassung reagieren, wächst. Neben der sich artikulierenden Spitze des Eisbergs exisitiert eine große schweigende Gruppe, die mit den Bewegungen sympathisiert (Grymer 1983, S. 59; Frackmann/Kuhls/Lühn 1981, S. 82; Bericht der Enquête-Kommission 1983, S. 9). Dieses Unruhepotential ist mit gesteigerter Sensibilität in der Lage, Mißstände zu orten und in der Öffentlichkeit zu thematisieren (Grymer 1983, S. 55).

#### 1.3.6.4. Zusammenfassung

Abschließend kann festgehalten werden, daß Jugendliche heute zunehmend sensibilisiert sind für die "großen Probleme" unserer Zeit und der Zukunft der Gesellschaft eher mit gemischten Gefühlen entgegensehen. In den traditionellen Möglichkeiten politischer Partizipation sehen sie geringe Chancen der Einflußnahme und Veränderung.

Ein Teil der Jugendlichen reagiert auf diese Situation mit der Suche nach alternativen Lebensentwürfen und Lebensformen. Andere Jugendliche verleihen ihrem Unmut über die bestehenden Verhältnisse offen Ausdruck.

Die Zeiten des "Jugendprotestes" Anfang der 80er Jahre scheinen heute überholt zu sein. Gegen Großprojekte z.B. aufzubegehren, ist längst nicht mehr nur Sache der jungen Generation. In Wackersdorf beispielsweise haben sich Menschen aller Altersgruppen und Schichten versammelt, um gegen den Bau der Wiederaufbereitungsanlage zu demonstrieren - wie sich zeigte, mit Erfolg.

1.3.7. Fazit

Die Lebensphase Jugend kann in ihrem Erscheinungsbild nicht einheitlich charakterisiert und an chronologischen Altersangaben festgemacht werden. In Abhängigkeit der sozialen Lage wird Jugend entweder gewährt/verlängert oder verweigert/verkürzt. Angesichts der sich daraus ergebenden Heterogenität der Jugendphase ist eine "katalogartige" Aufzählung der Grundprobleme heutiger Jugendlicher nicht möglich. Die identifizierbaren Problemlagen sind zudem hochkomplex und auf verschiedenste Art und Weise miteinander verknüpft, so daß sich der Schwerpunkt der bisherigen Ausführungen auf die verschiedenen Dimensionen, in denen sich Problemlagen Jugendlicher manifestieren und auf deren wechselseitige Verflechtungen richtet.

Schon der Überblick über Entwicklung und Stand der Jugendforschung hat deutlich gemacht, wie schwierig es ist, die eigentlichen subjektiven Probleme, die junge Menschen heute haben, aus den Ergebnissen der aktuellen Jugendstudien herauszufiltern. Die Verflechtung der Jugendforschung mit der öffentlich-politischen Thematisierung von Jugend wurde hierbei besonders hervorgehoben.

Die Bewältigung der Entwicklungsaufgaben stellt die Hauptanforderung im Jugendalter dar und strukturiert verschiedene Problemlagen gleichsam vor. Die Jugendphase fordert Neuorientierungen in verschiedenen Lebens- und Entwicklungsbereichen und ist in dieser Hinsicht vielleicht paradigmatisch für Übergangs- und Bewältigungsprobleme auch in späteren Abschnitten der Lebensspanne (Brandtstädter 1985, S. 6). Große Anpassungs- und Organisationsleistungen sind vor allem im Bereich der Identitätsgewinnung und - stabilisierung sowie beim Aufbau von Handlungskompetenzen zu vollziehen.

Die zur "normalen" Entwicklung zählenden Prozesse von Pubertät, Ablösung vom Elternhaus, Berufseinstieg, Statusunsicherheit und Identitätsbildung werden überformt und verschärft durch veränderte Lebensbedingungen und instabile Norm- und Wertorientierungen. Diese "Sinn- und Legitimationskrise" hat zwar alle Altersgruppen erfaßt, aber Jugend als extrem empfindliche Lebensphase leidet besonders an der kollektiven Desorientierung: bei Jugendlichen ist das Bedürfnis nach neuen Sinn-Deutungen und tragfähigen Sozialbindungen besonders stark (Bopp 1988, S. 32).

Die Tatsache, daß aufgrund des Strukturwandels der Jugendphase ihr innerer Verlauf und ihre zeitliche Ausdehnung "gegenläufigen Entwicklungstendenzen" unterliegen, führt zu internen Spannungen. Statusübergänge sind verzögert und nicht mehr klar definiert. Die Jugendlichen müssen ihre Lebensentwürfe höchst individuell auf der Grundlage subjektiver Begründungen und Bedürfnisinterpretationen ausgestalten (Olk 1986, S. 55). Sie sehen sich einer Vielzahl diskrepanter Orientierungsmuster und Verhaltensanforderungen gleichzeitig wie auch in der biographischen Abfolge gegenübergestellt, die sie in einem für sie sinnhaften Lebensentwurf zusammenbringen müssen (Olk 1985, S. 297). Diese Individualisierung gilt auch für den Fall des Scheiterns der Bewältigungsversuche (Olk 1985, S. 298) und kann damit negative Auswirkungen auf Selbstbild und Selbstkonzept haben.

Das Vorbild der Erwachsenengeneration bietet nicht mehr in ausreichendem Maße Handlungs- und Entscheidungssicherheit; das "Monopol" der Erwachsenen auf Lebenserfahrung stößt zunehmend an Grenzen. Die Mehrheit der Erwachsenen selbst ist der Meinung, daß man umgekehrt auch von der Jugend lernen könne. "Im Alltagsverständnis heutiger Erwachsener ist das Erwachsenenalter zum Lernen freigegeben." (Jugendwerk der Deutschen Shell 1985, Bd. 1, S. 13) Die traditionellen Sozialisationsinstanzen haben viel von ihren Unterstützungsleistungen eingebüßt. Die Jugendlichen müssen ihre Zukunftsperspektiven in einer gesellschaftlichen Situation entwerfen, die durch "neuartige materielle Deprivationen und globale Gefährdungslagen" gekennzeichnet ist (Olk 1986, S. 61).

Das Erscheinungsbild der Lebensphase Jugend in den 80er Jahren ist charakterisiert durch tiefgreifende Widersprüche, "die sich nur schwer in eine geschlossene Interpretation einbeziehen lassen." (Hurrelmann/Rosewitz/Wolf 1985, S. 52) Die Jugendlichen werden mit Brüchen und Diskrepanzen zwischen eigenen Lebensformen, Selbstthematisierungen und Ansprüchen einerseits und den institutionellen Anforderungen bzw. den darin enthaltenen Vergesellschaftungs- und Verwertungsinteressen andererseits konfrontiert. Sie erfahren sich "in einer Gesellschaft, die ihre selbstgesteckten humanen und sozialen Ziele nicht einlöst, in der Widersprüchlichkeit und Ungleichzeitigkeit also von Zielen und Ansprüchen auf der einen und von Realitäten auf der anderen Seite: Der Alltag unserer Gesellschaft ist bestimmt ... durch das

Diktat der Rücksichtslosigkeit im Umgang der Menschen miteinander, durch die Realität materialistischer Normen, durch ideologische Verlogenheit, durch Ratlosigkeit im Umgang mit Technik und die suggerierten Sach- und Verwertungszwänge." (Thiersch 1983, S. 21) Die Jugendlichen erleben sich in Bezug auf ihre Zukunft als prinzipiell ratlos und hilflos. Aufgrund ihres Status sind sie für die aufgezeigten Widersprüchlichkeiten besonders sensibel (Thiersch 1983, S. 22).

Die Widersprüche zeigen sich konkret bei der Darstellung der einzelnen Lebensfelder. Der für die Identitätsbildung so wesentliche Bereich Beruf und Arbeit ist wohl am nachhaltigsten betroffen. Hier vollzieht sich die Sozialisation nicht mehr ohne Brüche; Umwege und Aufenthalte werden zum Normalfall. Die Jugendlichen setzen sich mit den Schwierigkeiten in diesem Bereich antizipatorisch bereits Jahre vor dem eigentlichen Übergangsereignis auseinander und erkennen ihre geringen Chancen, planerisch auf ihre Zukunft einzuwirken. Für viele Jugendliche kann Arbeit ihre identitätsbildende Kraft nicht mehr entfalten. Dies führt wiederum zu Problemen im Freizeitbereich, der häufig als "Ersatzsinngebungsbereich" fungieren muß. Jugendliche sind hier einem massiven Konsum- und Medienangebot ausgesetzt, das gerade sie als Zielgruppe ansteuert und vereinnahmt. Die hier offerierten Identifikationsangebote sind oberflächlich und vorgespiegelt. Das zeitlich unterschiedliche Erreichen von Handlungsautonomie in den einzelnen Lebensfeldern und der damit veränderte und zeitlich auseinandergezogene Ablösungsprozeß vom Elternhaus ist Ursache für Probleme im familiären Bereich. Insbesondere die verlängerte ökonomische Abhängigkeit von den Eltern belastet sowohl das familiäre Verhältnis als auch die Selbständigkeitsbestrebungen der Jugendlichen. Das Verhältnis zu den Eltern wird zwar als "gut" bezeichnet, aber die Funktion der Familie hat sich weitgehend auf materielle Sicherung und Unterstützung reduziert. Schule ist für die Jugendlichen alles andere als ein anregender Erfahrungsraum, in dem Identität und Handlungskompentez erprobt und stabilisiert werden können. Dieses Defizit wiegt um so schwerer, als "Schule" zum vorherrschenden Charakteristikum jugendlichen Lebens geworden ist. Gesellschaftliche Widersprüche, die sich im jugendlichen Erleben noch verstärken, schwingen auch im Bereich der Partnerschaft und Sexualität mit. In Bezug auf Politik fühlen sich die Jugendlichen durch die offiziellen Vertreter kaum repräsentiert und erfahren bei ihrem Engagement für Umwelt und Frieden häufig nur Frustration und Ohnmachtsgefühle.

Auf diese Situation reagieren die Jugendlichen sehr unterschiedlich. Ein Teil ist mit den gegebenen Verhältnissen überfordert, er resigniert, paßt sich an, ohne jedoch die

Bedingungen wirklich zu akzeptieren. Unruhe und Hoffnungen werden nur in den Freiräumen des Privaten artikuliert (Thiersch 1983, S. 23). Ein anderer Teil, eine Minorität, ist auf der Suche nach alternativen Lebensformen und einer menschlicheren Zukunft. Der Großteil der Jugendlichen kehrt jedoch zu den traditionellen Lebensformen und -zielen zurück. Bopp resümiert: "Sie werden zu angepaßten Mitläufern oder zu Trägern von Reformen oder zu Sozialfällen." (Bopp 1988, S. 32)

Ein nennenswerter Teil der Jugendlichen, bei denen sich die Faktoren einer benachteiligten Lage potenzieren, haben zunehmend Schwierigkeiten, sich auch nur äußerlich an die vorgefundenen Verhältnisse anzupassen, d.h. sie entwickeln in individuellen Krisensituationen "nonkonforme" und "deviante" Formen der Problemverarbeitung (Hurrelmann/Rosewitz/Wolf 1985, S. 111). Hier übersteigt das Ausmaß der Problemlage das Bewältigungspotential; die Jugendlichen sind zu einer angemessenen Problemverarbeitung nicht mehr in der Lage. Verhaltensauffälligkeiten und Gesundheitsbeeinträchtigungen sind eher "harmlosere", wenn auch nicht zu vernachlässigende Ergebnisse einer nicht gelungenen Auseinandersetzung (Hurrelmann 1987, S. 547). Weitaus bedenklicher sind die bereits alarmierend hohen und gegenwärtig wieder ansteigenden Zahlen von Drogen- und Alkoholabhängigen (mit einer weitaus höheren Dunkelziffer ist zu rechnen) sowie die Zahlen jugendlicher Selbstmörder. Viele Jugendliche flüchten in die Heilsversprechungen religiöser Sekten oder sacken in "kriminelle Karrieren" ab.

Diesen Reaktionsformen ist gemeinsam, daß sie eine zunehmende Entfremdung von Arbeit sowie Öffentlichkeit einerseits und Privatheit andererseits widerspiegeln und das Leiden der Jugendlichen am Widerspruch zwischen gesellschaftlichen Vorgaben und Authentizität zum Ausdruck bringen (Thiersch 1983, S. 23).

Jugendliche sehen sich somit einer Reihe von "Alltagsproblemen" gegenüber, die sich aus den Besonderheiten ihrer spezifischen Lebensphase ergeben und deren produktive Bewältigung überformt und erschwert wird durch gesellschaftliche Rahmenbedingungen. Die Entwicklung der Lebenswelt der Jugendlichen führt immer häufiger zu akuten Krisenerscheinungen, nicht zuletzt deshalb, weil die traditionellen Sozialisationsfelder kaum in der Lage sind, Unterstützung im eigenen Feld zu leisten.

Abschließend soll nochmals herausgestellt werden, daß Jugend und ihre Verhaltensweisen, Einstellungen und Wertorientierungen immer auch ein Reflex auf die Bedingungen ihrer Vergesellschaftung sind. Wenn wir Jugend als "soziales Problem" sehen, das zu bearbeiten ist und das es zu versorgen gilt, dann müssen immer auch die Sozialisationsbedingungen der Jugendlichen mitreflektiert und die Gesellschaft als Ganzes zur Diskussion gestellt werden (Griese 1983, S. 12). Die in der öffentlichen Diskussion in Verbindung mit Jugendproblemen auftauchenden Schlagworte zeichnen ein "Bild von Jugend", das auf die Betroffenen selbst zurückwirkt, sie zwingt, darauf zu reagieren und sich damit auseinanderzusetzen. "Jugend reagiert ... immer auch auf 'Jugend', auf das gesellschaftlich produzierte und als 'soziale Tatsache' wirksam werdende 'Bild von Jugend'." (Griese 1983, S. 2f.)

Trotz aller Problemlagen und Gefährdungsmomente darf der produktive Aspekt der Jugendphase nicht aus den Augen verloren werden. Es exisitiert keine andere Phase im Lebenslauf, in der der Mensch einen derartigen Zuwachs an Kraft, Verstand und Phantasie erhält (vgl. Bopp 1988, S. 32). Diese Potentialität zu fördern, zu erhalten und geeignete Rahmenbedingungen für ihre Realisierung zu schaffen, muß eine vordringliche pädagogische Aufgabe sein.

## 2. Institutionalisierte Jugendberatung als Hilfestellung bei der Bewältigung von Grundproblemen Jugendlicher: theoretische und praktische Aspekte

Mit Problem- und Konfliktlagen Jugendlicher befaßt sich - mit gesetzlichem Auftrag - die Jugendhilfe als weitere Instanz neben Familie und Schule bzw. Arbeitswelt. Neben den besonderen jugendfürsorgerischen Aufgaben obliegt der Jugendhilfe der Bereich der "Jugendpflege" bzw. "Jugendarbeit", der aufgrund ihrer spezifischen Strukturmerkmale (Freiwilligkeit der Teilnahme, offene und gestaltungsfähige Rollen, Raum für Experimentieren etc.) besondere Chancen im Hinblick auf die Förderung und Unterstützung Jugendlicher zugeschrieben werden.

Als Reaktion auf die zunehmenden Problemlagen Jugendlicher gewinnt in der Jugendhilfe die Form der Jugendberatung in den letzten Jahren zunehmend an Gewicht. Auch außerhalb der Jugendhilfe sind Institutionen entstanden, die es sich zum Ziel setzen, Erwachsene und Jugendliche in schwierigen Situationen zu beraten und zu unterstützen.

Im folgenden werden theoretische und praktische Aspekte der wichtigsten Beratungsangebote für Jugendliche vorgestellt und daraufhin untersucht, inwieweit sie ihre Ansprüche in der Praxis einlösen und den Jugendlichen effektive Hilfestellung bieten können. Zunächst ist jedoch abzuklären, was unter Beratung zu verstehen ist und welche spezifischen Merkmale Jugendberatung aufweist.

### 2.1. Zum Begriff der Beratung

Der Begriff der Beratung hat gegenwärtig "Konjunktur". In immer mehr Wortzusammensetzungen - Rechts-, Steuer-, Verbraucher-, Schuldner-, Vermögensberatung, um nur einige Beispiele zu nennen - taucht Beratung im alltäglichen Lebenszusammenhang auf und verweist damit auf die Bedingungen einer immer komplexer werdenden Umwelt, in der der einzelne zunehmend auf Hilfe, Information und Orientierung durch Experten angewiesen zu sein scheint.

Beratung kann im weitesten Sinne als Handeln bezeichnet werden, "das auf die Änderung eines - wie auch immer verursachten - Zustandes der Hilfsbedürftigkeit, auf eine Krise gerichtet ist. Dieser Zustand soll mit dem Ziel geändert werden, die Hilfsbedürftigkeit zu beseitigen oder wenigstens zu reduzieren." (Thiersch/Frommann/ Schramm 1977, S. 101)

Diese sehr allgemeine Definition von Beratung erfährt in der Literatur zahlreiche Variationen und Schwerpunktsetzungen. Beratung wird einmal schlicht in ihrem semantischen Ursprung als Ratgeben gesehen oder - sehr eingeschränkt - als Prozeß des Beratungsgesprächs; Beratung wird gleichgesetzt mit Therapie oder aber auch mit Erziehung; Beratung als psychologische Intervention oder pädagogische Handlungsform - dies sind nur einige Beipiele aus dem reichhaltigen Fundus. Dazwischen liegen weitere Definitions-, Eingrenzungs- und Abgrenzungsversuche, die auf Theorien vom pädagogischen Bezug über Psychoanalyse bis zur Lerntheorie rekurrieren.

Es exisitiert also weder ein einheitlicher Beratungsbegriff noch eine geschlossene Beratungstheorie. Im Bereich derjenigen Wissenschaften, die im Rahmen der vorliegenden Arbeit relevant sind[16], können - mehr in analytischer Absicht - drei Zugangsweisen zum Begriff der Beratung eruiert werden, die ihren Gegenstand in je spezifischer Art und Weise thematisieren: Die Psychologie nimmt Beratung sowohl in theoretischer wie in praktischer Hinsicht nahezu vollständig für sich in Anspruch. Neben und häufig als Vorstufe der Therapie stellt sie einen Bereich psychologischer Intervention dar. Die verschiedenen psychologischen Teildisziplinen liefern vielfältige Anregungen für die theoretische Grundlegung und methodische Umsetzung von Beratung. Die Pädagogik sieht in der Beratung zum einen eine Form erzieherischen Handelns, die zwar täglich mehr oder weniger bewußt praktiziert wird, aber in ihrer Bedeutung für den Erziehungsprozeß weder in der theoretischen Fundierung und Aufarbeitung noch in der bewußten praktischen Anwendung hinreichend thematisiert wurde. Zum anderen vollzieht sich pädagogische Beratung als soziale Dienstleistung in speziellen Einrichtungen im Erziehungs- und Bildungsbereich. In der Sozialpädagogik/Sozialarbeit nimmt Beratung traditionell eine wesentliche Funktion ein und wird je nach Definition des Arbeitsfeldes als Aufgabe oder Methode betrachtet.

Es ist nochmals zu betonen, daß diese Bereiche, wie sich auch in der nun folgenden Charakterisierung zeigen wird, sowohl theoretisch (vgl. z.B. den Begriff der "pädagogisch-psychologischen" Beratung bei Dietrich 1984, S. 245ff.) als auch in der praktischen Arbeit nicht scharf voneinander zu trennen sind. Die Regel sind fließende Übergänge und Mischformen.

2.1.1. Beratung im Alltag

Der Begriff der Beratung begegnet jedermann im Alltag. Sei es beim Einkauf oder bei Inanspruchnahme einer Dienstleistung - man will "gut beraten sein". Bei Problemen im familiären Bereich oder am Arbeitsplatz ist es häufig der Nachbar oder der Kollege, der hilfreich mit Rat - und vielleicht auch Tat - zur Seite steht. Beratung im Lebensalltag kann als eine Form der "mitmenschlichen Hilfeleistung" (Aurin 1981, S. 42) bezeichnet werden; sie tritt auf als Information, Strukturierung, Hilfe, Forderung - allgemein als "integrierendes Moment von Kommunikation" (Thiersch/Frommann/ Schramm 1977, S. 95).

Voraussetzung auf der Seite des Ratgebenden ist dabei zunächst, daß er sich aus der Sicht des Ratsuchenden in seinen eigenen praktischen Lebensvollzügen bewährt hat (Thiersch/Frommann/Schramm 1977, S. 101). Darüber hinaus muß er die Schwierigkeit oder Problemlage, in der sich sein Gegenüber befindet, erkennen und über entsprechende Wissensbestände zur Lösung dieser Probleme verfügen (Aurin 1981, S. 42). In der Alltagsberatung können die Rollen des Ratgebenden und des Ratsuchenden häufig wechseln (Thiersch/Frommann/Schramm 1977, S.101).

Beratung kann im Alltag sehr unterschiedliche Formen und eine differenzierte Tätigkeitsstruktur annehmen: man kann von einem anderen Rat empfangen, sich mit jemandem beraten, mit sich selbst zu Rate gehen. Raten und Beraten im Lebensalltag besitzt keine Erfolgsgarantie (Dietrich 1983, S.1). Der Zusammenhang von Intention und Wirkung bleibt weithin undurchsichtig und ist eher vom Zufall bestimmt (Thiersch/Frommann/Schramm 1977, S. 95). Im Alltagsverständnis erfährt Raten und Beraten eine sehr ambivalente Wert- und Bedeutungseinschätzung (vgl. Dietrich 1983, S. 1).

Diese Alltagsberatung reicht nun in einer immer komplexer werdenden Umwelt mit raschem gesellschaftlichen, sozialen und technologischen Wandel nicht mehr aus. Beratung wurde institutionalisiert und professionalisiert. Das Alltagswissen über Beratung wirkt in diese institutionalisierte Form hinein. Man kann davon ausgehen, "daß es ein beratungsspezifisches Bündel von Handlungen gibt, das der Beratungssituation im Alltagswissen über Beratung vorgegeben ist und das für den Beratungsverlauf mitbestimmend ist, obwohl es kein Gegenstand der Absprache war und in der Regel auch in der Beratung nicht werden wird." (Mader 1976, S. 702)

## 2.1.2. Beratung aus der Sicht verschiedener Wissenschaften

### 2.1.2.1. Psychologische Beratung

Im psychologischen Kontext hat der Beratungsbegriff über seine rein semantische Bedeutung des "Rat geben" eine wesentliche Erweiterung erfahren (Scheller/Heil 1977, S. 74). Ganz allgemein bedeutet psychologisch orientierte Beratung "die wissenschaftlich fundierte Klärung und Beeinflussung individuellen menschlichen Verhaltens mit dem Ziel der Behandlung und Prophylaxe von Fehlentwicklungen." (Bommert/Plessen 1978, S. 11f.) Neben sehr umfassenden und generellen Definitionen finden sich Ansätze, die sich nur auf spezifische Einzelbereiche beziehen. An gemeinsamen Elementen dieser Bestimmungsversuche stellen Scheller/Heil (1977, S. 74) folgende fest:

Übereinstimmend wird auf den Aspekt der professionellen Hilfestellung hingewiesen. Die Beziehung zwischen Berater und "Klient" ist von einer beruflichen Absicht getragen und - im Gegensatz zur Alltagsberatung - nicht Ausdruck einer persönlichen Beziehung oder Anteilnahme. Voraussetzung für diese Beziehung ist fachspezifische Kompetenz auf Seiten des Beraters. Das Ziel im weitesten Sinne liegt darin, eine Verhaltensänderung herbeizuführen. Wesentliches Element dabei ist die Einsicht des einzelnen in sein jeweiliges Problem. Der Ratsuchende soll befähigt werden, sich mit seinen Schwierigkeiten in konstruktiver Weise auseinanderzusetzen. Im Mittelpunkt steht dabei das Beratungsgespräch (Scheller/Heil 1977, S. 74).

Auf Seiten des Ratsuchenden setzt der psychologische (oder klinische) Beratungsbegriff folgende Bedingungen voraus: Der Klient sucht - zumeist freiwillig - eine Beratungsstelle auf, ist in der Lage, sachlich über seine Probleme in einen Dialog einzutreten und sich nach Angaben von Alternativen zu entscheiden oder zu verändern. Dies geschieht unter dem Vorbehalt, daß der Klient ausschließlich solche Probleme hat, die durch seine Entscheidung bzw. seine Verhaltensänderung gelöst oder vermindert werden können (Hörmann 1985, S. 812f.).

Zusammenfassend kann damit folgende Definition einer psychologisch orientierten Beratung festgehalten werden: "Beratung ist in ihrem Kern jene Form einer interventiven und präventiven helfenden Beziehung, in der ein Berater mittels sprachlicher Kommunikation und auf der Grundlage anregender und unterstützender Methoden innerhalb eines vergleichsweise kurzen Zeitraums versucht, bei einem desorientierten, inadäquat belasteten oder entlasteten Klienten einen auf kognitiv-emotionale Einsicht fundierten aktiven Lernprozeß in Gang zu bringen, in dessen Verlauf seine Selbsthilfebereitschaft, seine Selbststeuerungsfähigkeit und seine Handlungskompetenz verbessert werden können." (Dietrich 1983, S. 2)

In der Gegenüberstellung zum Begriff der Therapie können die spezifischen Elemente psychologischer Beratung näher konkretisiert werden.

2.1.2.1.1. Abgrenzung zum Begriff der Therapie

Der Begriff der Beratung wird im psychologischen Kontext je nach theoretischem Hintergrund in Verbindung mit oder in Abgrenzung zu dem der Therapie verwendet. Die Bestimmung des Verhältnisses der beiden Begriffe zueinander richtet sich nach der jeweiligen Definition von Beratung und Therapie. In der Literatur finden sich Standpunkte, die Beratung synonym zu Therapie setzen (z.B. Patterson zit.n. Scheller/Heil 1977, S. 75; Seibert 1978; Bommert 1980) und solche, die die beiden Begriffe scharf voneinander abtrennen.

Eine Abgrenzung kann beispielsweise anhand folgender Kriterien erfolgen: Hinsichtlich Anlaß und Zielsetzung wird Beratung eher in Zusammenhang mit eng definierten situationalen Angelegenheiten und spezifischen Problemen gesehen, zu deren Bewältigung die Ressourcen des Individuums voll genutzt werden können (Scheller/Heil 1977, S. 75). Es geht darum, Informationsdefizite, Verzerrungen in der Wahrnehmung, Konflikte oder Störungen im Randbereich der Persönlichkeit beseitigen zu helfen. Die Beratung vollzieht sich im "Hier und Jetzt mit dem Blickwinkel nach vorn" (Czerwenka 1986, S. 44). Die Ziele orientieren sich an Begriffen wie Entwicklung, Erziehung, Prävention, seelische Gesundheit (Dietrich 1983, S. 11).

Demgegenüber hat es Therapie mit Persönlichkeitsschwierigkeiten gravierender Natur zu tun, deren Ursprung vielfach in frühkindlichen und/oder tieferliegenden Quellen zu suchen ist. Die Beseitigung solcher Problemlagen ist oft nur durch eine zentrale Veränderung der Grundstruktur in einer länger andauernden Behandlung möglich (Scheller/Heil 1977, S. 76; Czerwenka 1986, S. 44). Ziele der Therapie können umschrieben werden mit Begriffen wie Heilung, tiefgehende Persönlichkeitsumgestaltung, völlige Neueinstellung der Person (Dietrich 1983, S. 11).

In der Beratung ist eine Rollenteilung mindestens situativ ausweisbar. Ein Teilnehmer soll Nutzen ziehen, während der andere als "Mittel der Veränderung" akzeptiert wird. Im Gegensatz zur Therapie bleibt das Rollenverhältnis relativ offen. Beide Partner bleiben in der Beratung freier und weniger kontrolliert (Thiersch/Frommann/Schramm 1977, S. 101f.; Dietrich 1983, S. 11).

Während in der Beratung vor allem unterstützende und anregende Methoden verwendet werden, arbeitet Therapie mehr mit deutenden und aufdeckenden Verfahren (Dietrich 1983, S. 11).

Im Zuge der Entwicklung neuer Therapie- und Beratungsansätze werden Beratung und Therapie heute meist nicht mehr als völlig voneinander zu trennende Begriffe gesehen. Stefflre/Grant (zit.n. Krüger 1978, S. 29) z.B. fassen Beratung als Endpunkt eines Kontinuums auf, das fließend übergeht zur Psychotherapie. Charakteristisch für Beratung in diesem Verständnis ist, daß sie sich mehr mit instrumentellem Verhalten beschäftigt, eher auf begrenzte gegenwärtige Ziele bezogen ist und weniger auf affektive psychodynamische Prozesse abstellt. Beratung kann auch auf einem Kontinuum angesiedelt werden, dessen Endpunkte "Information" und "Psychotherapie" bilden, wobei sich Beratung hier nach beiden Seiten hinsichtlich der aufzuwendenden Zeit, der Ziele, Methoden, Inhalte und Interaktionsform unterscheidet (Krüger 1978, S. 29).

Insgesamt sind die Übergänge zwischen Beratung und Therapie wohl fließend. Beratung wird auch häufig als Vorstufe zur Therapie bezeichnet. "Beratung kann zur Therapie werden, aber Therapie würde sich nicht als Beratung verstehen." (Czerwenka 1986, S. 43)

Kritisch muß jedoch die Entwicklung beurteilt werden, daß klassische psychosoziale Beratungsfelder zunehmend "therapeutisiert" werden. Dieser "Etikettenschwindel" führt nach Hörmann (1985, S. 807; vgl. auch Nestmann 1982) dazu, daß beispielsweise in Erziehungsberatungsstellen - neben der psychologischen Diagnostik - in steigendem Maße Therapie und weniger Beratung betrieben werde. Mit dieser Tendenz werde suggeriert, daß Sozialisationsaufgaben und psychosoziale Hilfen angemessen nur mittels eines psychologisch-therapeutischen Handlungskonzepts wahrgenommen werden könnten.

2.1.2.2. Pädagogische Beratung

Die Pädagogik nahm Beratung erst relativ spät für sich in Anspruch, obwohl Erziehung "aufgrund ihrer Ziele und Aufgaben schon immer ein Bereich gewesen ist, in dem Beratung ihren Ort hatte." (Aurin 1984a, S. 13) Das Bewußtsein, Beratung als Form erzieherischen Handelns zu verstehen und konsequent wahrzunehmen, entwickelte sich erst langsam. Als Vorläufer der Entwicklung eines pädagogischen Beratungsbegriffs können Otto Friedrich Bollnow, Klaus Mollenhauer und Thea Sprey gelten. Im folgenden sollen die Ansätze dieser Autoren kurz vorgestellt werden. Alle drei Konzepte begreifen Beratung als eine Form der Einwirkung im erzieherischen Verhältnis.

Bollnow (vgl. für das folgende Bollnow 1983, S. 78ff.) geht zunächst von Beratung im Alltag aus, die seiner Ansicht nach "das menschliche Leben von den einfachsten bis zu den höchsten Bereichen durchzieht" (S. 78), jedoch nicht in jeder Form erzieherisches Verhalten darstellt. Vor allem in schwierigen Lebenslagen wendet man sich gerne mit der Bitte um Rat an einen erfahrenen Menschen. Durch die zunehmende Komplexität unserer Umwelt ist Beratung in den verschiedensten Lebensgebieten erforderlich geworden und damit auch die Ausbildung spezieller Berufe, wie z.B. Berufs-, Ehe-, Erziehungs- oder Steuerberater.

Beratung schließt nach Bollnow immer eine mehr oder minder ausführliche Begründung des schließlich gegebenen Ratschlags ein. Der Ratsuchende wird zur eigenverantworteten Wahl und Entscheidung zwischen den dargebotenen Möglichkeiten aufgerufen. Er muß innerlich offen sein für die Beratung: "Man darf nur um Rat fragen, wo man selber noch in Unklarheit ist." (S. 84) Je mehr Beratung sich dem inneren Kern des Menschen nähert, desto mehr rückt auch die Beratung unter einen erzieherischen Gesichtspunkt. Erziehungs-, Berufs- oder Eheberatung ist immer zugleich eine pädagogische Angelegenheit. Hier entfaltet sich der Charakter der Beratung "als einer nur gelegentlich, nur in besonderen Fällen 'unstetig' eingreifenden Maßnahme im Ganzen des sonstigen 'stetigen' Erziehungsvorgangs" (S. 85). Diese "unstetigen Formen der Erziehung", zu denen auch Erweckung, Ermahnung und Begegnung gehören, können den Menschen entscheidend prägen, ja sogar seinen weiteren Lebensweg bestimmen. Sie lassen sich aber nicht intendieren oder vorausplanen. Ein Scheitern ist zudem immer möglich.

Eine den inneren Kern des Menschen betreffende Beratung bedeutet Zureden, Besinnung, Warnung, Vorschlag, Aufforderung. Der Erzieher leitet bei der Beurteilung der problematischen Situation an und sucht mit dem Educandus nach Lösungen, verdeutlicht Vor- und Nachteile, spricht Empfehlungen aus; die Entscheidung mit den Konsequenzen liegt beim Educandus. Der Berater übt also keinen autoritären Druck oder Manipulation aus, sondern erkennt die Freiheit des Educandus an und stellt sich selbstlos in dessen Dienst. Der Erzieher muß bereit sein, dem Educandus Vertrauen entgegenzubringen, offen über seine eigenen Gefühle, Überzeugungen und Werte zu sprechen.

Bollnow weist darauf hin, daß diese Rolle dem Selbstverständnis vieler Erzieher widerspricht, die sich mehr als zielstrebig einwirkende Personen im Erziehungsprozeß sehen wollen. Manche Erzieher eignen sich auch nicht als Berater aufgrund der Stetigkeit und der Intimität des pädagogischen Bezugs, weshalb Jugendliche häufig relativ unbekannte, aber in ihren Augen vertrauenswürdige Personen als Berater wählen (S. 85).

Mollenhauer (für das folgende Mollenhauer/Müller 1965, S. 25ff.) sieht in der Beratung einen "neuen pädagogischen Verhaltenstypus" (S. 26) repräsentiert, der sich außerhalb des Kontinuums nachdrücklich erzieherischer Einwirkungen bewegt. Beratung als eine Form erzieherischer Hilfe für Heranwachsende und Erwachsene bedeutet einen "Einschnitt im kontinuierlichen Fluß des gesamten Erziehungsprozesses. Es sind herausgehobene Momente, in denen die Probleme verdichtet hervortreten, artikuliert und formuliert werden, in denen eine besonders dringliche Frage die Unterbrechung des Gewohnten erheischt." (S. 30) Dieser Vorgang kann zu einem "fruchtbaren Moment" werden, wenn es sich auch wirklich um eine Frage des Ratsuchenden handelt, wenn dieser von sich aus Ratsuchender ist. Dafür bedarf es eines "Stiles in der Erziehung, der die Frage ermöglicht, zu ihr ermuntert, sie evoziert", also einer "autoritätsarmen Erziehung" (S. 30).

Die Beratungssituation stellt eine "Ernstsituation" (S. 31) dar. Für den Ratsuchenden bedeutet sie die Vorbereitung einer Entscheidung. Dabei ist der Berater nicht in seiner Rolle als Erzieher angesprochen, "sondern als jemand, der sich im Geflecht der persönlichen und gesellschaftlichen Existenz besser auskennt." (S. 31) Dies bedeutet Zuhören und das Vermeiden von Zwang, Vorschriften und Urteilen. Der Rat, den der Berater erteilt, ist zunächst unverbindlich für den Ratsuchenden; der pädagogische Sinn der Beratungssituation liegt gerade darin, daß sie die Selbsttätigkeit, Produktivität, Rationalität und Phantasie des Ratsuchenden anspricht und anregt, damit dieser von sich aus auf einen Ausweg verfällt bzw. den Rat als gleichsam selbst vollzogenen akzeptiert oder auch verwirft.

Die entscheidende Funktion der Beratung ist "kritische Aufklärung": "Das Gespräch schafft Distanz, es ermöglicht, das Besprochene objektivierend zu betrachten, es ermöglicht ein rationales Verhalten zu sich selbst und zu den Bedingungen der eigenen Existenz." (S. 32)

Beratungsvorgänge setzen somit z.B. der Schule gegenüber einen offeneren Rahmen voraus; nach Meinung von Mollenhauer hat Beratung in der Erziehung demgemäß ihren Ort vor allem außerhalb der Schule in Häusern der offenen Tür, in der Jugendarbeit und "beratungsreichen Erziehungsfeldern": Erziehungsbeistandschaft, Jugendgerichtshilfe, Familienfürsorge, Bewährungshilfe (S. 38f.).

Sprey (1968) geht bei ihren Analysen von Beraten und Ratgeben in der Erziehung von einem deskriptiv-phänomenologisch orientierten Ansatz aus. Im Gegensatz zu Mollenhauer und Bollnow betont sie stärker die Wechselseitigkeit des Bezugs, der durch die Rat- bzw. Beratungsbedürftigkeit einerseits und die Beratungsbereitschaft andererseits charakterisiert ist. Das "Beratungsgeschehen als ein situatives Beziehungsgefüge mehrdimensionaler Art" (S. 147) ist gekennzeichnet durch die Übernahme des Situationsanspruchs in seinem spezifischen Forderungscharakter durch den Berater und seine je verschiedenartige, dem Beratungsanspruch angemessene Leistungsfähigkeit. Beratung wird geprägt durch die zukunftsbezogene Einstellung der miteinander Beratenden auf ein Ziel außerhalb der Beratungssituation und die kritische Distanz zu den Gegebenheiten subjektiver und außersubjektiver Art, in die das Beratungsgeschehen eingelassen ist. Auch Sprey geht davon aus, daß hierfür ein besonderer Erziehungsstil notwendig ist: "Im erzieherischen Handlungsfeld kann das Beraten nicht von der Voraussetzung eines Erziehungsstils abgelöst werden, der sich als partnerschaftlich-'offener' charakterisieren läßt." (S. 147)

Beraten hat nach Sprey vier Funktionen zu erfüllen, die in der Wirklichkeit des Beratungsvorgangs mit- und durcheinander gegeben sind: "erfahrungsorientierte Orientierungshilfe" (Bestimmen und Einfügen des Beratungsgegenstandes in die Erfahrungen des Ratsuchenden, Stabilisieren oder Erweitern seiner Erfahrungsmuster, Gewinn an Übersicht), "reflexionsorientierte Orientierungshilfe" (bewußtes, in kritischer Distanz sich vollziehendes Klären, das auf Struktur- und Interdependenzerkenntnis des je zur Frage stehenden Sachverhalts gerichtet ist; dabei ist das Reflexionsniveau des Beratenen zu berücksichtigen), "Entscheidungsförderung" (Aufdecken von Entscheidungsspielraum bzw. von zur Wahl stehenden Handlungsweisen, an denen sich in gedanklicher Vorwegnahme die Realisierbarkeit prüfen läßt) und "förderndes Beistehen" (die Merkmale dieser Funktion übergreifen die bereits genannten: Bestätigen und Ermutigen des Ratsuchenden). Die genannten Funktionen können in einem zweifachen Sinn als "propädeutisch" bezeichnet werden: zum einen lassen sie sich, indem sie hinsichtlich eines in naher Zukunft notwendigen Handelns vorbereitend wirken "unter den Begriff einer Propädeutik der nahen Perspektive fassen"; zum anderen entfalten sie sich als "Propädeutik der entfernteren Perspektive", soweit sie sich auf zukünftige situative Forderungen beziehen (S. 149).

Ähnlich wie Bollnow stellt Sprey fest, daß Jugendliche den pädagogischen Bezug oft als störend empfinden und daher relativ unbekannte Berater wählen; sie gehen damit in der Beratung lieber ein "episodisches" pädagogisches Verhältnis ein.

Zusammenfassend können diese Aussagen zur pädagogischen Beratung folgendermaßen festgehalten werden: Beratung kann "als den inneren Kern, die Lebensführung und die Probleme des Ratsuchenden betreffende Information, Aufklärung, Ermutigung und Hilfe" bezeichnet werden, "die innerhalb eines bestehenden oder episodischen erzieherischen Verhältnisses stattfindet und dieses verändert." (Textor 1987, S. 3) Beratung ist damit ein Moment innerhalb eines bestehenden erzieherischen Verhältnisses, eine Form neben anderen der pädagogischen Einwirkung zum Erreichen von Erziehungszielen (Textor 1987, S. 3).

Gegenwärtig befaßt sich vor allem Kurt Aurin (1981, 1981a, 1984) mit dem pädagogischen Beratungsbegriff. Auch für ihn ist Beratung eine Form erzieherischen Handelns, die in der Erziehung in vielfältiger Weise stattfindet. Sie bietet Hilfe bei der Bewältigung alltäglicher Lebensanforderungen sowie in besonders herausgehobenen Lebenssituationen (Aurin 1981a, S. 103). Ähnlich wie Bollnow mißt Aurin (1981, S. 42) der Beratung existentielle Bedeutung bei, soweit sie psychisch tieferliegende Probleme betrifft.

Beratung ist helfende Einflußnahme, bei der der einzelne in seiner Individualität, Entscheidungsfreiheit und in seinen Intentionen der Selbstverwirklichung und Lebensgestaltung respektiert werden muß. In dieser Form kann Beratung als "nicht-reglementierte Form erzieherischen Handelns" bezeichnet werden (Aurin 1981, S. 42). Diese funktionale Beratung wird durch Erzieher tagtäglich mehr oder weniger bewußt praktiziert und zunehmend auch als Aufgabe aller, die in Erziehungsverantwortung stehen, anerkannt (Aurin 1984a, S. 13f.). Im Verlauf weiterer Differenzierungen und Professionalisierungen von Erziehungstätigkeiten und -berufen entwickelte sich Beratung zu einer von besonders ausgebildeten Fachleuten praktizierten Form pädagogisch-psychologischer Hilfeleistung, die mit Hilfe wissenschaftlicher Theorien, Verfahren und Methoden erfolgt und einer sachkundigen Anwendung bedarf (Aurin 1981, S. 42). Im Gegensatz zu Beratung innerhalb eines bestehenden erzieherischen Verhältnisses entsteht in dieser institutionalisierten Form die Beziehung zwischen Berater und Ratsuchendem erst, wenn der "Klient" den Wunsch nach einer Beratung äußert; die Beratung orientiert sich in ihren Zielen an den zugrundeliegenden Problemen und endet sobald der Wunsch erfüllt ist (Textor 1987, S. 4).

Pädagogische Hilfeleistung durch Beratung zielt "durch besseres Verstehen des einzelnen auf Aktivierung der Selbstbehauptungskräfte des einzelnen, seiner Fähigkeit zur Selbsteinsicht und zur Neuorientierung seiner Einstellungen und Verhaltensweisen und zur Erkundung möglichst eigenständiger Lösungsmöglichkeiten von Problemen." (Aurin 1984a, S. 18) Beratung bietet somit nicht nur Auskunft und Information und beläßt damit den Ratsuchenden in der Abhängigkeit eines Experten, sondern der Ratsuchende wird planmäßig in den Prozeß der Hilfe einbezogen (Küchenhoff 1970, S. 144). Im Gegensatz zur psychologischen Beratung wird der einzelne nicht so stark gelenkt und gezielt in Richtung Einstellungs- und Verhaltensänderung beeinflußt (Aurin 1984a, S. 21).

Die Zielorientierung von Beratung beruht auf einem Verständnis des einzelnen als zu selbständigem Handeln und zu eigener Verantwortung fähigem Subjekt und auf der Ansicht, daß Krisen, Konflikte, Entwicklungs- und Lernschwierigkeiten als Auslöser oder auch als Anlässe von Erziehungsprozessen anzusehen sind (Aurin 1984a, S. 18). Als Ziel der Beratung kann es gelten, den Ratsuchenden zur "Hilfe zur Selbsthilfe" zu befähigen. Dies bedeutet den Versuch, zwischen subjektivem Verständnis des Ratsuchenden und auch z.B. der Eltern ("naives Selbstkonzept") und wissenschaftlichen Erkenntnissen zu vermitteln. Beratung als Hilfe zur Selbsthilfe heißt "Aussprache-, Klärungs-, Orientierungs- und Entscheidungshilfe." (Aurin 1981, S. 42f.)

Im Gegensatz zur psychologischen Beratungssituation, die durch die Dyade zwischen Berater und Klient gekennzeichnet ist, können in der pädagogischen

Beratung vielfältige Wechselbeziehungen in dynamischen Erziehungsfeldern entstehen. Aurin (1984a, S. 22) bescheinigt Beratern in pädagogischen Feldern eine viel breitere Zugangs- und Erfahrungsbasis sowie lebensbezogenere und ganzheitlichere erzieherische Erfahrungen.

Wenn pädagogische Beratung als eine Form erzieherischen Handelns bestimmt wird, ist es notwendig, das Verhältnis von Beratung und Erziehung zu klären.

2.1.2.2.1. Beratung und Erziehung

Der Versuch, Beratung in ihrem Verhältnis zu Erziehung zu bestimmen, setzt - ebenso wie bei der Bestimmung ihres Verhältnisses zur Therapie - voraus, daß Erziehung ihrerseits allgemeingültig und umfassend definiert wäre (vgl. Krüger 1978, S. 29). Eine solche Definition liegt jedoch nicht vor (eine Auseinandersetzung mit verschiedenen Erziehungsbegriffen kann in diesem Rahmen nicht erfolgen; vgl. Brezinka 1971). Beratung und Erziehung können aber insofern miteinander in Beziehung gesetzt werden, als man grob zwischen sehr weit und sehr eng gefaßten Begriffen von Erziehung unterscheiden kann, unter die Beratung nicht immer subsumiert werden kann.

Weit gefaßte Erziehungsbegriffe, die die Gesamtheit aller möglichen, nicht nur intendierten Hilfen zur Menschwerdung, also auch Sozialisation und Enkulturation umfassen, erlauben es, Beratung als eine Form der Erziehung zu definieren (Textor 1987, S. 5). Auch ein Erziehungsbegriff "mittlerer Reichweite", wie ihn z.B. Brezinka vorlegt, läßt diese Einordnung zu: "Unter Erziehung werden Soziale Handlungen verstanden, durch die Menschen versuchen, das Gefüge der psychischen Dispositionen anderer Menschen mit psychischen und (oder) sozial-kulturellen Mitteln in irgendeiner Hinsicht dauerhaft zu verbessern oder seine als wertvoll beurteilten Komponenten zu erhalten." (Brezinka 1971, S. 613) Damit umfaßt der Geltungsbereich dieses Erziehungsbegriffs auch "Tatbestände" wie z.B. "Psychotherapie", "Seelsorge" oder "Sozialarbeit".

Eine Unterscheidung von Beratung und Erziehung wird notwendig, wenn man einen engen, d.h. ausschließlich am traditionellen "pädagogischen Bezug" orientierten Erziehungsbegriff annimmt. So sieht z.B. Rückriem (1978, S. 45) das charakteristische Merkmal von Erziehung im "pädagogischen Bezug". Dieser vollzieht sich als Einwirkung reifer, mündiger Lehrender auf unreife, unmündige Lernende, wobei dieser Prozeß vorrangig auf die Zukunft des Educandus gerichtet ist. Beratung bedeutet seiner Meinung nach demgegenüber einen gemeinsamen Problemlösungsprozeß, eine Situationsgestaltung im Sinne von Gegenwartsbewältigung.

Benz/Caroli (1977, S. 118) betrachten Beratung als erziehungswissenschaftliche Kategorie, die "emanzipatorische Zielsetzungen wie Selbstverwirklichung, Selbsterkenntnis und Selbstverantwortung vom Begriffsinhalt besser zum Ausdruck bringt, als der Begriff der Erziehung, der eher auf antizipierte Zielvorstellungen hinweist." Unter diesem Zielaspekt gehe Beratung tendenziell in Erziehung auf. Je nach Auffassung von Erziehung müsse sich Beratung "in je unterschiedlicher Intensität für die Leitidee der Selbstverwirklichung einsetzen." Dabei könne sie zum einen als Korrektiv wirken und zum anderen prophylaktische Aufgaben wahrnehmen, mit dem Ziel, sich als Korrektiv überflüssig zu machen.

Insgesamt kann Beratung wohl berechtigterweise als eine pädagogische Handlungsform, als eine Form der Erziehung bezeichnet werden. Akzente können in dem Sinne gesetzt werden, daß Beratung mehr auf die Wiederherstellung einer problem- und konfliktbelasteten seelischen Verfassung gerichtet ist, wohingegen Erziehung als grundständige pädagogische Förderung und Entwicklungshilfe für die "normale" seelische Verfassung zu sehen ist (Dietrich 1983, S. 13).

#### 2.1.2.3. Sozialpädagogische Beratung

Beratung ist eine traditionelle Funktion der Sozialarbeit/Sozialpädagogik. In diesem Feld ist sie - je nach Definition von Sozialarbeit/Sozialpädagogik - zentrale Aufgabe oder Methode[17] (Bäuerle 1980, S. 65f.). Grundsätzlich gelten die bisherigen Ausführungen zur Beratung auch für den Bereich der sozialpädagogischen Beratung. Auch hier setzen Beratungsvorgänge "offene Situationen voraus, fordern eine qualitative Veränderung des Beziehungsverhältnisses und ein demokratisches Konzept." (Bäuerle 1980, S. 65).

Aufgrund ihres spezifischen Feldes, ihrer Gegenstände und institutionellen Bedingungen weist sozialpädagogische Beratung einige charakteristische Merkmale auf. Thiersch/Frommann/Schramm (1977, S. 103f.) stellen fest, daß der Sozialpädagoge für ein meist undeutlich abgegrenztes Feld zuständig ist, während die meisten Beratungsprofessionen ihren Kompetenzbereich in Anlehnung an bestimmte theoretische Schulen inhaltlich bestimmen können. Innerhalb dieses diffusen Feldes ist der

Sozialpädagoge zuständig für alle auftretenden Probleme und Konflikte "seiner Klienten", unabhängig davon, über welche beraterischen Ressourcen er verfügt. Allgemeine handlungsleitende Diagnose- und Interventionsverfahren exisitieren nicht, so daß eklektizistisch verschiedene Modelle herangezogen werden. Diese "Allzuständigkeit" des Sozialpädagogen erfordert es, bestimmte adressatenbezogene Formen von Beratung zu entwickeln. So wurden vor allem Konzepte für die "Unterschichtberatung" entworfen als Gegengewicht zu den traditionellen, mittelstandsorientierten Modellen.

Nicht zuletzt aufgrund der starken Belastung der Mitarbeiter in der sozialpädagogischen Beratung lautet auch hier die Handlungsmaxime "Hilfe zur Selbsthilfe". Es gilt, alle Hilfskräfte im jeweiligen Problemfeld zu aktivieren. Sozialpädagogische Beratung ist stärker als andere Beratungsansätze eine "Intervention, die auf die Belebung von Alltagstechniken der Konflikt- und Krisenbewältigung gerichtet ist und dabei notwendigerweise den gesellschaftlichen Kontext nicht ausklammert." (Thiersch/Frommann/Schramm 1977, S. 104)

Eine weitere Besonderheit sozialpädagogischer Beratung liegt darin, daß für ihre Beschreibung der traditionelle klinisch-orientierte Beratungsbegriff nicht ausreicht. Der Sozialarbeiter/Sozialpädagoge kann nicht davon ausgehen, daß er es nur mit "Ideal-Klienten" zu tun hat, die bei Problemdruck eine Beratungsstelle aufsuchen, in einem Gespräch ihre Probleme sachlich verbalisieren können, bereit sind, sich entsprechend zu verändern bzw. zu entscheiden und nur solche Probleme haben, die auf diesem Wege überhaupt einer Lösung zugeführt werden können. Deshalb ist es notwendig, den Beratungsbegriff um die Elemente einer "aufsuchenden" und "eingreifenden" Beratung zu erweitern. "Aufsuchende Beratung" versteht sich sowohl als Prophylaxe als auch als Krisenintervention; "eingreifende Beratung" sowohl als Aufklärung und Aufmerksammachen als auch als Führung und soziale Aktion (Bäuerle 1980, S. 66f.). Neben diesen Elemente sind vielfach auch aktive fürsorgerische Hilfen notwendig (Mees-Jacobi 1977, S. 187).

Dieses gelegentlich auch als "Sozialtherapie" bezeichnete Konzept versucht, vor allem den Ursachen einer Problematik auf den Grund zu gehen und bezieht dabei den jeweiligen aktuellen und biographischen Kontext mit ein. Damit soll soziales Verhalten erreicht und eine günstigere Lebenssituation geschaffen werden. Die Auswahl der jeweiligen Verfahren erfolgt unter Berücksichtigung sozialer Faktoren, wie z.B. des spezifischen Milieus oder besonderer Bezugsgruppen (Textor 1987, S. 7).

Ziel sozialpädagogischer Beratung ist es, eine ganzheitliche Entfaltung zu fördern, Autonomie und Ich-Integrität aufzubauen, vor schädigenden Einflüssen der Umwelt zu schützen, benachteiligte Gruppen zur Selbsthilfe zu befähigen sowie "gestörte", "auffällig" gewordene Individuen zu resozialisieren. Dabei soll nicht nur eine bloße Anpassung und gesellschaftliche Integration erreicht, sondern auch auf Emanzipation und die Veränderung von negativen Umwelt- und Gesellschaftsfaktoren hingewirkt werden (Textor 1987, S. 6).

Auch Thiersch/Frommann/Schramm (1977, S. 100) sind der Ansicht, "daß das Konzept sozialpädagogischer Beratung aus seiner spezifischen Tradition und seinen spezifischen Aufgaben heraus über Möglichkeiten verfügt, Chancen einer emanzipatorischen Beratung zu verstärken oder neu zu entwickeln: "Wo der Lebensbezug in sozialpädagogischer Beratung in den Zumutungen und Schwierigkeiten der Praxis nicht völlig verschüttet wird, kann er aktiviert werden." (Thiersch/Frommann/Schramm 1977, S. 112)

### 2.1.3. Theorien der Beratung

Die bisherigen Ausführungen sollten in einem analytischen Zugang spezifische Merkmale psychologischer, pädagogischer und sozialpädagogischer Beratung herauskristallisieren. Eine übergeordnete Theorie der Beratung bzw. allgemeingültige Ansätze in den einzelnen Wissenschaften existieren nicht. "Vielmehr bestehen verschiedenartige Beratungskonzepte und -strategien; sie beruhen auf der Vielgestaltigkeit und Vielschichtigkeit menschlicher Wirklichkeit, von Entwicklungsprozessen und -beeinträchtigungen, auf verschiedenartigen Zugängen zur Persönlichkeit des Ratsuchenden und nicht zuletzt auf geistesgeschichtlichen und historisch-gesellschaftlichen Entwicklungen und ihnen zuzuordnenden wissenschaftlichen Positionen." (Aurin 1981a, S. 106) Von entscheidender Bedeutung in diesem Kontext sind auch die Vorstellungen darüber, was als "psychisch gesund", als "normal" und was als "psychisch krank", als "abweichend" oder "gestört" gilt (vgl. hierzu ausführlich Becker 1982). Diese Rahmenbedingungen führen dazu, daß ein Problem oder ein Konflikt - je nach Beratungsstrategie - sehr unterschiedlichen Lösungswegen und Lösungsversuchen zugeführt werden kann.

Die theoretischen Ansätze, die als Grundlage für Beratungsstrategien dienen, stammen vorwiegend aus der psychologischen und psychotherapeutischen Forschung und werden auch in pädagogischen und sozialpädagogischen Feldern angewendet. Aus dieser Tatsache ergeben sich eine Reihe von Problemen: Erzieher, die sich nach psychologischen Theorien richten, klammern sich oft zu sehr an wissenschaftliche methodische Vorgaben und zeigen zu wenig Flexibilität im Hinblick auf die situativen Bedingungen pädagogischer Felder. Darüber hinaus ist zu bedenken, ob Erkenntnisse und Vorgehensweisen, die zum Teil in experimentellen Laborsituationen gewonnen wurden, auf die Dynamik von Erziehungsfeldern übertragbar sind. Schließlich verschärft sich bei unreflektierter Anwendung psychologischer Theorien in pädagogischen Feldern die Gefahr der "Psychologisierung" und "Individualisierung" von Problemlagen und Schwierigkeiten (Aurin 1984a, S. 24f.).

Die diversen psychologischen und psychotherapeutischen Theorieansätze werden unterschiedlich klassifiziert. Meist werden angeführt psychoanalytische Konzepte (das klassische psychoanalytische Konzept, das psychoanalytisch orientierte Beratungskonzept), klientenorientierte Ansätze (Rogers und Tausch), der Trait-and-factor-orientierte Beratungsansatz (Diagnose-Prognose-Modell), psychodynamische Beratung, entwicklungsbezogene Beratung, verhaltensbezogene bzw. verhaltensmodifikatorische, verhaltenstherapeutische Beratung sowie feldtheoretische Beratung.

In früheren Jahrzehnten war psychologische Beratung nahezu ausschließlich am Vorbild des klinisch-medizinischen Modells der Diagnose-Prognose-Therapie ausgerichtet. Ab Mitte der 60er Jahre fanden dann auch gruppendynamische Methoden und nicht-direktive Verfahren zunehmend Verwendung. In neuester Zeit werden zur Erklärung des Beratungsvorgangs auch kommunikations- und interaktionstheoretische Ansätze herangezogen (Aurin 1981, S. 46).

Die Relevanz der verschiedenen Theorieansätze für die einzelnen Beratungssysteme ist unterschiedlich reflektiert und herausgearbeitet. So werden z.B. für die Erziehungsberatung und die Bildungsberatung seit einiger Zeit relevante Beratungstheorien auf ihre Anwendbarkeit diskutiert, wohingegen eine systematische Aufarbeitung im Bereich der Berufsberatung oder der Ausbildungsberatung bislang so gut wie nicht erfolgt ist (Manstetten 1987, S. 38 f.).

Ein Ansatz, der in den letzten Jahren besonders diskutiert wurde und auch gegenwärtig in vielen Beratungsbereichen verwendet wird, ist die klientenzentrierte Gesprächspsychotherapie nach Rogers, deren wesentliche Kennzeichen im folgenden kurz referiert werden.

Im Anschluß daran werden einige Versuche in der Pädagogik vorgestellt, Beratung innerhalb einer Theorie der Erziehung zu erklären und damit den Problemen entgegen zu wirken, die sich aus der Anwendung psychologischer Theorien in pädagogischen Feldern ergeben.

2.1.3.1. Die klientenzentrierte Gesprächspsychotherapie nach C.R. Rogers

Die klientenzentrierte Gesprächspsychotherapie bzw. die nicht-direktive Beratung wurde in den 40er Jahren von C.R. Rogers in den USA begründet und im deutschsprachigen Raum von Tausch/Tausch (1979) aufgegriffen und weitergeführt. Die folgenden Ausführungen müssen sich notwendigerweise auf die wichtigsten Aspekte des sehr umfassenden Konzepts von Rogers beschränken.

Rogers betont vor allem das Positive und Konstruktive im Menschen und legt seinem Beratungskonzept eine (wie er selbst sagt: vorläufige) Theorie der Persönlichkeit und des Verhaltens zugrunde, die von folgenden Annahmen ausgeht (Rogers 1983, S. 417ff.; vgl. auch Junker 1977, S. 296ff.): "Jedes Individuum existiert in einer ständig sich ändernden Welt der Erfahrung deren Mittelpunkt es ist." (Rogers 1983, S. 418) - "Der Organismus reagiert auf das Feld, wie es erfahren und wahrgenommen wird. Dieses Wahrnehmungsfeld ist für das Individuum 'Realität'." (S. 419) Dabei hat der Organismus die Tendenz, "den Erfahrungen machenden Organismus zu aktualisieren, zu erhalten und zu erhöhen" (S. 422), also die Tendenz zu Selbstaktualisierung und Selbstverwirklichung. Das Verhalten richtet sich darauf, die im wahrgenommenen Feld erfahrenen Bedürfnisse zu befriedigen; Emotionen und Wertvorstellungen begleiten und fördern diesen Versuch. Für die Beurteilung von Verhalten und damit besonders für Beratung folgt daraus: "Der beste Ausgangspunkt zum Verständnis des Verhaltens ist das innere Bezugssystem des Individuums selbst." (S. 427)

Die Erfahrungen aus dem Wahrnehmungsfeld werden nach und nach zum Selbst des Individuums entwickelt. Es ist als Resultat der Interaktion mit der Umgebung zu verstehen sowie der den Erfahrungen zugehörigen Werte, die in das Selbst übernommen werden. Erfahrungen können auch ignoriert werden, wenn es keine wahrgenommene Beziehung zur Selbst-Struktur gibt oder geleugnet oder verzerrt symbolisiert werden, wenn die Erfahrung mit der Struktur des Selbst nicht übereinstimmt. "Die vom Organismus angenommenen Verhaltensweisen sind meistens die, die mit dem Konzept vom Selbst übereinstimmen." (S. 437)

Zu Fehlanpassungen kommt es, "wenn der Organismus vor dem Bewußtsein wichtige Körper- und Sinneserfahrungen leugnet, die demzufolge nicht symbolisiert und in Gestalt der Selbst-Struktur organisiert werden. Wenn diese Situation vorliegt, gibt es eine grundlegende psychische Spannung." (S. 440) Diskrepanzen zwischen Erfahrungen und Selbststruktur können als Bedrohung wahrgenommen werden, die sich zu einer starren Selbststruktur verdichten können. Die Aufnahme von Erfahrungen in ein konsistentes und integriertes System führt zu einem besseren Verständnis für andere und zu größerer Akzeptanz. Das Individuum kann dahin gelangen, wenn es mehr von seinen organischen Erfahrungen in seiner Selbst-Struktur wahrnimmt und akzeptiert.

In seinem Beratungskonzept geht Rogers von folgender Hypothese aus: *"Wirksame Beratung besteht aus einer eindeutig strukturierten, gewährenden Beziehung, die es dem Klienten ermöglicht, zu einem Verständnis seiner selbst in einem Ausmaß zu gelangen, das ihn befähigt, aufgrund dieser neuen Orientierung positive Schritte zu unternehmen."* Dies bedeutet, "daß alle Techniken auf die Entwicklung dieser freien und gewährenden Beziehung, dieses Verständnisses des eigenen Selbst in der beratenden und in anderen Beziehungen, und dieser Tendenz zur positiven, selbstinitiierten Handlung abzielen sollten." (Rogers 1985, S. 28)

Im Gegensatz zu "älteren" psychotherapeutischen Ansätzen steht bei Rogers (1985, S. 36ff.) das Individuum im Mittelpunkt der Betrachtung und nicht das Problem. Ziel ist es nicht, ein Problem zu lösen, sondern dem Individuum zu helfen, sich zu entwickeln, so daß es mit dem gegenwärtigen, und auch einem künftigen, Problem besser fertig wird. Dabei werden die emotionalen Elemente, die Gefühlsaspekte der Situation stärker betont als die intellektuellen Aspekte. Die therapeutische Beziehung selbst ermöglicht die Erfahrung des Wachsens, d.h. "in ihr lernt das Individuum, sich selbst zu verstehen, unabhängig zu entscheiden und sich erfolgreich und auf erwachsenere Weise in Beziehung zu einer anderen Person zu bringen." (S. 37) Damit ist sie keine Vorbereitung auf Veränderung, sondern selbst Veränderung.

Die Beratungssituation wird im wesentlichen durch die Haltung des Beraters bestimmt, die durch drei Merkmale gekennzeichnet sein muß, damit die Beratung erfolgreich sein kann (vgl. auch Geißler/Hege 1985, S. 87f.):

1. Akzeptierung des Klienten und das Gefühl emotionaler Wärme ihm gegenüber: durch das Schaffen einer warmen Atmosphäre unterstützt der Berater die Tendenz zur Selbstverwirklichung der Person. Er kann das Gefühl der Bedro-

hung abbauen, das der Klient hat, wenn er sich Einsichten nähern muß, die seinem Ich-Ideal widersprechen (Rogers 1983, S. 52f.).

2. Tiefgreifendes Verstehen, Empathie: der Berater muß versuchen, "das innere Bezugssystem des Klienten zu übernehmen, die Welt so zu sehen, wie der Klient sie sieht, den Klienten zu sehen, wie er sich selbst sieht, dabei alle Vorstellungen vom äußeren Bezugssystem abzulegen und dem Klienten etwas von diesem einfühlenden Verstehen mitzuteilen." (Rogers 1983, S. 42)
3. Übereinstimmung von Verhalten und Überzeugung: Echtheit und Kongruenz.

Beratung muß nicht-direktiv erfolgen, d.h. sie muß davon ausgehen, daß der Klient das Recht hat, seine Lebensziele selbst zu wählen, psychisch unabhängig zu bleiben und seine psychische Integrität zu erhalten (Rogers 1985, S. 119). Alle Aktivitäten eines direkten Verfahrens werden von Rogers in Richtung Dominanz und Begrenzung der Selbstbestimmung interpretiert.

Der Berater muß den Klienten dazu ermutigen, sich so frei wie möglich auszudrücken; er selbst muß weniger auf die Inhalte reagieren als vielmehr auf die vom Klienten geäußerten Gefühle. Dadurch kann der Klient zu emotionaler Befreiung von bislang unterdrückten Gefühlen gelangen, zu wachsendem Bewußtsein der grundlegenden Elemente seiner eigenen Situation und zu größerer Fähigkeit, seine eigenen Gefühle offen und ohne Angst zu erkennen. Er merkt, daß seine Situation durch diesen Prozeß des Erforschens geklärt wird und beginnt, Beziehungen zwischen seinen unterschiedlichen Handlungen zu sehen. Dies ist Anfang und Voraussetzung für "Einsicht", für eine Reorientierung und Reorganisation des Selbst, dem eigentlichen Ziel von Beratung.

Kritisch wird zu der Konzeption von Rogers meist vermerkt, daß sie von einem allzu optimistischen, ja geradezu idealistischen Menschenbild ausgehe und mögliche gesellschaftliche und umweltbezogene Ursachen von Problemlagen völlig außer acht lasse (vgl. Lüttge 1981, S. 36). Darüber hinaus spreche die Konzentration auf emotionale Erlebnisinhalte vorwiegend nur Angehörige der Mittelschicht an (Geißler/ Hege 1985, S. 95ff.).

### 2.1.3.2. Pädagogische Theorieansätze der Beratung

Wenn auch im Beratungsbereich psychologische und therapeutische Beiträge dominieren und auch pädagogische Beratung ihre theoretischen Grundlagen vorwiegend aus dem Fundus dieser Ansätze bezieht, so exisitieren dennoch Versuche, Beratung als pädagogische Aufgabe und als konkrete Form erzieherischen Handelns innerhalb der Theorie der Erziehung allgemein bzw. verschiedener erzieherischer Handlungsformen zu verorten.

Diesen Versuch unternahmen bereits die genannten theoretischen Vorläufer pädagogischer Beratung, die ihren Beratungsbegriff in Anlehnung an das Konzept des "pädagogischen Bezugs" entwickeln. Hier wären weitere Differenzierungen entsprechend der Variationen des Ansatzes vom pädagogischen Bezug denkbar. Eine weitere pädagogisch orientierte Erklärungsmöglichkeit des Beratungsvorgangs kann ihre Grundlagen aus einer soziologisch-politischen Position beziehen und Beratung unter dem Aspekt von sozialer Macht und Herrschaft betrachten. In diesen Kontext gehört Mollenhauers Theorie kommunikativen Handelns, in der auf Meads symbolisch-interaktionistische Theorie der Selbstwerdung zurückgegriffen und marxistische Theorieelemente einbezogen werden. Ansatzpunkte zur Erklärung und Begründung von Beratungsvorgängen finden sich auch innerhalb einer Theorie der Erziehungsmittel (hier jedoch sehr spärlich) sowie im Rahmen von Theorien des Unterrichts, der Didaktik sowie des Curriculums. Diese Theorien gehen jedoch stärker auf spezielle Formen des Erziehungsprozesses ein (Aurin 1984a, S.19).

Neuere Ansätze sind geprägt durch das Bemühen, die Beratungstätigkeit in den Hauptfeldern der Erziehung, vor allem innerhalb der Bereiche und Stufen des Bildungswesens theoretisch zu klären und zu fundieren. Dabei werden Beratungstätigkeit und Beratungsfunktionen sowohl der Erziehungsverantwortlichen (Eltern, Sozialpädagogen, Lehrer) als auch der institutionalisierten Form von Beratung in der Erziehung erfaßt, wobei sich unterschiedliche Schwerpunkte im Verständnis und in der Zielausrichtung von Beratung ergeben (Aurin 1984a, S. 20).

L.R. Martin (1974, 1975, 1981, 1987; zit.in Hornstein 1977c, S. 149f.) z.B. setzt beim Versuch, Elemente einer pädagogischen Theorie der Beratung zu identifizieren, sehr umfassend an. Anhand der Darstellung des "Trait-and-Factor"-Ansatzes, des Konzeptes von Rogers sowie behavioristischer Modelle verweist er auf die Unzulänglichkeit isolierter Ansätze und betont die Notwendigkeit einer integralen Theorie. Pädagogische Beratung ist seiner Ansicht nach ein Teilbereich edukativer Interaktion: das beratende Element ist tief eingelassen in jede Form pädagogischen Handelns. Bei den Prozessen pädagogischen Handelns unterscheidet Martin den Inhaltsaspekt, der Information und die Beseitigung von Störgrößen im Vermittlungsprozeß zum

Gegenstand hat; den Beziehungsaspekt im Sinne des "pädagogischen Bezug", d.h. eines bewußt gestalteten förderlichen Verhältnisses zum Ratsuchenden sowie den existentiellen Aspekt als Hilfe nicht nur zur Findung, sondern auch zur Verwirklichung von individuellem Sinn.

Hornstein (1976, S. 684ff.) fordert, ausgehend von seinen Hauptkritikpunkten an der gegenwärtigen Situation pädagogischer Beratung, folgende Elemente und Bezugspunkte für eine pädagogische Beratungstheorie: Die "Eigendynamik" im Gefolge der Institutionalisierung von Beratung sei aufzulösen, d.h. die von der pädagogischen Handlungssituation losgelösten, institutionell orientierten Planungen müßten "auf den Boden der erzieherischen Aufgabenstellung und Praxis" gebracht werden. Es ist zu fragen, wozu Beratung dienen soll, welche Ziele mit welchen Mitteln erreicht werden sollen. Darüber hinaus müssen seiner Meinung nach Bezugspunkte für die Integration und Anwendung von psychologischen und therapeutischen Beiträgen zur Beratungsproblematik gefunden werden. Nach Hornstein spricht vieles dafür, "Beratungsprozesse in einem Paradigma zu sehen, das Vorgänge, die wir als Beratung bezeichnen, als Problemlösungsvorgänge begreift, in deren Verlauf Definitionsprozesse, Klärungsvorgänge, das Aufzeigen alternativer Handlungs- und Entscheidungsvorgänge und zwar auf der kognitiven wie emotionalen Ebene eine Rolle spielen." (Hornstein 1976, S. 685) Erziehungswissenschaft müsse sich um eine kritische Diskussion mit den anderen Wissenschaften, die unter Hinweis auf Beratungsaufgaben in den Erziehungsbereich drängen, bemühen. Die Pädagogik sei auf die Adaption von Erfahrungen aus anderen Bereichen angewiesen, müsse aber gleichzeitig ihren eigenen Diskussionsstand verdeutlichen und ausbauen (Hornstein 1976, S. 695).

### 2.1.4. Beratungssituation und Beratungsvorgang

Wie bereits betont wurde, dient die vorausgegangene Aufgliederung in psychologische, pädagogische und sozialpädagogische Beratung nur analytischen Zwecken. Unabhängig von den hier dargestellten Unterschieden und Variationen können für die Beratungssituation und den Beratungsvorgang gemeinsame strukturierende Elemente festgehalten werden.

Ausgangspunkt der folgenden Überlegungen ist mit Hornstein (1977, S. 37), daß das "Grundmuster einer Beratungssituation" darin besteht, "daß jemand, der ein Problem hat und damit nicht zu Rande kommt, bereit und willens ist, sich von einem anderen bezüglich dieses Problems in einem Gespräch helfen zu lassen." Aus dieser Bestimmung können drei Strukturelemente der Beratung abgeleitet werden, die im folgenden in ihrer "idealtypischen" Form charakterisiert und ihrer realen Erscheinungsweise gegenübergestellt werden sollen.

#### 2.1.4.1. Der Ratsuchende

In idealtypischer Form gehen wir von einem Individuum aus, das seine eigene Beratungsbedürftigkeit erkennt und, geübt im Umgang mit Problemen, einen Berater aufsucht. Darüber hinaus verfügt der "ideale" Ratsuchende über ein gewisses Maß an Informationen, ist in der Lage, sich Auskünfte, z.B. über vorhandene Beratungsangebote, zu verschaffen und wird nicht durch Barrieren und psychische Hemmnisse vom Aufsuchen einer Beratungsstelle abgehalten. Er besitzt eine gewisse Verbalisierungsfähigkeit und ein bestimmtes intellektuelles Niveau zur Darstellung seines Problems. Er ist motiviert zur Veränderung, bereit, bei der Lösung seines Problems aktiv mitzuarbeiten, auch Schwächen und Fehler einzugestehen und setzt Vertrauen in das vom Berater gewählte Vorgehen (Hornstein 1977, S. 38; Scheller/Heil 1977, S. 78; Dietrich 1984, S. 247).

Diese Eigenschaften, insgesamt vielfach als "Beratungsfähigkeit" (Hornstein 1977, S. 39) oder "Beratbarkeit" (Dietrich 1984, S. 247) bezeichnet, sind jedoch in Wirklichkeit stark eingeschränkt oder gar nicht vorhanden. Den meisten Menschen wurde und wird die Möglichkeit nicht gegeben, zu lernen, sich mit Problemen in der beschriebenen Art und Weise auseinanderzusetzen.

Viele Ratsuchende, die sich trotz aller Hindernisse auf den Weg zu einer Beratungsstelle machen, haben keine besonderen Hoffnungen und Erwartungen bzw. überhaupt keine Vorstellungen (Hornstein 1977, S. 38). Vor allem Angehörige der Unterschicht wissen oft gar nicht um die Existenz von Beratungsstellen und wenn doch, dann verhindern meist Schwellenängste einen Besuch. Die - auch sprachlich - dominierende Mittelschichtorientierung der Beratung stellt ein zusätzliches Hindernis dar.

#### 2.1.4.2. Der Berater

"Die Persönlichkeit des Beraters, sein Menschenbild, die Beziehung zwischen Beratern und Klienten, sowie die ständige kritische Reflexion der Beraterrolle bilden den

Rahmen und die Grundlage für den eigentlichen Beratungsprozeß." (Bachmair u.a. 1985, S. 13)

Der "ideale" Berater besitzt Offenheit und Sensibilität für die Probleme und Notlagen anderer sowie eine differenzierte Wahrnehmungsfähigkeit und Lebenserfahrung. Er verfügt über eine altruistische Einstellung, d.h. er ist bereit, Hilfe zu leisten und in der Lage, auch vom Ratsuchenden und dessen Problemen zu lernen. Eine eigene innere Sicherheit befähigt ihn zu einer vertrauensvollen, vorurteilsfreien und unverkrampften Zuwendung zum Ratsuchenden. Er ist kontaktfähig, kann Zugang zum Ratsuchenden finden und begegnet diesem mit Einfühlungsvermögen sowie Taktgefühl und Geduld. Das Respektieren der Intimsphäre des anderen ist selbstverständlich (Aurin 1981, S. 46; Hornstein 1977, S. 39). Mit Abstand zum Problem und zum Ratsuchenden achtet er stets das ihm entgegengebrachte Vertrauen (Bachmair u.a. 1985, S. 16). Ein hohes Maß an Selbstreflexion kennzeichnet seine Arbeit: "In Distanz zu sich selbst läßt sich der Berater auf die Beziehung ein." (Hopf 1983, S. 24).

Neben dieser "Personenkompetenz" verfügt der Berater über "Sachkompetenz" (Fachkenntnisse z.B. über Sucht) und "Feldkompetenz" (Kenntnisse der spezifischen Strukturen z.B. des Bildungswesens und darüber, wie man sich in diesen Strukturen adäquat verhält) (Hopf 1983, S. 24).

In der Praxis jedoch prägen vielfach eigene Vorurteile, mangelnde Zeit, Stimmungen und Gefühle das Beraterverhalten (Hornstein 1977, S. 39). Nicht selten werden "die eigenen unverarbeiteten Erfahrungen ... zur Richtschnur der Beratung." (Giese/ Melzer 1978, S. 105)

Darüber hinaus lassen sich, je nach Ausbildung der Berater und Ausrichtung der Beratungsinstitution, Unterschiede zwischen den beruflichen Selbstbildern und den Definitionen von Beratung und Beratungsprozeß feststellen, die entscheidenden Einfluß auf das Beratungsgeschehen haben, dem Ratsuchenden jedoch vorher nicht bekannt sind. So wird ein Diplompsychologe mit starker professioneller Orientierung ein Problem anders angehen, als ein Sozialarbeiter in selbstinitiierten, mehr alltagsorientierten Beratungseinrichtungen (vgl. Gerstenmaier/Nestmann 1984).

### 2.1.4.3. Beratungsproblem und Beratungsprozeß

Die Art und Weise, wie der Berater seine Tätigkeit plant und der Beratungsprozeß abläuft, ist bestimmt durch den Beratungsanlaß, die Art und Weise der bestehenden pädagogischen und psychologischen Problematik, das Aufgabenfeld der Beratung, in deren Bereich der jeweilige Einzelfall theoretisch einzuordnen ist sowie durch die damit gegebene Zielsetzung. "Für die Planung und Durchführung von Beratung kann somit nur ein allgemeiner formaler theoretischer Bezugsrahmen im Sinne eines praxeologischen Systems gegeben werden, innerhalb dessen die einzelnen für die Haupt- und Teilschritte relevanten Theorieansätze einzubringen sind." Dies ist Voraussetzung dafür, daß der Beratungsprozeß systematisch erfolgen, kritisch reflektiert und methodisch kontrolliert ausgeführt werden kann (Aurin 1981, S. 44).

Im Mittelpunkt der Beratungssituation steht ein Problem, das im Beratungsvorgang einer Lösung nähergebracht werden soll. Zu diesem Zweck muß zunächst das Problem erkundet, seine Ursachen und Bedingungen ermittelt werden. Das Beratungsproblem kann in einem massiven, aktuellen Konflikt bestehen, der bereits als solcher manifest ist; es kann sich aber auch erst im gemeinsamen Herausarbeiten von Konfliktursachen nach und nach herausstellen, wo die Probleme exakt liegen.

Bei der Suche nach Lösungen sollen Handlungs- und Entscheidungsalternativen sichtbar und für den Ratsuchenden verfügbar gemacht werden. Es soll ein Zuwachs an Handlungsmöglichkeiten erfolgen und zwar im Sinne einer Stärkung der Entscheidungsfähigkeit und Entscheidungsbereitschaft (Hornstein 1977, S. 39). Wichtigster Bestandteil eines jeden Beratungsprozesses ist das persönliche Gespräch zwischen Ratsuchendem und Berater, wobei jedoch auch nonverbale Signale eine entscheidende Rolle spielen.

Bei vielen Ratsuchenden kann schon das Besprechen eines Problems Hilfe genug sein. Bei anderen geht es darum, konkrete Hilfen, Anregungen und Lösungsmöglichkeiten aufzuzeigen und zu erarbeiten. Der Ratsuchende ist dabei stets als Selbstentscheidender, zur Selbstbestimmung und Selbststeuerung Fähiger und gegenüber sich selbst Verantwortlicher, als Subjekt im Beratungsprozeß anzusehen und ernst zu nehmen. Im Rahmen seiner Fähigkeiten und Möglichkeiten muß er aktiv in den Problemlösungsprozeß eingeschaltet werden. Der Berater muß klarstellen, daß der Ratsuchende die Konsequenzen aus der Beratung selbst tragen muß - Beratung ersetzt nicht Eigenverantwortung (Bott 1975, S. 175; Aurin 1981, S. 46).

Im Gegensatz zum traditionellen, durch Autorität bestimmten "Erzieher-Zögling-Verhältnis" und zum klassischen, durch Passivität des Patienten charakterisierten "Arzt-Patient-Verhältnis" soll die Beziehung zwischen Berater und Ratsuchendem durch Partnerschaft gekennzeichnet sein (Schuchardt 1977, S. 252).

In der Realität sind diese Prämissen aufgrund von Störfaktoren im Beratungsprozeß kaum realisierbar: situative Momente innerhalb bestehender Interaktionen und vor allem in speziellen Beratungseinrichtungen sowie das assymmetrische Wesen von Erziehungsverhältnissen spielen hier eine Rolle (Hornstein 1977, S. 40). Darüber hinaus werden die persönlichen Eigenheiten von Berater und Ratsuchendem wirksam, die sich aus deren Einbettung in einen bestimmtem sozialen Kontext und aus den Umständen von Raum und Zeit ergeben. Berater und Ratsuchende können unterschiedliche Ziele, Motive und Einschätzungen des jeweiligen Beratungsproblems haben, können sich gegenseitig unterschiedlich wahrnehmen aufgrund differierender räumlicher, familiärer und gesellschaftlicher Einflüsse. Der Ratsuchende mag beim Berater mangelnde Kompetenz vermuten und sich ihm deshalb nicht völlig öffnen, was der Berater wiederum als mangelndes Vertrauen deuten mag. Diese Einflußgrößen werden in der professionellen Beratung besonders deutlich (Bachmair u.a. 1985, S. 16).

### 2.1.5. Zusammenfassung

Der Begriff der Beratung kann nicht eindeutig definiert und in ein theoretisches Gesamtkonzept eingeordnet werden. Aus Sicht der Psychologie, der Pädagogik und der Sozialpädagogik ergeben sich jeweils spezifische Schwerpunkte, die sich sowohl in theoretischen Modellen als auch in der praktischen Arbeit überschneiden und überlagern. Mit Dietrich (1983, S.16) kann man davon ausgehen, daß Beratung eine "Mitte-Position" einnimmt, wobei sich eine mehr "edukative" und eine mehr "therapeutische" Version ausdifferenziert. "Der Ort der Beratung im Gesamtkontext helfender Bemühungen kann mit einer gewissen Berechtigung 'zwischen' Erziehung und Therapie gesehen werden."

Die Entscheidung für eine dieser Versionen und die Realisierung von Beratung in der Praxis ist unter anderem abhängig von der jeweiligen konkreten Beratungssituation, die geprägt ist von den Besonderheiten des Ratsuchenden, des Beraters, des Beratungsproblems sowie spezifischen institutionellen Rahmenbedingungen. Zwischen diesen Variablen bestehen wiederum Wechselwirkungen. Der Beratungsprozeß ist also ein komplexes dynamisches Geschehen, für dessen Verlauf keine "Rezepte" geliefert werden können. Die theoretischen Grundlagen, auf die sich Berater berufen und denen sie sich verpflichtet fühlen, stecken nur einen groben Rahmen ab. Das Verhalten des Beraters ist von wesentlicher Bedeutung für das Gelingen des Beratungsprozesses: er muß Einfühlungsvermögen, Verständnis zeigen und über die Bereitschaft verfügen, auf Menschen zuzugehen. Gleichwohl sind die Einflüsse auf den Beratungsprozeß, die vom Ratsuchenden selbst ausgehen bzw. in institutionellen Rahmenbedingungen begründet sind, nicht minder relevant.

Die Theorien von Beratung werden dominiert von psychologischen und therapeutischen Ansätzen, die meist bedenkenlos in pädagogischen und sozialpädagogischen Feldern angewendet werden. Der "edukative" Bereich wird nach wie vor wissenschaftlich und institutionell vernachlässigt. Dies liegt nach Meinung von Dietrich (1983, S. 16) auch darin begründet, daß der Beratungsbedarf zu einseitig im Bereich des gestörten seelischen Lebens lokalisiert und alltägliche Lebens- und Aufgabenbereiche nicht ernst genommen werden.

In diesem Kontext muß auch die Entwicklung gesehen werden, daß Therapie im Gegensatz zu Beratung einen überraschenden, fast "paradoxen" Aufschwung erfahren hat, nicht zuletzt aufgrund von "Importen" immer neuer Therapieverfahren vor allem aus dem anglo-amerikanischen Raum. In klassischen psychosozialen Beratungsfeldern hat sich die "therapeutische Dominanz hinter äußerlicher Verkleidung" durchgesetzt (Hörmann 1985, S. 807). "Unter dem Namen 'Beratung' werden aus den orthodoxen Therapieformen Bruchstücke herausgenommen und als kommunikative Techniken eingesetzt." (Mollenhauer 1982, S. 32) Dieser "Etikettenschwindel" verstärkt die Gefahr, daß "normale" Beratungsanlässe, die durch ein Gespräch oder entsprechende Informationen erledigt werden könnten, in unzulässiger Weise psychologisiert, therapeutisiert und damit in die Nähe "abweichenden Verhaltens" gestellt werden. Probleme werden so aus ihrem gesellschaftlichen Verursachungszusammenhang gerissen und dem einzelnen angelastet.

## 2.2. Besondere Merkmale der Jugendberatung

Die Schwierigkeiten der eindeutigen Begriffsbestimmung und theoretischen Grundlegung von Beratung bestimmen auch die zielgruppenspezifische Form der Jugendberatung. Ihr jeweiliges Verständnis und ihre praktische Umsetzung ist den Bedingungen und Störgrößen des Beratungsprozesses im allgemeinen unterworfen. Eine zusätzliche Variable resultiert aus dem "Bild" von Jugend und den Vorstellungen und Kenntnissen über die Jugendphase, auf die sich der Berater bzw. die hinter ihm stehende Institution stützen.

Die bisherigen Ausführungen zum Beratungsbegriff können auch auf die Jugendberatung übertragen werden. Besondere Merkmale der Beratung von Jugendlichen ergeben sich aus den Charakteristika der Lebensphase, die diese Zielgruppe gerade durchläuft. Jugendberatung muß darauf in ihren Rahmenbedingungen, Aufgaben und Zielsetzungen reagieren. Gleichzeitig sind an den Jugendberater spezifische Anforderungen zu stellen. Diese Besonderheiten sind darüber hinaus vor dem Hintergrund der verschiedenen Formen von Jugendberatung zu sehen.

### 2.2.1. Formen der Jugendberatung: funktionale und institutionelle Jugendberatung

Das Handlungsfeld der Jugendberatung ist breit gefächert. Grundsätzlich kann sie sowohl in funktionaler als auch in institutioneller Form erfolgen.

Funktionale Jugendberatung wird von mit Jugendlichen befaßten Personen tagtäglich mehr oder weniger bewußt praktiziert und ist in der Regel auf das jeweilige Aufgaben- oder Zuständigkeitsfeld beschränkt (BMJFFG 1986, S. 38). In der Schule z.B. wird der Lehrer ständig mit Beratungsaufgaben in den verschiedensten Dimensionen konfrontiert; diese Form der Beratung wird im Rahmen der Ausführungen über Beratung im Bildungswesen näher konkretisiert (2.3.3.3.). Auch in der Jugendarbeit vollziehen sich funktionale Beratungsprozesse. Aufgrund seiner besonderen Strukturmerkmale (vor allem Offenheit der Situationen) werden diesem Feld besonders gute Chancen zugeschrieben, effektive Beratungsprozesse zu initiieren. Jugendberatung als Funktion der Jugendarbeit ist eingebettet in übergreifende pädagogische Aktionen, die zwar einen institutionellen Hintergrund haben (Jugendzentrum, Jugendclub), jedoch nicht als Beratungsinstitution definiert sind und als solche firmieren (Hornstein 1977a, S. 537).

Institutionelle Beratung erfordert besondere Fachkenntnisse auf Seiten der Berater und das Zusammenwirken mehrerer Fachrichtungen (BMJFFG 1986, S. 38). Im Jugendwohlfahrtsgesetz (JWG) sind hierfür gesetzgeberische Rahmenbedingungen festgelegt. § 4 JWG weist auf die besonderen "jugendfürsorgerischen Maßnahmen" als Aufgaben der Jugendämter hin. Ambulante Hilfen zur Erziehung, wie Erziehungsbeistandschaft, Sozialpädagogische Familienhilfe (diese mehr für Kinder und die gesamte Familie) sowie, als neuere Entwicklungen, Erziehungskurse oder Soziale Trainingskurse für Jugendliche (Jordan/Sengling 1988, S. 139ff.), sind durch entsprechende Beratungsprozesse zu begleiten. Diese Maßnahmen haben mehr eingreifenden Charakter und werden meist nicht freiwillig in Anspruch genommen.

Jordan/Sengling (1988, S. 115) sehen im JWG auch den präventiven Aspekt von Beratung repräsentiert. § 5 in Verbindung mit § 1 JWG fordere Beratung als eine "allgemeine erzieherische Aufgabe": "Beratung ist Bestandteil eines jeden Erziehungsvorgangs." (S.115) Zum Tragen kommen soll dieses präventive Element im Rahmen der Jugendhilfe in besonderen Beratungs- und Unterstützungsangeboten, z.B. in der Erziehungsberatung - ein Beratungsfeld, das in Kap. 2.3.2. ausführlich behandelt wird.

Institutionalisierte Jugendberatung in diesem "weiteren Sinne" umfaßt neben der Erziehungsberatung auch so unterschiedliche Beratungsarten wie Berufs-, Drogen-, Sexual- oder Schullaufbahnberatung, soweit sie von Jugendlichen in Anspruch genommen werden. Diese Angebote stehen allen Altersgruppen offen - es wird nicht explizit Jugendberatung betrieben. Im "engeren Sinne" vollzieht sich Jugendberatung in eigens für Jugendliche gegründeten Einrichtungen: "Allgemeine" Jugendberatungsstellen sollen psychosoziale Hilfen bei unterschiedlichsten Problem- und Konfliktsituationen bieten (Hülster 1977, S. 98). Einige dieser Beratungsdienste haben sich - als Reaktion auf besondere Probleme der Jugendlichen - auf bestimmte Inhalte, z.B. Arbeitslosigkeit oder die Zielgruppe Mädchen spezialisiert. Daneben exisitiert auch ein "Mischtyp" (Hornstein 1977a, S. 538): eine äußerliche mehr organisatorische Verbindung von Jugendarbeit und Jugendberatung, z.B. durch die Angliederung des Beratungsdienstes an ein Jugendfreizeitheim.

### 2.2.2. Spezifische Merkmale angesichts der Zielgruppe Jugendliche

Beratung für Jugendliche muß sich der Besonderheiten ihrer Zielgruppe bewußt sein. An dieser Stelle ist an die Ausführungen zu den Strukturmerkmalen der Jugendphase zu erinnern. Jugend ist - um kurz zu rekapitulieren - bestimmt durch eine Reihe von Entwicklungsaufgaben, die der Heranwachsende zu bewältigen hat. Im Mittelpunkt steht dabei das Ringen um eine stabile Identität und der Erwerb von Handlungskompetenzen. Durch den Strukturwandel der Jugendphase und die objektive Verschlechterung der Lebensbedingungen wird die Erfüllung dieser Entwicklungsaufgaben zunehmend erschwert. Gesellschaftliche Widersprüche und individualisierte

Sozialisationsverläufe führen bei den Jugendlichen vielfach zu Unsicherheiten, Desorientierung, in vielen Fällen zu devianten Formen der Problemverarbeitung. Es wurde jedoch auch betont, daß Jugend eine Lebenslaufphase voller Chancen und Potentiale ist: günstige Lebensumstände und reichhaltige Unterstützungsangebote können eine produktive Bewältigung der Entwicklungsaufgaben und einen angemessenen Übergang in das Erwachsenenalter fördern.

Jugendberatung hat sich auf diese Bedingungen einzustellen und dabei gleichzeitig Chancen und Risiken der Jugendphase zu bedenken. Sie muß beachten, daß Jugendliche vielfach große Hemmungen haben, sich ratsuchend an einen Erwachsenen zu wenden, vor allem, wenn dieser einer Institution angehört, mit der sie das negative Image einer "Behörde" oder eines "Amtes" assoziieren. Jugendliche scheuen sich oft, über sehr persönliche Angelegenheiten zu sprechen; sie sind unsicher bezüglich ihres Problems und tendieren zu Schuldgefühlen. Schnell geraten sie in die Gefahr, an sich selbst und ihren Fähigkeiten zu zweifeln und sich als Versager abzustempeln. Manche machen ihre Umwelt verantwortlich für ihre Probleme, sehen sich dieser ohnmächtig gegenüber und ziehen sich resigniert zurück. Andere neigen dazu, objektiv gesellschaftlich verursachte Problemlagen zu individualisieren und zu personalisieren. Eine angemessene Problemverarbeitung ist auch in diesem Fall nicht möglich (vgl. Lang 1984, S. 206; Brucker u.a. 1980, S. 178).

Problemlagen im Jugendalter sind mehrdimensional, auf vielfältige Art und Weise miteinander verknüpft und werden auch so von den Jugendlichen erfahren. Meist sind sie nicht in der Lage, Kausalzusammenhänge zu erfassen und selbständig zu erarbeiten (Brucker u.a. 1980, S. 178). Jugendberater stellen entsprechend auch immer wieder fest, daß sich die Jugendlichen weniger wegen einzelner ausgesuchter Symptome an sie wenden, sondern wegen zahlreicher verschiedenartigster, in vielen Variationen miteinander zusammenhängender Probleme (Gutenberger/Sprau-Kuhlen 1980, S. 35).

Eine zusätzliche Schwierigkeit besteht darin, daß Jugendliche vielfach nicht in der Lage sind, Probleme zu benennen und zu artikulieren. Mangelnde sprachliche Mittel oder fehlendes Vertrauen zu Erwachsenen führen zu dieser "Sprachlosigkeit" der Jugendlichen (Brucker u.a. 1980, S. 178). Gerade die gegenwärtige "gesellschaftliche Krise" birgt die Gefahr in sich, daß das Vertrauen in die Lösungskompetenz und Vorschläge Erwachsener vollends schwindet: sie können keine stabile Vorbildfunktion mehr bieten.

Jugendliche erwarten häufig, daß der Berater "Patentrezepte" für sie bereit hat und die Probleme stellvertretend für sie löst; langfristige Lösungen sind jedoch nur unter Mitwirkung des Jugendlichen zu erarbeiten (Klawe 1986, S. 150).

Von großer Bedeutung für die Bereitschaft und die Fähigkeit, Probleme zu benennen und zu artikulieren, ist die Rolle des Heranwachsenden in seiner peer-group und das dort herrschende subkulturelle Normengefüge. Um beim Jugendlichen Rollenkonflikte zu vermeiden, kann auch die Bezugsgruppe in die Beratungsarbeit einbezogen werden (Brucker u.a. 1980, S.178f.).

Nicht zuletzt muß sich Jugendberatung bewußt sein, daß das Nachfragen um Rat und Hilfe den Selbständigkeits- und Ablösungsbestrebungen des Jugendalters im allgemeinen widerspricht.

Selbstverständlich sind solche Umstände ebenso in der Erwachsenenberatung anzutreffen. Auch Erwachsene sind oft stark verunsichert, von Schuldgefühlen geplagt und kaum in der Lage, ihre Probleme zu artikulieren. Bei Jugendlichen potenzieren sich jedoch diese Elemente vor dem Hintergrund der Besonderheiten ihrer Lebensphase.

### 2.2.3. Rahmenbedingungen, Aufgaben und Ziele der Jugendberatung

Um unter diesen Voraussetzungen Jugendliche zur freiwilligen Inanspruchnahme von Beratungsangeboten motivieren und eine effektive Arbeit leisten zu können, sind geeignete organisatorische Rahmenbedingungen notwendig. Im einzelnen sind folgende Aspekte von Bedeutung (für das folgende vgl. Bott 1975, S. 170ff.; Goldstein 1975, S. 542; Hülster 1977, S. 99f.; Arbogast/Tippelt 1981, S. 135ff.; Sengling 1983, S. 324):

Die Institution, in der Jugendberatung sich vollziehen soll, darf nicht an Einrichtungen erinnern, die für Jugendliche - und auch viele Erwachsene - mit Schwellenängsten besetzt sind, also z.B. Ämter oder Behörden. Vor allem benachteiligte Gruppen lassen sich von einer solchen Erscheinungsform allzu leicht abschrecken. Bei der Wahl des Standorts sollte bedacht werden, daß die Einrichtungen möglichst dezentralisiert, eingebunden in einen Stadtteil oder die unmittelbare Umgebung liegen und leicht zu erreichen sind. Eine einladende und angenehme Atmosphäre kann durch die Räumlichkeiten selbst und ihre Ausstattung geschaffen werden. Angegliederte

Freizeit- und Kommunikationsangebote, wie z.B. Teestuben etc. erleichtern den Jugendlichen die Kontaktaufnahme. Die Sprechzeiten müssen den Möglichkeiten junger Menschen angepaßt sein, d.h. sie sollten vor allem am Nachmittag und in den Abendstunden liegen, damit Schüler und berufstätige Jugendliche die Angebote wahrnehmen können. Lange Wartezeiten müssen vermieden werden, da ein konkretes, drängendes Problem, das die Jugendlichen meist zudem mit einiger Überwindung in die Beratungsstelle führt, keinen Aufschub duldet. Die Beratung muß auf jeden Fall kostenlos und anonym erfolgen und grundsätzlich jedem Jugendlichen zur Verfügung stehen. Der Berater ist an seine Schweigepflicht gebunden.[18] Insgesamt sollte das Vorgehen wenig bürokratisch sein und, wenn möglich, auf Aktenführung verzichtet werden.

Als geeignete Form für die weitgehende Realisierung dieser Rahmenbedingungen haben sich die bereits erwähnten "Mischtypen" erwiesen. Durch die Kombination von Jugendberatungsdiensten und Einrichtungen der Jugendarbeit können tendenziell Schwellenängste abgebaut werden. Halten sich die Berater in denselben Räumen wie die Jugendlichen auf, können diese zunächst beobachten und mit den Beratern in unverbindlichen Kontakt treten (Arbogast/Tippelt 1981, S. 136). Darüber hinaus kann Jugendberatung in einem freizeitbezogenen Kontext der Vereinzelung von Jugendlichen entgegenwirken und bei der Anbahnung sozialer Kontakte behilflich sein (Hornstein 1977a, S. 509).

Bei einer Einbindung in eine übergeordnete Institution, wie z.B. auch in die Schule, muß Beratung zwar ein autonomer Bereich sein, darf jedoch nicht isoliert vom übrigen Betrieb aufgebaut werden. Art und Ziele der Beratungsarbeit müssen transparent sein, ohne den konkreten persönlichen Bereich der Jugendlichen zu verletzen (Kummer 1986, S. 78).

Aufgabe der Jugendberatung ist es, die konkreten Fragen und besonderen Probleme der Jugendlichen in den Mittelpunkt ihrer Arbeit zu rücken. Welche Konfliktpotentiale in den einzelnen Sozialisationsfeldern vorhanden sind, wurde in Kap. 1.3. beschrieben. Grundsätzlich sollte jedes Problem und jede Frage angesprochen werden können. Der Jugendberater wäre jedoch überfordert, sollte er jedes Problem auch selbst abdecken. Beratungsdienste können vielfach nur als "erste Anlaufstelle" fungieren, die gegebenenfalls an andere Beratungsstellen oder auch an therapeutische Einrichtungen weitervermittelt. Dazu ist es notwendig, daß Jugendberatung entsprechende Institutionen (von der Rechtsberatung bis zum Sozialamt) genau kennt und eng mit diesen kooperiert. Von diesen Institutionen sollte ebenso eine Multiplikatorenfunktion für die eigene Arbeit ausgehen. Bei einer Weitervermittlung darf der Jugendliche jedoch nie das Gefühl haben, "herumgereicht" zu werden. Er erwartet auch von einer "ersten Anlaufstelle" unmittelbare und konkrete Hilfe (vgl. z.B. Bott 1975, S. 171f.).

Am Beratungsprozeß selbst ist der Jugendliche aktiv zu beteiligen. Es gilt, seine Eigenaktivität zu unterstützen und ihm seine Eigenverantwortung soweit wie möglich zu überlassen (Bott 1975, S. 175; Gluntz/Harris/Troscheit 1975, S. 516). Jugendberatung hat die Aufgabe, fall-, entwicklungs- und situationsangemessene Hilfen zu bieten und damit den jeweiligen Sozialisationsbedingungen der Jugendlichen gerecht zu werden (Hülster 1977, S. 516).

Primäres Ziel ist es, den Jugendlichen handlungsfähig zu machen, d.h. ihn zu unterstützen, aktuelle und zukünftige Konflikte besser bewältigen zu können: letztlich "Hilfe zur Selbsthilfe" zu bieten. Nach Hornstein (1977a, S. 529f.) kann dies, je nachdem, auf welcher Ebene die konkrete Problemlage angesiedelt ist, "Information", "Orientierung" oder "Lebenshilfe" bedeuten. Bei Problemen im Rahmen von Prozessen gesellschaftlicher Integration hat Beratung die Aufgabe, umfassende Informationen zu bieten, um die Entscheidungsfähigkeit der Jugendlichen zu stärken. Ist die Persönlichkeit des Jugendlichen betroffen, liegen die Probleme also z.B. in Orientierungslosigkeit, Empfindsamkeit oder Aggressivität, muß der orientierende Aspekt der Beratung in den Vordergrund treten und die emotionale und soziale Stabilisierung sowie die Konfliktverarbeitung unterstützt werden. Beratung muß sich als Lebenshilfe verstehen, wenn die Probleme auf der Ebene der Ich-Entwicklung und Identitätsfindung angesiedelt sind. Zu betonen ist, daß in der Praxis weder die Problem- noch die Beratungsdimensionen in ihrer "Reinform" auftreten, sondern sich durchdringen und vermischen.

Die Aufgaben der Jugendberatung gehen jedoch über den individuellen Aspekt hinaus. Jugendliche "sollen auch erfahren und sich bewußt machen, daß ihr 'Problem' keine Einzelerscheinung ist - also nicht Schicksal oder unveränderbar - sondern daß es gesellschaftliche Ursachen und Zusammenhänge hat" (Bott/Hetges/Weiß 1975, S.14) bzw. haben kann. Jugendberatung soll Lernprozesse unterstützen, indem sie durch kritische Aufklärung auf eine Vermehrung von Autonomie und Mündigkeit zielt. Dabei ist dem Prinzip der Selbsttätigkeit zu folgen: "Der Ratsuchende erhält Orientierungs-, Planungs- und Entscheidungshilfen in der

Distanz zum Problem und zum Berater selber und führt sie alleine aus." (Jordan/ Sengling 1988, S. 115).

Jugendberatung ist demnach nicht auf kompensatorische Funktionen als Krisenintervention in akuten Notlagen beschränkt, wie dies auch grundsätzlich das JWG vorsieht. Beratung soll auch "Wachstumshilfe" sein, mit dem Ziel, daß Jugendliche besser lernen können, mit sich umzugehen (Kummer 1986, S. 83). Ein besonderer Problemdruck muß hierfür nicht vorhanden sein. Diese "primär-präventive" (vgl. Caplan/Grunebaum 1977) Funktion von Beratung zielt darauf ab, die persönlichen Ressourcen der Jugendlichen zu stärken und damit das Eintreten von Problemlagen (z.B. bezüglich Alkohol oder Drogen) zu verhindern. "Sekundärpräventiv" muß Beratung wirken, indem sie bestrebt ist, Problemlagen, Entwicklungsbeeinträchtigungen oder Lernbehinderungen frühzeitig zu erkennen und zu erfassen.

Vor dem Hintergrund immer komplexer werdender Lebensverhältnisse und sich verschlechternder Sozialisationsbedingungen kommt der Beratung "eine zunehmend zentrale pädagogische Untersützungsfunktion" zu. Als regelmäßige Begleitung im Sozialisationsprozeß muß sie zu einem "integrierten Bestandteil aller Sozialisationsbereiche" (Jordan/Sengling 1988, S. 116) werden.

### 2.2.4. Anforderungen an den Jugendberater

Der Jugendberater muß in besonderer Weise um die spezifische Situation der Jugendlichen wissen und darauf eingehen können. Oft muß er das Problem mehr ahnen als konkret kennen, wozu ein hohes Maß an Einfühlungsvermögen und Sensibilität erforderlich ist (Lang 1984, S. 206). Er muß parteilich für die Jugendlichen sein, sich als ihr Anwalt verstehen, in dem Sinne, daß er zwischen dem Ratsuchenden, dessen Bedürfnissen und Intentionen der Selbstverwirklichung einerseits und den Anforderungen der Gesellschaft andererseits zu vermitteln versucht. Dabei muß er auch einen Weg finden zwischen dem subjektiven Verständnis, dem Selbstkonzept des Jugendlichen und seinen pädagogisch-psychologischen Erkenntnissen über Jugendliche und ihre Probleme (Aurin 1981a, S. 103). "Er braucht für diese Arbeit einen guten Bezug zu sich selbst, Offenheit allen Themen gegenüber, nichtwertendes Eingehen auf die Person des Jugendlichen sowie eine Sprache, die Jugendliche verstehen können." (Kummer 1986, S. 248)

Angesichts der weit verbreiteten Werteverunsicherung muß der Jugendberater flexibel auf das - sich erst im Aufbau befindliche und möglicherweise von seinem eigenen abweichende - Werte- und Normensystem des Heranwachsenden eingehen können. Unabhängig von eigenen Normen und allgemeingültigen Normen muß er Anschauungen und Gefühle des Jugendlichen wahrnehmen können (Klawe 1986, S. 150). Zur Unterstützung der Lebensstil-Suche des Jugendlichen muß der Berater davon ausgehen, daß unsere Gesellschaft nicht nur eine "Kultur" darstellt, in die der Jugendliche nur noch hineinzusozialisieren ist (Wartenberg 1979, S. 22). Gleichzeitig muß der Jugendberater zu sich selbst stehen und offen seine Einstellungen und Sichtweisen mit dem Jugendlichen diskutieren. Gerade an dieser Offenheit mangelt es in vielen Elternhäusern (Grosse 1981, S. 207). Es muß sicher gestellt sein, "daß jede von der der Jugendlichen abweichende Meinung, Einschätzung oder vorgeschlagene Vorgehensweise entweder in einer für die Jugendlichen nachvollziehbaren und akzeptablen Weise sachlich begründet oder in aller Deutlichkeit als die eigene persönliche Meinung vorgebracht werden muß." (Haar v.d./Haar v.d./Harris 1985, S. 11)

Im Verhältnis zum Jugendlichen muß der Berater versuchen, stets eine gewisse Balance zwischen Vertrauen und Distanz zu wahren, damit die Bindung des Jugendlichen an ihn nicht zu eng und eventuell notwendig werdende Ablösungsprozesse für den Jugendlichen nicht schmerzhaft werden. "So wird die Beratung, im Spiel zwischen Zuwendung und Abgrenzung, zu einem Einüben der eigenen Verantwortung. Gleichzeitig bekommt der Jugendliche auch ein Gefühl dafür, wo seine eigenen Grenzen und seine Wünsche sich abzugrenzen liegen." (Kummer 1986, S. 30)

Wichtige Aufgabe des Jugendberaters ist "Selbstreflexion", d.h. er sollte fähig sein, über seine Tätigkeit im Rahmen der gesellschaftlichen Situation von Jugendlichen und im Zusammenhang mit seinem eigenen sozialpädagogischen oder psychologischen Rollen- und Funktionsverständnis nachzudenken (Arbogast/Tippelt 1981, S. 137).

Vor allem in Beratungseinrichtungen, die auch Jugendlichen offen stehen und deshalb vielleicht weniger auf die Besonderheiten Jugendlicher eingestellt sind, muß der Berater sein aus der Erwachsenenberatung übernommenes Anspruchsniveau zurückschrauben. Er wird vom Jugendlichen weniger als "Beratungsexperte" gefordert, sondern mehr als Mensch, als Erwachsener, mit dem man sich auch über alltägliche Geschehnisse austauschen kann (Grosse 1981, S. 207).

Jugendberatung setzt darüber hinaus in einem größeren Maße als die Beratung von Erwachsenen voraus, daß der Berater über ein umfangreiches Grundwissen in vielen Bereichen verfügt, das weit über eine nur beraterische Kompetenz hinausgeht. Jugendberater selbst führen dazu folgende Beipiele an: sie werden konfrontiert mit Rechtsfragen aus den verschiedensten Gebieten, mit sozialpolitischen Themen (z.B. mit der Arbeitslosenproblematik), mit Fragen über konkrete Sachgebiete, wie z.B. Berufsmöglichkeiten, Sucht etc. (Presting/Sielert/Westphal 1987, S.163f.).

Mitarbeiter in der Jugendberatung müssen fähig sein, sich auch von ihrer Einrichtung zu lösen und sich in den Freizeitbereich ihrer Zielgruppe zu begeben. Aufgabe des Jugendberaters ist es, auf die Jugendlichen zuzugehen und sie zu motivieren. Die Grenzen zur "Straßensozialarbeit" sind fließend, wenn z.B. gemeinsam andere spezielle Beratungseinrichtungen aufgesucht werden (Arbogast/Tippelt 1981, S. 136).

### 2.2.5. Zusammenfassung

Jugendberatung weist sowohl in ihrer funktionalen als auch in ihrer institutionellen Form im Gegensatz zur Beratung Erwachsener spezifische Merkmale auf. Die Besonderheiten der Lebensphase Jugend erfordern Rahmenbedingungen, die den Jugendlichen den Zugang in die Beratung und ein "Sich-Öffnen" dem Berater gegenüber erleichtern. Dies bedeutet für den Berater, sich auf diese Zielgruppe einzustellen und entsprechend der Spezifika dieser Altersgruppe vorzugehen.

Die Aufgaben der Jugendberatung sind nicht auf kompensatorische Maßnahmen und Krisenintervention beschränkt. Vielmehr muß sie bemüht sein, auf primäre Prävention hinzuwirken, d.h. das Eintreten von Problemlagen verhindern zu helfen. Damit verbunden ist das Ziel, "Hilfe zur Selbsthilfe" zu leisten, d.h. den Jugendlichen handlungsfähig zu machen und ihn mit Potentialen auszustatten bzw. solche zu wecken, die einen Transfer in künftige Situationen erlauben. Jugendberatung darf dabei nicht auf der Ebene der individuellen Konfliktbearbeitung stehen bleiben, sondern muß die Jugendlichen auch über gesellschaftliche Ursachen und Zusammenhänge aufklären.

Die genannten Merkmale der Jugendberatung bestätigen die "Mitte-Position" von Beratung, wobei die Tendenz zum edukativen Bereich überwiegt. Hinzu kommen Elemente der sozialpädagogischen Beratung, die sich in teilweise fließenden Grenzen zur Straßensozialarbeit widerspiegeln.

## 2.3. Institutionalisierte Beratungsangebote für Jugendliche - eine Auswahl

Die folgenden Ausführungen konzentrieren sich auf institutionalisierte Jugendberatung im weiteren und engeren Sinne, d.h. auf institutionelle Beratungsangebote, soweit sie von Jugendlichen wahrgenommen werden können und auf eigens für diese Zielgruppe eingerichtete "allgemeine" Jugendberatungsstellen. Funktionale Beratungsprozesse und mehr eingreifende Maßnahmen im Rahmen der Erziehungshilfe bleiben weitgehend ausgeblendet.

Aus dem inzwischen sehr breiten und zum Teil auch sehr spezialisierten Angebot an Beratungsstellen wurde folgende Auswahl getroffen: Erziehungsberatung, Beratung im Bildungswesen, Berufsberatung, Sucht- und Drogenberatung sowie Beratung in Fragen der Sexualität und Partnerschaft. Diese Beratungsdienste besitzen einen relativ hohen Bekanntheitsgrad in der Bevölkerung und stellen eine Art Grundversorgung für weit verbreitete Beratungsanlässe dar. Daneben werden allgemeine Jugendberatungsstellen vorgestellt. Als Beipiel einer inhaltlichen Schwerpunktsetzung wird genauer auf Beratungsstellen für arbeitslose Jugendliche eingegangen.

Die Fragestellung richtet sich bei den einzelnen Einrichtungen auf den jeweiligen institutionellen Rahmen, auf die spezifische konzeptuelle bzw. gesetzlich vorgebene Aufgabenstellung und Zielsetzung sowie auf vorwiegend verwendete Arbeitsweisen und Methoden. Unter dem Aspekt der institutionellen Rahmenbedingungen werden Angaben zu gesetzlichen Grundlagen, Trägerschaft, Versorgungslage und Personalstand zusammengefaßt. Weiterhin ist von Interesse, wie sich die Gruppe der Ratsuchenden zusammensetzt und auf welchen Wegen und aus welchem Anlaß sie Zugang zur Beratungsstelle gefunden haben.

Die verschiedenen Konzepte und Ansprüche der Beratungsstellen sind schließlich an ihrer praktischen Arbeit zu messen und hinsichtlich ihrer Nutzung und Einschätzung durch die Jugendlichen zu prüfen. Dabei werden insbesondere die gesellschaftliche Dimension von Beratung sowie Probleme der Institutionalisierung und der Professionalisierung im Beratungswesen zur Sprache kommen.

Es ist zu betonen, daß das Datenmaterial zur Arbeit und zur Nutzung von Beratungsstellen zum Teil sehr dürftig ausfällt; vielfach liegen nur Erfahrungsberichte, Selbstdarstellungen oder Untersuchungen mit geringer Repräsentativität vor. Die nachfolgenden Ausführungen beschränken sich nicht allein auf den quantitativen Aspekt;

vielmehr geht es darum, Diskrepanzen zwischen den konzeptuellen "Soll-Vorstellungen" der Beratungsarbeit und ihrer eigentlichen Wirkung und Effektivität aufzuzeigen.

Zunächst jedoch soll der Blick gerichtet werden auf die Entstehung, Entwicklung und den Verlauf des Ausbaus des Beratungswesens in der Bundesrepublik Deutschland. Es gilt, überblickhaft eine grobe Entwicklungslinie nachzuzeichnen, die Schwerpunkte im Ausbau und in der Förderung bestimmter Beratungsarten sichtbar werden läßt. Detaillierte Entwicklungs- und Entstehungsbedingungen werden - falls von Interesse - bei den Ausführungen zu den einzelnen Einrichtungen selbst erläutert.

### 2.3.1. Entstehung und Ausbau des Beratungswesens in der Bundesrepublik Deutschland

"Beratung (...) kann interpretiert werden als Ausdruck und Antwort auf strukturell bedingte gesellschaftliche Widersprüche und dadurch entstehende Konflikte." (Zalfen 1981, S. 68) Die Institutionalisierung von Beratungsstellen folgt "proportional sowohl dem Grad öffentlicher Beunruhigung über ein bestimmtes Problem als auch dem Grad der Gefährdung, den ein Problem für den ökonomischen Wachstumsprozeß der Gesellschaft und für das Funktionieren der damit verbundenen Prozesse enthält." (Hornstein u.a. 1982, S. 177; vgl. Hornstein 1977b, S. 747)

Die Einrichtung von Beratungsdiensten in der Bundesrepublik Deutschland geht auf soziale und sozialerzieherische Impulse der Jugend- und Lebenshilfe sowie auf Motive der Psychohygiene und Prophylaxe in der ersten Hälfte dieses Jahrhunderts zurück (Aurin 1981a, S. 105). Erste Erziehungsberatungsstellen werden eingerichtet, in denen Problemkindern durch Psychologen geholfen werden soll. 1924 werden auf der Grundlage des damaligen JWG Großstädte zur Einrichtung von Jugendämtern verpflichtet, die beraterische Aufgaben zu initiieren und wahrzunehmen haben. "Beratung in allen Angelegenheiten der Jugendlichen" wird gesetzlich verankert (Schuchardt 1977, S. 253; Stein 1980, S. 134). In dieser Zeit liegen auch erste Ansätze einer Berufsberatung (1927: Gesetz über Arbeitsvermittlung und Arbeitslosenversicherung; Hornstein 1977b, S. 744).

Das Motiv der sozialen und sozialpädagogischen Hilfeleistung und der Lebenshilfe für Kinder und Jugendliche herrscht auch in den Nachkriegsjahren vor.[19] Daneben werden Anstrengungen zur Bekämpfung der Jugendverwahrlosung und Jugendkriminalität unternommen. Nach dem Vorbild der amerikanischen und englischen "Child

Guidance Clinics" werden auch die prophylaktischen Aufgaben der Erziehungsberatungsstellen zunehmend erkannt (Schuchardt 1977, S. 253; Stein 1980, S. 134; Aurin 1981, S. 43).

Mit den Jugendprotestbewegungen der 60er und 70er Jahre werden neuartige Beratungsdienste ins Leben gerufen. Es wird Kritik laut an den tradierten Formen der Jugendhilfe, vor allem an der Heimerziehung und am Straf- und Kontrollcharakter der behördlichen Sozialarbeit (vgl. Seibert 1978, S. 9). Gleichzeitig wird das geltende Normen- und Wertesystem in Frage gestellt; es entstehen zum Teil neuartige Beratungsbedürfnisse, wie z.B. Identitätskonflikte. Die damals tätigen Berater streben in der Anfangsphase vielfach eine Verbindung von Individualberatung und "sozialer Aktion" an: die Konfrontation mit traditionellen Beratungsdiensten und Behörden soll zu einem Einstellungswandel und zu einer Kooperation auf einer neuen Grundlage führen. Inzwischen ist die Handlungskomponente der sozialen Aktion in den Hintergrund getreten (Hülster 1977, S. 98).

Der nunmehr beschleunigte Ausbau des Beratungswesens in den 70er Jahren ist nach Thiersch/Frommann/Schramm (1977, S. 96ff.) auf drei Entwicklungen zurückzuführen: Zum einen nehmen aufgrund des durch die Legitimationskrise des Spätkapitalismus hervorgerufenen "Sinnverlustes" (Habermas) gesellschaftliche und individuelle Konflikte zu und werden auch in zunehmendem Maße bewußt. Beratung fungiert als Garant gesellschaftlich notwendiger Produktivität, indem sie Protest- und Unruhepotentiale absorbiert. Zum anderen ist Beratung als Antwort zu sehen auf zunehmende Probleme bei Interaktions- und Kommunikationsmustern, die aus der Trennung zwischen Kopf- und Handarbeit, zwischen Arbeit und Interaktion resultieren. Beratung ist in diesem Zusammenhang Medium einer neuen Sensibilität, eines neuen Hilfsangebots für Verhaltensschwierigkeiten. Schließlich wird Beratung als kommunikative Auseinandersetzung relevant: analog zu den spezifischen gesellschaftlichen Konflikten bilden sich neue Konfliktlösungsstrategien heraus - Konflikte werden "weich" geklärt; harte Formen der Sanktion werden durch vorsichtigere verdrängt (z.B. in der Justiz oder der Sozialarbeit).

Eigentlicher Auslöser für die verstärkte Einrichtung von Beratungsdiensten und die Institutionalisierung eigener Jugendberatungsstellen ist - und damit wird die eingangs zitierte These bestätigt - das sich verschärfende Drogenproblem (Bott 1975, S. 169; Hornstein 1977b, S. 748). Das öffentliche Interesse dürfte vor allem davon beeinflußt worden sein, daß hier zum ersten Mal nicht nur randständige und Unterschicht-

Jugendliche betroffen waren, sondern Jugendliche aus der sog. bürgerlichen Mittelschicht; gerade hier hat die "Drogenwelle" ihren Anfang genommen (Münch 1983, S. 21). Angesichts der neuartigen und massiv auftretenden Probleme erweisen sich die traditionellen Institutionen als ratlos. Im Bereich der Jugendhilfe exisitieren keine praktischen Alternativen, so daß zunächst eine Reihe von Modellvorhaben initiiert werden. Erste Versuche einer Hilfe für drogenabhängige Jugendliche entstehen auf der Ebene von privaten, spontan gebildeten Initiativen und Selbsthilfegruppen ("Release-Bewegung"). Diese Formen der "informellen Jugendarbeit" gehen andere Wege als die traditionelle Jugendhilfe und stehen auch nicht unter dem "Reformdruck", unter dem die Arbeit der offiziellen Modelleinrichtungen leidet (Münch 1983, S. 25ff.).

Darüber hinaus treiben die zunehmende Differenzierung und Spezialisierung von Bildungseinrichtungen sowie die Forderung nach mehr Chancengerechtigkeit den Ausbau des Beratungswesens im Bildungsbereich weiter voran. Beratung soll dazu beitragen, die drohende "Bildungskatastrophe" (Picht) abzuwenden. Markierungspunkt hierbei ist der 1970 vom Deutschen Bildungsrat veröffentlichte "Strukturplan für das Bildungswesen", in dem Beratung als funktionaler Bestandteil des Bildungswesens definiert wird. Um den diagnostizierten Nachholbedarf an Beratung im Bildungsbereich auszugleichen, entstehen neben Erziehungs-, Familien-, Jugend- und Schulpsychologischen Beratungsstellen auch Bildungsberatungs- und Studienberatungsdienste. Für diese Einrichtungen betont der Bildungsrat auch die Notwendigkeit der Beratung bei psychosozialen Konflikten sowie der Systemberatung (Deutscher Bildungsrat 1970, S. 91ff.; vgl. auch Schwarzer 1986, S. 495).

Der "Beratungsboom" im Bereich Bildung und Schule kann sich mit der Stagnation und Rücknahme der Bildungsreformbestrebungen nicht mehr weiter fortsetzen. Zudem wird Kritik laut, Beratung diene allein dazu, "die Scherben, die die steckengebliebene, gescheiterte Bildungsreform hinterlassen hat (zu) kitten; sie soll die ungelöst gebliebenen strukturellen Probleme unseres Erziehungs- und Bildungswesens zumindest optisch und kosmetisch zum Verschwinden bringen." (Hornstein 1976, S. 673).

Gleichzeitig nehmen Bedeutung und Verbreitung von Beratung auf den Feldern der Sozialpolitik und des Gesundheitswesens, der Jugendhilfe und der allgemeinen Sozialisation zu (Hörmann 1985, S. 810). In diesen Bereichen spezialisieren sich die Beratungsdienste immer weiter bzw. nehmen innerhalb unterschiedlich breit gefächerter Tätigkeitsbereiche spezielle Arbeitsschwerpunkte ein, so z.B. jugendpsychiatrische, psychotherapeutische, Legastheniker-Beratung, Lernbehindertenberatung, Sucht-, Drogen-, Suicidgefährdeten-Beratung (Aurin 1981a, S. 105). Diese Entwicklung ist auch als Reaktion auf die objektive Verschlechterung der Lebensbedingungen der Jugendlichen zu sehen. Die Situation in Familie, Schule und Arbeitswelt etc. führt immer häufiger zu "Auffälligkeiten", wie z.B. Drogen, Alkohol, Verhalten im kriminellen Vorfeld etc. (Arbogast/Tippelt 1981, S. 136).

Zunächst muß offenbleiben, ob es sinnvoll ist, Beratung als "Allheilmittel" zur Lösung politischer, sozialer und psychischer Konflikte zu stilisieren (Zalfen 1981, S. 67) und damit notwendige Reformen und Veränderungen zu umgehen oder hinauszuzögern. Diese Frage stellt sich um so dringlicher angesichts der bereits in ihren Folgen geschilderten zunehmenden Therapeutisierung klassischer Beratungsfelder.

### 2.3.2. Erziehungsberatung

Erziehungsberatung ist das bekannteste Angebot institutioneller Beratung und seit Jahrzehnten im Rahmen der Jugendhilfe fester Bestandteil psychosozialer Versorgung. Funktionale Erziehungsberatung als Gelegenheitsberatung durch Laien, Nachbarn und Freunde reicht angesichts erschwerter Orientierungs- und Identifikationsmöglichkeiten immer seltener aus. Meist kann sie den komplexen und schwer durchschaubaren Bedingungen von Gefährdungen und Störungen nicht gerecht werden. Um tieferliegende und komplexe Erziehungs- und Verhaltensschwierigkeiten erkennen zu können, ist die Unterstützung einer mit besonderen wissenschaftlichen Erkenntnissen und Methoden arbeitenden Institution notwendig (Hölzel 1981, S. 12).

Das Angebot an Erziehungsberatungsstellen und ähnlichen Einrichtungen ist für den Ratsuchenden kaum noch überschaubar. Historische Entwicklungen und uneinheitliche gesetzliche Regelungen haben zu einer zunehmenden Spezialisierung und Professionalisierung der Beratungsstellen geführt (Presting/Sielert/Westphal 1987, S. 11). Die Beratungseinrichtungen signalisieren zum Teil durch ihre Bezeichnung, auf welche Zielgruppe und welchen Arbeitsansatz sie sich spezialisiert haben. So sind neben den Erziehungsberatungsstellen verschiedene Formen der Ehe-, Familie- und Lebensberatung ("Erziehungs-, Familien- und Jugendberatungsstellen", "Jugend- und Familienberatungsstellen", "Beratungsstellen für Lebensfragen" etc.) entstanden, die sich an Ehepartner, nicht verheiratete Partner und alleinstehende Erwachsene wenden (Jordan/Sengling 1988, S. 118). Grundsätzlich ist Erziehungsberatung jedoch ein Angebot, das auch Kindern und Jugendlichen offen steht und von diesen direkt in Anspruch genommen werden kann.

Aufgrund der Vielzahl und Spezialisierung der Einrichtung können im folgenden nur Tendenzen bezüglich institutioneller Rahmenbedingungen, Klienten, Zugangswege, Beratungsanlässe, Aufgaben und Ziele sowie Arbeitsweisen und Methoden aufgezeigt werden.

2.3.2.1. Institutionelle Rahmenbedingungen

Wie bereits eingangs erläutert, sollen unter institutionellen Rahmenbedingungen Aspekte wie gesetzliche Grundlagen, Trägerschaft, Versorgungslage und Personalstand subsumiert werden.

Erziehungsberatung ist Aufgabe und Handlungsfeld der Jugendhilfe und gesetzlich geregelt im JWG. § 5 Abs. 1 Ziff. 1 bestimmt als Aufgabe des Jugendamts, "die für die Wohlfahrt der Jugend erforderlichen Einrichtungen und Veranstaltungen anzuregen, zu fördern und gegebenenfalls zu schaffen, insbesondere für Beratung in Fragen der Erziehung."[20] Die Form der konkreten Durchführung und Ausgestaltung dieser sehr allgemeinen Vorschrift bleibt den einzelnen Gebietskörperschaften überlassen. In den "Grundsätzen für die einheitliche Gestaltung der Richtlinien der Länder für die Förderung von Erziehungsberatungsstellen", ein Minimalkonsens der Länder, sind unter anderem Fragen der Aus- und Weiterbildung der Berater, der Kostenfreiheit, der Freiwilligkeit und Offenheit für den potentiellen Besucher geregelt. Darüber hinaus wird eine personelle Mindestausstattung der Beratungsstellen mit drei Fachkräften - Psychologe, Kinder- und Jugendpsychiater oder Arzt mit therapeutischer Zusatzausbildung, Sozialarbeiter, Kinder- und Jugendlichenpsychotherapeut oder Sozialpädagoge - gefordert, die interdisziplinär im Team zusammenarbeiten sollen (Spittler/Specht 1984, S. 79ff.).

Eine aktuelle Untersuchung (Presting/Sielert/Westphal 1987, S. 38ff.) zeigt jedoch, daß der gegenwärtige Personalstand bei weitem nicht dieser Richtgröße entspricht und auch die interdisziplinäre Zusammensetzung des Teams nicht immer gewährleistet ist. Trotz gestiegener und steigender Inanspruchnahme wurden bundesweit die personellen Kapaziäten seit 1980 nicht erweitert (Presting/Sielert/Westphal 1987, S. 93). Die Versorgungslage kann entsprechend den Richtlinien der WHO von 1956 (50 000 Einwohner pro Beratungsstelle) als "befriedigend" bezeichnet werden

(81.000 Einwohner pro Beratungsstelle), wobei jedoch ein erhebliches Stadt/ Landgefälle zu berücksichtigen ist (Presting/Sielert/Westphal 1987, S. 92f.). Zu fragen ist in diesem Zusammenhang, ob Zahlen aus den 50er Jahren noch Orientierungsdaten für die 90er Jahre sein können. Seit einigen Jahren ist zudem eine Stagnation bei den Neugründungen eingetreten (Jordan/Sengling 1988, S. 117); zum Teil werden sogar bestehende und auch gut funktionierende Einrichtungen geschlossen und damit wohl "am falschen Platz gespart" (Heimann 1984). Insgesamt führen eine - unter Vorbehalten - nur als befriedigend zu bezeichnende Versorgungslage und Personalmangel vielfach zu langen Wartezeiten für die Ratsuchenden.

Als Träger von Erziehungsberatungsstellen fungieren neben den Jugendämtern kirchliche Verbände, Wohlfahrtsverbände, Gesundheitsämter sowie private Praxen und Vereine (Stein 1980, S. 135). Der Anteil kommunaler Träger ist in den letzten beiden Jahrzehnten stark gesunken, der Anteil kirchlicher Träger dagegen um mehr als 100 % gestiegen. Freie Trägerschaften haben ebenfalls abgenommen (Presting/ Sielert/Westphal 1987, S. 27f.).

Die Fachkräfte in der Erziehungsberatung sind innerhalb der einzelnen Bundesländer in Landesarbeitsgemeinschaften zusammengeschlossen; gemeinsames Gremium ist seit 1962 die "Bundeskonferenz für Erziehungsberatung" mit Sitz in Fürth. Aufgaben dieser Vereinigung sind die Förderung des Erfahrungsaustauschs, die Klärung von Fragen der Fort- und Weiterbildung, das Abhalten von Fachtagungen sowie Öffentlichkeitsarbeit (Hölzel 1981, S. 9).

#### 2.3.2.2. Klientel, Zugangswege und Beratungsanlässe

Die Untersuchung von Presting/Sielert/Westphal (1987, S. 66) weist als Hauptklientel von Erziehungsberatungsstellen Kinder im Grundschulalter aus, bei denen vor allem - mit Beginn des Schuleintritts - Lern- und Leistungsschwierigkeiten sowie emotionale Probleme Anlaß zum Aufsuchen der Beratungsstelle geben. In den letzten zehn Jahren ist der Anteil Jugendlicher im Alter von 14 - 18 Jahren stark angestiegen, wobei entgegen früheren Untersuchungen (Langenmayr 1980; vgl. auch Heisterkamp 1981) Mädchen überrepräsentiert sind, allerdings erst in dieser Altersgruppe (vgl. auch BMJFG 1984, S. 7).

Die gleiche Studie stellt fest, daß nur etwa ein Drittel der jugendlichen Ratsuchenden aus eigener Initiative Erziehungsberatungsstellen aufsuchen. Der Anteil von Anregungen durch die Schule bzw. den Lehrer ist in den letzten Jahren stark angestiegen und spiegelt damit zunehmende Probleme der Kinder und Jugendlichen im Lern- und Leistungsbereich wider (bzw. deren bewußtere Wahrnehmung oder auch schnellere Definition durch die Schule). Aufgrund der regelmäßigen Zusammenarbeit der meisten Erziehungsberatungsstellen mit Jugendämtern kommen auch von dieser Seite Anregungen bzw. Auflagen zum Aufsuchen einer Beratungsstelle (zusammen mit Sozial- und Gesundheitsamt 12,5 % nach einer Untersuchung von 1985; Presting/Sielert/Westphal 1987, S. 71).

Die Aussagen über die jeweiligen Beratungsanlässe sind aufgrund unterschiedlicher Klassifikations- und Definitionsansätze nicht einheitlich. Die Tendenz geht in Richtung emotionale Probleme als Hauptanlaß, gefolgt von Lern- und Leistungsproblemen sowie Verhaltensstörungen. Ein weiterer wichtiger Beweggrund zur Inanspruchnahme sind Familienprobleme, hier vor allem die Trennung oder Scheidung der Eltern (Presting/Sielert/Westphal 1987, S. 72f.). Auch körperliche Symptome (z.B. Sprach- und Sprechstörungen) werden häufig in Erziehungsberatungsstellen vorgetragen (Hopf 1983, S. 20).

Bei Jugendlichen liegen die Problemlagen vor allem im Leistungsbereich und/oder sozialen Konflikten in der Schule oder am Arbeitsplatz. Arbeitslosigkeit oder Berufsfindungsprobleme werden selten thematisiert; diese Probleme überschneiden sich mit den Aufgaben komplementärer Dienste. Relativ häufig geht es bei Jugendlichen um delinquentes Verhalten. Hier müssen Erziehungsberatungsstellen besonders eng mit den Jugendämtern zusammenarbeiten und ihre vorbeugenden Aufgaben verstärkt wahrnehmen (Presting/Sielert/Westphal 1987, S. 76f.).

### 2.3.2.3. Aufgaben und Ziele der Erziehungsberatung

Die Aufgaben der Erziehungsberatung liegen sowohl in der beratenden und therapeutischen Intervention als auch in der präventiven Mediatoren- bzw. Multiplikatorenarbeit und präventiven Information (Buj/Specht/Zuschlag 1984, S. 13). Sie soll auf Veränderungen hinwirken und Störungen beheben, mildern und vermeiden helfen und sich als partnerschaftliche Entscheidungshilfe verstehen (Andre 1983, S. 72).

In den "Grundsätzen für die einheitliche Gestaltung der Richtlinien der Länder für die Förderung von Erziehungsberatungsstellen" werden folgende Aufgaben formuliert:

"a) Feststellung von Verhaltensauffälligkeiten, Erziehungsschwierigkeiten und Entwicklungsstörungen einschließlich der ihnen zugrunde liegenden Bedingungen unter Berücksichtigung ihrer psychischen, physischen und sozialen Faktoren.

b) Veranlassung oder Durchführung der zur Behebung festgestellter Auffälligkeiten erforderlichen Maßnahmen; sie schließen damit die Durchführung der notwendigen Beratung gegenüber Kindern, Jugendlichen, Eltern oder anderen an der Erziehung beteiligten Personen oder Stellen - gegebenenfalls auch durch schriftliche Stellungnahme - ein und umfassen erforderlichenfalls auch die Durchführung der notwendigen therapeutisch- pädagogischen Behandlung, soweit nicht die Inanspruchnahme anderer Einrichtungen angezeigt ist.

c) Mitwirkung bei vorbeugenden Maßnahmen gegen Erziehungsfehler; die Erziehungsberatungsstelle soll im Rahmen ihrer Möglichkeiten ihre Kenntnisse und Erfahrungen auch anderen Institutionen zur Verfügung stellen und vor allem den Eltern zugänglich machen." (Spittler/Specht 1984, S.81)

Um diese Aufgaben angemessen erfüllen zu können, ist auch die Unterstützung der Trägerschaft notwendig; sie kann eine flexible Vorgehensweise im Umgang mit den Klienten unterstützen, z.B. durch die Ausstattung der Beratungsstelle, durch die Genehmigung und rechtliche Absicherung von Hausbesuchen, flexiblen Arbeitszeiten etc. (Tauschmann 1982, S. 359).

Ziel von Erziehungsberatung muß es sein, gemeinsam mit dem Ratsuchenden auf der Grundlage seiner je spezifischen Lebenssituation alternative Verhaltensmuster im Sinne von Konfliktlösungsstrategien zu entwickeln, um damit eine Erweiterung des Handlungsspielraums zu erreichen (Schuchardt 1977, S. 251).

### 2.3.2.4. Arbeitsweisen und Methoden

Die bereits mehrfach genannten Grundsätze der Länder für Erziehungsberatungsstellen treffen bezüglich der Arbeitsweisen folgende Regelungen.

Erziehungsberatungsstellen arbeiten nach dem Prinzip der Freiwilligkeit der Inanspruchnahme und der Offenheit für jedermann ohne Rücksicht auf politische, weltanschauliche oder religiöse Überzeugungen. Gegebenenfalls kann bei Minderjährigen eine Vorstellung - je nach maßgebenden gesetzlichen Grundlagen - auch angeordnet werden, z.B. durch das Vormundschaftsgericht oder das Jugendgericht. Auch in diesen Fällen sind die Eltern nach Möglichkeit zu beteiligen. Die konkreten Maßnahmen, die im Einzelfall durchzuführen sind, werden im Arbeitsteam nach dem Grundsatz der Gleichberechtigung entschieden. Die Berater haben das ihnen vom Ratsuchenden entgegengebrachte Vertrauen zu respektieren und ihre Verschwiegenheitspflicht zu wahren. Erziehungsberatung muß in enger Kooperation mit anderen Beratungsdiensten, dem Jugendamt und sonstigen Behörden arbeiten (Spittler/Specht 1984, S. 84f.).

Diese Regelungen entsprechen weitgehend den bisherigen Ausführungen zur Beratung und zur Jugendberatung. Auch in der Erziehungsberatung ist der konkrete Arbeitsansatz abhängig von der Orientierung des Trägers und der Ausbildung und professionellen Ausrichtung des Personals (Hopf 1983, S. 30).

Zum methodischen Vorgehen werden in den Grundsätzen der Länder keine Aussagen gemacht. Gegenwärtig finden verschiedenste therapeutische Richtungen und Schulen Anwendung, wie z.B. Gesprächspsychotherapie, Verhaltenstherapie, Familientherapie, Psychodrama etc., wobei "zunehmend häufiger ein eklektisches Vorgehen verwirklicht" (Tauschmann 1982, S. 359) wird. Als begleitende Maßnahmen werden vielfach Spiel-, Musik- und Bewegungstherapien sowie pädagogische Rollenspiele eingesetzt (Röttger/Oberborbeck 1977, S. 375).

Die ersten Erziehungsberatungsstellen in der Bundesrepublik Deutschland in den 50er und 60er Jahren arbeiteten nach dem "klassischen", individuum-zentrierten Konzept: sie sollten bei Kindern, Jugendlichen und deren Eltern diagnostisch und beraterisch tätig sein. Ihre Funktion bestand darin, anamnestische Daten zu erheben, diagnostische Maßnahmen durchzuführen und Eltern bei psychischen Problemen zu beraten. Qualitative Verbesserungen (z.B. in Bezug auf die Ausbildung von Fachkräften) und ein vermehrtes Angebot von "Techniken" führten zu einem langsamen Übergang von "beraterischer Arbeit" zur "Therapie" (Tauschmann 1982, S. 359). Die Vorgehensweise in Erziehungsberatungsstellen setzt sich heute aus einer Kombination verschiedener aufklärender, therapeutischer und unterstützender Verfahren zusammen, wobei Beratung ein Aspekt unter anderen geworden ist. Beratung und Therapie sind nicht mehr exakt voneinander zu trennen (Schuchardt 1977, S. 252; Kreckl 1980, S. 137; Textor 1987, S. 7).

Inzwischen ist die Arbeit mit der ganzen Familie in den Mittelpunkt von Erziehungsberatung gerückt. Individualistische Sichtweisen werden zugunsten von system-theoretischen Positionen revidiert. Anstelle des Ursache-Wirkungs-Modells wird heute mehr ein zirkuläres Modell der reziproken wechselseitigen Beeinflussung zugrunde gelegt (Dunde 1987, S. 418f.). Hölzel (1981, S. 42) beschreibt anhand von Fallbeispielen anschaulich die unterschiedlichen Arbeitsweisen einer kindzentrierten und einer familienzentrierten Beratungsstelle.

Erziehungsberatung unter familientherapeutischen Vorzeichen darf jedoch Ursachenquellen in persönlichen Merkmalen der Ratsuchenden nicht ausklammern. Sie muß vielmehr sowohl das System Familie als auch die Einzelperson einbeziehen, wobei je nach Problemlage Schwerpunkte zu setzen sind (Dietrich 1984, S. 263).

2.3.2.5. Zusammenfassung

Erziehungsberatung wendet sich an alle Alters- und Bevölkerungsgruppen mit dem Ziel, Hilfen und Unterstützung bei Erziehungs-, Partnerschafts- und Verhaltensproblemen zu bieten. Das Angebot ist mittlerweile breit gefächert und zum Teil sehr spezialisiert, so daß es für den einzelnen Ratsuchenden schwer überschaubar und einschätzbar geworden ist. Eine unzureichende Versorgungslage (vor allem in ländlichen Gebieten) und Personalmangel führen meist zu langen Wartezeiten. Damit wird die Chance vergeben, die Motivation des Ratsuchenden zur Veränderung, die zum Zeitpunkt der Anmeldung am größten ist, zu nutzen (Tauschmann 1982, S. 360).

Der Anteil Jugendlicher in der Erziehungsberatung hat in den letzten Jahren zugenommen. Allerdings ist davon auszugehen, daß nur ein geringer Anteil von ihnen als "Selbstmelder" in die Beratung kommt (bei nur einem Drittel aller Ratsuchenden). Anregungen zum Aufsuchen einer Beratungsstelle kommen zunehmend von der Schule bzw. den Lehrern.

Die Beratungsanlässe liegen bei den Jugendlichen entsprechend vor allem im Leistungssektor und im Bereich sozialer Konflikte in Schule oder Arbeitswelt. Kap 1.3.2. und 1.3.3. berichten ausführlich über die Konfliktpotentiale in diesen Sozialisationsfeldern; es verwundert daher nicht, daß diese Problemlagen einen breiten Raum in der Beratungsarbeit einnehmen.

Arbeitsweisen und Methoden der Erziehungsberatung gehen immer mehr von einer beraterischen Arbeit zur Therapie über, vor allem zu familientherapeutischen Ansätzen. Auf die Gefahren der Therapeutisierung und Psychologisierung von Problemlagen und Lösungswegen wurde bereits eindringlich hingewiesen.

### 2.3.3. Bildungsberatung

Der Begriff der Bildungsberatung ist in der Bundesrepublik Deutschland noch relativ jung und aufgrund seiner historischen Wurzeln[21] und uneinheitlicher gesetzlicher Regelungen in seinem Aufgabenverständnis nicht klar festgelegt. 1966 wurde in Baden-Württemberg die erste "Bildungsberatungsstelle" eingerichtet, wodurch eine Wende von den bis dahin vorherrschenden, am problematischen Einzelfall orientierten Schulpsychologischen Diensten signalisiert wurde. Das neue Aufgabenverständnis bezog sich nunmehr darauf, bei Orientierungs- und Entscheidungsproblemen in einem zunehmend differenzierten Bildungssystem zu helfen und gezielte Begabungsförderung zu betreiben. Bildungsberatung sollte systematisch als bildungsplanerisches Instrument zur Erschließung von "Begabungsreserven" eingesetzt werden, um eine "Bildungskatastrophe" zu verhindern (vgl. Krüger 1978, S. 15ff.). Im Verhältnis zu den Schulpsychologischen Diensten wird Bildungsberatung zum übergeordneten Begriff; Schulpsychologische Dienste übernehmen nur Teilfunktionen einer umfassenden Bildungsberatung (Heller 1975, S. 16). Damit kommt auch in der Bundesrepublik Deutschland eine Entwicklung in Gange, die vor allem in angelsächsischen und skandinavischen Ländern unter dem Stichwort "Guidance" bereits weit fortgeschritten war (Aurin/Gaude/Zimmermann 1973, S. 1).

Dieser Wandel im Aufgabenverständnis von Beratung im Bildungswesen ist in engem Zusammenhang mit der Anfang der 70er Jahre in Angriff genommenen Reform des Bildungswesens zu sehen. Im Strukturplan für das Bildungswesen (Deutscher Bildungsrat 1970, S. 91) wird der Bildungsberatung als Funktion der Bildungsreform besondere Bedeutung beigemessen: "Individualisierung und Differenzierung im Bildungswesen machen es notwendig, dem Lernenden durch sachkundige Beratung zu helfen, damit er die Bildungsangebote und Lernmöglichkeiten wählen kann, die die Entfaltung seiner Persönlichkeit fördern und ihm gleichzeitig berufliche und gesellschaftliche Chancen bieten. Auch die Berufswelt ist für den einzelnen so unübersichtlich, daß die Wahl seines Bildungsweges zu einer schwierigen Entscheidung geworden ist." Als Funktion des gesamten Bildungswesens muß Bildungsberatung als lebensbegleitende Beratung vom Elementarbereich bis in die Weiterbildung konzipiert sein. Darüber hinaus soll sie einen Beitrag leisten zu mehr Chancengerechtigkeit und Demokratisierung im Bildungswesen.[22]

In den 70er Jahren erscheint eine Reihe weiterer Publikationen zur Bildungsberatung, die von einer nahezu euphorischen bildungsreformerischen Stimmung geprägt sind (z.B. Aurin/Gaude/Zimmermann 1973; Moll-Strobel 1978). Programme und Konzepte werden entwickelt, erste Erfahrungen von Modellen und Projekten ausgewertet, die Anfang der 70er Jahre in fast allen Bundesländern in Gang gesetzt wurden (z.B. Ausbildung von Beratungslehrern). "Bildungsberatung wird als konstituierendes Element unseres Bildungssystems betrachtet". (Heller 1975, S. 17)

Die Entwicklung in den letzten Jahren zeigt jedoch, daß die seinerzeit konzipierten Programme und Forderungen nur in sehr geringem Umfang realisiert werden konnten. Martin weist bereits 1974 (S. 23ff.; vgl. auch 1975) auf die Vielzahl der ungelösten theoretischen und praktischen Fragen der Bildungsberatung hin. Mit dem "Scheitern der Bildungsreform", finanziellen Engpässen und Kürzungen im Bildungsbereich sowie dem Ansteigen der Arbeitslosigkeit drängen sich andere Probleme in den Vordergrund. In Angriff genommene Reformen im Bildungswesen müssen ganz oder teilweise zurückgenommen werden (Wulf 1977, S. 111). Dietrich (1984, S. 255) stellt fest, "daß die Beratung in der Schule sowohl unter quantitativen als auch unter qualitativen Aspekten noch erheblich von dem ihr möglichen Effizienzoptimum entfernt ist."

Unter diesen Voraussetzungen ist es schwierig, Aussagen zum aktuellen Stand der Bildungsberatung in der Bundesrepublik Deutschland zu treffen; neuere Publikationen liegen kaum vor. Im folgenden wird weitgehend auf die Programme und Konzepte aus den 70er Jahren zurückgegriffen, da das Anliegen dieser Ansätze nicht an Aktualität eingebüßt hat. Eine gesonderte Betrachtung kommt der Beratung als Aufgabe des Lehrers zu.

### 2.3.3.1. Funktionsziele und Aufgabenschwerpunkte der Bildungsberatung

Heller (1975, S. 17ff.) unterscheidet zwischen systembezogenen und individuum- bzw. gesellschaftlich bezogenen Funktionszielen der Bildungsberatung, wobei diese sich in der Realität mehr oder weniger verzahnen und gegenseitig bedingen. Systembezogene Funktionen kommen dem einzelnen nur mittelbar zugute, z.B. durch Optimierung des schulischen Bildungsangebots bzw. der persönlichen Lernbedingungen. Gesellschaftspolitisch orientierte bzw. individuumbezogene Funktionen von Bildungsberatung entfalten sich unter mehreren Aspekten. Bildungsberatung erfüllt eine sozialintegrative Funktion, indem sie Schule und Gesellschaft einander näherbringt und zur Demokratisierung der Schule beitragen kann. In ökonomischer Hinsicht kann Bildungsberatung falsche Entscheidungen bezüglich des Bildungswegs vermeiden helfen und damit sowohl individuelle Konflikte als auch zusätzliche gesellschaftliche Aufwendungen verhindern. Als Hilfe zu einer optimalen Begabungs- und Bildungsförderung kommt Bildungsberatung eine augmentative Funktion zu. Schließlich ist Bildungsberatung als Funktion der Selbstverwirklichung zu sehen, als Funktion des lebenslangen Lernens im übergreifenden Sinne. "Die unterschiedlichen Funktionen haben letztlich das Ziel, den Beratenen *entscheidungsfähig* zu machen." (Heller 1975, S. 20)

Aus diesen Zielfunktionen können nun Aufgabenschwerpunkte der Bildungsberatung abgeleitet werden. Die Klassifikationen der Aufgaben sind nicht einheitlich (vgl. hierzu die Synopse bei Rosemann 1975, S.351ff.). Im Strukturplan für das Bildungswesen (Deutscher Bildungsrat 1970, S. 92ff.) werden folgende Aufgabenbereiche genannt: Schullaufbahnberatung, Berufsbildungsberatung, individualpsychologische Beratung, Beratung der Eltern, Beratung und Lehrerbildung sowie Beratung im dualen System. Zu ergänzen wären noch die Abiturienten- und Studienberatung (vgl. Heller 1983) sowie Beratung in Fragen der Weiterbildung. Die Schwerpunkte liegen jedoch auf der Schullaufbahnberatung, der Individualberatung und der Systemberatung.

Schullaufbahnberatung kann definiert werden "als Entscheidungshilfe in wichtigen Fragen des schulischen Werde- und Ausbildungsganges." (Heller 1977, S. 179) Sie umfaßt alle Beratungstätigkeiten, die sich auf Information und Orientierung über schulische Bildungsgänge, auf die Ermittlung der für sie erforderlichen Lern-, Eignungs- und Fähigkeitsvoraussetzungen, auf die Wahl, Planung und Gestaltung und den Wechsel einer Schullaufbahn, die Wahl und Abwahl von Unterrichtsfächern und -kursen sowie auf die mit einer Schullaufbahn verbundenen Abschlußmöglichkeiten erstrecken. Berufswahlbezogene Beratung ist dabei meist eingeschlossen, jedoch von der eigentlichen Berufsberatung (schon aus rechtlichen Gründen) abzugrenzen (Aurin 1981, S. 43f.). Dieser Aufgabenbereich der Bildungsberatung richtet sich sowohl an Schüler als auch an Eltern. Schullaufbahnberatung kann notwendig werden an den "Nahtstellen" im Bildungssystem und zwar sowohl bei Systemübergängen als auch bei binnenschulischen Differenzierungsmaßnahmen (Heller 1975, S. 21; Lüttge 1981, S. 42ff.; Manstetten 1987, S. 26; Heller 1983b, S. 488).

Individualberatung oder Einzelfallhilfe richtet sich vor allem auf individuelle Verhaltensschwierigkeiten, Lernstörungen und Probleme des Schulversagens. Derartige

Probleme werden vielfach erst im Kontext von Schullaufbahnentscheidungen virulent (Heller 1975, S. 22). Ziel ist es, die Lernfähigkeit des einzelnen Schülers wiederherzustellen oder zu verbessern und sein Verhalten im schulischen und außerschulischen Bereich zu normalisieren (Aurin 1981, S. 44). Individualberatung richtet sich nicht nur auf soziale Aspekte der Persönlichkeit, sondern bezieht auch kognitive und emotionale Elemente mit ein (Lüttge 1981, S. 46). Es werden nicht nur die Schüler angesprochen, sondern auch Eltern und Lehrer beraten bzw. in die Beratung der Kinder und Jugendlichen miteinbezogen (Leischner 1980, S. 72). Darüber hinaus kommt der Individualberatung eine wichtige Funktion bei sonderpädagogischen Fragestellungen zu (Heller 1975, S. 22f.).

Systembezogene Beratung umfaßt Beratungstätigkeiten, "die sich auf Funktionsträger der Schule als Institution beziehen." (Aurin 1981, S. 44) Die Erfahrungen aus der Schullaufbahn- und Individualberatung sollen in innovatorische Aktivitäten des Beraters umgesetzt werden. Systemberatung kann intern oder extern organisiert werden und erstreckt sich auf die Planung, Realisierung, Evaluation und Revision bzw. Modifikation schulischer Systeme und Prozesse (Heller 1975, S. 21).

Als vierter Aufgabenschwerpunkt der Bildungsberatung ist die enge Kooperation mit anderen Einrichtungen zu ergänzen, insbesondere mit der Erziehungsberatung, der Berufsberatung, mit Gesundheitsdiensten, Jugendämtern etc. (Deutscher Bildungsrat 1970, S. 95f.).

Aufgrund der Komplexität der Problemlagen sind die einzelnen Aufgabengebiete in der Praxis selten in ihrer "Reinform" gefordert (vgl. dazu Beispiel bei Schwarzer 1986, S. 496 ff.). Überwiegend wird Schullaufbahn- und Individualberatung bei Lern- und Leistungsstörungen unter Ausklammerung persönlicher Problemlagen betrieben. Systemberatung wird weitestgehend nicht praktiziert (vgl. Gaude 1976).

#### 2.3.3.2. Institutionelle Rahmenbedingungen

Bildungsberatung kann sowohl in internen Einrichtungen der Schule als auch in externen Institutionen erfolgen. Externe Bildungs- oder Schulpsychologische Beratungsstellen sind jeweils für die ganze Region (z.B. Stadt oder Landkreis) zuständig, Interne, schulintegrierte Einrichtungen für die jeweilige Schule. Sowohl interne als auch externe Beratungsstellen unterstehen in den meisten Bundesländern dem Kultusministerium; entsprechend ist die (staatliche) Trägerschaft geregelt (Heller/Nickel/Rosemann 1978, S. 300).

Die Vorteile interner Beratungsdienste liegen in ihrer Unmittelbarkeit und stetigen Präsenz, die es dem Ratsuchenden erleichtern, um Hilfe nachzusuchen. Demgegenüber sind externe Institutionen meist personell besser besetzt (keine "Ein- Mann-Betriebe") und Rollenkonflikte im Vergleich zur Situation der Berater an Schulen geringer einzuschätzen. Um jeweilige Vorteile nutzen und Nachteile ausschalten zu können, werden gemischte Organisationsformen empfohlen (Heller/Nickel/Rosemann 1978, S. 301).

Aufgrund der Kulturhoheit der Länder exisitiert für die Bildungsberatung keine bundeseinheitliche gesetzliche Basis. Auf Länderebene bestehen meist nur interne Verwaltungsvorschriften in Erlaßform oder als Richtlinien (Manstetten 1987, S. 24; zur Bildungsberatung in den einzelnen Bundesländern vgl. Reichenbecher 1975, S. 54ff.). In Bayern z.B. werden im Rahmen des Schulrechts folgende Richtlinien für die Schulberatung festgelegt:

(1) Jede Schule und jeder Lehrer hat die Aufgabe, die Erziehungsberechtigten und die Schüler in Fragen der Schullaufbahn zu beraten und ihnen bei der Wahl der Bildungsmöglichkeiten entsprechend den Anlagen und Fähigkeiten des einzelnen zu helfen. Zur Unterstützung der Schulen bei der Schulberatung werden Beratungslehrer und Schulpsychologen bestellt.

(2) Die Aufgaben, die über den Bereich einer Schule hinausgehen, werden von staatlichen Schulberatern wahrgenommen.

Diese Aufgabenbestimmung verweist auf unterschiedliche Beratungsinstanzen. Als solche fungieren der Lehrer (als nicht-professioneller Berater), Beratungslehrer (paraprofessionelle Berater) sowie Schulpsychologen und Bildungsberater (professionelle Berater) (Heller/Nickel/Rosemann 1978, S. 297). Auf Beratung als Aufgabe des Lehrers wird im folgenden Kapitel näher eingegangen.

Beratungslehrer sind hauptamtliche Lehrkräfte, die im Nebenamt Beratungstätigkeiten übernehmen und dafür in der Regel einen bestimmten Deputatsnachlaß auf ihre Wochenstunden erhalten. Die Qualifikation erfolgt vorwiegend im Rahmen der Lehrerfortbildung (vgl. ausführlich Hoffmann 1975a). Schulpsychologen bzw. Bildungsberater sind meist als Diplom-Psychologen oder in einem eigenen Studiengang ausgebildet und als Vollzeit-Berater tätig (Heller/Nickel/Rosemann 1978, S.

297f.; Heller 1983a, S. 196f.). Vielfach werden dem Beratungslehrer günstigere Voraussetzungen als dem Schulpsychologen/Bildungsberater zugesprochen. Auf ihn treffen die bereits genannten Vorteile interner Beratungseinrichtungen zu. Darüber hinaus kann er eine Mittlerfunktion zwischen interner und externer Schulberatung wahrnehmen (Heller 1977a, S. 26; Martin 1981, S. 251).

Grundsätzlich sind alle Beratungsinstanzen für alle Aufgaben zuständig. Aufgrund der unterschiedlichen Qualifikationsvoraussetzungen ergeben sich jedoch Kompetenzschwerpunkte. Schulpsychologen reklamieren meist den Bereich der Individualberatung für sich, was im übrigen auch den Erwartungen vieler Lehrer entgegenkommt; sie sind oft gerne bereit, besonders schwierige Kinder der Obhut von Schulpsychologen als einer Art "pädagogischer Feuerwehr" zu überlassen (Wulf 1977a, S. 682). Beratungslehrer neigen demgegenüber dazu, sich als "kleine Schulpsychologen" zu betätigen und wenig Kooperationsbereitschaft zu zeigen (Hoffmann 1975a, S. 277).

Der arbeitsteilige Ansatz wird unterschiedlich bewertet. Während es z.B. Heller (1983a) befürwortet, daß sich die Zuständigkeit nach dem jeweiligen Beratungsproblem richtet, plädiert Wulf (1977a, S. 678f.) mehr für eine problem- und aufgabenbezogene Kooperation zwischen den Beratungsinstanzen.

Zum gegenwärtigen Ausbaustand der Bildungsberatung liegen keine aktuellen Angaben vor. Es ist fraglich, ob die im Bildungsgesamtplan der Bund-Länder-Kommission (1973, S. 80) angestrebte Planzahl für 1985 von einem Beratungslehrer auf 500 Schüler und einem Schulpsychologen auf 5000 Schüler realisiert werden konnte. Das Berufsbild des Bildungsberaters ist bis heute nicht klar umrissen und in einer Ausbildung geregelt. Angesichts knapper Finanzen gehen die meisten Bundesländer dazu über, entweder die Ausbildung von Beratungslehrern zu forcieren oder bestehende Schulpsychologische Dienste auszubauen und diesen die Aufgaben der Bildungsberatung zu übertragen (Heller 1975, S. 30). Bildungsberatung als umfassende Institution und integriertes Element im Bildungswesen konnte sich bislang nicht etablieren.

2.3.3.3. Der Lehrer als Berater

Beratung als Aufgabe des Lehrers wurde lange Zeit nicht als eigenständiger Tätigkeitsbereich thematisiert, sondern mehr als integrierter Bestandteil der pädagogischen Aufgaben des Lehrers gesehen, der vom Lehrer mit zu leisten war (Lüttge

1981, S. 11). Der Lehrer ist nahezu täglich mit Beratungsaufgaben in Bezug auf Schüler oder Erziehungsberechtigte konfrontiert. Als Bezugsperson der Schüler hat er gegenüber schulfernen Beratungsspezialisten einen Bonus, wenn es ihm gelingt, eine vertrauensvolle Beratungsbeziehung aufzubauen und den Jugendlichen durch Sachkompetenz zu überzeugen. Damit kann er auch verhindern, daß der Schüler nur ausschnitthaft in seinen Problemen und seiner Schülerrolle wahrgenommen wird (Hopf 1983, S. 22).

Die Beratungsaufgaben des Lehrers im Rahmen seiner pädagogischen Arbeit entsprechen den Aufgabenschwerpunkten der Bildungsberatung im allgemeinen. Heller (1975a, S. 256) unterteilt sie in Lern-, Erziehungs- und Systemberatung, Schullaufbahnberatung, Einzelfallhilfe bzw. Individualberatung. Die Reihenfolge entspricht der Beratungsrelevanz und Beratungskompetenz. Der Deutsche Bildungsrat (1970, S. 217ff.) hebt Beraten - neben Lehren, Erziehen, Beurteilen und Innovieren - als zentrale Aufgabe des Lehrers besonders hervor. Der Lehrer soll Eltern und Schüler bei Schullaufbahn-, Orientierungs- und Entscheidungsfragen beraten, soll unterstützen bei Fragen des Lernens sowie bei der Gestaltung interpersonaler Beziehungen und bei psychosozialen Problemen.

Von den Klassen- und Fachlehrern wird im Unterricht zumeist die Form der Individualberatung wahrgenommen, die sich auf die Diagnose des Lernvorgangs, vor allem von Lernschwierigkeiten, sowie auf die Hilfeleistung bei ihrer Überwindung und auf die Förderung von Selbstkontrolle erstreckt. Daneben berät der Lehrer in Fragen der Schullaufbahn und der Studienplangestaltung. Als wichtigster Aufgabenbereich kann jedoch die Unterstützung bei sozialpsychologischen und -pädagogischen Problemen des Schulalltags gelten, wobei auch persönliche, oft außerschulisch bedingte Probleme des Schülers zur Sprache kommen müssen (Aurin 1981, S. 43f.). Je mehr der Lehrer diese Aufgaben erfüllt, desto weniger wird eine institutionalisierte Beratung notwendig, wodurch die Gefahr der Etikettierung der Jugendlichen als "beratungsbedürftig" vermieden wird (Bender 1983, S. 157).

Die Realisierung dieser Beratungsaufgaben hängt jedoch stark von der jeweiligen Persönlichkeit des Lehrers ab, seinem pädagogischen Selbstverständnis und seinem Verhältnis zu den Schülern. Bachmair u.a. (1985, S. 11) sind der Meinung, daß sich gerade der Lehrer nicht als Berater eigne: "Die erworbene Berufsrolle des Lehrers und sein Selbstverständnis als professioneller 'Belehrer' hindern ihn geradezu, ein guter Berater zu sein." Darüber hinaus kann auch ein stetiger pädagogischer Bezug für die Beratung hinderlich sein. Manche Jugendliche wählen lieber einen ihnen unbekannten Menschen als Vertrauensperson (vgl. 2.1.2.2.) - nach Textor (1987, S. 3) ein wesentlicher Grund für die Einrichtung von Beratungslehrern.

Beratung muß insgesamt als wesentliche Aufgabe des Lehrers bezeichnet werden, findet aber ihre Grenzen in den Kompetenzen des Lehrers. In vielen Fällen ist das Heranziehen von "Profiberatern" unumgänglich. Vor diesem Hintergrund sind vor allem Konsequenzen für die Lehreraus- und fortbildung zu fordern (vgl. Heller 1975a).

### 2.3.3.4. Arbeitsweisen und Methoden der Bildungsberatung

In der Entwicklung eigener Methoden steht die Bildungsberatung noch am Anfang, nicht zuletzt aufgrund der Unterschiedlichkeit der Problemlagen und Ausbildung der Berater.

Die Schullaufbahnberatung erfolgt als Einzelberatung oder Gruppenberatung, z.B. vor der Schulklasse (Aurin 1981, S. 43). Die wichtigsten methodischen Grundlagen sind die Bildungs(weg)information und Schuleignungsprognosen. Informationsbroschüren, Filme und andere Medien sowie vor allem das persönliche Gespräch sollen bei einer angemessenen Entscheidung über künftige Bildungswege unterstützen. Vielfach bedarf es weiterer Entscheidungshilfen, so z.B. der Schuleignungsprognose auf der Grundlage von Testverfahren zur Schulleistungsanalyse und Begabungsdiagnose (Heller 1983b, S. 489; vgl. ausführlich zu Tests in der Schulberatung Heller 1977b).

Individualberatung orientiert sich vielfach noch an einem klinisch-medizinischen Beratungsbegriff, wenn auch zunehmend - parallel zu Entwicklungen in der Erziehungsberatung hin zur Familientherapie - Konzeptionen Verwendung finden, die sich auf alle am Unterrichts- und Erziehungsprozeß beteiligten Personengruppen beziehen (Lüttge 1981, S. 12) und das Beratungsgespräch in klientenorientierter Form in den Mittelpunkt ihrer Arbeit stellen. Beratung in diesem Rahmen kann keine intensive und längerfristige Therapie sein; bei tieferliegenden Problemen und Störungen ist eine Weitervermittlung an entsprechende Stellen angezeigt.

In der Praxis vermischen sich diese Arbeitsweisen entsprechend der Komplexität der Problemlagen. Im Mittelpunkt steht das Beratungsgespräch, das durch diagnostische Hilfen der Befunderhebung unterstützt und ergänzt werden kann.

Stellt man die edukative Komponente in den Vordergrund der Bildungsberatung, so kann sich ihre Methodik außerordentlich vielseitig gestalten. Martin (1987, S.19; vgl. auch 1981, S. 238 ff.) entwirft am Beispiel des Arbeitsfeldes einer Beratungslehrerin für die edukative Schulberatung ein dynamisches Problemlösungs- und Entscheidungsmodell, das auf der Grundlage personzentrierter Haltung und Gesprächsführung auch zusätzliche theoriegeleitete Interventionsverfahren einbezieht, die person-, problem- und situationsadäquat sind.

2.3.3.5. Zusammenfassung

Die Ansprüche, mit denen in den 70er Jahren Aufgaben und Ziele einer umfassenden Bildungsberatung formuliert wurden, konnten weitgehend nicht in die Praxis umgesetzt werden. Die Konzeption der Bildungsberatung wurde im Lauf der Jahre eingeengt auf Hilfen bei Lern- und Leistungsstörungen, Informationen bei Kurswahlmöglichkeiten, Bildungsgänge etc.; persönliche Probleme bleiben ausgeklammert. Vor allem die Chancen der Systemberatung werden weitgehend nicht genutzt.

Bildungsberatung nimmt heute vor allem als externe Einrichtung eine marginale Position im Bildungswesen ein. In einigen Schulformen, z.B. in beruflichen Schulen sind die Konzepte nicht einmal ansatzweise verwirklicht. Defizite bestehen auch auf dem Gebiet der Weiterbildung; Informationsmaterial (z.B. über Möglichkeiten des Fernunterrichts[23]) ist zwar wichtig, kann aber - wie in Kap. 3.4. zu zeigen sein wird - eine weitergehende persönliche Beratung und Betreuung nicht ersetzen. Eine Ausweitung von Beratung auf den gesamten Bildungssektor, wie dies der Strukturplan gefordert hat, ist nicht erfolgt. Der Durchbruch und die Integration von Bildungsberatung in das Bildungswesen wurde und wird erschwert durch uneinheitliche gesetzliche Regelungen und konkurrierende Beratungsdienste (z.B. die Berufsberatung).

Schulprobleme im weitesten Sinne und Schwierigkeiten bei der Schullaufbahn- und Berufswahl bestimmen jedoch nach wie vor und gegenwärtig sogar in verstärktem Ausmaß das jugendliche Leben. Dies spiegeln auch die Angaben über Beratungsanlässe für Erziehungsberatung wider. Die Tatsache, daß auch der Anteil von Anregungen zum Aufsuchen einer Erziehungsberatungsstelle durch die Schule oder den

Lehrer gestiegen ist, zeigt gleichzeitig, daß Schule nicht über ausreichende entsprechende Beratungsmöglichkeiten verfügt, die Lehrer selbst sich überfordert fühlen und daher lieber an die Erziehungsberatung weiterverweisen.

Angesichts dieser Situation ist eine Wiederaufnahme und Aktualisierung (z.B. im Hinblick auf die Bedeutungszunahme der Weiterbildung) der reformerischen Ansätze zu fordern, die vor allem auf Innovationen im Schulsystem selbst hinwirken müssen. Darüber hinaus müssen die Eltern wieder verstärkt in einen Dialog mit der Schule einbezogen werden, damit auch sie wieder Lösungsansätze in diesem Bereich erkennen können.

### 2.3.4. Berufsberatung

In Kap. 1.3.3. wurde ausführlich beschrieben, daß für Jugendliche der Übergang vom Bildungs- in das Beschäftigungssystem nicht ohne Probleme und Konflikte vonstatten geht. Ursachen dafür liegen in den Besonderheiten der Jugendphase (Berufswahlentscheidung in einer besonders kritischen Lebensphase) und den gegenwärtigen Bedingungen des Arbeitsmarktes (mangelnde Transparenz des Beschäftigungssystems; branchen- und regionalspezifischer Lehrstellen- und Arbeitsplatzmangel). Für die Jugendlichen ist es keine leichte Aufgabe, im Spannungsfeld zwischen ihren persönlichen Präferenzen und gesellschaftlichen Rahmenbedingungen den "richtigen" Berufsweg einzuschlagen. Zudem ist dieser Weg alles andere als geradlinig; Umwege und Neuorientierungen sind zur Regel geworden. Eine entsprechende Berufsberatung als "Antwort auf die verlorengegangene Transparenz von Ausbildungs- und Beschäftigungssystem" (Doerfert 1983, S. 38) ist heute wichtiger denn je.

Berufsberatung im Sinne des § 25 (1) AFG ist die Erteilung von Rat und Auskunft in Fragen der Berufswahl einschließlich des Berufswechsels. Sie wird durch die Berufsaufklärung, die Unterrichtung über die Förderung der beruflichen Bildung im Einzelfalle und die Vermittlung in berufliche Ausbildungsstellen ergänzt.

#### 2.3.4.1. Institutionelle Rahmenbedingungen

Berufsberatung ist ein Handlungsfeld mit klaren institutionellen und gesetzlichen Regelungen. Art. 12 Abs. 1 GG legt fest, daß "alle Deutschen ... das Recht (haben), Beruf, Arbeitsplatz und Ausbildungsstätte frei zu wählen." Dies bedeutet jedoch nicht - wie vielfach interpretiert wird - ein "Recht auf Arbeit", sondern nur, als Abwehrrecht des Bürgers gegen den Staat, daß eine zwangsweise Berufswahl oder -ausübung (Arbeitszwang) ausgeschlossen ist. Dagegen besteht ein Rechtsanspruch auf die Beratung bei der Wahl des Ausbildungswegs und des Berufs (Art. I § 3 Abs. 2 S. 1 SGB). Die Inanspruchnahme der Berufsberatung erfolgt jedoch freiwillig. Berufsberatung ist eine öffentliche Dienstleistung und hat den Grundsätzen der Vertraulichkeit, Unparteilichkeit und Unentgeltlichkeit zu folgen (Meisel 1978, S. 48ff.).

1969 wurde die Berufsberatung auf der Grundlage des Arbeitsförderungsgesetzes (§ 4 AFG) ausschließlich der Bundesanstalt für Arbeit übertragen. Ihr obliegt das Alleinrecht und die Pflicht zur Erteilung von Rat und Auskunft in Fragen der Berufswahl. Die Beratungsdienste selbst sind in den einzelnen Arbeitsämtern organisiert (Martin 1981a, S. 99).

Gemäß §32 AFG ist die Bundesanstalt für Arbeit angehalten, bei der Berufsaufklärung, der Berufsberatung und der Vermittlung in berufliche Ausbildungsstellen mit den Einrichtungen der allgemeinen und beruflichen Bildung, insbesondere mit den für die betriebliche Ausbildung zuständigen Stellen und den Einrichtungen der Arbeitgeber, der Gewerkschaften, mit den Schulen und Hochschulen sowie mit den Trägern der Sozial-, Jugend- und Gesundheitshilfe zusammenzuarbeiten. 1971 wurde zusätzlich auf Beschluß der Kultusministerkonferenz eine "Rahmenvereinbarung über die Zusammenarbeit von Schule und Berufberatung" getroffen, um eine bessere Abstimmung und Koordination dieser beiden Bereiche zu sichern.

Das Personal der Berufsberatung rekrutiert sich zum Großteil aus allgemeinen Beratern; daneben werden spezielle Berater für Behinderte und Abiturienten sowie Psychologen im "Psychologischen Dienst" eingesetzt (Martin 1981a, S. 99). Der Personalbestand in der Berufsberatung ist trotz Aufstockungen in den letzten Jahren nicht ausreichend, so daß für den Einzelfall nicht immer genügend Zeit aufgewendet werden kann und für den Ratsuchenden lange Wartezeiten entstehen (Crusius 1980, S. 75).

2.3.4.2. Aufgaben der Berufsberatung

Grundsätzliche Aufgabe der Berufsberatung ist es, das Recht auf freie Berufswahl und die Durchsetzung des in Art. 2 Abs. 1 GG verankerten Allgemeinen Persönlichkeitsrechts auch im Beruf möglichst weitgehend zu verwirklichen. Diese Aufgabe hat sie gegenüber allen Bürgern wahrzunehmen, speziell aber auch gegenüber Jugendlichen (Martin 1981a, S. 99). Besondere Aufmerksamkeit hat die Berufsberatung den Problemgruppen des Arbeitsmarktes zu widmen, so vor allem Jugendlichen ohne Schulabschluß, Behinderten, ausländischen Jugendlichen und Mädchen.

§26 AFG legt die Aufgaben der Berufsberatung wie folgt fest:

(1) Die Bundesanstalt hat Jugendliche und Erwachsene vor Eintritt in das Berufsleben und während des Berufslebens in allen Fragen der Berufswahl und des beruflichen Fortkommens zu beraten. Sie hat dabei Lage und Entwicklung des Arbeitsmarktes und der Berufe angemessen zu berücksichtigen. Sie soll die Belange einzelner Wirtschaftszweige und Berufe allgemeinen wirtschaftlichen und sozialen Gesichtspunkten unterordnen.

(2) Die Bundesanstalt hat Ratsuchende auch in Fragen ihrer schulischen Bildung zu beraten, soweit sie für ihre Berufswahl und ihre berufliche Entwicklung von Bedeutung sind.

(3) Die Bundesanstalt kann sich, soweit es erforderlich ist, um Ratsuchende mit deren Einverständnis auch nach Beginn einer Berufsausbildung bemühen und sie beraten.

In den Aufgabenbereich der Berufsberatung fällt weiterhin die Information über berufsvorbereitende Maßnahmen für Jugendliche, wie z.B. Förderungslehrgänge, Grundausbildungs- und Eingliederungslehrgänge (Jenschke 1983, S. 140).

In ihrer Zusammenarbeit mit der Schule soll Berufsberatung die Schüler im Rahmen der Berufsaufklärung auf die individuellen Erwägungen zur Berufswahl und auf die Berufsentscheidung vorbereiten. Diese Berufsorientierung richtet sich auch an die Eltern. Sie kann die eigentliche Berufsberatung nicht ersetzen; vielmehr soll sie diese vorbereiten und zu einer frühzeitigen Auseinandersetzung mit berufswahlrelevanten Fragen anregen. Die Schule ist aufgefordert, grundlegende Kenntnisse über die Wirtschafts- und Arbeitswelt (z.B. im Fach Arbeitslehre) zu vermitteln und Schülern und Eltern berufsaufklärende Veranstaltungen der Berufsberatung zu empfehlen (Aurin/Gaude/Zimmermann 1973, S. 93f.).

Berufsberatung ist Entscheidungshilfe bei der individuellen Berufsfindung mit dem Ziel, den einzelnen zu einer reflektierten Selbstentscheidung zu befähigen. Dazu ist es notwendig, dem Ratsuchenden wichtige Kriterien der Berufswahl wie Eignung, Neigung, Realisierungschancen etc. bewußt und ihn mit ihrer Anwendung vertraut zu machen, ihn zur Beschaffung entsprechender Informationen anzuleiten bzw. ihm solche zur Verfügung zu stellen. "Damit erfüllt sie pädagogische Aufgaben." (Schmiel 1977, S. 28).

2.3.4.3. Arbeitsweisen und Methoden

Der Berufsberatung stehen folgende Hilfsmittel und Maßnahmen zu Verfügung: zentral erstellte Medien, wie z.B. Schriften, Zeitungen, Selbsterkundungsprogramme ("STEP") für verschiedene Zielgruppen, auditive, visuelle und audio-visuelle Medien, Beiträge in Rundfunk, Fernsehen und Presse, Orientierungsveranstaltungen in Schulen und Hochschulen sowie individuelle Beratungsgespräche (Martin 1981a, S. 100; Meisel 1978, S. 66ff.).

Angeboten werden die Medien auch in Berufsinformationszentren, die den Arbeitsämtern angegliedert sind. In München beispielsweise können sich Jugendliche und Erwachsene im "BIZ" anhand von Lesemappen, Videofilmen, Dias, Hörprogrammen und Zeitschriften über ca. 800 Berufe informieren. Dort finden außerdem berufskundliche Ausstellungen für bestimmte Personenkreise sowie regelmäßige Veranstaltungen statt, die praxisnah Berufsalltag und Ausbildungssituation behandeln. Solche Berufsinformationszentren existieren in allen Großstädten; zur Versorgung ländlicher Gebiete werden entsprechend ausgestattete Busse eingesetzt.

Die Orientierungsveranstaltungen in Schulen und Hochschulen finden als Gruppenberatung statt; Einzelberatungen können sich anschließen. Der Berufsberater muß darauf achten, die Vielzahl der Informationen durch Beispiele transparent zu machen und das Material anhand von Bildern oder Dias zu veranschaulichen (Aurin/Gaude/Zimmermann 1973, S. 91). Werden die Besuche des Berufsberaters auf Seiten der Schule sinnvoll in den Unterricht eingefügt, vor- und nachbereitet und eventuell auch die Eltern miteinbezogen, kann durchaus das Ziel erreicht werden, eine frühzeitige Auseinandersetzung mit Berufswahl und Beruf sowie eine angemessene Entscheidungsfindung bei den Jugendlichen zu fördern (vgl. Krause 1982).

Die berufliche Einzelberatung umfaßt Information, Entscheidungshilfe bei der individuellen Berufsfindung und Beratung hinsichtlich der Realisierung des Berufsvorhabens; je nach Anliegen und Inhalt kann sie als "Informationsberatung", "Entscheidungsberatung" und "Realisierungsberatung" verlaufen. Dabei muß sie davon ausgehen, daß die Berufswahl sich als Prozeß vollzieht und kein einmaliger Wahlakt ist (Meisel 1978, S. 78ff.).

Die Beratung erfolgt sowohl nach dem Diagnose-Prognose-Modell als auch nach dem personenzentrierten Konzept. Während bei ersterem Ansatz die Empfehlung aufgrund der Analyse der Anforderungsstruktur, der Diagnose der Persönlichkeitsstruktur und der Feststellung der Eignung erfolgt, sollen in der personzentrierten Beratung die persönliche Entscheidungsfähigkeit verbessert, der Informationsstand und das Selbstkonzept optimiert, persönliche Ziele geklärt und zu selbstverantwortlichem Handeln angeregt werden (Martin 1981a, S. 100). §27 (2) AFG bestimmt, daß die Bundesanstalt Ratsuchende, soweit dies zur Beurteilung ihrer beruflichen Eignung erforderlich ist, mit deren Einverständnis psychologisch und ärztlich untersuchen und begutachten lassen kann.

§27 (1) AFG legt fest, daß Berufsberatung in ihren Verfahren die körperlichen, geistigen und charakterlichen Eigenschaften, die Neigungen und die persönlichen Verhältnisse des Ratsuchenden zu berücksichtigen hat. Gleichzeitig ist es jedoch ihre Aufgabe, die Lage und Entwicklung des Arbeitsmarkts und der Berufe angemessen miteinzubeziehen. So steht auch die Beratung in Fragen der Berufswahl im Spannungsfeld zwischen persönlichen Interessen der Ratsuchenden und den Bedingungen des Arbeitsmarktes.

### 2.3.4.4. Zusammenfassung

Berufsberatung wird notwendig zu besonders kritischen Zeitpunkten in der Entwicklung des Jugendlichen: Schulabschluß, Beginn der Ausbildung, Eintritt in das Berufsleben, Berufswechsel oder Umschulung. Damit ist sie überwiegend punktuell und krisenorientiert (Martin 1981a, S. 99). Die berufskundliche Aufklärung ist jedoch als Ansatz in Richtung einer präventiven und lebensbegleitenden Beratung zu bewerten. Sie erscheint um so notwendiger, wenn man berücksichtigt, daß der Zugang zur Wirklichkeit der Berufe heute nicht mehr ohne weiteres gegeben ist. Den Jugendlichen fehlt Anschauungsmaterial, um sich ein angemessenes Bild von der Realität der Berufe machen zu können (Manstetten 1987, S. 17).

In institutioneller und gesetzlicher Hinsicht ist Berufsberatung ein klar abgegrenzter Beratungsbereich. Das AFG bestimmt als ihre Hauptaufgabe, den Ratsuchenden in Fragen des Berufs und der Berufswahl zu informieren, Entscheidungen und Realisierungsmöglichkeiten zu unterstützen. Dabei sollen sowohl Eignungen und Neigungen des Beratenen als auch die Lage auf dem Arbeitsmarkt berücksichtigt werden. In der Praxis wird die Berufsberatung von der Arbeitsmarktwirklichkeit eingeholt: sie hat sich fast notwendigerweise mehr an den wirtschaftlichen Gegebenheiten zu orientieren. Dies wird verstärkt durch den Beratermangel; viele Gespräche können aus Zeitnot nicht angemessen durchgeführt werden. Lange Wartezeiten sind die Regel.

So ist auch die Inanspruchnahme der Berufsberatung sowohl auf der Angebots- als auch auf der Nachfrageseite zurückgegangen. Jugendliche Ratsuchende besprechen sich eher mit ihren Eltern oder Freunden; Ausbildungs- und Arbeitsplätze werden entweder auf dem freien Markt oder über "Beziehungen" vermittelt. Auch die Arbeitgeber bedienen sich zunehmend dieser informellen Wege.

Angesichts der gestiegenen Bedeutung der Berufswahlentscheidung und des Wissens über Weiterbildungsmöglichkeiten ist diese Entwicklung der Berufsberatung sehr bedenklich. Keine andere Institution verfügt über derartige Wissensbestände über Berufe und den Arbeitsmarkt, so daß an sich eine optimale, zumindest sachliche Berufs- und Bildungsförderung garantiert wäre. Zu fordern ist eine bessere personelle Ausstattung und eine noch weiter zu intensivierende Kooperation mit der Schule, eventuell auch mit außerschulischen Einrichtungen, z.B. der Jugendarbeit. Es muß vor allem die Konkurrenzsituation zur (weiter auszubauenden) Bildungsberatung - auch durch entsprechende gesetzliche Regelungen - aufgehoben werden. Schließlich muß Berufsberatung durch verstärkte Öffentlichkeitsarbeit darauf hinwirken, ihr negatives Image wieder aufzuwerten.

### 2.3.5. Sucht- und Drogenberatung

Als Ende der 60er/Anfang der 70er Jahre das Drogenproblem virulent wurde, reagierten sowohl die Öffentlichkeit als auch die bestehenden Beratungsstellen ausgesprochen hilflos und wußten mit den drogenabhängigen Jugendlichen nicht recht umzugehen. Jugendämter, Erziehungsberatungsstellen und ähnliche Einrichtungen begrüßten zwar private Initiativen zur Gründung von Beratungs- und Behandlungsstellen, standen ihnen aber gleichzeitig mißtrauisch gegenüber (Bott/Hetges/Weiß 1975, S. 3; Vormann 1983, S. 56). In der Folgezeit wurde der Ausbau des Beratungswesens insgesamt und die Einrichtung von Drogenberatungsstellen vorangetrieben (vgl. 2.3.1.).

Die Angaben zum derzeitigen Drogenkonsum von Jugendlichen in der Bundesrepublik Deutschland sind widersprüchlich. Zum Teil wird von einem Anstieg der Konsumenten seit den 70er Jahren gesprochen, zum Teil von einer eher rückläufigen Entwicklung. Reuband (1988, S. 54ff.) kommt aufgrund einer retrospektiven Prävalenzmessung für die Jahre 1967 - 1987 zu dem Ergebnis, daß die Drogenerfahrung Jugendlicher nach einem Rückgang zu Beginn der 70er Jahre seit Mitte der 70er Jahre in etwa stabil ist, wobei sich auch keine Verschiebungen auf Alkohol als möglichem funktionalen Äquivalent zeigen.

Welche Befunde auch immer zutreffen mögen: ein nicht unerheblicher Teil der Jugendlichen ist von legalen (Alkohol, Nikotin, Medikamente) und/oder illegalen Drogen (Haschisch, Heroin etc.) abhängig und bedarf deshalb der besonderen Beratung und Behandlung. Pressemeldungen zufolge ist die Zahl der Drogentoten 1989 dramatisch angestiegen. Zu bedenken ist weiterhin, daß das Phänomen der Politoxikomanie zunimmt (Wöbcke 1977, S. 42) und auch neue Suchtformen auftreten bzw. in größerem Umfang bekannt werden, wie z.B. Eßstörungen mit Suchtcharakter (z.B. Bulimia nervosa; vielfach in Verbindung mit Alkohol- und Medikamentenabhängigkeit) oder pathologisches Glücksspiel. Betroffenen der genannten Suchtformen stehen neben den traditionellen Sucht- und Beratungsstellen bislang weitgehend nur Selbsthilfeorganisationen zur Verfügung (Döring 1986, S. 40ff.).

### 2.3.5.1. Institutionelle Rahmenbedingungen

Sucht- und Drogenberatung kann in eigens eingerichteten und speziell auf diese Zielgruppe zugeschnittenen Beratungsstellen erfolgen. Die Organisationsstrukturen sind unterschiedlich: einige Beratungsstellen haben einen offenen Kontaktbereich (Teestuben, Jugendcafe), andere arbeiten nach festen Sprechzeiten (Sickinger 1982, S. 35).

Mit der Drogenproblematik werden auch allgemeine psychosoziale Beratungsstellen, Erziehungsberatungsstellen und Jugendberatungsstellen konfrontiert. Gesundheitsämter bzw. die Bundeszentrale für gesundheitliche Aufklärung arbeiten vorwiegend im präventiven Bereich (vgl. Petermann 1985, S. 95). In vielen Städten wurden Telefon-Notrufdienste eingerichtet.

Als Träger von Sucht- und Drogenberatungsstellen fungieren Land, Kommunen und Bezirke, Träger der freien Jugendhilfe, Verbände der freien Wohlfahrtspflege und als gemeinnützig anerkannte Vereine (Sickinger 1982, S. 55).

Die Institutionalisierung von Sucht- und Drogenberatung ist gesetzlich nicht verankert. Gesetzliche Bestimmungen werden jedoch insofern relevant, als der Konsum illegaler Drogen nach dem Betäubungsmittelgesetz unter Strafdrohung steht und den Beratern eine Auskunftspflicht gegenüber den Vollstreckungs- und Überwachungsbehörden auferlegt ist. Trotz der Verabschiedung des neuen Betäubungsmittelgesetzes 1982, das eine Stärkung der Therapiemotivation intendiert, besteht nach wie vor ein ungebrochener Strafanspruch. "Für die meisten Betroffenen wird die Frage 'Therapie oder Knast' dadurch zu einer Scheinalternative: die Entscheidung zum Beginn einer Therapie vollzieht sich faktisch unter Zwang." (von Wolffersdorff-Ehlert 1985, S. 108; vgl. auch Behr 1982, S. 87; Sickinger 1982, S. 68)

Der Personalstand der Sucht- und Drogenberatungsstellen wurde seit den 70er Jahren zwar quantitativ und qualitativ verbessert, reicht jedoch angesichts der wachsenden Probleme nicht aus. Es kommt zu immer größeren Überbelastungen der Mitarbeiter (Bäuerle/König/Pedina 1980, S. 36). Die Arbeit erfolgt in einem Team aus Sozialarbeitern, Psychologen und, meist teilzeitbeschäftigen, Ärzten (Sickinger 1982, S. 35f.). Die Berater werden vielfach durch ehemalige Suchtabhängige unterstützt, die bereit sind, ihre Erfahrungen an Betroffene weiterzugeben (vgl. Vormann 1983, S. 57).

### 2.3.5.2. Ursachen des Drogenkonsums und Klientel der Beratungsstellen

Die vielschichtigen Ursachen des Drogenkonsums können in diesem Rahmen nicht ausführlich erläutert werden. In der Drogenhilfe wird inzwischen von einem multifaktoriellen Erklärungsmodell ausgegangen (z.B. Sickinger 1982, S. 22ff.; Bäuerle/König/Pedina 1980, S. 15ff.). Es scheint sich auch ein Zusammenhang zwischen verschlechterten Lebensbedingungen und ansteigendem Drogenkonsum zu bestätigen (Sickinger 1982, S. 22).

Drogenkonsum Jugendlicher muß als Ausdruck ihrer spezifischen Probleme verstanden werden und ist als "Phänomen in spezifischen sozialen Umfeldern zu sehen." (Behr 1982, S. 87) Als eine mehr nach "innen", auf Rückzug orientierte Form der Problemverarbeitung liegt der Konsum von Drogen im Grenzbereich zwischen nonkonformem und deviantem Verhalten. Jugendliche wollen sich mit dem Drogenkonsum eine künstliche "bessere" Erlebniswelt schaffen und damit ihrem Lebensalltag entfliehen. Diese Rückzugsform tritt häufig bei emotional labilen, in soziale Kontakte unzureichend eingebundenen, mit ihren mitmenschlichen Beziehungen unzufriedenen, stimulierungs- und erlebnisbedürftigen Jugendlichen auf (Hurrelmann/ Rosewitz/Wolf 1985, S. 119f.).

Eine große Rolle spielt dabei natürlich auch die Verfügbarkeit der Drogen und die "Verführung" durch andere. Der Einstieg erfolgt bei Jugendlichen in der Regel über legale Drogen (Alkohol und Nikotin); ca. drei Viertel bleiben in diesem Stadium. Mit Alkohol und Nikotin machen die Jugendlichen sehr frühzeitig Erfahrungen ("Familienfeiern"), wobei die motivierenden Einflüsse in der Umwelt und in der Gesellschaft äußerst vielschichtig sind (Hurrelmann/Rosewitz/Wolf 1985, S. 121; vgl. von Wolffersdorff-Ehlert 1985, S. 113).

Drogen- und Alkoholkonsum kann für die Jugendlichen verschiedene Funktionen ausüben. Zunächst kann er symbolischer Ausdruck von Abwehr und Ablehnung der normativen institutionellen Anforderungen in Familie, Schule oder Beruf sein. In diesem Zusammenhang ist auch das Trinken von meist männlichen Jugendlichen als "Kraftprobe", als Zeichen des Dazugehörens zu sehen. Vor allem Konsum von Alkohol und Nikotin kann darüber hinaus eine bereichsspezifische Vorwegnahme und Imitation von Erwachsenenverhalten bedeuten. Schießlich dient Drogenkonsum als "Verteidigung einer beschädigten Identität" und erfüllt in dieser Hinsicht eine Entlastungs- und Schutzfunktion für Bedrohungen des Selbstwertgefühls (Hurrelmann/ Rosewitz/Wolf 1985, S. 121f.).

Insgesamt kann festgehalten werden, daß "der Konsum legaler und illegaler Drogen ein komplexes Phänomen des Problemverhaltens im Jugendalter (ist)." (Hurrelmann/ Rosewitz/Wolf 1985, S. 122) Interessant in diesem Zusammenhang ist der Befund von Reuband (1988, S. 54), wonach die Entwicklung des Drogenkonsums als Diffusion einer sozialen Innovation gesehen werden müsse, die modischen Eigenschaften und Prinzipien folgt und nicht notwendigerweise als Ausdruck spezifischer Problemkonstellationen interpretiert werden muß (vgl. auch von Wolffersdorff-Ehlert 1985, S. 111f.).

Welche Jugendlichen wenden sich nun an eine Drogen- oder Suchtberatungsstelle? Zunächst muß festgehalten werden, daß der weitaus größte Teil der Abhängigen von den bestehenden Angeboten gar nicht oder nur unzulänglich erreicht wird (von Wolffersdorff-Ehlert 1985, S. 108). Zum Teil wird der Besuch von Drogenberatungsstellen durch Bewährungsauflagen erzwungen, um überhaupt die Vollziehung von Freiheitsstrafen aussetzen zu können. Ansonsten rekrutieren sich die Klienten vornehmlich aus der Mittelschicht; Betroffene aus der Unterschicht sind stark unterrepräsentiert (Hubner-Hampp 1986, S. 11f.). Gleichzeitig ist jedoch eine Verlagerung des Drogenproblems von Konsumenten der Ober- und Mittelschicht auf ohnehin sozial benachteiligte Jugendliche festzustellen (Bäuerle/König/Pedina 1980, S. 35; Sickinger 1982, S. 20f.). Bei den Therapien muß von einer Abbruchquote von mehr als 70 % ausgegangen werden (von Wolffersdorff-Ehlert 1985, S. 110).

### 2.3.5.3. Aufgaben und Ziele der Sucht- und Drogenberatung

Hauptaufgabe der Drogenberatung ist die Förderung der Motivation des Abhängigen zu einer stationären Therapie. Darüber hinaus hat sie ihn bei sozialen, psychischen, medizinischen und juristischen Problemen zu informieren und zu unterstützen (Vormann 1983, S. 56). Ziel ist es, den Klienten auf der Grundlage fundierter Kenntnisse über seine Motive zum Drogenkonsum eigene Entscheidungen treffen zu lassen (Wöbcke 1977, S. 44). Es gilt, "den Jugendlichen und seine näheren Bezugspersonen aktiv und selbstverantwortlich in den Beratungsprozeß einzubeziehen. Die Veränderungsprozesse sollen dabei aktiv und von ihnen getragen werden." (Sickinger 1982, S. 42)

Sucht- und Drogenberatungsstellen sind somit erste Anlaufstellen für abhängige Jugendliche, in denen die Therapie vorbereitet, das weitere Vorgehen gemeinsam besprochen wird und eine intensive Nachbetreuung erfolgen soll. Dazu gehört in der Vorbereitungsphase die Vermittlung von (nicht in ausreichendem Maß vorhandenen) Therapieplätzen - als besonders erfolgreich haben sich therapeutische Wohngemeinschaften (Sickinger 1982, S. 56ff.) erwiesen - und die Beratung und Betreuung der Angehörigen. Im Rahmen der Nachsorge kann auch die Vermittlung von Arbeit und Wohnung sowie das Anbieten alternativer und sinnvoller Freizeitmöglichkeiten zu den Aufgaben des Drogenberaters gehören (Vormann 1983, S. 56). Insgesamt gilt es, die Jugendlichen nach Beendigung der Therapie auf konflikthafte Lebenssituationen vorzubereiten (Petermann 1985, S. 95).

Die Beratungsstellen führen zum Teil auch selbst ambulante Therapien durch, wenn dies möglich und erfolgversprechend ist. Vor allem für Alkohol- und Medikamentenabhängige existieren ambulante Behandlungsmöglichkeiten als gleichberechtigte Alternativen zu stationären Angeboten; außerstationäre Therapieansätze werden jedoch vereinzelt auch für Drogenabhängige erprobt (Döring 1986, S. 37; Petermann 1985, S. 95; Sickinger 1982, S. 96ff.).

Ein weiterer Aufgabenschwerpunkt der Drogenberatung liegt im prophylaktischen Bereich. Im einzelnen sind zu nennen die Aufklärung von Eltern, Schülern, Ärzten, Justiz etc. über Drogenkonsum und seine Ursachen sowie die Früherfassung von Drogenproblemen.

Die Aufgaben der Sucht- und Drogenberatung übersteigen damit die schlichte Beratung in Suchtfragen. Vielmehr erstreckt sie sich - entsprechend den Annahmen über die Ursachen des Drogenkonsums - auf eine allgemeine psychosoziale Beratung.

2.3.5.4. Arbeitsweisen und Methoden

Drogenberatungsstellen arbeiten grundsätzlich nach den Prinzipien der Freiwilligkeit der Inanspruchnahme, der Unentgeltlichkeit, der Vertraulichkeit und Anonymität. Darüber hinaus besteht ein Schwerpunkt der Arbeit in der Weitervermittlung und Kooperation: "Eine Beratungsstelle ist nur arbeitsfähig in der Zusammenarbeit innerhalb einer therapeutischen Kette und einer lokalen Kooperationsebene." (Sickinger 1982, S. 36; Bäuerle/König/Pedina 1980, S. 55f.).

Die Kooperation auf lokaler Ebene erfolgt vor allem mit anderen sozialen Diensten und Selbsthilfegruppen, Jugendzentren, Erziehungsberatungsstellen, Ärzten, Krankenhäusern und Gesundheitsämtern, Jugendämtern, Justizvollzugsanstalten, der Bewährungshilfe und dem Gericht (Sickinger 1982, S. 36ff.).

In der präventiven Arbeit liegt der Schwerpunkt des Vorgehens auf Öffentlichkeitsarbeit, Vorträgen und Informationsveranstaltungen in Schulen, Betrieben, Volkshochschulen etc. (Sickinger 1982, S. 85; Petermann 1985, S. 95). Viele Beratungsstellen tendieren inzwischen dazu, sich über Teestuben und ähnliche offene Zugangswege für alle interessierten Jugendlichen zu öffnen und damit einen weiteren Ansatzpunkt zur Prävention, vor allem in Form von Gruppenarbeit, zu nutzen (Sickinger 1982, S. 86). In der Arbeit mit Alkoholabhängigen werden zum Teil alkoholfreie Begegnungszentren für suchtmittelfreie Begegnung und Freizeitgestaltung an Beratungsstellen angegliedert. Neben präventiven Aufgaben soll hier im Miteinander von Abhängigen, "Ehemaligen" und Nicht-Abhängigen auf eine größere Integration der Abhängigen, auf den Abbau von Vorurteilen und die Überwindung von Schwellenängsten bei gefährdeten Personen hingewirkt werden (Doring 1986, S. 39f.).

Drogenberatung geht heute vielfach zu milieubezogener Beratungsarbeit, ähnlich der Mobilen Jugendarbeit, über und versucht damit, eine weitere Chance zu nutzen, ein Abgleiten von gefährdeten Jugendlichen in die Drogenszene zu verhindern (Böhnisch/Münchmeier 1987, S. 170f.; Sickinger 1982, S. 85). Auch bereits Abhängige müssen verstärkt in ihren Lebensbereichen aufgesucht werden, jedoch ohne sie zu bevormunden. Drogenberatung als "Konfliktberatung" mit gleichberechtigter Auseinandersetzung zwischen Klient und Berater kann durchaus emanzipatorische Zielsetzungen verfolgen. Der Abhängige muß in seinen Handlungsmöglichkeiten so erweitert werden, daß er das Erreichen bestimmter Ziele auch ohne den Konsum von Drogen in Angriff nimmt (Krauß 1984, S. 13f.; S. 211).

Im Rahmen einer aufsuchenden Sucht- und Drogenberatung können auch die Vorteile des Hausbesuchs genutzt werden (Hubner-Hampp 1986, S. 11ff.).

Die Illegalität der Drogen erfordert ein besonders behutsames Vorgehen der Berater. Erst wenn die vollständige Anonymität der Beratung zugesichert und ein Vertrauensverhältnis zwischen Berater und Ratsuchendem hergestellt ist, kann aufgrund einer Analyse des sozialen Umfeldes und des seelischen Befindens des Ratsuchenden ein konkretes Hilfskonzept entwickelt werden, das vom Betroffenen freiwillig akzeptiert werden muß (Vormann 1983, S. 56).

2.3.5.5. Zusammenfassung

Die Praxis der Drogenhilfe ist erheblichen Schwierigkeiten ausgesetzt. Auf der einen Seite kann sie nur funktionieren, wenn es ihr gelingt, eine vertrauensvolle Beziehung zum Ratsuchenden aufzubauen. Auf der anderen Seite wird sie bei illegalem Drogenkonsum immer mehr in repressive Maßnahmen eingebaut und zur Durchsetzung von Kontrollansprüchen eingesetzt. "Sie soll Anwaltsfunktionen für eine Minderheit ausüben, die gesellschaftlich wie kaum eine andere Randgruppe stigmatisiert ist." (von Wolffersdorff-Ehlert 1985, S. 109; vgl. Krauß 1984, S. 211).

Zusätzliche Hindernisse ergeben sich z.B. auch dadurch, daß der Staat bei illegaler Drogeneinfuhr Steuer- und Zollansprüche in teilweise horrender Höhe anmeldet, deren Einforderung Therapie- und Resozialisierungsbemühungen stark behindert. Geradezu konterkariert wird die Arbeit der Drogenberatung durch das Verhalten mancher Ärzte und Apotheker in jüngster Zeit: diese praktizieren zunehmend, aus "oft sehr dubiosen Motiven", eine "wilde Substitution", d.h. sie verschreiben Abhängigen leichtfertig Medikamente als Drogenersatz bzw. stellen solche zur Verfügung (Baur 1989).

Diese Widersprüche und eine zunehmende Bürokratisierung der Drogenarbeit führen dazu, daß die Einrichtungen immer mehr den Kontakt zu Drogenkonsumenten verlieren, die ohnehin ein tiefes Mißtrauen gegenüber allen öffentlichen Einrichtungen hegen (Krauß 1984, S. 211).

Sucht- und Drogenberatung muß sich in dieser Situation mehr von ihrer Institution lösen und auf die Jugendlichen - in behutsamer Weise - zugehen. Die "Komm-Struktur" der Einrichtungen ist durch eine verstärkte aufsuchende Beratungsarbeit zu ergänzen. Daneben muß die präventive Arbeit weiter forciert werden. Bäuerle/König/ Pedina (1980, S. 96ff.) machen in diesem Zusammenhang Vorschläge zu einer "Drogenberatung als Strukturelement öffentlicher Bildung."

Darüber hinaus muß verstärkt an die Vorbildfunktion der Erwachsenen appelliert werden, speziell hinsichtlich des meist leichtfertigen Umgangs mit den "Einstiegsdrogen" Alkohol und Nikotin, aber auch in Bezug auf Medikamente. Ergänzend sollen hier noch einige Zahlen aus einer Elternumfrage 1982 der Kölner Bundeszentrale für gesundheitliche Aufklärung zum Thema "Jugend als Objekt pharmazeutischer Regulierung" wiedergegeben werden:
"36 % der befragten Eltern gaben an, daß sie die Verabreichung chemischer Substanzen zur Verbesserung der Konzentrations- und Leistungsfähigkeit von Kindern für unbedenklich halten. 20 % verabreichen ihren Kindern 'bei Unruhe' Beruhigungsmittel, und auch die Ruhigstellung von Säuglingen wurde für weitgehend unbedenklich gehalten." (zit. n. von Wolffersdorff-Ehlert 1985, S. 115)
"Nach einer Untersuchung bei Hamburger Schulanfängern hatte bereits jeder Sechste der 5- bis 7jährigen ein- oder mehrmals Psychopharmaka erhalten." (Dittmann u.a. 1981, S. 349 zit.n. von Wolffersdorff-Ehlert 1985, S. 115)

Diese Zahlen sprechen für sich.

2.3.6. Beratung in Fragen der Sexualität und Partnerschaft

Das Verständnis von Sexualberatung wird mitgeprägt vom seit den 70er Jahren bestehenden Streit in der Sexualerziehung zwischen einer mehr "repressiv-bewahrenden" und einer eher "emanzipatorisch-unterstützenden" Orientierung. Die repressiv-bewahrende Richtung versucht, angesichts des kulturellen Wandels traditionelle Normen und Werte zu stärken und läuft damit Gefahr, eher zu einer ängstlichen Einstellung zur Sexualität und zu einer Unterdrückung sexueller Bedürfnisse zu erziehen. Genau dagegen wendet sich die emanzipatorisch-unterstützende Richtung und sieht im sexuellen Ausprobieren und Erleben eine Chance zur Entwicklung einer "unverklemmten" Sexualität und gleichzeitig zur Förderung von Eigenschaften wie Liebesfähigkeit, Spontaneität, Offenheit und Toleranz (Böhnisch/Münchmeier 1987, S. 183f.).

Wie in Kap. 1.3.5. gezeigt wurde, liegen die Probleme der Jugendlichen im Bereich Sexualität vorwiegend darin, daß sie die vorhandenen Informationen nicht in ihre Lebenspraxis umsetzen und für ihre sexuelle Identitätsfindung und Beziehungsgestaltung nutzen können. "Der Jugendliche will nicht wissen, was Sexualität ist, sondern was sie für ihn in seinem Leben bedeutet." (Hauke 1977, S. 200) Dies spricht eher für eine Orientierung an der emanzipatorisch-unterstützenden Richtung.

Neben diesen, die gesamte Persönlichkeit der Jugendlichen umfassenden Problemlagen können auch ganz akute Krisen, wie z.B. ein Schwangerschaftskonflikt den Besuch einer Sexualberatungsstelle erforderlich machen. Für diesen Bereich wurden ab 1974 vom Deutschen Bundestag Modellprogramme "Beratungsstellen" als sozialpolitisch flankierende Maßnahme zur Reform des § 218 StGB initiiert. Die Modelleinrichtungen werden heute als Regelberatungsstellen weitergeführt (vgl. ausführlich dazu Nürnberger Zentrum für angewandte Psychologie 1982).

### 2.3.6.1. Institutionelle Rahmenbedingungen

Probleme der Sexualität werden vielfach im Rahmen der Erziehungsberatung erörtert (Hölzel 1981,S. 25) und kommen auch in den Jugendberatungsstellen zur Sprache (vgl. 2.3.7.3.). Daneben gibt es spezielle Sexualberatungsstellen (mit divergierenden Bezeichnungen) unter der Trägerschaft von Kirchen, Vereinen oder der Gesundheitsbehörde. Besonders hervorzuheben sind hier die Beratungsstellen von "Pro Familia", der Deutschen Gesellschaft für Sexualberatung und Familienplanung e.V., die in der Bundesrepublik Deutschland nach letzten Angaben ca. 130 Beratungsstellen unterhält (Jordan/Sengling 1988, S. 118). Vielfach sind auch Telefonnotrufdienste eingerichtet worden, die vor allem vergewaltigten Frauen und Mädchen eine erste und anonyme Hilfe bieten sollen.

Pro Familia bietet für die in ihren Beratungsstellen tätigen Ärzte, Psychologen und anderen Mitarbeiter Zusatzausbildungen zum Sexualberater an. Das Personal in Sexualberatungsstellen setzt sich im allgemeinen zusammen aus Ärzten, Psychologen, Sozialarbeitern/Sozialpädagogen sowie sonstigen Beratern (Nürnberger Zentrum für angewandte Psychologie 1982, S. 33). Außerhalb der institutionalisierten Sexualberatung erfüllt vor allem der Arzt jeglicher Fachrichtung wichtige Beratungsaufgaben (vgl. Buddeberg 1983; Kerscher 1984, S. 135f.).

Gesetzliche Grundlagen der Sexualberatung werden im Hinblick auf die Schwangerschaftskonfliktberatung relevant. § 218 b Abs. 1 Nr. 1 StGB legt fest, daß der Abbruch einer Schwangerschaft mit einer Freiheits- oder Geldstrafe bedroht ist, wenn die Schwangere sich nicht "mindestens drei Tage vor dem Eingriff wegen der Frage des Abbruchs ihrer Schwangerschaft an einen Berater gewandt hat und dort über die zur Verfügung stehenden öffentlichen und privaten Hilfen für Schwangere, Mütter und Kinder beraten worden ist, insbesondere über solche Hilfen, die die Fortsetzung der Schwangerschaft und die Lage von Mutter und Kind erleichtern." Die Beratung kann durch eine von "einer Behörde oder Körperschaft, Anstalt oder Stiftung des öffentlichen Rechts anerkannten Beratungsstelle" erfolgen (§218b Abs. 2 Nr.1), z.B. durch Pro Familia.[24]

### 2.3.6.2. Beratungsanlässe

Die Beratungsanlässe, die zum Besuch einer Sexualberatungsstelle führen, sind sehr vielschichtig. Bei Jugendlichen treten häufig starke sexuelle Hemmungen auf; sie erleben Sexualität als etwas Beängstigendes und Bedrohliches. Hinzu kommen "sexuelle Versagens- und Insuffizienzängste". Vielfach geht es auch um massive Schuldgefühle im Zusammenhang mit Masturbation (Buddeberg 1983, S. 89ff.).

Diese Probleme können zum Teil als Ursachen gesehen werden für sexuelle Funktionsstörungen (Erektions- und Ejakulationsstörungen, Orgasmusstörungen und Vaginismus) und sexuelle Deviationen (Exhibitionismus, Sadomasochismus, Fetischismus) (Kerscher 1984, S. 138f.).

Akute Beratungsanlässe liegen vor bei ungewollten Schwangerschaften und bei "sexuellen Kontakten zwischen Kindern und Erwachsenen" (Kerscher 1984, S. 140). Der Bereich des sexuellen Mißbrauchs von Kindern und Jugendlichen ist stark tabuisiert, wie schon diese euphemistische Textüberschrift zeigt; man kann annehmen, daß er in den wenigsten Fällen zum Besuch einer Sexualberatungsstelle führt (vgl. auch BMJFG 1984, S. 38f.).

2.3.6.3. Aufgaben der Sexualberatung

Sexualberatung hat die Aufgabe, die bereits in Schule und Elternhaus erfolgte sachliche Aufklärung zu ergänzen (zum Teil wohl auch nachzuholen) und darüber hinaus die Interaktion des Partnerverhaltens zu thematisieren (Junker 1978, S. 171). Informationen alleine reichen nicht aus, wenn der Raum fehlt, diese Informationen zu erproben und umzusetzen, also Sexualität im weitesten Sinne einzuüben (Kremser 1979, S. 107). "Alles erworbene Wissen hat daher nur insofern Sinn und Bedeutung, als es zu einem 'besseren' und das heißt immer zugleich verantwortungsvolleren und humaneren Verhalten befähigt. Es gilt, Liebesfähigkeit zu wecken und partnerschaftliches Verhalten zu ermöglichen." (Hauke 1977, S. 200) Sexualberatung hat hier vor allem die Aufgabe, im prophylaktischen Bereich zu wirken.

Sexualberatung muß die Trennung zwischen Beratung, die nur an "Sexualanatomie" orientiert ist und einer "anatomiefreien Seelenberatung" aufzuheben versuchen. Beide Ansätze werden - isoliert angewendet - der Vielfalt menschlicher Sexualität nicht gerecht (Junker 1978, S. 173).

Damit ist Sexualberatung "in erster Linie Vermittlung von Informationen über die sexuelle Entwicklung und das Zusammenspiel körperlicher und seelischer Faktoren zur Erreichung eines befriedigenden Sexuallebens." (Buddeberg 1983, S. 77). Darüber hinaus hat sie die Aufgabe, einseitige Vorstellungen und Hemmungen (z.B. über Sexualität als "Hochleistungssport") abzubauen und die Wechselseitigkeit des Verhaltens und Erlebens zweier Partner zu verdeutlichen (Buddeberg 1983, S. 77).

Bei Schwangerschaftskonflikten hat Beratung die Aufgaben, über Rechtsberatung und soziale Hilfen zu informieren, Hilfen bei der Entscheidung bezüglich des Austragens zu bieten und die Probleme im Zusammenhang mit einem Abbruch zu erörtern. In der Entscheidungsfindung ist die Schwangere dabei zu unterstützen, Konflikte zu erkennen, mögliche Konfliktlösungen durchzuspielen, um dadurch eine rationale, emotional tragfähige und von der Frau zu verantwortende Basis zu schaffen (Nürnberger Zentrum für angewandte Psychologie 1982, S. 121, 129).

2.3.6.4. Arbeitsweisen und Methoden

Sexualberatung kann in Einzelberatung, Paar-Beratung, Familienberatung oder Gruppenberatung erfolgen (Kerscher 1984, S. 143).

Einzelberatung kann als "Grundtypus" der Sexualberatung betrachtet werden. "Die Exklusivität der Beratungsbeziehung, die Schweigepflicht des Beraters und die Beziehung zwischen Ratsuchendem und Berater bilden eine optimale Voraussetzung für die Beratung in intimen sexuellen Problemen." (Kerscher 1984, S. 143) Der Berater muß dabei dem Jugendlichen die Möglichkeit geben, ihm seine Probleme möglichst umfassend zu öffnen, gleichzeitig jedoch ein gewisses Maß an persönlicher Distanz wahren zu können. Eine Beratung kann nur erfolgreich sein, wenn sie ihr emotionales Feld zunächst als unverbindliches Angebot offeriert, keine Sanktionen bei Nichteingehen eines persönlichen Verhältnisses auferlegt und erst nach Stabilisierung eines kommunikativen Feldes die Inhalte erörtert (Junker 1978, S. 173).

Die Gruppenberatung ist besonders für Jugendliche und für eine präventive Arbeit geeignet. Sinnvoll ist es, wenn die Gruppen bereits über einen längeren Zeitraum bestehen; die notwendige "Anwärmphase" fällt dann weg. Sexualberatung in Gruppen kann angereichert werden mit Spielen, Übungen und Rollenspielen und bietet damit Gelegenheit zum Erproben und Einüben von abstrakten Informationen über Sexualität (Kremser 1979, S. 106ff.).

Junker plädiert dafür, daß in der Sexualberatung gesellschaftliche Informationssperren und Tabubereiche für Jugendliche aufgehoben und explizit thematisiert werden müssen. "Alles durch den Jugendschutz dem Jugendlichen vorenthaltene Material (Text, Bild, Ton) gehört notwendig zur 'Lehrmittel'-Ausstattung der Sexualberatungsstellen. Im Rahmen der beratenden Vermittlung - gerade das und nur das ist Schutz!! - wird es interessierten Jugendlichen und Adoleszenten angstfrei anzubieten sein." (Junker 1978, S. 177)

Für die Schwangerschaftskonfliktberatung wurde ein Modell entwickelt, in dem der entscheidungstheoretische Ansatz mit dem gesprächstherapeutischen verknüpft wurde. Die Beratung richtet sich nach Gesprächsleitfäden, anhand derer "die systematische und strukturierte Klärung der Implikationen der Entscheidungsalternativen" in klientenzentrierter Form erfolgen soll und "eventuell dabei deutlich werdende Konflikte bearbeitet werden können" (Jungermann/Franke/Schneider 1981, S. 11).

Grundsätzlich muß der Berater in der Lage sein, möglichst unbefangen über Sexualität zu sprechen (Kremser 1979, S. 106). Dabei muß er auch darauf achten, welche "sexuelle Sprache" er gegenüber dem Ratsuchenden wählt. Vielen Ratsuchenden fehlt einfach das Vokabular, ihre Anliegen und Probleme zu benennen. Der Berater muß sich in solchen Fällen zunächst darum bemühen, entsprechende Begriffe mit dem Klienten einzuüben und damit auch Hemmungen abzubauen, Probleme überhaupt zur Sprache zu bringen (Buddeberg 1983, S. 36ff.).

2.3.6.5. Zusammenfassung

Probleme im Bereich Sexualität und Partnerschaft betreffen die gesamte Persönlichkeit des Jugendlichen und verbergen sich vielfach hinter "Auffälligkeiten" und Konflikten in anderen Lebensbereichen. Wie schwierig es für die Jugendlichen ist, eine exakte Ursachenforschung zu betreiben und die für solche Fälle vorgesehenen Sexualberatungsstellen anzusteuern, zeigt sich auch an der Tatsache, daß Erziehungsberatungsstellen und "allgemeine" Jugendberatungsstellen (vgl. 2.3.7.) mit dieser Thematik konfrontiert werden. Von daher ist anzunehmen, daß Jugendliche Sexualberatungsstellen vorwiegend bei offensichtlichen sexuellen Funktionsstörungen oder anderen Symptomen bzw. bei ganz akuten Notlagen, wie z.B. bei einer Schwangerschaft in Anspruch nehmen. Für Probleme im Zusammenhang mit den mangelnden Möglichkeiten der Umsetzung von sexuellem Wissen ist für die Jugendlichen eher die Gruppe der Gleichaltrigen von Bedeutung (vgl. 1.3.5.). Darüber hinaus scheint vor allem bei jüngeren Jugendlichen der anonyme Weg über den "Briefkastenonkel" oder die "Briefkastentante" bzw. die einschlägigen Rubriken der Jugendzeitschriften beliebt zu sein (vgl. Presting/Sielert/Westphal 1987, S. 282ff.; zur Kritik Savier/Wildt 1983, S. 146ff.).

Böhnisch/Münchmeier (1987, S. 186) weisen für den Bereich der Jugendsexualität und Partnerschaft auf die besondere Rolle der Jugendarbeit hin[25]: "In einem solchen offenen Raum könnten Jugendliche sich am ehesten die notwendigen Lerngelegenheiten aneignen und eigenbestimmt gestalten; gleichzeitig aber könnten diese Erfahrungen in eine Vertrauen, wechselseitige Information und Aufklärung ermöglichende, Unsicherheit und Angst abbauende kommunikative Infrastruktur eingehen, ohne daß die notwendige Privatheit und Intimität zerstört wird."

Die Behandlung des Themas Sexualität in der Jugendarbeit stößt jedoch vielfach auf Barrieren und Ressentiments. Eltern, Presse, Politiker und andere Organe der

Öffentlichkeit versuchen nicht selten, derlei Veranstaltungen zu diskreditieren und engagierte Mitarbeiter zu diffamieren. Notwendig ist hier vor allem eine intensive Elternarbeit, die versucht, die Tabuisierung von Sexualität in der Familie aufzubrechen (Presting/Sielert/Westphal 1987, S. 202ff.).

### 2.3.7. "Allgemeine" Jugendberatungsstellen

Die Konfrontation der Öffentlichkeit mit der Drogenproblematik Ende der 60er/Anfang der 70er Jahre war auch Auslöser dafür, einen Mißstand im Bereich der Jugendhilfe aufzudecken. "Jugendliche, die in Schwierigkeiten sind, sei es in der Schule, mit den Eltern, mit Freunden, haben kaum die Möglichkeit, sich in einer ihnen entsprechenden Weise beraten zu lassen." Sie brauchen "eine Beratungsstelle, die ihnen schon in der baulichen Zuordnung, im Angebot, in der Beratungsmethode entgegenkommt." (Bott/Hetges/Weiß 1975, S. 3, 4) Anfang der 70er Jahre ist dann auch eine deutliche Zunahme von Jugendberatungsstellen zu verzeichnen, was aber sicherlich noch in Zusammenhang mit dem vom Bund entwickelten und geförderten "Drogenplan" zu sehen ist (Presting/Sielert/Westphal 1987, S. 115). Damit kommt auch in der Bundesrepublik Deutschland eine Entwicklung in Gang, die wertvolle Anregungen aus den bereits im Auf- und Ausbau befindlichen "Jongeren Advies Centra" in den Niederlanden bezieht (Hülster 1976, S. 21f., 1973; ausführlicher Vergleich bei Deichsel 1987).

Im Gegensatz zu den bisher dargestellten "Fachberatungsstellen" stehen bei den Jugendberatungsstellen die Jugendlichen selbst und ihre Belange im Vordergrund und nicht - wie überwiegend in der Erziehungsberatung - die Eltern bzw. die Familie. Es handelt sich hier um Einrichtungen, an die sich Jugendliche unabhängig von ihren Eltern wenden können, möglicherweise auch gegen deren Willen bzw. ohne deren Wissen, natürlich auch zusammen mit ihnen; ausschlaggebend dafür sollte der Wunsch des Jugendlichen sein (Deichsel 1987, S. 52). Unterschiede zu den bereits vorgestellten Beratungsdiensten ergeben sich auch hinsichtlich des Arbeitsansatzes: Jugendberatungsstellen bieten ein umfassenderes Angebot an sozialen Dienstleistungen; sie sind grundsätzlich für jedes Problem offen und nehmen eine Art "Mittlerrolle" zu den Fachberatungsdiensten ein. "Jugendberatung wird heute eindeutig in Ergänzung zu traditionellen Beratungsangeboten gesehen." (Hülster 1977, S. 98).

Bei der Beschreibung der Situation von Jugendberatungsstellen ist an die Ausführungen zu den Rahmenbedingungen, Aufgaben und Zielen der Jugendberatung zu erinnern, die für diese Beratungsangebote in besonderer Weise relevant sind (2.2.3.). Im folgenden werden vorwiegend Ergebnisse einer aktuellen Befragung von Jugendberatungsstellen herangezogen, die von Regina Westphal als Expertise für den 7. Jugendbericht durchgeführt wurde (Presting/Sielert/Westphal 1987, S. 101-168). Vorab ist festzuhalten, daß sich Organisationsformen und Arbeitsweisen von Jugendberatungsstellen kaum auf einheitliche Weise beschreiben lassen (BMJFFG 1986, S. 39). Die folgenden Ausführungen geben deshalb nur Tendenzen in der Arbeit dieses Beratungsbereichs wieder.[26]

2.3.7.1. Institutionelle Rahmenbedingungen

Jugendberatungsstellen können entweder als eigenständige Einrichtungen oder in Anbindung an Jugendfreizeiteinrichtungen organisiert sein.

Die Kombination von Beratungsdiensten und Jugendzentren wird im allgemeinen befürwortet, da dadurch Schwellenängste abgebaut und auch Jugendliche mit Kontaktschwierigkeiten erreicht werden können. Die Jugendlichen können zunächst beobachten, sich mit dem "Betrieb" vertraut machen und unverbindliche Kontakte mit den Beratern knüpfen (Bott/Hetges/Weiß 1975, S. 5; vgl. 2.2.3.). In der genannten Expertise wird nicht deutlich, inwieweit es sich bei den befragten Einrichtungen um eigenständige Institutionen oder "Mischtypen" handelt. Es ist davon auszugehen, daß hier selbständige Einrichtungen untersucht wurden; viele Beratungsstellen bemühen sich jedoch, über Teestuben oder Freizeitangebote offenere Zugangswege zu schaffen.

Ein Großteil der befragten Beratungsstellen steht unter der Trägerschaft von Arbeitskreisen, Arbeitsgemeinschaften und eingetragenen Vereinen (40 %). Ca. ein Viertel wird von kirchlichen Organisationen getragen, gefolgt von Stadt- und Landkreis mit 16 % und den Wohlfahrtsverbänden mit 12 %. Der hohe Anteil privater Träger zeigt die Initiativbereitschaft sozial engagierter Bevölkerungsgruppen (Presting/Sielert/Westphal 1987, S. 118f.) und das Funktionieren des "Subsidiaritätsprinzips".

Die personelle Besetzung der Beratungsstellen ist sehr unterschiedlich. Sie reicht von einer Halbtagsstelle bis hin zu über sieben Vollzeitstellen; relativ oft arbeiten die Berater in Neben- oder Teilzeittätigkeit. Der Personalstand wurde in den letzten

Jahren weitgehend aufrechterhalten, wobei zum Teil zusätzliche Stellen über Arbeitsbeschaffungsmaßnahmen eingerichtet worden sind. Angesichts der Vielfalt der Beratungsarbeit muß der Personalschlüssel insgesamt als unzureichend betrachtet werden (Presting/Sielert/Westphal 1987, S. 154f.). Daten über die Qualifikation der Berater wurden in der Expertise nicht erhoben.

Die meisten Beratungsstellen verfügen über spezielle Beratungszimmer und, in geringerem Ausmaß, über Gruppenräume. Zusätzliche Nutzungsräume, wie z.B. Teestuben, Freizeiträume oder Werk- und Unterrichtsräume sind nur in wenigen Einrichtungen vorhanden. Gerade diese stärker lern- und handlungsorientierten Angebote werden aber als sinnvolle Ergänzung zum Beratungsangebot gesehen. Ein großer Teil der Beratungsstellen verfügt nicht über entsprechende räumliche Möglichkeiten bzw. ist nur äußerst unzureichend ausgestattet (Presting/Sielert/Westphal 1987, S.123ff.).

In den letzten Jahren ist nur eine geringe Zahl an Neugründungen von Jugendberatungsstellen zu verzeichnen; gleichzeitig ist zu befürchten, daß Einrichtungen aus der "Modell- und Boomphase" heute von personellen und finanziellen Kürzungen betroffen sind (Presting/Sielert/Westphal 1987, S. 115ff.).

2.3.7.2. Besucher, Zugangswege und Beratungsanlässe

Jugendberatungsstellen werden nicht nur von Jugendlichen in Anspruch genommen, sondern zunehmend auch von jungen Erwachsenen im Alter bis zu ca. 25 Jahren. Dies belegt, daß die "Jugendprobleme" mit dem Erreichen der Volljährigkeit nicht einfach beseitigt sind, sondern sich angesichts unklarer Zukunfts- und Lebensperspektiven eher noch verschärfen. Darüber hinaus treffen für junge Erwachsene Jugendberatungsstellen im allgemeinen Spektrum der Hilfsangebote noch am ehesten zu. Von Seiten der Beratungsstellen selbst werden keine Altersbegrenzungen vorgenommen; die meisten zählen auch junge Erwachsene zu ihrem Adressatenkreis (Presting/Sielert/Westphal 1987, S. 132f., 139ff., 158).

Die Jugendlichen erfahren von der Existenz der Beratungsstellen zumeist über "Schlüsselpersonen" (Lehrer, Sozialarbeiter, kirchliche Vertreter). Mehr als die Hälfte der Jugendlichen wird durch andere Institutionen auf die Hilfsangebote aufmerksam gemacht. Eine geringe Rolle scheinen Beratungswegweiser (soweit überhaupt vorhanden), Aushänge und Zeitungen zu spielen. Dagegen ist "Mund-zu-Mund-Propaganda" eine weitere wichtige Informationsquelle für die Jugendlichen.

84 % der Beratungsstellen geben an, daß die Jugendlichen als "Selbstmelder" zu ihnen kommen. Relativ häufig werden die Jugendlichen aber auch von ihren Eltern, Lehrern etc. (51 %) und von anderen Einrichtungen (25 %) angemeldet. In 32 % erfolgt eine Zuweisung über staatliche Instanzen wie Jugendamt und Gericht, meist im Sinne einer Auflage. Die Beratungsstellen betonen auch die Bedeutung von Teestuben und Streetwork als wichtige Zugangswege (Presting/Sielert/Westphal 1987, S. 144f.).

Die Beratungsanlässe bewegen sich im Rahmen der "normalen" Entwicklung von Jugendlichen und treten in ihrer konkreten Erscheinungsform in unterschiedlicher Schärfe auf (Hornstein 1977a, S. 510f.). Nach Ergebnissen der Expertise (Presting/ Sielert/Westphal 1987, S. 134ff.) werden Jugendberatungsstellen am häufigsten wegen Konflikten im Elternhaus in Anspruch genommen (75 %). Dies belegt, daß der in seiner Struktur und in seinem zeitlichen Verlauf veränderte Ablösungsprozeß vom Elternhaus äußerst konfliktträchtig ist. Gleichzeitig wird hier die Relativität empirischer Befunde zum Verhältnis Jugendlicher zu ihren Eltern deutlich (vgl. 1.3.1.).

Nahezu zwei Drittel der Beratungsstellen geben materielle Probleme und/oder Schwierigkeiten im Zusammenhang mit der Wohnsituation, fast ebensoviele Konflikte im Bereich Ausbildung und Beruf als Beratungsanlässe an. Weitere wichtige Gründe sind Kontaktschwierigkeiten sowie Niedergeschlagenheit und Ängste. Diese Motive dürfen nicht isoliert voneinander gesehen werden: offensichtlich sind materielle Probleme eng verbunden mit solchen in Ausbildung und Beruf und mit den Konflikten in der Familie. "Daß damit ggf. Ängste und Niedergeschlagenheit einhergehen, macht deutlich, daß die äußere Not die innere zur Folge hat." (Presting/Sielert/Westphal 1987, S. 135).

Ungefähr die Hälfte der Einrichtungen gibt an, daß sich die Jugendlichen wegen strafrechtlicher Probleme, Konflikten mit Institutionen und Drogenabhängigkeit an sie wenden. Die Drogenproblematik spielt insgesamt eine große Rolle und kann trotz unzureichender Qualifikation der Berater nicht aus der allgemeinen Beratungsarbeit ausgegrenzt werden (vgl. Wortmann/Berg 1983, S. 117ff.). Drogen werden jedoch nur zum Teil als Motivation zum Besuch der Beratungsstelle angegeben. Ähnlich verhält es sich mit Schwierigkeiten im sexuellen Bereich, die zwar massiv vorhanden sind, aber kaum als Beratungsgrund auftauchen (vgl. 1.3.5., 2.3.5.). Über diesen Katalog hinaus nennen die Beratungsstellen Lebenssinnfragen, Selbstwertprobleme und Suicidgefährdung als häufige Kennzeichen der Situation junger Menschen.

Die Beratungsanlässe bewegen sich insgesamt auf einem sehr breiten Spektrum und spiegeln die in Kap. 1 eruierten Grundprobleme heutiger Jugendlicher wider.

2.3.7.3. Zielbestimmung und Aufgabenschwerpunkte

Nahezu alle Jugendberatungsstellen sehen ihre Bestimmung darin, die Jugendlichen bei der Lösung sozialer Probleme zu beraten und Hilfestellung in Konfliktsituationen zu bieten. "Zielsetzung der Einrichtungen ist demnach eine möglichst umfassende Unterstützung sowohl für persönliche Lebensprobleme als auch ein Angebot bei der Bewältigung von Schwierigkeiten im sozialen Bereich." (Presting/Sielert/Westphal 1987, S. 127) Die Rangfolge wird fortgesetzt von Beratung bei Ausbildungs- und Schulschwierigkeiten, bei Alkohol- und Drogenproblemen, bei Suicidgefährdung, bei Fragen der Freizeitgestaltung sowie bei sexuellen Schwierigkeiten und Schwangerschaftskonflikten (Presting/Sielert/Westphal 1987, S. 127ff.).

Diese Zielbstimmungen als Ausdruck des Selbstverständnisses der Beratungseinrichtungen kehren auch in den Aufgabenschwerpunkten der praktischen Arbeit wieder. Demnach geben 85 % der Beratungsstellen an, am häufigsten Beratung bei allgemeinen Konflikten und Problemen des Jugendalters zu leisten, dicht gefolgt von sozialer Beratung mit 82 %. Bei der Hälfte der Institutionen liegt der Praxisschwerpunkt jeweils auf Beratung bei Partnerschaftproblemen, bei Drogen- und Alkoholabhängigkeit sowie auf der Familien- und Elternberatung. Ein weiterer wichtiger Beratungsbereich befaßt sich mit Berufs- und/oder Schulproblemen.

Die konkreten Aufgaben gehen in der Praxis weit über ein "Gesprächssetting" hinaus. Die Notwendigkeit der Betreuung bei Behördenkontakten und bei der Alltagsbewältigung macht den handlungsorientierten Charakter von Beratung deutlich (Presting/Sielert/Westphal 1987, S.146ff.).

2.3.7.4. Tätigkeitsformen

Diese Aufgabenfülle kann von den Jugendberatungsstellen adäquat nicht in alleiniger Verantwortung abgedeckt werden. Sie fungieren bei vielen Problembereichen als erste Anlaufstelle, die an spezialisierte Einrichtungen weitervermittelt. Jugendberatungsarbeit muß sich ihrer Grenzen bewußt sein und eng mit anderen Beratungsstellen und Einrichtungen zusammenarbeiten (Bott/Hetges/Weiß 1975, S. 7). So sehen 88 % der Einrichtungen ihre Haupttätigkeit in der Vermittlung an andere Institutionen. Diese Angabe verdeutlicht die überleitende und vermittelnde Funktion von Jugendberatung und ihre wichtige Rolle als Vorklärung von umfassenden Lebensproblemen.

Vorherrschende Tätigkeitsform ist die Einzelberatung (99 %), überraschenderweise findet die Gruppenberatung fast gleichwertig Anwendung (81 %). Auch in der Jugendberatung geht der Trend offensichtlich dahin, das soziale und persönliche Umfeld des Ratsuchenden miteinzubeziehen: 80 % beraten Angehörige und pädagogische Bezugspersonen, 63 % führen Paarberatungen durch und 57 % arbeiten mit ganzen Familien. Weitere wichtige Tätigkeitsformen sind die Teestubenarbeit, Informationsveranstaltungen und Öffentlichkeitsarbeit (Presting/Sielert/Westphal 1987, S. 150f., 156).

### 2.3.7.5. Spezielle Angebote für arbeitslose Jugendliche

Als Reaktion auf die sich verschärfende Ausbildungs- und Arbeitsplatzsituation für Jugendliche entstanden in den 70er Jahren eine Reihe von Beratungsstellen speziell für arbeitslose Jugendliche. Gleichzeitig wurde in den Sonderprogrammen der Länder zur Bekämpfung der Jugendarbeitslosigkeit eine "sozialpädagogische Beratung und Betreuung" als Maßnahme vorgeschlagen. Faulstich-Wieland (1979; Baethge u.a. 1980, S. 419ff.) hat die einzelnen Maßnahmen des vom BMJFG im Rahmen des Bundesjugendplans geförderten Programms "Zentrale Aufgaben und Modelle der Jugendarbeit für Lernschwache, berufsunreife, arbeitslose Jugendliche und Berufsanfänger" vor allem hinsichtlich ihrer Zielsetzung und Aufgaben sowie ihrer Institutionalisierung untersucht. Zusammenfassend schätzt sie die Tätigkeit der Beratungsstellen für arbeitslose Jugendliche folgendermaßen ein: Probleme für die Beratungsarbeit ergeben sich hauptsächlich daraus, daß die Hauptadressaten ausschließlich arbeitlose Jugendliche sind und die Laufzeit der Beratungsstellen befristet ist (Baethge u.a. 1980, S. 512).

Arbeitslosigkeit, häufig noch gekoppelt mit der Angabe spezifischer Defizite, ist für die Beratungsstellen Kennzeichen ihrer Zielgruppe. Dabei wird übersehen, daß die Hauptprobleme der Jugendlichen den ganzen Komplex von Ausbildung und Berufsstart umfassen und zudem für die Jugendlichen - je nach Lebenslage - in unterschiedlicher Schärfe auftreten (Faulstich-Wieland 1979, S. 256). Die Reduktion auf das Zielgruppenmerkmal "arbeitlos" und die gleichzeitige Zuschreibung von Defiziten (vgl. dazu auch den Titel des Programms) führt zu einer Etikettierung und Stigmatisierung der Jugendlichen und wird deren eigentlichen Problemen nicht gerecht.

Die befristete Laufzeit der Institutionen impliziert zum einen, daß Arbeitslosigkeit nur als vorübergehendes und nicht strukturell begründetes Phänomen betrachtet wird und zum anderen, daß die Finanzierung der Einrichtungen über Arbeitsbeschaffungsmaßnahmen erfolgt. Daraus resultieren besondere Probleme für die Berater: sie sind nicht speziell für diese Tätigkeit qualifiziert, erhalten kaum Einweisungs- und Weiterbildungsmöglichkeiten und können in dieser "Absprungposition" nur schwer eine eigene Perspektive in der Arbeit entwickeln. Längerfristige Kontakte zu Jugendlichen können kaum aufgebaut werden (Baethge u.a. 1980, S. 512f.). Eine erst kürzlich durchgeführte Befragung von Mitarbeitern in Arbeitslosenzentren zeigt, daß die Besetzung der Stellen in diesem Bereich nach wie vor über ABM-Maßnahmen oder ähnliche Programme praktiziert wird (Offe 1988; vgl. auch Braun 1986, S. 32).

Die Modellprojekte sind mittlerweile ausgelaufen; zum Teil liegen Erfahrungsberichte vor (z.B. Arbeitskreis deutscher Bildungsstätten e.V. 1983). Die von Faulstich-Wieland aufgezeigten strukturellen Mängel der Beratungsstellen wiegen um so gravierender, als diese zu einer Zeit unterhalten wurden, in der die Jugendarbeitslosenquote Höchstmarken erreicht hat.

Die Lage hat sich - wie bereits in Kap. 1.3.3. beschrieben - mittlerweile entspannt, doch haben Beratungsstellen für Fragen von Arbeit und Beruf keineswegs ihre Berechtigung bzw. ihre "Kundschaft" verloren. In München existiert schon seit längerer Zeit eine Reihe von Projekten, die Unterstützung anbieten sowohl für den gesamten Komplex Arbeit und Beruf (einschließlich Behördenkontakte und -gänge sowie Bewerbungstraining) als auch für persönliche Probleme. Diese Angebote werden - ständig aktualisiert - zusammengefaßt in der Broschüre "Tips für Jugendliche zwischen Schule und Beruf", die auch allgemein Auskunft gibt über Lehr- und Arbeitsstellensuche, Schwierigkeiten am Arbeitsplatz, Arbeitslosigkeit etc. Andere Lebensbereiche wie Wohnen und Freizeit sowie Adressenmaterial über andere Beratungsstellen werden ebenfalls einbezogen.

Beratung für arbeitslose Jugendliche bzw. als Maßnahme gegen Jugendarbeitslosigkeit muß sich stets bewußt sein, daß eigentlich "Ziel und Mittel einander ausschließen." (Faulstich-Wieland 1979, S. 256) Sie kann die materiellen Lebensbedingungen benachteiligter Jugendlicher nicht verändern und sie kann auch keine Lehrstellen oder Arbeitsplätze sichern; zumindest nicht in großem Rahmen - die Möglichkeiten der Jugendarbeit hierbei hat Kelch (1986) aufgezeigt. Beratung kann jedoch - vor allem wenn sie längerfristig konzipiert ist - das Selbstbewußtsein der Jugendlichen stärken, resignative und privatistische Verhaltensweisen aufbrechen und neue Perspektiven eröffnen. Dazu ist es notwendig, daß der Berater in der Lage ist, die erste Frustration der Jugendlichen - hier bekomme ich auch keine Stelle - zu überwinden.

2.3.7.6. Zusammenfassung

Jugendberatungsstellen vertreten einen umfassenden Beratungs- und Unterstützungsapparat und versuchen damit, die Aufspaltung jugendlicher Identität in Lebens- und Problembereiche zu vermeiden (Deichsel 1987, S. 53). Die Beratungsanlässe, die Jugendliche in die Beratungsstelle führen und die konkreten Praxisschwerpunkte spiegeln das breite Spektrum jugendlicher Problemlagen, wie es zu Beginn dieser Arbeit dargestellt wurde, wider. Erstaunlich ist der hohe Anteil materieller Probleme bei den Gründen zum Aufsuchen der Jugendberatungsstellen: "Immer mehr Jugendliche oder junge Erwachsene können den Schritt zum Erwachsenwerden und damit der Zukunftsplanung schon deshalb nicht vollziehen, weil ihnen dazu jede Grundlage materieller und existentieller Art fehlt." (Presting/Sielert/Westphal 1987, S. 136).

Die Befragungsergebnisse der Expertise zur Situation der Jugendberatungsstellen deuten auf eine verstärkte Annäherung zwischen Jugendberatung und Jugendarbeit hin. Jugendberatungsstellen versuchen zunehmend, sich von traditionellen Beratungskonzepten zu lösen und über Angebote einer offenen Arbeit, von Freizeitmöglichkeiten etc. mehr über die Lebensbedingungen der Jugendlichen zu erfahren und mit ihnen ins Gespräch zu kommen (vgl. auch Hornstein u.a. 1982, S. 178; Böhnisch/Münchmeier 1987, S. 170). Gleichzeitig gehen immer mehr Jugendfreizeitstätten dazu über, umfassende Beratungsangebote zu machen. In der Jugendarbeit äußert sich nach Deinet (1979) ein zunehmender Beratungsbedarf vor allem in der Artikulation von Kontaktstörungen und Hemmungen durch die Jugendlichen.

Eine Einschränkung der Jugendberatungsarbeit auf bestimmte, mit spezifischen Defiziten belegte, Zielgruppen, wie z.B. Drogenkonsumenten oder arbeitslose Jugendliche, ist mit erheblichen negativen Konsequenzen verbunden. Die Festlegung der Adressaten auf ein einzelnes Symptom verstärkt die Gefahr der Etikettierung und Stigmatisierung der Jugendlichen und wird der Komplexität ihrer Problemlagen nicht gerecht (vgl. auch Hornstein u.a. 1982, S. 189). Daß in den Jugendberatungsstellen Schwierigkeiten zur Sprache kommen, für die eigentlich spezielle Beratungsdienste zur Verfügung stehen, zeigt, daß die Jugendlichen Einrichtungen bevorzugen, die sie nicht ausschnitthaft auf ihre Probleme reduzieren.

## 2.4. Beratungsstellen zwischen Anspruch und Wirklichkeit

Vergleicht man die Aufgaben und Konzepte der beschriebenen "Fachberatungsstellen" und Jugendberatungsstellen mit den in Kap. 1 aufgezeigten Grundproblemen heutiger Jugendlicher, so zeigt sich, daß die Beratung bei den einzelnen Problemlagen weitgehend institutionell abgesichert ist. Über die hier getroffene Auswahl hinaus existieren eine Reihe weiterer Beratungsangebote, die sich auf besondere Lebenssituationen von Jugendlichen oder besondere Zielgruppen spezialisiert haben, z.B. auf behinderte Jugendliche, auf Strafgefangene oder -entlassene, so daß davon ausgegangen werden kann, daß prinzipiell die anstehenden Konflikt- und Problemlagen Jugendlicher in Institutionen versorgt werden können.

Es ist in der Analyse jedoch auch deutlich geworden, daß die praktische Arbeit der Beratungsstellen vielfach hinter ihren konzeptuellen Ansprüchen oder den ihnen zugrundeliegenden gesetzlichen Soll-Vorschriften zurückbleibt. Zum Großteil mangelt es an geeigneten institutionellen Rahmenbedingungen, wie vor allem Angaben zur Versorgungslage und zum Personalstand zeigen. Darüber hinaus werden in der institutionalisierten Beratung die in Kap. 2.1.4. für die Strukturelemente der Beratung herausgearbeiteten störenden Einflußgrößen, die ein Zustandekommen von Beratung bzw. deren Gelingen verhindern oder erschweren, besonders wirksam. Die "idealen" Rahmenbedingungen, Aufgaben und Ziele von Jugendberatung (vgl. 2.2.3.) können nur partiell realisiert werden. Alle diese Faktoren beeinflussen die Arbeit der Beratungsstellen in negativer Weise.

Die Ursachen der Diskrepanz "zwischen Anspruch und Wirklichkeit" der Beratungsstellen liegen jedoch tiefer. Zunächst ist zu vergegenwärtigen, daß Beratung immer auch eine gesellschaftliche Dimension impliziert. Sie vollzieht sich im Spannungsverhältnis zwischen der individuellen Bedürfnislage des einzelnen Ratsuchenden und den Anforderungen, Erwartungen und Strukturen der Gesellschaft. Beratung erfolgt damit im Spannungsfeld gesellschaftlicher Widersprüche.

Darüber hinaus muß die grundsätzliche Frage gestellt werden, ob und inwieweit Beratung organisiert und institutionalisiert werden soll oder muß. Die mit der Institutionalisierung und der damit verbundenen Professionalisierung einhergehenden Probleme von Beratung wirken auf die Nutzung und Einschätzung durch die Ratsuchenden zurück.

### 2.4.1. Die gesellschaftliche Dimension von Beratung

Betrachtet man Beratung als pädagogische Handlungssituation - und als solche hat sie sich in der bisherigen Darstellung konkretisiert - so unterliegt sie auch den widersprüchlichen Zielvorstellungen und Aufgabenzuschreibungen von Erziehung: Zum einen hat Erziehung gesellschaftliche Funktionen, wie die der Qualifikation, Selektion und Integration zu erfüllen; zum anderen soll sie aber auch kritisch-emanzipative Zielsetzungen verfolgen und damit der persönlichen Entwicklung des einzelnen dienen. Jeder Beratungsvorgang ist mit dieser Widersprüchlichkeit konfrontiert und damit - neben seiner Verpflichtung für das Individuum - auch jeweils auf eine oder mehrere Funktionen von Erziehung bezogen: auf "Qualifikation", wenn es um Leistungsanforderungen und Störungen geht; auf "Positionszuweisung" bei Fragen der Laufbahnen und Bildungswege; auf "Integration" bei Problemen der Begründung von Verhaltensvorschriften (Hornstein 1976, S. 676 f.; vgl. auch Beispiele dazu S. 678).

Auf einer allgemeinen Ebene erfolgt institutionalisierte Beratung damit im Spannungsfeld zwischen dem einzelnen Ratsuchenden, seinem subjektiven Problembewußtsein und den widersprüchlichen Bedingungen des gesamtgesellschaftlichen Umfeldes. Hinzu kommt, daß die Konflikte, zu deren Lösung der Ratsuchende die Beratungsstelle aufsucht, weitgehend zumindest mitverursacht sind durch gesellschaftliche Bedingungen. Beratung wird beim Versuch der Lösung dieser Konflikte mit den das Problem konstituierenden gesellschaftlichen Strukturen konfrontiert, kann jedoch diese Strukturen nicht verändern, sondern nur an "Symptomen" kurieren und Krisenintervention leisten. "Angesichts grundlegender, problemerzeugender, durch Beratung aber nicht aufzuhebender gesellschaftlicher Strukturen wird der geringe Handlungs- und Veränderungsspielraum der Beratung evident." (Krüger 1978, S. 10)

"Der Erfolg von Beratung ist weitestgehend Befreiung von Symptomen." (Zalfen 1981, S. 68)

Beratung hat damit im Gesellschaftssystem widersprüchliche Funktionen zu erfüllen: Zum einen hat sie auf eine bessere Orientierung und selbstbestimmte Entscheidungs- und Handlungsfähigkeit, also auf Emanzipation im weitesten Sinne, hinzuwirken. Zum anderen muß sie die zunehmend aus gesellschaftlichen Strukturen erwachsenen psychischen und sozialen Konflikte kanalisieren (Krüger 1978, S. 10) und "als notdürftiger Kitt für Risse in einem Gebäude, die aufgrund eines Konstruktionsfehlers entstanden sind" (Bachmair u.a. 1985, S. 97) dienen. Mängel und Lücken sollen mit kompensatorischen Maßnahmen selektiver Art repariert werden. Dieses Spannungsverhältnis "bestimmt auch das Selbstverständnis der Beratungseinrichtungen, indem es die Krise als Notwendigkeit der Interventionen voraussetzt." (Jordan/Sengling 1988, S. 115) Die Interessen und Bedürfnisse der Jugendlichen werden dabei nur am Rande berücksichtigt; die Thematisierung von gesellschaftlichen Strukturen bleibt folgenlos. Eine Problemlösung erfolgt nur auf individueller, maximal familientherapeutischer Ebene (Böhnisch/Schefold 1982, S. 558f.).

Mit dieser Doppelfunktion der Beratung und ihrer sozialpolitischen Inanspruchnahme für die Bearbeitung sozialer Probleme geht eine "Individualisierung" und "Psychologisierung" der Konflikt- und Problemlagen der Ratsuchenden einher (Wulf 1977, S. 113). Die "durchgängige Psychologisierung von Lebenslagen löst die objektiv-gesellschaftlichen Anteile der Entwicklung sozialer und psychischer Probleme in ihre psychische Verarbeitungsform auf." (Tippelt 1982, S. 222) Einem wachsenden Teil der Bevölkerung wird "Beratungsbedürftigkeit" unterstellt, während auf der anderen Seite im sozialpädagogischen Bereich die notwendige, traditionelle Randgruppenarbeit immer mehr ins Abseits gedrängt wird (von Wolffersdorff-Ehlert 1977, S. 546f.).

Die zunehmende "Therapeutisierung" von Beratungsfeldern und die in vielen Beratungsinstitutionen nach wie vor verbreitete Orientierung am "Medizinischen Modell" verstärkt die Gefahr der Stigmatisierung der Klienten (Peuckert 1983, S. 278). Die Therapeutisierung führt offenbar auch dazu, daß sich Berater - wie Peise-Seithe (1982, S. 24) feststellt - überfordert fühlen, wenn die Klienten keinen Leidensdruck bzw. nicht das notwendige Bewußtsein haben. Vielfach neigen die Berater dazu, Probleme, die durch materielle Not (mit-)verursacht sind, aus ihrem Zuständigkeitsbereich zu verweisen.

Insgesamt wird die Dimension belastender Lebensverhältnisse aufgrund wirtschaftlicher Entwicklungen und ungelöster gesellschaftlicher Konflikte von den Beratungsangeboten nur unzureichend berücksichtigt (Sengling/Eisenberg 1982, S. 32f.). Insbesondere Mitarbeiter in der Erziehungsberatung sind alleine von ihrer beruflichen Ausbildung her mehr auf psychologisch-pädagogische Probleme eingestellt und bei speziellen Fragen (z.B. im Bereich des Jugendarbeitsschutzes) zu wenig informiert (Ell 1970, S. 346).

"Durch Individualisierung und Psychologisierung gesellschaftlicher Probleme" soll "einem möglichen Konfliktpotential die Spitze" genommen werden und "die Legitimationsbasis des Bestehenden" gestützt werden (Krüger 1978, S. 10). Beratung wird "zu einem Stück Sozialtechnik, dem es nicht mehr um die Stärkung emanzipatorischer Lernprozesse und politischer Artikulationsfähigkeit geht, sondern um die Eindämmung psychosozialer Reibungsverluste - also um gesellschaftliche Anpassung." (von Wolffersdorff-Ehlert 1977, S. 548) Ihr Charakter als potentielles subtiles Macht- und Beeinflussungsmittel zeigt sich für Krüger (1978, S. 254) schon allein an ihrer assymmetrischen Interaktionsstruktur.

Beratung steht damit zunehmend in der Gefahr, zum "Steuerungsinstrument sozialer Kontrolle" (Schuchardt 1977, S. 254)) zu werden und der Etikettierung und Stigmatisierung von "Problemgruppen" Vorschub zu leisten. Diese Tendenz wird dadurch verstärkt, daß selbständige Kontrollfunktionen seitens der primären und intermediären Instanzen (Familie und Schule etc.) abgebaut und damit Problemfälle zur Diagnose und Behandlung an zuständige offizielle Kontrollinstitutionen weitergegeben werden. Durch diese Trennung von problemverursachenden und problemlösenden Feldern wird problematisches Verhalten um so schneller als abweichendes definiert (Mair 1979, S. 293f.; Hornstein 1976, S. 687).

Die Kontroll- und Steuerungsfunktion von Beratung kann am Beispiel der Bildungsberatung veranschaulicht werden. Sie wird als Instrument mißbraucht, schulische Selektionsleistung "effizienter" zu machen, wobei der Anschein erweckt wird, als stünde in dieser speziell für derartige Fragen eingerichteten Institution eine besondere wissenschaftliche Kompetenz zur Verfügung, die die Selektionsentscheidungen "gerechter" mache. Die Betroffenen sind angesichts dieses Eindrucks eher bereit, sich "umfunktionieren" zu lassen. Beratung wird zu einem "Mittel der Steuerung der Bildungsansprüche und Bildungsmöglichkeiten und der Stabilisierung der gegenwärtigen Verteilung von Bildungschancen und damit der bestehenden Schulstruktur." (Wulf 1977, S. 112))

Bildungsberatung hat so gegenwärtig vor allem eine "Feuerwehr"- und Anpassungsfunktion zu erfüllen. Übergangs- und Schullaufbahnprobleme werden individualisiert und psychologisiert und damit Strukturmängel der Schule (mangelnde Transparenz) der Psyche des einzelnen Schülers angelastet (Bachmair u.a. 1985, S. 101; Gaude 1976, S. 772). "Pointiert formuliert: Bildungsberatung dieser Art interpretiert Probleme von Schülern als Probleme, in der Schule nicht erreichen zu können, was jeder Schüler doch gern erreichen möchte." (Honig 1976, S. 343)

Einen ähnlichen "Funktionswandel" hat die Berufsberatung erfahren. In einem nahezu geschlossenen Stellenmarkt und zu Zeiten hoher Arbeitslosigkeit verbleibt ihr nur mehr die Aufgabe, "den Betroffenen beizubringen, mit erzwungener Frühpensionierung, Arbeitslosigkeit, verringerten Berufschancen, Zurückstufung oder Minderqualifizierung umgehen zu lernen." (Hörmann 1985, S. 814)

Abschließend muß nachdrücklich darauf hingewiesen werden, daß nicht alle Problemlagen Jugendlicher in gesellschaftlichem Verursachungszusammenhang stehen. Wie bereits in Kap. 1.2. dargelegt wurde, ist gerade das Jugendalter eine besonders krisenhafte Lebensphase, die eine Reihe von Problemen und Schwierigkeiten mit sich bringt, die sozusagen zur "normalen" Entwicklung gehören. Jugendberatung muß auch diese Probleme ernst nehmen und auf sie eingehen. Gegenwärtig werden jedoch diese zur "normalen" Entwicklung zählenden Probleme zunehmend überformt und verschärft durch Prozesse des Strukturwandels der Jugendphase und gesellschaftlich induzierte Veränderungen in der Lebenswelt Jugendlicher. Jugendberatung darf auf eine exakte Untersuchung der Problemursachen nicht verzichten.

### 2.4.2. Probleme der Institutionalisierung und Professionalisierung

Hornstein (1976, S. 691, 727; vgl. Göres/Jürgens 1980, S. 553) geht davon aus, daß jede Institutionalisierung von Funktionen "einen höheren Grad an Festlegung, an Formalisierung und Organisation" mit sich bringt. In Bezug auf Beratung bedeutet dies, daß durch die Institutionalisierung das Beratungsproblem in einer bestimmten Art und Weise festgelegt wird und der Ratsuchende sein Problem entsprechend der Beratungsangebote erkennen und klassifizieren muß. Welcher spezifischen Problemsicht er sich dann jeweils anvertraut, kann er nicht feststellen.

Durch die vorgängige Definition des Beratungsgegenstandes ist bereits entschieden, um welche Art von Behandlungsproblem es sich handelt, wodurch ein entscheidendes Kriterium für den Beratungsprozeß, nämlich die Möglichkeit, im Beratungsprozeß selbst erst das eigentliche Problem herauszufinden und zur Sprache zu bringen, wegfällt (Hornstein 1976, S. 684). Damit lernen die Beratungsstellen den Jugendlichen auch nur in einem Teil seiner Persönlichkeit kennen und setzen dementsprechend auch nur punktuell sowohl bei der Analyse als auch bei der Bearbeitung an, ohne einen übergreifenden Problemzusammenhang herzustellen.

"Beratungsstellen arbeiten fast ausschließlich nach dem 'Supermarktprinzip'. Bedient wird, wer kommt. Ware ist die methodische Ausbildung der jeweiligen Berater." (Neumann/Neumann 1976, S. 350) Diese "Komm-Struktur" (Göres/Jürgens 1980, S. 547) bewirkt, daß viele Ratsuchende glauben, mit dem Aufsuchen der Beratungsstelle zuzugeben, versagt zu haben und von der "Normalität" abzuweichen. Zusätzliche Schwellen- und Stigmatisierungsängste auch in Bezug auf die Familie oder andere Bezugsgruppen können die Folge sein. Dies trifft vor allem auf Angehörige der unteren sozialen Schichten und die Landbevölkerung zu, wo die Mechanismen sozialer Kontrolle viel schärfer sind. Konsequenz ist, daß Beratungsstellen vielfach zu spät aufgesucht werden und für die möglicherweise manifest werdenden Störungen aufwendigere Behandlungsformen notwendig sind (Jordan/Sengling 1988, S. 118; Sengling 1983, S. 322).

Die implizite Anforderung institutionalisierter Beratung, daß der Ratsuchende sein Problem vorab erkennen und einordnen muß, wird dadurch verschärft, daß sich die Beratungseinrichtungen in den letzten Jahren in einem Maße spezialisiert haben, daß sie für den einzelnen Ratsuchenden kaum noch überschaubar und differenzierbar sind (Sengling 1983, S. 322). Die zunehmende "Adressatendefinition" verstärkt die Etikettierungs- und Stigmatisierungseffekte von Beratung - dies wird besonders deutlich bei der Beratung arbeitsloser Jugendlicher. Darüber hinaus besteht dadurch die Gefahr, daß "alltägliche Beratungsaufgaben" schließlich gänzlich vernachlässigt werden (vgl. Arbogast/Schoßig 1978, S. 466).

Auch der Berater wird durch die Art und Weise, wie seine Aufgabe institutionell definiert ist, in eine bestimmte Richtung festgelegt (Hornstein 1976, S. 691). Institutionalisierte Jugendberatung steht in der Gefahr, ihre Beratungsaufgaben aufgrund von Betriebswissen, Sachzwängen und Handlungsdruck der Institution, in die die Mitarbeiter eingebunden sind, nicht voll erfüllen zu können (Czerwenka 1986, S. 45).

Vor allem die Drogenarbeit ist gegenwärtig einer zunehmenden Bürokratisierung unterworfen; hinzu kommt die zunehmende Einbindung in repressive Maßnahmen bei illegalem Drogenkonsum. Die Folgeerscheinungen wurden bereits geschildert: die Einrichtungen verlieren zunehmend den Kontakt zu den Drogenkonsumenten, die ihnen ohnehin mit tiefem Mißtrauen begegnen (Krauß 1984, S. 211).

Durch die Institutionalisierung von Beratung wird der Beratungsvorgang selbst zu einer abgehobenen Situation für den Ratsuchenden, vor allem wenn er lange Wartezeiten - insbesondere in der Erziehungsberatung ein Problem - hinnehmen muß, um überhaupt in den "Genuß" einer Beratung zu kommen. Der Beratungsprozeß ist - besonders im schulischen Bereich - vielfach geprägt von Rationalisierungen und ökonomischen Vorgehensweisen, wenn einfach nicht genügend Zeit vorhanden ist, um alle ratsuchenden Jugendlichen adäquat zufriedenzustellen (Hornstein 1976, S. 692). So werden in der Bildungsberatung "zeitsparende" diagnostische Verfahren eingesetzt, die allerdings hinsichtlich ihrer prognostischen Validität als mangelhaft einzuschätzen sind.

Kennzeichnend für die Organisation von Beratung in bestimmten Einrichtungen ist weiterhin die Mittelschichtorientierung in der Art und Weise des Zugangs, im institutionellen Rahmen, in Zielen und Voraussetzungen, Methoden und Verfahren der Beratung. Dementsprechend werden institutionalisierte Beratungsangebote vorwiegend von Angehörigen der Mittelschicht in Anspruch genommen, denen diese Rahmenbedingungen entgegenkommen. Vor allem in der Erziehungsberatung wird deutlich, daß Angehörige der Mittelschicht sehr bewußt über Erziehung nachdenken und auch kaum Schwellen- und Stigmatisierungsängste vor einer Institution zu überwinden haben. Eltern, die wenig über Erziehung informiert sind bzw. sein wollen und vorwiegend aus sozialen Randgruppen stammen, finden ebenso wie ihre Kinder kaum Zugang zu Beratungsstellen (Stein 1980, S.134). Die Beratung von Angehörigen der "Unterschicht" wird durch die Herkunft der Berater zusätzlich erschwert. Diese stammen in der Regel aus der Mittelschicht und unterscheiden sich meist von den Betroffenen hinsichtlich finanzieller Mittel, Konsumgewohnheiten, persönlicher Bezugsgruppen, des Sprachverhaltens, der nonverbalen Kommunikation, Wissen und Bildung (Seibert 1978).

Mit den Problemen der Institutionalisierung eng verbunden sind die der Professionalisierung der Beratung. Hornstein stellt dazu fest, daß die "Verberuflichung" der Beratung zum einen zur Tendenz führt, die Möglichkeiten der Problembearbeitung im verursachenden Feld (also z.B. in der Familie oder der Schule) nicht mehr auszuschöpfen, sondern die Problemlösung einer eigens dafür geschaffenen Institution mit Experten zu überlassen. Zum anderen erzeugt die Professionalisierung Kompetenz- und Inkompetenzstrukturen, d.h. daß einzelne Beratungsstellen dazu tendieren, "Monopolansprüche" auf bestimmte Beratungsbereiche zu erheben. In diesem Zusammenhang ist auch die mangelnde Kooperation der Beratungsstellen untereinander und mit anderen Organsationen sowie die oft wahllose "Weiterreichung" der Ratsuchenden an andere Stellen zu kritisieren (vgl. auch Aurin 1981, S. 46). Schließlich kann eine "Verberuflichung" die Lösung von Problemen geradezu verhindern, behindern, aufschieben oder verlagern: zum einen setzt die Professionalisierung die Fortdauer eines Problems voraus; zum anderen können die durch die Verberuflichung entstehenden Kompetenzstrukturen dazu führen, Probleme in erweitertem Umfang zu reproduzieren (Hornstein 1976, S. 687f.).

Die besonderen Probleme der Professionalisierung in der Jugendberatung liegen darin, daß die "Profi-Berater" die soziale Realität der Jugendlichen auf der Grundlage ihrer Kenntnisse ihrer objektiven Wissenschaft wahrnehmen und Erfahrungen der Jugendlichen nur begrenzt nachvollziehen können. Die Beziehung zwischen Berater und Ratsuchendem ist damit tendenziell nicht partnerschaftlich, sondern eher distanziert und hierarchisch. Zudem besteht die Gefahr der Entmündigung des Jugendlichen durch den Beratungsprozeß, nämlich dann, wenn dessen Selbsthilfepotentiale verschüttet werden (Göres/Jürgens 1980, S. 548).

Die Professionalisierung von Beratung kann auch zur Folge haben, daß die mehr funktionalen beraterischen Aktivitäten und Qualitäten der in der Erziehung Tätigen entwertet werden. Bachmair u.a. (1985, S. 102) sind z.B. der Meinung, daß mit der Einführung von Beratungslehrern an den Schulen eine pädagogische Dequalifizierung des Lehrers sowie eine künstliche Spaltung der Sozialisationserfahrungen der Schüler einhergeht.

Dennoch hat die "Verberuflichung" auch ihre positiven Aspekte: sie ist eine Entlastung für den Ratsuchenden bei der Wahl der Beratungsstelle (wahrscheinlich nur für den Angehörigen der Mittelschicht) und erlaubt von vorneherein einen "Vertrauensvorschuß" für den kompetenten Fachmann (Hornstein 1976, S. 688). Ebenso können auch der Institutionalisierung orientierende Funktionen für den Ratsuchenden zugeschrieben werden, indem sie ihm eine ungefähre Vorstellung davon vermittelt, worauf er sich mit der Beratungsbeziehung einläßt. Gleichzeitig kann sie für den Berater einen sichernden Handlungsrahmen bedeuten (Thiersch/Frommann/Schramm 1977, S. 119). Einschränkend sei hier bemerkt, daß sich eine orientierende Funktion der Institutionalisierung nur dann entfalten kann, wenn sich die Beratungsstelle nach außen hin entsprechend darstellen kann und der Ratsuchende über ein adäquates Such- und Informationsverhalten verfügt. Ein "sichernder Handlungsrahmen" für den Berater führt wohl eher zu mangelnder Flexibilität und "Betriebsblindheit".

Trotz aller "Verberuflichung" exisitiert für die Beratungspraxis kein eindeutig festgelegtes Berufsbild. Es ist mit Hornstein (1976, S. 692) anzunehmen, daß die in der Beratungspraxis Tätigen sich stärker von den in ihrer spezifischen beruflichen Ausbildung vermittelten Kenntnissen und Fähigkeiten als Psychologen, Mediziner oder Therapeuten leiten lassen, als daß sie sich auf eine spezifische Beraterkompetenz berufen.

Dennoch- oder vielleicht gerade deswegen - ist in nahezu allen Beratungsbereichen ein grundlegender Personalmangel festzustellen. Mehr als 1/4 der Erziehungs- und Familienberatungsstellen z.B. klagt über Personalmangel (BMJFFG 1986, S. 39). Viele Einrichtungen werden im Rahmen von Arbeitsbeschaffungsmaßnahmen finanziert, wodurch sich erhebliche Auswirkungen sowohl auf die Arbeitsmotivation der Berater als auch auf die Einstellung der Jugendlichen ergeben (vgl. 2.3.7.5).

### 2.4.3. Einschätzung und Nutzung der Beratungsangebote durch die Jugendlichen

Wie erfahren nun die Jugendlichen selbst die Beratungsinstitutionen; wie schätzen sie diese Angebote ein und in welchem Umfang nutzen sie sie? Diese Fragen können nur in sehr allgemeiner Form beantwortet werden; genaue Untersuchungen liegen hierzu nicht vor. Es dürfte auch schwierig sein, den subjektiven Nutzen von Beratungsvorgängen, zumal bei jugendlichen Ratsuchenden, objektiv messen zu wollen. Es ist nicht auszuschließen, daß sich der Erfolg von Beratung erst einige Zeit später einstellt, Beratung sozusagen einen Denkanstoß gegeben hat, der sich erst mit Verzögerung, z.B. aufgrund spezifischer Lebensumstände, realisieren konnte. Unbestreitbar ist Beratung auch in solchen Fällen effektiv gewesen, auch wenn die damals Ratsuchenden dies heute nicht so empfinden.

Unabhängig von der Altersstruktur ihrer Klientel scheinen die traditionellen psychosozialen Beratungsstellen in den letzten Jahren von einem zunehmenden "Klientenschwund" betroffen zu sein (Hörmann 1985, S. 813). Auch Besuch und Akzeptanz der Berufsberatung sind trotz gestiegener Probleme in diesem Bereich zurückgegangen. Dennoch klagen die meisten Beratungsstellen über lange Wartezeiten, die sie den Ratsuchenden zumuten müssen und über mangelndes Personal. Diese Diskrepanz läßt sich möglicherweise durch Nebenerscheinungen der Institutionalisierung erklären: die Berater werden verstärkt mit Verwaltungsarbeiten überzogen und finden nicht mehr ausreichend Zeit für ihre eigentlichen Beratungsaufgaben. Eine Rolle spielt sicherlich auch die Therapeutisierung der Beratungsfelder, wodurch Problemlagen, die an sich in einem Gespräch angemessen gelöst werden könnten, einer längerfristigen psychologischen Prozedur unterzogen werden. Eng damit verbunden ist die mangelnde Kooperationsbereitschaft der Einrichtungen: viele Beratungsstellen wollen sich ihrer eigenen Grenzen einfach nicht bewußt sein und versuchen, jede Problemkonstellation in der eigenen Sphäre zu lösen.

Bei der Frage nach der Nutzung und Einschätzung der Beratungsstellen durch die Jugendlichen muß zunächst daran erinnert werden, daß diese Zielgruppe spezifische Merkmale aufweist, die in der Beratung zu berücksichtigen sind. Unter den Bedingungen der Institutionalisierung und Professionalisierung sind diese Merkmale noch zu ergänzen.

Das Aufsuchen einer Beratungsstelle widerspricht dem Streben der Jugendlichen nach Selbständigkeit und Unabhängigkeit. Es fällt ihnen schwer, sich an eine Institution zu wenden, die in ihren Augen - wie andere Institutionen, die sie kennen - Anpassung und Abhängigkeit verlangt (Gerlicher 1982, S. 62). Die häufige Anbindung der Beratungsstellen an Behörden oder Ämter und der in ihnen praktizierte Interaktionsstil machen die Einrichtungen für die Jugendlichen suspekt. Sie begegnen ihnen mit Schwellen- und Stigmatisierungsängsten; von besonderer Bedeutung ist hierbei die Meinung des Umfeldes der Jugendlichen, vor allem der Gruppe der Gleichaltrigen (Brucker u.a. 1980, S. 180). Zudem können "manche Jugendliche ... deshalb keinen Rat in Anspruch nehmen, weil es für sie bislang kaum jemanden gab, bei dem sie sich hätten Rat holen können." (Gerlicher 1982, S. 62)

Die Probleme der Notwendigkeit der "Selbstdiagnose" und institutionellen Zuordnung des Beratungsanlasses verschärfen sich bei Jugendlichen: angesichts der Komplexität der Konflikte im Jugendalter, der gering ausgeprägten Fähigkeit zur Problemidentifikation und einer allgemeinen Orientierungslosigkeit ist eine solche Klassifikation im Vorfeld vielfach nicht möglich. Manche Jugendliche verspüren einfach einen "diffusen Problemdruck", den sie nicht genauer differenzieren und explizieren können.

Die "Komm-Struktur" der Beratungsstellen, ihre Spezialisierung und Mittelschichtorientierung haben zur Folge, daß Jugendliche aus sozial benachteiligten Familien kaum Zugang zu den Beratungsstellen finden. Mangelnde Informiertheit, Immobilität und sprachliche Barrieren sind Ursachen dafür, daß diese Jugendlichen ohnehin eher den Eingriffsmaßnahmen der Jugendhilfe ausgeliefert sind (Sengling 1983, S. 322).

Wie wirken sich nun die besonderen Beratungshindernisse der Jugendphase, die durch Probleme der Institutionalisierung und Professionalisierung von Beratung überformt werden, auf das konkrete Nutzungsverhalten der Jugendlichen aus? Vorab ist festzuhalten, daß hier keine exakten "Reichweitedaten" geliefert werden können. Für einige Beratungsdienste werden aufgrund von epidemiologischen Zahlen und Erfahrungswerten objektive Bedarfsermittlungen vorgenommen (Deichsel 1987, S. 229); so wird z.B. in einem vom Bayerischen Jugendring vorgelegten Rahmenvorschlag für Jugendberatungsdienste ein Einzugsbereich von 100.000 Einwohner pro Beratungsstelle angenommen (Bott/Hetges/Weiß 1975, S. 18). Selbst wenn Beratungsstellen gemäß dieser Planungsvorgaben vorhanden sind, bedeutet dies aber noch nicht, daß sie alle Jugendlichen oder zumindest einen großen Teil von ihnen mit entsprechenden Problemlagen erreichen. Es ist zu prüfen, welche Gründe hierfür verantwortlich sind; insbesondere müssen Rückschlüsse gezogen werden aus der Art der Zusammensetzung der Klientel und der Nutzung anderweitiger Unterstützungsangebote.

Dies bedeutet auch, daß die Inanspruchnahme von Beratungsstellen unter einem sozialökologischen Aspekt gesehen werden muß. Das Aufsuchen einer Beratungsstelle wird zunächst davon abhängen, in welcher "ökologischen Zone" sie angesiedelt ist und über welche "ökologischen Potentiale" der Jugendliche verfügt. Die Kontaktaufnahme zu einer Beratungsstelle ist um so wahrscheinlicher, je näher diese dem "ökologischen Nahraum", der Nachbarschaft des Jugendlichen liegt und einen dementsprechend hohen Bekanntheits- und Vertrautheitsgrad besitzt. Die "ökologische Potenz" des Jugendlichen richtet sich nach seinen bisherigen Kommunikations- und Handlungschancen und bestimmt seine Bereitschaft und Fähigkeit zur Erweiterung seines Handlungsraums (vgl. Baacke 1979, S. 32ff.). Damit wird die sozialökologische Komponente der in Kap. 1.2.1.2. entwickelten handlungstheoretischen Sicht der Bewältigung von Entwicklungsaufgaben deutlich. Der Jugendliche ist als Einwohner einer bestimmten Siedlungsform (z.B. einer großstädtischen Neubausiedlung, eines gewachsenen Altstadtviertels oder einer ländlichen Kleinstadt) bei der Auseinandersetzung mit den ihm gestellten Anforderungen und den sich daraus ergebenden Problemen an die dort vorhandenen Möglichkeiten der Erfahrungsgewinnung, der Kommunikation und Betätigung gebunden. Seine Umwelt beinhaltet in ihrer ganz konkreten Gestalt ein Netz von formellen und informellen Unterstützungsangeboten als Struktur sozialer Beziehungen.

Damit ist ein Handlungsrahmen vorgegeben, "der bestimmte Zielsetzungen der Jugendlichen zuläßt oder ausblendet, bestimmte Aktivitäten und Kontakte nahelegt oder unterbindet und bestimmte Arten der Selbstdarstellung und Selbstwahrnehmung begünstigt oder verhindert." (Münchener Jugendstudie 1983, S. 178) Entsprechend werden die Jugendlichen die zur Verfügung stehenden Angebote in unterschiedlicher Weise in ihren Problemlösungsprozeß einbeziehen und zueinander in Beziehung setzen (Münchener Jugendstudie 1983, S. 184). Auswirkungen der sozialräumlichen Umwelt sind auch hinsichtlich der Problemwahrnehmung und -definition zu vermuten. Vor allem in ländlichen Gebieten unterliegen psychische und soziale Probleme einer stärkeren sozialen Kontrolle durch die dörfliche Gemeinschaft. Über den Zusammenhang zwischen sozialökologischem Kontext und der Nutzung institutionalisierter Beratung existieren noch keine speziellen Untersuchungen. Die vorangegangenen Überlegungen stützen sich auf Studien über das Berufsfindungsverhalten von Hauptschülern in verschiedenen sozialen Umwelten (Hübner-Funk 1978, 1979; Hübner-Funk/Müller 1981; Münchener Jugendstudie 1983), deren Material auch hinsichtlich des Verhältnisses der Hauptschüler zur Jugendarbeit ausgewertet wurde (Gaiser/Hübner-Funk/Müller 1980). Die Grundgedanken sind jedoch auf das hier zu verhandelnde Thema übertragbar und sollten bei der Nutzungsanalyse der Einrichtungen mitbedacht werden.

Für die einzelnen Beratungsinstitutionen ist unter Einbeziehung der bisherigen Ausführungen folgendes Nutzungsverhalten durch die Jugendlichen zu beobachten.
Erziehungsberatungsstellen animieren die Jugendlichen meist schon durch ihre Bezeichnung nicht zur Inanspruchnahme. Sie berühren die Jugendlichen nur als Teil einer Adressatengruppe und sprechen sie nur als "Tochter" oder "Sohn" an. Erziehungsberatung ist für die Jugendlichen nur selten eine adäquate Anlaufstelle (Deichsel 1987, S. 4, 43f.). Schon der formale Ablauf mit Anmeldung und Wartezeiten steht einer unmittelbaren Nutzung durch die Jugendlichen entgegen. Die Angaben zu den "Selbstmeldern" in Erziehungsberatungsstellen sind zwar unter-

schiedlich - Specht/Gerlicher/Schütt (1979, S. 10) sprechen von einem Fünftel, Presting/Sielert/Westphal (1987, S. 71) von einem Drittel der beratenen Jugendlichen - aber es wird deutlich, daß eine Grundvoraussetzung von Beratung, nämlich die Freiwilligkeit der Inanspruchnahme nicht gegeben ist. Wenn also Jugendliche im überwiegenden Teil in Erziehungsberatungsstellen vorgestellt werden, weil Bezugspersonen, in der Regel die Eltern - vornehmlich aus der Mittelschicht - und zunehmend die Schule, mit ihrem Verhalten nicht zufrieden sind, so werden sie trotz objektiv beobachtbarer Konflikte nur begrenzt motiviert sein für die Beratung und ihr eher mißtrauisch gegenüberstehen. Die Jugendlichen haben nicht selten - die nicht ganz unbegründete - Vorstellung, daß der Berater dem Standpunkt der Eltern näher steht, als ihrer eigenen Situation, sozusagen als "Handlanger der Eltern" an ihre Vernunft appelliert und nur ihr Verhalten im Mittelpunkt der Kritik stehen wird (Grosse 1981, S. 197f.; vgl. Goldstein 1975, S. 542; Gutenberger/Sprau-Kuhlen 1980, S. 33).

Bildungsberatung wendet sich zwar an Jugendliche als Zielgruppe, jedoch primär in Bezug auf einen spezifischen Lebensbereich, hinsichtlich dessen sich der Jugendliche erst einmal eingestehen muß, daß er mit seinen Schwierigkeiten nicht mehr alleine klar kommt. Der Lehrer fällt vielfach als Berater aus, entweder weil ein zu starker pädagogischer Bezug besteht oder weil dieser gänzlich fehlt. Professionelle "Belehrer" empfehlen sich nicht gerade als Vertrauensperson für die Jugendlichen (vgl. 2.3.3.3.; Textor 1987, S. 3). In einer Schülerbefragung im Vorfeld der Einführung von Schulpsychologen in Bayern stellen Hoffmann/Liebel (1983, S. 31f.) fest, daß die Jugendlichen die Notwendigkeit von Schulpsychologen im Spektrum der ihnen in der Schule zur Verfügung stehenden Beratungsangebote zwar nicht verneinen, jedoch den "Verbindungslehrer" oder "Klassenleiter" als Berater bevorzugen; der "Beratungslehrer" folgt in dieser Rangreihe an vierter Stelle. Insgesamt können in diesem komplexen und auch sehr unterschiedlich ausgestalteten Beratungsbereich nur sehr vage Aussagen über die Nutzung durch die Jugendlichen gemacht werden. Als mögliche Variablen sind zu berücksichtigen die Größe der Schule, die Vielfalt und Dauer des Bestehens der schulinternen Beratungsangebote, die Persönlichkeiten der Berater und Lehrer und die Art und Weise der Kooperation zwischen ihnen. Schulexterne Bildungsberatungsstellen sind den Jugendlichen weitgehend unbekannt (Hoffmann/Liebel 1983, S. 33). Bei diesen Einrichtungen kann angenommen werden, daß sie vorwiegend von Eltern frequentiert werden, da diese verstärkt eine optimale Bildungskarriere ihrer Kinder anstreben (vgl. 1.3.1.3.). Für die Jugendlichen selbst dürften bei Fragen der Schullaufbahn vor allem die Eltern die wichtigsten Ratgeber bzw. auch Entscheidungsträger sein. Angesichts der Einstellung, die Jugendliche gegenüber der Schule haben, dürfte dies kaum der geeignete Ort sein, an dem sich die Jugendlichen bei psychosozialen Problemen Rat und Hilfe versprechen. Die Auseinandersetzung über Schulprobleme wird wohl vor allem in der Gruppe der Gleichaltrigen erfolgen.

Die Berufsberatung wird von immer weniger Jugendlichen in Anspruch genommen (Crusius 1980, S. 75; Boßmann 1982, S.12). Die Einstellungen zu diesem Angebot sind zwar unterschiedlich, aber es überwiegt tendenziell eine ablehnende Haltung. Viele Jugendliche erleben die Berufsberatung als anonyme Institution, deren Beurteilungskriterien für sie nicht durchschaubar sind (Burger/Seidenspinner 1977, S. 41). Die Informationen werden vielfach nur als "abstrakte Leerformeln" empfunden; die Einzelberatung wird als "Berufslenkung" erlebt. In der Wahrnehmung der Jugendlichen tritt der Beratungscharakter gegenüber der Vermittlungstätigkeit in den Hintergrund (vgl. Herfellner 1981). Jugendliche, die sich bereits in berufsbildenden Maßnahmen befinden, beurteilen rückblickend die Berufsberatung durch das Arbeitsamt überwiegend negativ. Dies läßt auf Fehleinmündungen in eigentlich nicht gewünschte Tätigkeiten schließen (Hamburger Jugendstudie 1985, S. 71ff.). Für die Inanspruchnahme der Berufsberatung als Teil der Berufsfindungsstrategien von Jugendlichen liegen sozialräumliche Studien vor. Untersucht wurden Jugendliche in einer großstädtischen Neubausiedlung, in einem großstädtischen Altbauviertel und in einer ländlichen Kleinstadt. Am wenigsten wird die Berufsberatung in einer Siedlungsstruktur der ländlichen Kleinstadt in Anspruch genommen. Dort besteht für die alteingesessenen Familien meist ein intensives und verzweigtes Netz von Beziehungen, in dem der Jugendliche in seiner Eigenschaft als Angehöriger einer bestimmten Familie eine Lehrstelle erhält. Im großstädtischen Altstadtviertel sind die Beziehungsstrukturen weniger stark ausgeprägt. Der Jugendliche ist bei der Lehrstellensuche mehr auf sich selbst gestellt, wobei der institutionalisierte Weg über die Berufsberatung eher abgelehnt wird. Familien und ihre Jugendlichen in Neubausiedlungen sind fast ausschließlich auf die Unterstützung der Berufsberatung angewiesen, auch wenn das Beratungsangebot nicht in räumlicher Nähe liegt. Gründe dafür sind ein schwach entwickeltes nachbarschaftliches Beziehungsgefüge und ein mangelndes Arbeitsplatzangebot in diesen Wohn- und Schlafstädten (Hübner-Funk 1978, S. 394). Diese Aussagen sind sicherlich nicht verallgemeinerungsfähig und bedürfen einer weiteren Ausdifferenzierung. Sie sind jedoch anschauliches Beispiel für die Inanspruchnahme institutionalisierter Hilfsangebote in Abhängigkeit des sozialökologischen Kontextes.

Für die Drogenberatungsstellen wurde bereits ausgeführt, daß sie ihr Klientel aufgrund zunehmender Bürokratisierung und Einbindung in repressive Maßnahmen nur sehr vereinzelt erreichen können. Vielfach wird der Besuch auch von den Strafverfolgungsbehörden erzwungen. Bei dieser Problematik ist zu befürchten, daß viele Jugendliche von keinem anderweitigen Angebot aufgefangen werden. Die Eltern wissen vielfach gar nichts von den Abhängigkeiten ihrer Kinder, so daß von dieser Seite allenfalls peripher Beratungsaktivitäten ausgehen. Möglicherweise ist jedoch in den hier stark verbreiteten Selbsthilfegruppen (z.B. Anonyme Alkoholiker etc.) ein größerer Zulauf zu verzeichnen.

Der Anteil jugendlicher Besucher in Sexualberatungsstellen ist relativ gering, obwohl bei den Jugendlichen in diesem Bereich massive Probleme mit weitreichenden Folgewirkungen vorhanden sind. Die positiv einzuschätzende Funktion der Jugendarbeit wird vielfach durch Vorbehalte der Eltern behindert. "Eine umfassende Sexualberatung, die neben der reinen 'Aufklärung' auch die sozialen und psychischen Konflikte, die im Umfeld der Sexualität bei Jugendlichen entstehen oder ihre Ursache sind, einbezieht, und die auch einen Großteil der Jugendlichen erreicht, ... existiert (nicht)." (Allgemeine Jugendberatung e.V., zit.n. Deichsel 1987, S. 46) Auf die steigende Bedeutung der Gleichaltrigen-Gruppe in diesem Bereich wurde bereits hingewiesen.

Insgesamt werden die "Fachberatungsstellen" von den Jugendlichen in geringem Umfang akzeptiert und aus freien Stücken genutzt. Daß die Problemlagen und auch ein entsprechender Beratungsbedarf vorhanden sind, beweisen jedoch die Praxisschwerpunkte der allgemeinen Jugendberatungsstellen. Der hier festzustellende hohe Anteil an Selbstmeldern darf jedoch nicht darüber hinwegtäuschen, daß auch die Inanspruchnahme von Jugendberatungsstellen in sehr vielen Fällen nicht freiwillig erfolgt. Immerhin ein Drittel der Einrichtungen gibt an, daß häufig Jugendliche aufgrund einer Vermittlung oder Zuweisung durch das Jugendamt oder das Gericht zu ihnen kommen. Damit scheint ein Schwerpunkt von Jugendberatung nach wie vor auf ihren fürsorgerischen Aufgaben im Rahmen der Jugendhilfe zu liegen. Er bezieht sich damit mehr auf den Bereich von Maßnahmen und Maßregeln und hat weniger den Charakter von Angeboten (Wortmann/Berg 1983, S. 15). Jugendliche, die auf diesem Weg eine Beratungsstelle kennenlernen, werden ihre Ressentiments gegen Behörden und Ämter weitgehend auf die Einrichtungen übertragen.

Die Jugendlichen selbst stellen andere Erwartungen an eine Jugendberatungsstelle; die Trennung von funktionalen und institutionellen Beratungsprozessen scheint ihren Vorstellungen nicht gerade entgegenzukommen (vgl. Sengling 1983, S. 324). Sie erhoffen sich vielmehr eine umfassende Drehpunktfunktion, die ihren Freizeitbedürfnissen und ihren Bedürfnissen nach Aktion entgegenkommt. Erwünscht sind aber auch Informationen, die Diskussion aktueller jugendrelevanter Themen, Hilfen bei der Planung und Durchführung jugendlicher Initiativen sowie Anregung und Unterstützung von Formen der Selbstbestimmung und Mitverantwortung (BMJFG 1974, S. 73ff.). Diesen Erwartungen können die meisten Jugendberatungsstellen schon aufgrund ihrer räumlichen und personellen Ausstattung nicht gerecht werden.

### 2.4.4. Zusammenfassung

Für Grundprobleme heutiger Jugendlicher sind weitgehend institutionalisierte Beratungsangebote vorhanden. Zwischen den konzeptuellen Ansprüchen bzw. gesetzlich vorgebenen Aufgaben und der praktischen Arbeit der Beratungsstellen bestehen jedoch Diskrepanzen. Es sind vor allem Defizite bei der Realisierung geeigneter institutioneller Rahmenbedingungen und bei der Minimalisierung der den Beratungsprozeß erschwerenden, wenn nicht gar verhindernden störenden Einflußgrößen der Beratung feststellbar. Die in Kap. 2.2. herausgearbeiteten besonderen Merkmale der Jugendberatung werden nur in geringem Umfang umgesetzt bzw. von den Beratungsstellen selbst reflektiert bzw. erkannt.

Die eigentlichen Ursachen für diese Kluft zwischen Anspruch und Wirklichkeit liegen in der gesellschaftlichen Dimension von Beratung sowie in den Folgewirkungen von Institutionalisierung und Professionalisierung. Unter Berücksichtigung dieser Faktoren sind auch die Besonderheiten der Zielgruppe Jugendliche neu zu akzentuieren. Die Einschätzung und Nutzung der Beratungsangebote durch die Jugendlichen wird davon wesentlich beeinflußt.

Pauschal kann behauptet werden, daß Jugendliche vom institutionellen Charakter der Beratungsangebote abgeschreckt werden und sich von den Beratern in ihren Interessen und Bedürfnissen nicht angenommen fühlen. Es widerstrebt ihnen bzw. ist ihnen sogar unmöglich, ihr Problem vorab zu identifizieren, einzuordnen und dann in der Beratung darauf reduziert zu werden.

Allgemeine Jugendberatungsstellen erfahren offensichtlich eine größere Akzeptanz. Sie werden als Ort betrachtet, in dem zumindest jedes Problem angesprochen werden kann. Aber auch Jugendberatungsstellen arbeiten im gesellschaftlichen Spannungsfeld und haben mit Problemen der Institutionalisierung und Professionalisierung zu kämpfen. "Die Lage der Jugendberatungsstellen ist durch Spannungen zwischen den organisierten und nicht-organisierten Bereichen der Gesellschaft bestimmt." (BMJFFG 1986, S. 39) Einerseits sollen sie problembelasteten Jugendlichen einen Zugang ohne Furcht vor Kontrollen und Eingriffen ermöglichen; andererseits sind sie selbst Kontrollen und Eingriffen ausgesetzt. Dies zeigt sich auch am hohen Anteil derjenigen Jugendlichen, die durch andere Personen (Eltern, Lehrer) bzw. durch das Jugendamt oder Gerichte zur Beratung angemeldet werden. Letztlich spiegelt sich hier ein Grundwiderspruch der Jugendhilfe wider: "die schichtenspezifisch selektierend sich auswirkende Doppelrolle von Eingriff und Prävention." (Jordan/Sengling 1977, S. 74).

Trotz der Einschränkungen, die in Bezug auf die Arbeit der allgemeinen Jugendberatungsstellen vorgenommen werden müssen, ist ihr eigenständiger Charakter zu bewahren und ihr weiterer Ausbau zu forcieren. Der Ansicht von Schad (1988), Erziehungs-, Jugend- und Familienberatungsstellen böten ausreichend Beratung und Betreuung und "aufgabenidentische" Jugendberatungsstellen seien daher unnötig, kann in keinster Weise zugestimmt werden.

## 3. Alternative Konzepte der Jugendberatung - Modellentwurf einer Weiterbildungsberatung

Die besten Chancen, eine effektive Jugendberatung leisten zu können, weisen also - trotz aller Einschränkungen - allgemeine Jugendberatungsstellen auf. In diesem Bereich sind auch eine Reihe von Ansätzen zu beobachten, die sich aus den Notwendigkeiten der praktischen Arbeit entwickelt haben und über reine Beratungsaufgaben hinausgehen. "Die Betreuung Jugendlicher und junger Erwachsener scheint eine Ausweitung der Angebote vorauszusetzen und verlangt offensichtlich ebenfalls eine größere Offenheit von Seiten der Institutionen für die besondere Situation dieser Klientel und ihrer Lebensbedingungen." (Presting/Sielert/Westphal 1987, S. 129) So bieten Jugendberatungsstellen als Zusatzangebote z.B. Informationsveranstaltungen und Freizeitangebote, Kultur- und Bildungsprogramme sowie Hilfen zur Alltagsbewältigung an (Presting/Sielert/Westphal 1987, S. 152f.). Viele Einrichtungen betonen auch die Notwendigkeit von Streetwork und einer stadtteilbezogenen Arbeit. Diese Impulse sollen im folgenden unter Berücksichtigung der aufgezeigten Probleme institutionalisierter Beratung als alternative Konzepte der Jugendberatung konkretisiert werden. Dabei wird Bezug genommen auf die bereits in mehr programmatischer Weise formulierten Rahmenbedingungen, Aufgaben und Ziele der Jugendberatung (vgl. 2.2.3.). Diese werden neu akzentuiert und durch Forderungen an Arbeitsweisen, Beraterfunktionen und Organisationsformen ergänzt. Beispiele von bereits praktizierten Neuansätzen in der Beratung sollen die vorgetragenen Aspekte veranschaulichen und ihre Realisierbarkeit belegen.

Aufbauend auf die entwickelten Konzepte alternativer Jugendberatung wird schließlich ein Modell entworfen, an dem Anwendungs- und Handlungsmöglichkeiten für den Komplex der Weiterbildung demonstriert werden sollen. Das Beispiel der Weiterbildung wurde gewählt, da aufgrund der raschen technologischen Entwicklung und zunehmender gesellschaftlicher Herausforderungen der Weiterbildung und damit dem Prinzip des "lebenslangen Lernens" vor allem für die junge Generation wachsende Bedeutung zukommt. Ein entsprechendes Beratungsangebot für den weithin intransparenten Weiterbildungsbereich existiert jedoch nur in Ansätzen und nicht zielgruppenspezifisch für Jugendliche.

Mit einer Weiterbildungsberatung für Jugendliche soll jedoch das Beratungsspektrum nicht noch um ein spezialisiertes Angebot erweitert werden. Die Zielvorstellungen des Modells gehen vielmehr dahin, Informationen über Weiterbildung in umfassende, die gesamte Persönlichkeit der Jugendlichen respektierende Beratungsprozesse einzubetten und gleichzeitig auf eine Integration von allgemeinen, politischen und beruflichen Bildungsinhalten hinzuwirken. Es wird angenommen, daß eine ganzheitliche Anleitung und Motivation zu lebenslangem Lernen den Zukunftsgehalt von Bildung wieder aufkeimen läßt und damit der Orientierungs- und Perspektivlosigkeit der Jugendlichen entgegenwirken kann.

### 3.1. Aspekte der Neuorientierung institutionalisierter Jugendberatung und Beispiele für ihre Umsetzung in der Praxis

Bevor Überlegungen zu einer alternativen Jugendberatung angestellt werden können, ist es notwendig, den im folgenden zugrundegelegten Beratungsbegriff zu definieren: Beratung wird weder verstanden als bloße Informationsvermittlung noch als therapeutische Intervention bei tieferliegenden Persönlichkeitsstörungen. Es wird vielmehr davon ausgegangen, daß Beratung in konflikthaften und verunsichernden Lebenssituationen sowie bei alltäglichen Problemen Entscheidungs- und Orientierungshilfen bieten und darüber hinaus den Jugendlichen Strategien an die Hand geben kann, vermöge derer sie künftige Situationen besser meistern können. Beratung wird verstanden als "dialogische Auseinandersetzung sich gegenseitig akzeptierender Personen" (Damm 1980, S. 220).

#### 3.1.1. Aufgaben und Ziele alternativer Jugendberatung

Die weithin fehlende Akzeptanz der "Fachberatungsstellen" bei den Jugendlichen und die Mängel spezialisierter Jugendberatungsstellen haben deutlich gemacht, daß eine Beschränkung der Beratungsarbeit auf bestimmte Problembereiche nicht sinnvoll ist, ja sich angesichts der Komplexität und Parallelität der Problemlagen im Jugendalter geradezu verbietet. Die Probleme sind "weder in ihrer Entwicklungsgeschichte noch in ihren Manifestationen und Auswirkungen auf einzelne Rollenaspekte, Lebensbereiche oder institutionelle Kontexte beschränkt." (Brandstädter 1985a, S. 3) Eine entsprechende Beratung darf nicht aus einer auf einzelne Entwicklungs- und Lebensbereiche eingeschränkten Beratungsperspektive erfolgen. "Es scheint vielmehr, daß Entwicklungsprobleme oft gerade erst aus solchermaßen perspektivisch beschränkten Beratungen entstehen." (Brandtstädter 1985a, S. 3)

Wenn grundsätzlich alle Probleme zur Diskussion stehen sollen, bedeutet dies auch, den Jugendlichen stets in seiner Gesamtpersönlichkeit zu achten und nicht ausschnitthaft auf seine jeweiligen Schwierigkeiten zu reduzieren (Brucker u.a. 1980, S. 180). Jugendberatung muß deshalb auch auf zunehmende soziale und materielle Not von Heranwachsenden eingehen und darf diesen Bereich nicht von "seelischem Leid" isolieren (Bluhm/Deuber 1986, S. 275). "Die gesellschaftliche Dimension seelischer Störungen konturiert sich schärfer als in früheren Zeiten, sie drängt sich geradezu auf." (Sonnen 1983, S. 336) Welche Brisanz materielle Notlagen für Jugendliche besitzen, verdeutlichen auch die Praxisschwerpunkte der "Allgemeinen" Jugendberatungsstellen (2.3.7.3.). Beratung muß hier als "praktische Lebenshilfe" alle möglichen finanziellen Ansprüche aufspüren, dem Ratsuchenden aufzeigen und bei ihrer Durchsetzung behilflich sein. Daß Beratung hierbei an die Grenzen ihrer Unterstützungskapazitäten stößt, liegt auf der Hand: sie hat z.B. keinen Einfluß auf die Höhe des Sozialhilfesatzes, wird aber im Beratungsprozeß bzw. schon in den Chancen ihres Zustandekommens ständig mit der "gesellschaftlichen Dimension" der Not der Ratsuchenden konfrontiert (vgl. Sonnen 1983).

Gleichzeitig muß Jugendberatung berücksichtigen, daß sich hinter den Problemen Jugendlicher verstärkt Lebenssinnfragen, Selbstwertprobleme und eine allgemeine Werteverunsicherung verbergen (Presting/Sielert/Westphal 1987, S. 136). Angesichts der Notwendigkeit, biographisch individuelle Lebenspläne im Spannungsfeld gesellschaftlicher Widersprüche entwerfen zu müssen, muß Jugendberatung nicht nur Informationen, sondern umfassende Orientierungshilfen bieten (vgl. auch Honig 1976). Dies bedeutet auch, den Jugendlichen "die Handlungsspielräume für eigenes Verhalten aufzuzeigen und Auswirkungen ihres Handelns vorhersehbar zu machen." (Klawe 1986, S. 194)

Ein weiterer wichtiger Aufgabenschwerpunkt liegt in der verstärkten Wahrnehmung von Alltagsproblemen Jugendlicher, da sich diese in einer Weise verdichten können, daß der Handlungsspielraum des einzelnen zu sehr eingeengt wird und damit eine Problembewältigung ohne weitere spezialisierte Hilfe nicht mehr möglich ist (Sengling/Eisenberg 1982, S. 33). Neben die Aufgabe der sozialpädagogischen Intervention in aktuellen Krisen müssen mehr alltagsorientierte Beratungsaufgaben treten, deren konstruktive Bewältigung verhindern helfen kann, daß aus normalen Alltagsproblemen und momentanen Schwierigkeiten manifeste Störungen werden (Göres/Jürgens 1980, S. 548). Dies bedeutet eine verstärkte Wahrnehmung präventiver Aufgaben, die bislang hinter den jugendfürsorgerischen Aspekten weitgehend zurückbleiben (Jordan/Sengling 1988, S. 115).

Jugendberatung muß intensiver auf die individuellen Bedürfnisse der Ratsuchenden eingehen, d.h. sie muß versuchen, ihre gesellschaftliche Dimension zurückzudrängen und das Anliegen des Ratsuchenden mehr aus dessen Blickwinkel und nicht vorwiegend unter gesellschaftlichen Erfordernissen zu beurteilen. Bedürfnisorientierung bedeutet den "verstehenden Zugang zur Lebensrealität und den auf diesem Hintergrund entstandenen Bedürfnissen der Jugendlichen." (Damm 1987, S. 24) An den Bedürfnissen anzusetzen bedeutet, "den gesellschaftlichen Kontext dieser Bedürfnisse deutlich zu machen und in einem dialogischen Prozeß gemeinsam mit den Jugendlichen emanzipatorische Elemente der Bedürfnisse weiterzuentwickeln." (Damm 1988, S. 432)

Damit müssen den Jugendlichen in der Beratung auch gesellschaftliche Ursachen und Bedingungen bzw. gruppen- oder altersspezifische Zusammenhänge ihrer Problemlagen verdeutlicht werden (vgl. Brucker u.a. 1980, S. 181). Dies muß in einem Aufklärungsprozeß erfolgen, an dem ebenso der Berater aktiv beteiligt ist: die Sichtweisen dürfen dem Ratsuchenden nicht übergestülpt werden, sondern sie müssen "von ihrer Evidenz im Alltagsdenken der Betroffenen her" (Thiersch/Frommann/Schramm 1977, S. 119) relevant werden. Es gilt, den Jugendlichen umfassendere Kontexte zu vermitteln und möglicherweise schon manifeste personalisierte und individualisierte Deutungsmuster aufzuweichen und aufzulösen. Bei den Ratsuchenden muß die Einsicht gefördert werden, daß "die individuelle Soziallage prinzipiell veränderbar ist und nicht schicksalhaft erlitten werden muß, Konflikte nicht nur individuell, sondern auch strukturell bedingt sind, politische Partizipation möglich und für Veränderungsprozesse notwendig ist, kollektive, solidarische Aktionen erfolgreich sein können und Individualstrategien gegenüber Vorteile haben." (Brucker u.a. 1980, S. 176)

Durch die Vermittlung derartiger Einsichten und Zusammenhänge sollen die Jugendlichen gestärkt werden, individuelle und kollektive Interessen zu artikulieren und durchzusetzen (Brucker u.a. 1980, S. 177). Die Ratsuchenden "sind in der Beratung zu aktivieren, ihre Konflikte oder Notlagen als Aufforderung zur Veränderung zu begreifen und nicht als ein unabänderliches Schicksal." (Giese/Melzer 1978, S. 100)

Beratung muß noch einen Schritt weiter gehen: ihre wohl wichtigste Aufgabe besteht darin, einen Weg vom Reden zum Handeln zu finden. Es genügt nicht, über die Realität der Jugendlichen nur zu reflektieren, sondern sie muß gemeinsam mit ihm praktisch erfahren und ausgewertet werden (von Wolffersdorff-Ehlert 1977, S. 554).

"Beratung kann nicht gerade dann aufhören, wenn Einsichten und erarbeitete Handlungsmöglichkeiten in die Tat umgesetzt werden sollen." (Oerter 1985, S. 76) Diese Komponente von Beratung ist in Zusammenhang mit dem handlungstheoretischen Modell der Bewältigung von Entwicklungsaufgaben zu sehen (vgl. 1.2.1.2.): Jugendliche können über "Handlung" Einfluß auf die eigene Entwicklung nehmen und die instrumentelle Funktion von Handlung für den Ausbau und die Erweiterung von Kompetenzen und Zielsetzungen nutzen. Aufgabe von Beratung muß es sein, die Erkenntnis der Jugendlichen im Hinblick auf dieses Potential zu fördern.

Ziel von Jugendberatung ist es damit zunächst, den Jugendlichen sowohl in problembelasteten Situationen als auch in Bezug auf seine alltäglichen Lebensvollzüge handlungs- und entscheidungsfähig zu machen bzw. diese Fähigkeit zu erhalten und zu stabilisieren. Die Beratung muß für den Jugendlichen erst einmal konkrete Hilfe bedeuten, für ihn Praxisrelevanz und Gebrauchswert besitzen (vgl. Damm 1987, S. 22). Darüber hinaus muß angestrebt werden, beim Heranwachsenden Ressourcen und Potentiale zu wecken, die es ihm erlauben, mit künftigen Problemlagen besser umzugehen. Beratung hat erst dann ihr Ziel erreicht, "wenn das Aktivitätspotenial des Jugendlichen quanitativ und qualitativ gesteigert werden und über die momentane Krise hinaus wirksam werden kann." (Sowade u.a. 1975, S. 356)

Damit verbunden ist die Zielperspektive der Emanzipation und Identitätsstärkung der Jugendlichen. Jugendberatung muß den Heranwachsenden die Möglichkeit geben und die Fähigkeit vermitteln "zur Selbstdefinition, Selbstartikulation und Selbstorganisation ihrer Interessen, zum Finden einer eigenen Identität, zur Realisierung eines wirklichen Lebensentwurfs, zur offensiven Selbstbehauptung und Lebensbewältigung." (Damm 1987, S. 19) Es geht darum, die Ich-Stärke der Jugendlichen zu fördern, ihnen größere Zusammenhänge und Einsichten sowie kommunikative Kompetenzen und entsprechende Rollenerfahrungen zu vermitteln (vgl. Brucker u.a. 1980, S. 176).

Über diese Zielebene der individuellen Veränderung der Heranwachsenden hinaus muß Jugendberatung auch eine soziale Veränderung der Situation der Jugendlichen sowie institutionelle Veränderungen anstreben (vgl. Faulstich-Wieland 1979, S. 255), d.h. es muß versucht werden, die zu individuellen Schwierigkeiten führenden Bedingungen zu verändern (Peise-Seithe 1982, S. 26). Diese "strukturbezogene Prävention" muß in einem umfassenden Sinn auch darauf abzielen, kulturelle, ökonomische und ökologische Ressourcen zu schaffen, die eine relativ störungsfreie individuelle

Entwicklung gewährleisten. Ansatzpunkt hierfür kann etwa die Kommunalpolitik sein, die durch entsprechende Maßnahmen in der Stadtplanung, im Wohnungsbau und in der Infrastruktur zu einer qualitativen Verbesserung sozialräumlicher Lebensbedingungen beitragen kann (Herriger 1983, S. 231).

Beratung ist immer auch "Gestaltungsaufgabe" und zwar sowohl auf der interpersonalen Ebene der sozialen Beziehungen und menschlichen Verhältnisse als auch auf der Ebene der Einwirkung und Verbesserung pädagogischer und sozialer Felder (Hornstein 1976, S. 684). So müßte durch Intensivierung von System- bzw. Institutionenberatung (vgl. z.B. Nestmann 1985) vor allem eine Umgestaltung und Neuorientierung der Schule angestrebt werden (vgl. 1.3.2.). Durch Koppelung mit pädagogischen Neuansätzen, wie z.B. sozialpädagogischer Jugendarbeit oder sozialer Beratung in der Schule, könnte dieses erzieherische Feld zu einem "Erfahrungsraum" für die Jugendlichen werden (vgl. Hurrelmann/Wolf 1986, S. 178ff.). Auch im Hinblick auf Eltern und professionelle Erzieher muß Beratung ihre Gestaltungsaufgabe wahrnehmen. Im Rahmen einer den Bedingungen des jeweiligen sozialen Gefüges angepaßten Eltern- oder Multiplikatorenarbeit kann auf eine Verbesserung der Erziehungsfähigkeit bzw. auf das Bewußtwerden von Erziehungsprozessen hingewirkt werden (Peise-Seithe 1982, S. 27).

### 3.1.2. Arbeitsweisen und Beraterfunktionen

Für die Vorgehensweise alternativer Jugendberatung sollen keine starren "Rezepte" oder Methodenschulen maßgebend sein. Vielmehr muß sie, aufbauend auf einigen im folgenden zu referierenden Grundsätzen, jeweils flexibel die Erfordernisse des Einzelfalls erkennen und darauf angemessen reagieren können.

Will Beratung die genannten Aufgaben und Ziele erfüllen, darf sie keine einmalige und punktuelle Angelegenheit bleiben. Jede Altersphase ist durch eine Sequenz von Problemstellungen und "Entwicklungsaufgaben" gekennzeichnet, die jeweils neu zu bewältigen sind, bevor der Übergang in die nächstfolgende Altersphase erfolgen kann (Olk 1986, S. 50). Entwicklungsprobleme können damit in jedem Abschnitt der Lebensspanne auftreten; freilich besteht gerade im Jugendalter und jungen Erwachsenenalter ein besonderer Orientierungs- und Beratungsbedarf. Beratung muß von der Bereitschaft getragen sein, in einen längerfristigen gemeinsamen Entwicklungsprozeß mit den Jugendlichen einzutreten (Haar v.d./Haar v.d./Harris 1985, S. 12). Dies bedeutet auch, daß Zukunftsaspekte und Konsequenzen der Beratung zu bedenken sind. Es ist ihre "Verträglichkeit mit zeitlich nachgeordneten Entwicklungsoptionen zu überprüfen, d.h. es sind auch zeitlängsschnittliche Zielkonflikte und Nebenwirkungen zu beachten." (Brandtstädter 1985a, S. 4) Nebenwirkungen einer auf Stärkung der Selbstbestimmung des Ratsuchenden abzielenden Beratung können sich z.B. daraus ergeben, daß Jugendliche mit ihrer neu entfalteten Kompetenz bei Personen oder Institutionen auf Kritik stoßen, die sie lieber weiterhin in Abhängigkeit und Unmündigkeit sehen würden. Beratung muß hier ihre gesellschaftliche Dimension thematisieren und solche möglichen Konsequenzen ansprechen.

Jugendberatung muß bei der Analyse der Problemlagen Jugendlicher einen hohen Anteil an Informationen aus dem Lebensfeld der Ratsuchenden einholen. Sie muß die Lebenswelt der Jugendlichen, genauer ihre "gelebte Welt" (Kraußlach 1983, S. 200) intensiv kennenlernen und möglichst sinnlich erfahren (Nestmann 1982, S. 58). "Mißlingt dies, wird jeder Rat aus der Beraterwelt von den Betroffenen nur unzulänglich oder gar nicht verwertet werden können." (Kraußlach 1983, S. 200) Es muß die konkrete Situation des Jugendlichen in Familie, Schule oder Arbeitswelt, in weiteren Bezugsgruppen sowie in seinem jeweiligen sozialökologischen Kontext in die Beratung einbezogen werden (Czerwenka 1986, S. 75; Oerter 1985, S. 75; Jordan/ Sengling 1988, S. 24). Zu berücksichtigen ist auch die Vorgeschichte der Beratungssituation, d.h. ob der Jugendliche aus freien Stücken in die Beratung kommt oder aufgrund einer Anordnung, Anmeldung durch andere Personen oder einer Weitervermittlung.

Gleichzeitig muß auf die spezifischen Lernvoraussetzungen und individuellen Sozialisationserfahrungen (Sprache, Konfliktfähigkeit) der Jugendlichen eingegangen werden (Brucker u.a. 1980, S. 177; Czerwenka 1986, S. 45). Der Berater muß versuchen, sich dem Problem aus der Sicht des Ratsuchenden zu nähern, sich gleichsam in ihn hineinversetzen. Nur aus dieser doppelten Perspektive - subjektive und objektive Sicht - kann der Heranwachsende mit seinem zur Verfügung stehenden Problemlöse- und Selbsthilfepotential aktiv in den Beratungsprozeß einbezogen werden. Der Jugendliche kann Ergebnisse und Einsichten des Beratungsprozesses nur dann konkret in den eigenen Lebensalltag umsetzen, wenn "er sie mit seiner subjektiven Wahrnehmung seiner Lebenswirklichkeit in Verbindung bringen kann" und "ihm zusätzlich dazu alle relevanten verfügbaren Informationen über Zusammenhänge, Handlungsmöglichkeiten und rechtliche Bedingungen zur Verfügung gestellt werden." (Klawe 1986, S. 149)

Jugendberatung muß sich mehr von ihren Einrichtungen lösen, das heißt sie muß aktiv auf die Jugendlichen zugehen, sie an den Orten aufsuchen, an denen sie ihre meiste Zeit verbringen - in der Freizeit. Damit kann die traditionelle "Komm-Struktur" von Beratungseinrichtungen zugunsten einer "Bring-Struktur" aufgelöst werden. Das Eindringen in den Freizeitbereich der Jugendlichen muß jedoch äußerst vorsichtig geschehen, damit dies für die Jugendlichen keine weitere Pädagogisierung ihres Alltags bedeutet. Beratungsprozesse können und dürfen nicht erzwungen werden; die Freiwilligkeit der Inanspruchnahme muß stets gewahrt bleiben. Ziel einer aufsuchenden Beratungsarbeit darf es nicht sein, "Kontrolle und Disziplinierung von auffälligen Personen oder Gruppen" zu betreiben. Damit würde der Berater "verlängerter Arm der Organe" und setzte die Jugendlichen weiteren Zugriffsmöglichkeiten durch die Behörden aus (vgl. Gutenberger/Sprau-Kuhlen 1980, S. 37). Darüber hinaus ist zu beachten, daß die Jugendlichen auf die Methode der aufsuchenden Beratung nur dann reagieren und sich bei Konflikt- und Problemlagen beraten lassen, wenn die Beratungsangebote und die Formen und Inhalte des pädagogischen Umgangs in die Strukturen und Prozesse eingebettet werden, die an ihren Trefforten vorherrschen. Miltner (1982) belegt diese Beobachtung in einem Erfahrungsbericht über ein Handlungsforschungsprojekt in einer Eck-Kneipe.

Aufsuchende Beratung muß einhergehen mit einer verstärkten und gezielteren Öffentlichkeitsarbeit. Mit Plakaten, Aktionen und Flugblättern, Tag der offenen Tür, Beratungswegweisern und ähnlichem kann die Beratungsstelle ihre Arbeit für die Jugendlichen transparenter und einen Besuch attraktiver gestalten. Darüber hinaus können die den Jugendlichen in der Beratung zur Verfügung gestellten Informationen gesammelt, dokumentiert und allen Jugendlichen zugänglich gemacht werden. Dies kann dazu beitragen, daß Jugendberatung ein akzeptierter Ort der Information, Beratung und Kommunikation wird (Brucker u.a. 1980, S. 179).

Ein weiterer Weg der Ansprache Jugendlicher kann über das Angebot konkreter Möglichkeiten und gemeinsamer Unternehmungen führen. Dabei muß sich Jugendberatung vor allem für diejenigen Jugendlichen engagieren, die bereits den "Rückzug in die Privatsphäre" angetreten haben. Sie muß darauf hinwirken, den Jugendlichen wieder Perspektiven zu eröffnen und ihre Beziehungen zu großen gesellschaftlichen Bereichen zu erhalten bzw. wiederherzustellen (Klawe 1980, S. 516). Daß der Weg über konkrete Angebote erfolgreich sein kann, zeigen die Erfahrungen der Projektgruppe "Arbeitslose Mädchen" (1979). Die Mitarbeiter berichten, daß die Teilnehmerinnen von Werkgruppen nach und nach den Wunsch äußerten, sich einfach so zum "Reden" zu treffen. Die Mädchen erlebten durch die Gruppenarbeit ihre Situation und ihre Probleme nicht mehr isoliert, sondern konnten den Druck eigener Schwäche und Schuld relativieren. Die anfängliche resignative Haltung konnte durchbrochen und konstruktive Beratungsprozesse in Gang gesetzt werden.

Auch der Weg über informelle Geselligkeit kann in Beratungsprozesse münden. So dokumentieren Brucker u.a. (1980) die Entwicklung eines Lehrlingstreffs, aus dem heraus sich im Lauf der Zeit Jugendberatung als Teilfunktion herausgebildet hat. Beratung konnte in diesem Fall eingebettet werden in übergreifende Aspekte der politischen Bildung und flankierende Maßnahmen der offenen Arbeit. Entscheidend ist nach Meinung der Autoren, "daß individuelle Beratungsbedürftigkeit einschließlich der daraus resultierenden Beratungsprozesse auf der Basis kommunikativer-informeller Geselligkeit des Lehrlingstreffs aktualisiert wird." (S. 169)

Die Beratungskompetenz und Solidarität der alltäglichen Bezugsgruppen von Jugendlichen bilden eine wichtige Grundlage für deren Problemlösen (Arbogast/ Tippelt 1981, S. 138). Der Heranwachsende darf nicht von seinen Bezügen isoliert und der Gefahr von Rollenkonflikten ausgesetzt werden, "sondern es müßte eher angestrebt werden, die Gruppe oder wichtige Bezugspersonen des Jugendlichen in den Beratungsprozeß miteinzubeziehen." (Wartenberg 1979, S. 21) Die Gruppenarbeit mit Jugendlichen kann vor allem präventiv wirksam sein und den Heranwachsenden Kompetenzen zur alltäglichen Lebensbewältigung vermitteln. Um die Selbsthilfepotentiale der Jugendlichen zu stärken, können die Gruppen im Verlauf der Arbeit in deren Eigenregie und -verantwortung überführt werden (Göres/Jürgens 1980, S. 554).

Auch Damm (1988, S. 432; vgl. auch Tippelt 1982) plädiert dafür, angesichts einer immer schwierigeren Lebensbewältigung der Jugendlichen die Beratungs- und Unterstützungskompetenzen der Gleichaltrigen-Cliquen zu nutzen; darüber hinaus fordert er, Problemlösungspotentiale engagierter Erwachsener aus Institutionen und Initiativen zu mobilisieren.

Diese Neuorientierungen hinsichtlich Aufgaben, Zielen und Arbeitsweisen der Jugendberatung erfordern auch einen Wandel des Selbstverständnisses mancher der in diesem Bereich tätigen Berater. Sie dürfen sich nicht als "Macher" und "Anbieter" sehen, sondern vielmehr als gleichberechtigte Partner der Jugendlichen, die sie ein Stück weit auf ihrem Lebensweg begleiten (Klawe 1982a, S. 354). Die

Jugendberater müssen sich in einen engen Verständigungszusammenhang mit den Jugendlichen begeben, ihre Lebenswelt kennenlernen, sich aber auch in ähnlicher Weise von den Jugendlichen kennenlernen lassen (Damm 1988, S. 432). Dabei müssen sie bezüglich der Lebenswelt der Jugendlichen soziostrukturelles Wissen auf einer abstrakten Ebene besitzen und gleichzeitig über die Fähigkeit verfügen, sich Informationen und Kenntnisse über konkrete Verhältnisse zu beschaffen und zu erarbeiten (Nestmann 1982, S. 58).

Angesichts der wachsenden und zunehmend komplexer werdenden Problemlagen der Jugendlichen muß der Personalstand der Beratungsstellen erweitert und eine kontinuierliche Fort- und Weiterbildung der Mitarbeiter sichergestellt werden. Gefragt sind jedoch keine hochspezialisierten Beratungsexperten, sondern Menschen, die fähig und bereit sind, mit großem Engagement auf Jugendliche zuzugehen und mit ihnen umzugehen, die über ein breites Wissen über die Problemlagen Jugendlicher und deren Ursachen verfügen sowie in der Lage sind, ihre eigenen Erfahrungen und Kenntnisse aus der unmittelbaren Umgebung der Jugendlichen und der Beratungsstelle in die Beratung miteinzubringen (Damm 1980, S. 220). Durch Supervision und Institutionen- bzw. Projektberatung (vgl. Berger/Gotthardt 1981) muß die ständige Reflexion über die eigene Arbeit in Gang gehalten werden. Wichtig ist auch die Koordination und Kooperation der Mitarbeiter sowie die Abstimmung mit dem jeweiligen Träger. Darüber hinaus könnten als Ergänzung der Tätigkeit der Fachkräfte nichtprofessionelle Berater, also Laien eingesetzt werden, die ebenfalls durch entsprechende Supervision zu betreuen sind. Hier ist zu denken an ehrenamtliche Mitarbeiter in der Jugendarbeit, die von ihrem Alter her im Denken und Fühlen der Lebens- und Sprachwelt der Jugendlichen noch näher sind und sich deshalb vielleicht besser in die Probleme der Jugendlichen hineindenken können (vgl. Göres/ Jürgens 1980, S. 551ff.; Seibert 1978, S. 70ff.; Gerlicher/Bebber/Stockhammer 1979).

### 3.1.3. Geeignete Organisationsformen

Jugendberatung kann von den Jugendlichen nur angenommen werden und eine effektive Arbeit leisten, wenn sie sich von ihrem Behördencharakter und der direkten Anbindung an Ämter freimachen kann. Sie muß entweder als selbständige, unabhängige Einrichtung auftreten oder in ein Jugendzentrum bzw. Jugendfreizeitheim integriert sein, auf die Vorteile dieser Organisationsform wurde bereits hingewiesen (vgl. 2.2.3.). Sinnvoll ist es auch, den Jugendlichen, vor allem sozial benachteiligten Gruppen, den Zugang zur Einrichtung über eine Teestube o.ä. zu erleichtern. Hier kann man Leute treffen, Kontakte knüpfen und eben auch Beratung in Anspruch nehmen - es besteht aber kein Zwang dazu. In diesem Bereich kann Beratung vor allem präventive Aufgaben erfüllen (Göres/Jürgens 1980, S. 554).

Die Beratungsinstitutionen müssen auf größtmögliche Transparenz hinsichtlich ihres Zugangs und ihrer Methoden bedacht sein. Nur durch eine Aufklärung der potentiellen Besucher, z.B. über eine selbstgestaltete Zeitung, durch Feste oder aktive Kontaktaufnahme mit der Bevölkerung, kann sie zu einem akzeptierten Ort der Beratung auch für sozial benachteiligte Gruppen werden (vgl. Thiersch/Frommann/ Schramm 1977, S. 120f.).

Beratungsstellen für Jugendliche müssen dezentralisiert eingerichtet werden, um damit mehr Anlaufstellen zu schaffen. "Eine Ausgliederung sozialer Dienste bietet sich immer dann an, wenn akute Zugangsprobleme zu Klientengruppen bestehen und somit offenere Formen der Kontaktarbeit notwendig sind; wenn eine erfolgreiche Problembearbeitung auf eine Veränderung von Einstellungs- und Verhaltensweisen abzielt und deshalb eine aktive Mitwirkung des Betroffenen unerläßlich ist; wenn die Problembearbeitung auch strukturelle Veränderungen in der sozialen Umwelt zu berücksichtigen hat und deshalb advokatorische Handlungsorientierungen durch die Mitarbeiter in den Einrichtungen externe Unterstützungspotentiale erschließen oder Anliegen von Betroffenen gegenüber Instanzen durchsetzen helfen könnten." (Schliehe 1985, S. 370)

Die Einrichtungen müssen vor allem in die kleineren Einheiten der Stadtteile eingebunden werden. "Als Voraussetzung für erfolgreiche Jugendberatung ist deren Integration in die informelle Jugendkultur des Stadtteils anzusehen." (Sowade u.a. 1975a, S. 424) Dadurch werden dem Berater erst genaue Kenntnisse über das jeweilige Lebensumfeld und den sozialökologischen Kontext der Jugendlichen ermöglicht. Nur so kann er die Aussagen und Erfahrungen der Jugendlichen sowie seine Problemlösungsangebote auch adäquat einschätzen und Probleme frühzeitig wahrnehmen (Sengling 1983a, S. 246). Gleichzeitig ist der Ausbau und die Ausweitung des Beratungsnetzes im ländlichen und kleinstädtischen Raum zu forcieren, der derzeit stark unterversorgt ist.

Durch die Stadtteilorientierung bzw. die Orientierung an überschaubaren Gebieten kann Jugendberatung tendenziell die Trennung von funktionaler und institutioneller Beratung überwinden und auch die von den Jugendlichen erwartete "Drehpunktfunktion" übernehmen; sie kann eine Mittlerfunktion erfüllen in dem Sinne, daß sie Angebote, Initiativen und Aktionen bietet, "die geeignet sind, Signalwirkungen für gesellschaftliche Veränderungen auf die verschiedensten Zielgruppen und die Öffentlichkeit auszulösen." (BMJFG 1974, S. 74)

Mit der Einbindung der Einrichtungen in die unmittelbare Nachbarschaft der Jugendlichen, also in ihren "ökologischen Nahraum" kann auch erreicht werden, daß die Betroffenen, vor allem Jugendliche aus der Unterschicht, überhaupt auf diese Angebote aufmerksam werden und ihre Scheu aufgeben, eine solche Institution aufzusuchen (Jordan/Sengling 1988, S. 123; vgl. Baacke 1981).

Die verschiedenen Beratungsangebote eines Stadtteils und die behördlichen Einrichtungen dürfen nicht unverbunden und isoliert nebeneinander stehen; vielmehr müssen sie für den Ratsuchenden als Team, sozusagen als Teil eines "sozialen Netzwerks"[27] erkennbar werden (Jordan/Sengling 1988, S. 123; Wortmann/Berg 1983, S. 16), in dem sich formelle und informelle Unterstützungssysteme mit ihrem je spezifischen Interventionspotential verbinden und einander ergänzen (Hurrelmann/Rosewitz/Wolf 1985, S. 129ff.). Jugendberatung muß den Ratsuchenden ihre Stellung innerhalb dieses Netzwerks verdeutlichen, muß abklären, inwieweit im Rahmen des Subsidiaritätsprinzips eine "Hilfe zur Selbsthilfe" möglich bzw. eine Weiterverweisung nötig ist. Notwendige Voraussetzung für das Funktionieren dieses Netzwerks ist auch, daß der Staat die Beratungseinrichtungen als Funktionsträger anerkennt und eine dort stattfindende Vorabklärung der Problemlagen akzeptiert.

Im Rahmen dieses Unterstützungssystems ist vor allem die Jugendarbeit - sowohl die Jugendverbandsarbeit als auch die Offene Jugendarbeit - aufgefordert, ihre beraterischen Aktivitäten zu intensivieren. Es wurde bereits darauf hingewiesen, daß sich Jugendarbeit aus verschiedenen Gründen besonders gut als "Beratungsraum" eignet: Sie bietet Jugendlichen die Chance für die soziale Anerkennung ihrer Lebensschwierigkeiten sowie die Möglichkeit, in der Gleichaltrigen-Gruppe wieder zum eigenen Wert und den eigenen Fähigkeiten zu finden. Darüber hinaus ist sie vielen Jugendlichen als offener und zugleich vertrauter Bereich sozialräumlich zugänglich. Gespräche unter den Jugendlichen, in denen verbreitet wird, daß man im Jugendzentrum über Probleme reden kann, erhöhen die soziale Akzeptanz. Jugendarbeit kann Beratungsleistungen wesentlich unbefangener als institutionalisierte Beratung anbieten. Sie kann Informationen mit Gebrauchswert und Kontakte vermitteln, die den Jugendlichen aus ihren Bezügen heraus plausibel erscheinen. Indem

Jugendarbeit schließlich versucht, alternative Erlebnismilieus zu arrangieren, kann sie eine Fixierung auf das belastete Herkunftsmilieu zumindest aufweichen (Böhnisch/Münchmeier 1987, S. 171f.).

"Jugendarbeit, die sensibel ist für die Probleme der Jugendlichen wird ... bestrebt sein, genügend informelle Situationen zu schaffen, in denen persönliche Fragen angesprochen werden können." (Arbogast/Tippelt 1981, S. 138) Dabei kommt es darauf an, daß der Jugendberater nicht erst auf ausformulierte Problemschilderungen, sozusagen "auf Anfrage" reagiert, sondern bereits "diffuses Unbehagen" oder veränderte Stimmungslagen wahrnimmt. "Beratungsarbeit muß bereits dort einsetzen, wo Problemlagen entstehen." (Brucker u.a. 1980, S. 179) Beratung als "soziales Frühwarnsystem" kann damit "zu einem das erzieherische Handeln bestimmenden Element (werden), das nicht nur dort einsetzt, wo akut auftretende Schwierigkeiten einer Lösung bedürfen, sondern das integrierter Bestandteil des gesamten Erziehungsprozesses wird." (Sengling 1983, S. 323)

Aufgabe des Jugendarbeiters ist es, an kommunikative Zusammenhänge aus informellen Gesprächen im offenen Bereich anzuknüpfen und dem Jugendlichen zu helfen, seine Probleme zu benennen und gemeinsam mit ihm und eventuell auch seiner Bezugsgruppe einer Lösung zuzuführen (Brucker u.a. 1980, S. 180). "Jugendberatung muß mehr und mehr ein informeller natürlicher Kommunikationsvorgang werden." (Sowade u.a. 1975a, S. 423) Der Jugendberater muß jedoch mit größter Behutsamkeit und Sensibilität dafür vorgehen, wann seine "Einmischung" gewünscht und auch akzeptiert wird. Darüber hinaus gilt auch für die offene Jugendarbeit, daß Beratungsprozesse eher über greifbare Unterstützungsangebote und Hilfsmöglichkeiten zu initiieren sind: "Beratung in der Jugendarbeit kann in der Offenen Arbeit nur über konkrete Hilfestellungen eingeleitet werden, nicht über rein verbales Thematisieren der Probleme und Konflikte." (Deinet 1980, S. 79)

Jugendberatung als Funktion der Jugendarbeit darf sich jedoch nicht dahingehend entwickeln, daß die Mitarbeiter versuchen, auch noch spezielle Beratungsleistungen, für die sie eigentlich nicht ausreichend qualifiziert sind, zu übernehmen. Beratung in der Jugendarbeit muß vielmehr in dem Bewußtsein geschehen, Teil eines funktionierenden Verbundsystems zu sein und bei den Jugendlichen zumindest soviel Unterstützung mobilisieren zu können, daß Sozialisationsprobleme nicht an Experten abgegeben werden (Damm 1988, S. 435f.). Dies bedeutet auch, Fort- und Weiterbildungsangebote für Jugendarbeiter zu entwickeln, die die Möglichkeit bieten, "sich praxisorientiert mit den Problemen dieser Beratungsform in der Jugendarbeit vertraut zu machen." (Arbogast/Schoßig 1978, S. 471)

Zu bedenken ist in diesem Zusammenhang auch, daß Jugendarbeit gegenwärtig unter starkem Konkurrenzdruck der kommerziellen Freizeitanbieter steht und einem zunehmenden Funktionsverlust unterliegt (vgl. 1.3.4.4.). Es ist zu befürchten, daß sie mit ihren beraterischen Aktivitäten auch nur wieder einen kleinen Teil der Jugendlichen erreichen kann.

### 3.1.4. Beispiele für Neuansätze in der Jugendberatung

Die fachliche Diskussion über die Probleme institutionalisierter Beratung hat zu konzeptionellen Überlegungen geführt, die darauf abzielen, das Spannungsverhältnis zwischen "Beratung" und "Eingriff" abzumildern und vor allem auch sozial benachteiligte Gruppen zu erreichen. Im Anschluß an Jordan/Sengling (1988, S. 119ff.) werden im folgenden die Konzepte einer sozialpädagogischen Krisenintervention und einer stadtteil- und alltagsbezogenen Beratung vorgestellt. Sie können als anschauliche Beispiele für die entwickelten Aspekte zur Neuorientierung institutionalisierter Jugendberatung dienen. In der Praxis werden diese Ansätze wohl kaum in ihrer "Reinform" auftreten: auch alltagsbezogene Beratung wird mit Krisensituationen konfrontiert werden; umgekehrt darf eine sozialpädagogische Krisenintervention ihre Alltagsaufgaben nicht vernachlässigen.

#### 3.1.4.1. Sozialpädagogische Krisenintervention

Beratungsinstitutionen, die dem Anspruch der sozialpädagogischen Krisenintervention gerecht werden wollen, sind bemüht, die akuten Krisen, die den Jugendlichen in die Beratung führen, zu verstehen und dem Ratsuchenden hilfreiche Perspektiven aufzuzeigen. In diesem Rahmen sind etwa Kinder- und Jugendnotrufe, Krisentelefone, Frauenhäuser, Kinderschutzzentren und ähnliche Einrichtungen anzusiedeln. Darüber hinaus existieren Ansätze von Streetwork, einer aufsuchenden Sozialarbeit in den Bereichen der Drogenprävention und Jugendkriminalität.

Diese Einrichtungen praktizieren eine größtmögliche Erreichbarkeit und Unabhängigkeit von vorgegebenen Büro- und Arbeitszeiten und versuchen, durch eine unbürokratische Vorgehensweise Schwellenängste bei den Betroffenen zu reduzieren. Sie wollen ganzheitliche und unmittelbare Hilfe leisten und den Ratsuchenden in den perspektivischen Planungsprozeß miteinbeziehen. Voraussetzung dafür ist die Herstellung eines Klimas von Vertrauen, Offenheit und Geborgenheit und das Schaffen einer Umgebung, die möglichst wenig Zwangscharakter aufweist und nicht stigmatisierend wirkt (Jordan/Sengling 1988, S. 119ff.).

Der Erfahrungsbericht von Wortmann/Berg (1983, S. 145ff.) zeigt, daß in akuten Notsituationen, z.B. wenn die Jugendlichen von zu Hause ausgesperrt werden, vielfach zusätzliche, ganz konkrete und unbürokratische Hilfestellungen geleistet werden müssen. So konnte die Beratungsstelle, von der die Autoren berichten, im Laufe ihrer Arbeit für derartige Fälle eine Reihe von "Unterbringern" gewinnen, die bereit sind, Jugendlichen in einer solchen Notlage erst einmal ein "Dach über dem Kopf" zu gewähren. Beratungsprozesse und perspektivische Planungen können nämlich erst dann einsetzen, wenn die unmittelbaren Auswirkungen der Krisensituation - hier: auf der Straße stehen - beseitigt oder gemildert sind.

### 3.1.4.2. Stadtteil- und alltagsorientierte Beratung

Institutionen, die stadtteil- und alltagsorientierte Beratungsarbeit[28] leisten, stellen nicht den Einzelfall in den Mittelpunkt ihrer Arbeit, sondern das ihn umgebende Milieu. Sie zielen damit auf den präventiven Aspekt von Beratung in einem relativ weit gefaßten Begriff ab. Beratung erfolgt nicht für die Betroffenen, sondern als gemeinsamer Prozeß mit ihnen. Stadtteilorientierte Arbeit kann Zugangsbarrieren durch ihren unmittelbaren und zielgruppenorientierten Ansatz tendenziell reduzieren. Die räumliche Begrenzung und Einbindung in die Nachbarschaft bedeuten für den Klienten kurze Wege, den Abbau des behördlichen Charakters der Einrichtung und die Reduzierung von Schwellenängsten (vgl. 3.1.3.).

Darüber hinaus wird für die Beratungsstelle die Kooperation mit anderen Institutionen und damit der Aufbau eines "sozialen Netzes" erleichtert: die Kontakte sind überschaubar und es bestehen konkrete Anknüpfungspunkte durch die gemeinsame Zielgruppe und das gemeinsame Arbeitsfeld.

Indem dieser Ansatz in genauer Kenntnis der situativen Umstände ganz konkrete Hilfen zur Behebung von Notlagen, Krisensituationen und Alltagsproblemen bieten kann, weist er auch gute Chancen dafür auf, die Lebensbedingungen der Jugendlichen und ihrer Familien positiv zu beeinflussen. Durchgängiges Arbeitsprinzip ist die Einbeziehung und Aktivierung der Betroffenen selbst, die Förderung ihrer sozialen

Kontakte und die Anregung und Unterstützung zur Selbsthilfe. Durch Initiativen, offene Treffpunkte, Begegnungsveranstaltungen etc. sollen Kooperationsstrukturen, informelle Systeme geschaffen werden, die geeignet sind, die zunehmende privatisierende Isolation der Bewohner zu überwinden (Jordan/Sengling 1988, S. 121ff.; Sengling/Eisenberg 1982). Beratung soll Hilfestellung leisten, "damit das soziale System eines Wohngebietes zunehmend in die Lage versetzt wird, seine psychischen, sozialen und erzieherischen Anliegen selbständig und selbstbewußt in die Hand zu nehmen und es auch zu können." (Peise-Seithe 1982, S. 29)

Diese "Gemeinwesenarbeit" darf nicht als weitere methodische Variante, als "dritte Methode" der Sozialpädagogik und Sozialarbeit (Iben 1970) verstanden werden. Sie ist vielmehr ein politisches Konzept, das durch den Grundsatz der Parteinahme für die Betroffenen und die Ziele der Verbesserung der Lebensbedingungen und Aktivierung zur Interessenwahrnehmung inhaltliche Innovationen dieses Arbeitsfeldes intendiert (Gutenberger/Sprau-Kuhlen 1980, S.41).

### 3.1.5. Zusammenfassung

Aufgaben und Ziele von Jugendberatung müssen unter dem Blickwinkel der aufgezeigten Probleme institutionalisierter Beratung erweitert und akzentuiert werden. Der hier vorgestellte alternative Ansatz versteht sich als ganzheitliche Sichtweise, sowohl was die in der Beratung zu verhandelnden Problemlagen als auch die Persönlichkeit des jugendlichen Ratsuchenden anbelangt. Es müssen alle Probleme der Jugendlichen zur Diskussion stehen, vor allem auch ihre materiellen und sozialen Nöte sowie Probleme der alltäglichen Lebensbewältigung. Der Jugendliche muß als Gesamtpersönlichkeit behandelt werden und darf nicht auf ein Problemsymptom reduziert werden. Darüber hinaus ist auch eine Perspektivenerweiterung in der Hinsicht vorzunehmen, daß Beratung keine punktuelle Maßnahme bleiben darf, sondern lebensspannenumfassend, begleitend als "Entwicklungsberatung" (Brandtstädter 1985a) konzipiert werden und damit auch den Zukunftsaspekt miteinbeziehen muß. In den Mittelpunkt der Beratung müssen die Interessen und Bedürfnisse der Jugendlichen in ihrem gesellschaftlichen Kontext gestellt werden. Dies bedeutet auch, gemeinsam mit den Jugendlichen gesellschaftliche Hintergründe ihrer Problem- und Konfliktlagen zu eruieren und darauf aufbauend konkrete Handlungsorientierungen zu entwerfen. Im Grundsatz sind diese Forderungen den von Thiersch/Frommann/Schramm (1977, S. 116ff.) entwickelten Dimensionen des Beratungshandelns, nämlich Akzeptierung, Sachorientierung und Partizipation vergleichbar.

Ziel muß es sein, bei den Jugendlichen emanzipatorische Lernprozesse in Gang zu setzen und ihre Identitätsfindung zu stärken. Über diesen individuellen Aspekt hinaus müssen Veränderungen im sozialen Umfeld der Jugendlichen in Angriff genommen und damit die problemverursachenden Bedingungen beseitigt werden. Angesichts der doch geringen Einflußmöglichkeiten der Beratung ist offensichtlich, daß diese Aufgabe den Beratern ein hohes Maß an Frustrationstoleranz abverlangt (Lang 1984, S. 215ff.).

Im Beratungsvorgang selbst müssen umfassende Informationen aus der Lebenswelt der Ratsuchenden eingeholt und für den Beratungsprozeß nutzbar gemacht werden. Nur so können alle beim Jugendlichen und in dessen Umfeld vorhandenen Problemlösungspotentiale aktiviert werden. Die Berater müssen sich darüber hinaus zunehmend von ihren Einrichtungen lösen und die traditionelle "Komm-Struktur" zugunsten einer verstärkten "Bring-Struktur" aufzulösen versuchen. Eine Möglichkeit dazu bieten konkrete freizeit- oder kommunikationsbezogene Angebote. Diese Arbeitsweisen stellen hohe Anforderungen an den Berater, der nicht als "Experte" in Beratungsangelegenheiten gefragt ist, sondern als gleichberechtigter Partner der Jugendlichen. Ergänzend sollte das Problemlöse- und Unterstützungspotential der Gleichaltrigen-Gruppe und anderer informeller Bereiche herangezogen werden.

Wie auch die Beispiele der Neuansätze in der Beratung zeigen, ist eine geeignete Organisationsform zur Realisierung dieser Aspekte eine in den Stadtteil integrierte Beratungsstelle, die im Verbund mit anderen Einrichtungen für den Ratsuchenden zu einem hilfreichen "sozialen Netz" werden kann. Darüber hinaus weist eine stadtteilorientierte Beratung gute Chancen auf, die von den Jugendlichen erwartete "Drehpunktfunktion" übernehmen zu können. Auch die Jugendarbeit erscheint als geeigneter Ort, Beratungsaufgaben zu übernehmen: hier können Beratungsprozesse in Gang kommen, ohne daß der Jugendliche sich vorab seine Beratungsbedürftigkeit einzugestehen hat. Jugendarbeit darf jedoch nicht dazu mißbraucht werden, daß die Probleme institutionalisierter Beratung samt ihrer sozialpolitischen Inpflichtnahme auf ihr - ohnehin mit strukturellen Mängeln behaftetes - Feld verlagert werden (vgl. 1.3.4.4.).

Die genannten Aufgaben, Ziele, Arbeitsweisen und Organisationsformen bieten gute Voraussetzungen dafür, daß Beratung ihre präventiven Aufgaben verstärkt wahrnehmen kann. Hier muß jedoch betont werden, "daß ihre Reichweite jeweils beschränkt und das Modell von Prävention als einer Art einmaliger Immunisierung irreführend ist; Prävention muß wiederkehrende Entwicklungsintervention sein. Mit ihr werden Entwicklungskontexte so verändert, daß die Jugendlichen alternative Ziele und Pläne für ihre Entwicklung gewinnen können." (Silbereisen/Kastner 1986, S. 75)

Beratung muß sich schließlich stets ihrer gesellschaftlichen Dimension, die im übrigen auch durch die alternativen Konzepte nicht vollends aufzulösen ist, bewußt sein und in die Reflexion über ihre Arbeit aufnehmen. Eine wirkliche Veränderung dieses Spannungsverhältnisses ist nur durch tiefgreifende sozialpolitische Reformen möglich, wobei auch das Gesamtsystem der Jugendhilfe gefordert ist: Jugendhilfe muß einen Weg finden, "der sich als soziales Frühwarnsystem regionalisiert, sich um Bürgernähe im Verbund mit anderen Einrichtungen bemüht." (Sengling/Eisenberg 1982, S. 31) Stadtteilorientierte Beratung in der beschriebenen Form kann dazu ein erster Schritt sein.

Im folgenden wird nunmehr versucht, diese alternativen Vorschläge am Modell einer Weiterbildungsberatung für Jugendliche zu konkretisieren. Als Grundlage dafür ist zunächst der Begriff der Weiterbildung und deren gegenwärtige Situation zu bestimmen.

## 3.2. Weiterbildung: Entwicklung, gegenwärtige Situation und Tendenzen

Weiterbildung und damit das Prinzip des "lebenslangen Lernens" gewinnt gegenwärtig in unserer Gesellschaft zunehmend an Bedeutung. Die Notwendigkeit von ständiger Weiterbildung ergibt sich "aufgrund der Gegebenheiten der modernen Berufs- und Arbeitswelt", "der Tatsache des Zusammenlebens in einer demokratisch verfaßten Gesellschaft", "der verstärkten Tendenz zu wechselseitiger Abhängigkeit in der modernen Welt", "der Tatsache, daß bei einsichtiger Motivation die Lernfähigkeit gesteigert werden kann" und "aufgrund des Bedürfnisses nach Orientierung betreffs persönlicher Lebensbezüge." Die Bereitschaft, sich ständig weiterzubilden und dazuzulernen ist damit sowohl ein individuelles Gebot als auch eine Voraussetzung für eine funktionierende Demokratie (Hamann 1986a, S. 911, 909).

Gegenwärtig steht vor allem die berufliche Weiterbildung im Mittelpunkt öffentlichen Interesses, da die aktuellen arbeitsmarktpolitischen Gegebenheiten und die rasche wirtschaftlich-technologische Entwicklung in zunehmendem Maße ein ständiges Dazulernen der Arbeitskräfte erforderlich machen. Der berufliche Aspekt ist jedoch, wie die obige Aufzählung zeigt, nur ein Teilbereich eines umfassenden Weiterbildungsbegriffs, der neben dem beruflichen auch Elemente allgemeiner und politischer Bildung umschließt.

Die folgenden Ausführungen beziehen sich ausschließlich auf den Begriff der organisierten Weiterbildung. Informelle Weiterbildungsprozesse, die für Jugendliche vor allem in beruflicher Hinsicht nach Abschluß der Ausbildung relevant werden (vgl. Kloas 1988) und sich auch auf den Sektoren der allgemeinen und politischen Bildung vollziehen, sind schwer erfaßbar und meßbar; sie bleiben hier ausgeklammert.

Der Begriff der Weiterbildung wurde erst mit der "realistischen Wende" in der Erwachsenenbildung als Oberbegriff für den quartären Sektor des Bildungswesens eingeführt und ist auch heute als solcher nicht unumstritten. Diese Entwicklung soll zunächst nachgezeichnet und wichtige Stationen im weiteren Verlauf bis zur gegenwärtigen Situation festgehalten werden. Schließlich werden aktuelle Tendenzen und Forderungen in der Bildungs- und Weiterbildungsdiskussion aufgezeigt.

### 3.2.1. Die "realistische Wende": von der Erwachsenenbildung zur Weiterbildung

Die Einführung und Verbreitung des Begriffs der Weiterbildung steht in Zusammenhang mit dem "Wandel von bildungsidealistischen zu sozialwissenschaftlichen und technokratischen Begründungen der Erwachsenenbildung" (Dahm/Wilkiewicz 1980, S. 80):

Unmittelbar nach dem 2. Weltkrieg knüpft Erwachsenenbildung wieder an das Konzept der "Volksbildung" der 20er Jahre an: "institutionelle und personelle Vorbilder sollen gleichsam die demokratische Legitimation des Neubeginns darstellen." (Knoll 1988, S. 1) Erwachsenenbildung gilt als "'Ort' der Allgemeinbildung, an dem einem überwiegend mittelständischen Publikum ein Stück 'erfüllende' Kultur und geistige Betätigung als Ausgleich zu den Belastungen des beruflichen Alltags geboten wird." Sie vollzieht sich "in der Persönlichkeit des einzelnen" und leistet "als Beitrag eines auf Befreiung, Versittlichung und Geistesbildung angelegten Handelns" für den einzelnen "Lebenshilfe" (Hamann 1986a, S. 910). Indem allgemeine und kulturelle Inhalte vermittelt werden, soll die umfassende Persönlichkeitsbildung, die weitere Entwicklung des bereits gebildeten Individuums gefördert werden (Bergmann-Krauss 1980, S. 201).

In den 60er Jahren wird im Zusammenhang mit der prophezeiten "Bildungskatastrophe" und als Reaktion auf die allgemeine wirtschaftliche Entwicklung eine gesellschaftliche Orientierung der Weiterbildung gefordert. Es herrscht nunmehr ein Bildungsdenken vor, das auf den Erwerb von verwertbaren Kenntnissen, Fähigkeiten und Fertigkeiten ausgerichtet ist. Weiterbildung hat sich an den gesellschaftlichen Erfordernissen auszurichten und soll systematisch und organisiert erfolgen. Sie hat die Aufgabe, den einzelnen zu befähigen, den beruflichen, wissenschaftlichen, wirtschaftlichen und sozialen Veränderungen durch Qualifikationen zu entsprechen (Dahm/Wilkiewicz 1980, S. 80; Bergmann-Krauss 1980, S. 201f.). Die "realistische Wende" bedeutet die Abkehr von einer primär zweckfreien, dem humanistischen Bildungsbegriff verbundenen zur mehr zweckbestimmten, berufsbezogenen Bildungsarbeit (Denzin von Broich-Oppert 1980, S. 481).

Wesentliches Dokument zur Manifestation dieser "Wende" sind (neben anderen Verlautbarungen wie z.B. dem Bildungsgesamtplan) die Empfehlungen des Deutschen Bildungsrates im 1970 veröffentlichten Strukturplan für das Bildungswesen. Dort wird Weiterbildung als Oberbegriff für den quartären (nachschulischen) Bereich des Bildungssystems verwendet, der Fortbildung, Umschulung und Erwachsenenbildung umfaßt (Deutscher Bildungsrat 1970, S. 199f.).

Der Strukturplan leitet aus den raschen gesellschaftlichen Veränderungen lebenslange und lebensbegleitende Weiterbildungsbedürfnisse bei einer breiten Masse der Bevölkerung ab und deklariert ständige Weiterbildung zum Prinzip. "Immer mehr Menschen müssen durch organisiertes Weiterlernen neue Kenntnisse und Fähigkeiten erwerben können, um den wachsenden und wechselnden beruflichen und gesellschaftlichen Anforderungen gerecht zu werden." (S. 51)

Damit verbunden ist die Notwendigkeit, "daß das organisierte Lernen auf spätere Phasen des Lebens ausgedehnt wird und daß sich die Bildungsmentalität weitgehend ändert." (S. 51) Die noch tief im Bewußtsein verankerte Trennung zwischen einer Lernphase im Jugendalter und der Phase der Berufstätigkeit im Erwachsenenalter muß aufgehoben werden (Raapke 1980, S. 627). Es geht um eine neue zeitliche Anordnung des Lernens im Lebenslauf: Weiterbildung ist nach dem Prinzip des "lebenslangen Lernens" zu organisieren. Auf internationaler Ebene wird dieses Konzept als "recurrent education", "lifelong education" und "éducation permanente" diskutiert (zur Unterscheidung vgl. Schmitz 1975, 1980; Kaiser 1981). Grundannahme ist, daß "der einzelne ... angesichts gegebener bzw. zu erwartender gesellschaftlicher Strukturveränderungen nur dann in der Lage (ist), seine Fähigkeit zu kompetenter Berufsarbeit, zur Teilnahme an der politischen Öffentlichkeit und zur Erhaltung persönlicher Identität aufrechtzuerhalten, wenn er an formalen Bildungsprozessen teilnimmt, die nicht auf die ersten anderthalb bis zweieinhalb Jahrzehnte des Lebens beschränkt sind, sondern auch während der anschließenden biographischen Phasen stattfinden." (Schmitz 1975, S. 69) Das Konzept bemüht sich um Klärung der Frage, wie Lernen und Lebenszeit miteinander ins Verhältnis gesetzt werden können. Konkret ist zu untersuchen, wie organisiertes Lernen auf den Lebenszyklus verteilt werden soll, wie dabei eine Verbindung von Lernen und Praxis hergestellt werden kann und welche Inhalte für die einzelnen biographischen Phasen des Lernens bedeutsam sein sollen (Schmitz 1980, S. 285f.; zur Kritik vgl. Dauber u.a. 1975).

Ziel der Weiterbildung muß es - auch in gesamtgesellschaftlichem Interesse (Deutscher Bildungsrat 1970, S. 199) - sein, "den Menschen zur bewußten Teilhabe und Mitwirkung an den Entwicklungs- und Umformungsprozessen aller Lebensbereiche zu befähigen und ihm dadurch die Entfaltung seiner Person zu ermöglichen." (S. 52). Es sind Fähigkeiten, Einstellungen und Verhaltensweisen zu fördern, "die eine bewußte Beteiligung an den Auseinandersetzungen mit den Folgen des technisch-wissenschaftlichen Fortschritts erlauben." (S. 53) Weiterbildung muß sich auf alle Lebensbereiche beziehen. Sie bietet sowohl primär beruflich orientierte Fortbildung und Umschulung als auch eine Erweiterung der Grundbildung und politische Bildung. Vor allem in Fällen, in denen "ein Mißverhältnis zwischen dem vorhandenen und dem möglichen und erforderlichen Bildungsniveau" besteht, hat Weiterbildung Aufklärungs- und Informationsmängel zu beheben (z.B. für das Nachholen von Bildungsabschlüssen). Darüber hinaus hat sie sich im besonderen der Probleme bestimmter Gruppen wie z.B. der Eltern und alter Menschen anzunehmen (S. 53).

Es wird also einerseits die Notwendigkeit der Einbeziehung beruflicher Bildung betont, andererseits aber vor einer Reduzierung von Weiterbildung auf beruflich verwertbares Wissen im engeren Sinn gewarnt. Berufliche Bildung darf nicht von anderen Lerninhalten abgesondert werden. "Von der Gesamtentwicklung des Menschen her gesehen müssen als beruflich und nicht beruflich bezeichnete Lernprozesse ineinandergreifen und sich gegenseitig ergänzen. Insofern ist alles Lernen nützlich und zweckmäßig und im Interesse der personalen Entfaltung durch die Weiterbildung zu unterstützen." (S. 57)

Der strukturelle und finanzielle Rahmen des "Gesamtbereichs Weiterbildung" ist durch entsprechende staatliche Planungsaktivitäten zu sichern. Um eine effektive Arbeit gewährleisten und den Weiterbildungsbereich für den Nutzer transparent machen zu können, fordert der Deutsche Bildungsrat (1970, S. 208ff.) den Aufbau von Kooperationsebenen sowohl lokal-regional als auch überregional sowie eine Melde- und Auskunftspflicht der Weiterbildungseinrichtungen.

Den Empfehlungen des Bildungsrates kommt Signalwirkung für die Verabschiedung einer Reihe von Erwachsenenbildungs-/Weiterbildungsgesetzen in einigen Bundesländern zu, die trotz ihrer Unstimmigkeiten und Unzulänglichkeiten zu einem ersten Strukturierungs- und Ausbauschub der öffentlich verantworteten Weiterbildung bis Ende der 70er Jahre führen (Weinberg 1986, S. 194; Huge 1984, S.220). Gemäß der Kompetenzverteilung zwischen Bund und Ländern (Ländervorbehalt) beziehen sich die Ländergesetze auf die "übrige allgemeine" Erwachsenenbildung sowie auf schulisch organisierte und durchgeführte berufliche Weiterbildung. Die Gesetze sind zwar im einzelnen sehr unterschiedlich ausgestaltet, gehen aber alle explizit von einem umfassenden Bildungsbegriff aus und sind der Einheit des Bildungswesens verpflichtet.[29]

Auch auf der Ebene des Bundes, der im Wege der konkurrierenden Gesetzgebung für berufliche, nicht-schulische Weiterbildung zuständig ist, werden eine Reihe von Rahmengesetzen erlassen, die für den Weiterbildungsbereich relevant sind, so z.B. das Berufsbildungsgesetz (BBiG), das Arbeitsförderungsgesetz (AFG), das Ausbildungsförderungsgesetz (BAFöG), das Hochschulrahmengesetz (HRG) sowie spezielle Richtlinien für den Fernunterricht (vgl. Görs 1985, S. 128ff.; Weinberg 1986, S. 194f.; Göritz/Kommer 1980, S. 281ff.).

Gesetzlich verankert wird auch die Vielfalt und Unabhängigkeit der Träger von Weiterbildung.[30] Die "Pluralität" der Träger und Einrichtungen soll als "Meßfunktion für die Frage nach ausgewogener Repräsentation gesellschaftlicher Interessenkontexte in der Weiterbildung dienen." (Friebel 1987, S. 171) Der Pluralismusgedanke ist zentrales Legitimationskonzept für die Förderung, Gestaltung und Anerkennung von Trägern vor allem der beruflichen Weiterbildung (Görs 1985, S. 125; zur finanziellen Förderung vgl. Göritz/Kommer 1980). Kompetenzverteilung und Trägerpluralismus stellen auch heute noch zwei zentrale Probleme im Weiterbildungsbereich dar, die einer einheitlichen Konzeption dieses Bildungssektors entgegenstehen (Raapke 1980, S. 626).

Durch den "Ausbauschub" wird auch die Institutionalisierung, Professionalisierung und Bürokratisierung der Erwachsenenbildung/Weiterbildung vorangetrieben. Mit dieser "Wende" wird auch der "Grundstein für eine Anerkennung der Weiterbildung als vollwertiger vierter Bildungssektor und zugleich der Wissenschaft der Erwachsenenbildung als neue sozial- und erziehungswissenschaftliche Teildisziplin gelegt." (Siebert 1985, S. 578) Diese Entwicklung manifestiert sich auch in einer Reihe von zusammenfassenden Literaturberichten (z.B. Feidel-Mertz 1977; Scheibe 1983).

Doch der Begriff der Weiterbildung hat sich bis heute gegenüber dem der Erwachsenenbildung nicht voll durchsetzen können. Die Diskussion darüber, welcher der Begriffe nun geeignet ist, den quartären Bildungsbereich zu bezeichnen, hält an. So geht z.B. Siebert (1988, S. 14,16) als Befürworter der "Erwachsenenbildung" davon aus, daß Weiterbildung mehr ein "Begriff des Systems" sei und ihm ein "politisches und ökonomisches Planungsinteresse" zugrunde läge. Erwachsenenbildung sei dagegen eher ein "anthropologischer, subjektorientierter Begriff, der die Eigenwilligkeit und Besonderheit des Individuums" anerkenne. Letztlich stünden sich hier ein "system-funktionales" und ein "anthropologisches Paradigma" gegenüber. In der gegenwärtigen Situation, da sich ein Zerfall der Einheit des vierten Bildungsbereichs abzeichne, sei es geboten, einen zeitgemäßen kritischen, ganzheitlichen Bildungsbegriff für das lebenslange Lernen Erwachsener zu entwickeln.

Vulpius (1988, S. 7f.,11) dagegen schließt sich mehr dem Standpunkt des Deutschen Bildungsrats an, wonach der quartäre Bildungsbereich eher mit "Weiterbildung" zu bezeichnen sei. Weiterbildung sei nur als neuer Name eingeführt worden, ohne an den Inhalten der Erwachsenenbildung zu tasten. Eine Veränderung des Aufgabenverständnisses in Richtung berufliche Bildung könne im Programm des Strukturplans nicht festgestellt werden; im Gegenteil werde hier die Notwendigkeit der Integration von beruflicher, allgemeiner und politischer Bildung betont. Darüber hinaus umfasse Erwachsenenbildung auch Angebote für Jugendliche, wodurch eine altersbezogene Bezeichnung nicht gerechtfertigt sei.

Weiterbildung wird im folgenden dem Begriff der Erwachsenenbildung vorgezogen und in ihrem weiten Sinne als Integration von allgemeiner, beruflicher und politischer Bildung verstanden. Dies bedeutet auch, daß keine lebensalterspezifischen Einschränkungen vorgenommen werden. Weiterbildung ist auch Angelegenheit der Jugendlichen, wenn nicht sogar von herausragender Bedeutung für diese Altersgruppe. In Bezug auf die Abgrenzung zur "Außerschulischen Jugendbildung" wird davon ausgegangen, daß Weiterbildung diese umschließt (ausführlich hierzu Schäffner 1979, 1980, 1983). In der bildungspolitischen Rhetorik werden "Außerschulische Jugendbildung" und "Weiterbildung" zwar weithin abgegrenzt (vgl. Bund-Länder-Kommission 1973); die Verbindungen der beiden Bereiche sind in Wirklichkeit jedoch vielfältig und intensiv (Knoll/Schoeps/Kick 1983, S. 10). Darüber hinaus sind generell Zweifel an einer altersspezifischen Bildungsarbeit anzumelden: "Denn die alltägliche Kategorisierung von Lebensaltern - Jugend gleich unreif, Erwachsenenbildung gleich reif - scheint überholt, wenn Jugend nicht als Defizit angesehen wird, sondern als Potential bestimmter, den Erwachsenen gleichwertiger Ich-Leistungen." (Kolfhaus 1988, S. 75)

### 3.2.2. Weitere Entwicklung und gegenwärtige Situation der Weiterbildung

Nach der "realistischen Wende" folgen in der Entwicklung bis heute weitere Perspektivenwechsel im Verständnis und in der Aufgaben- und Zielbeschreibung von Weiterbildung.

An der optimistischen Bewertung des Strukturplans der permanenten Höherqualifizierung und der potentiellen Realisierung von Chancengleichheit durch Weiterbildung wurde alsbald Kritik geübt, aus der vor allem politökonomische und soziologische Sichtweisen hervorgingen. Es wurden Modellversuche zur Integration allgemeiner, politischer und beruflicher Bildung gestartet, die Zielgruppenarbeit mit bildungsbenachteiligten Gruppen gefördert und die Arbeiterbildung neu entdeckt. Unter makrosoziologischer Betrachtungsweise wurde eine gesellschaftskritische Richtung der Weiterbildung mit emanzipatorischen Zielsetzungen verfolgt (Siebert 1985, S. 578f.).

Mitte der 70er Jahre zeichnet sich eine neuerliche Wende ab. Der bis dahin erfolgte starke Ausbau der Weiterbildung war finanziell machbar und vollzog sich im bildungspolitisch günstigen Klima der allgemeinen Reformpolitik. Doch die nun einsetzende wirtschaftliche Rezession zeigt, "wie schwach die 'reformerisch' begründete Weiterbildung im öffentlichen und politischen Bewußtsein und im institutionellen Gefüge des Bildungssystems verankert ist." (Dahm u.a. 1983, S. 9) Dem Expansionsoptimismus in den 70er Jahren folgt nun eine Phase, in der Zuwendungen reduziert werden und ein ideologisches Umdenken in Sachen Bildung stattfindet. Der weitere Ausbau des Weiterbildungsbereichs wird gestoppt. Spezielle Zielgruppenarbeit, z.B. mit sozial- und bildungsmäßig benachteiligten Gruppen oder Projekte wie der Bildungsurlaub, scheinen nicht mehr finanzierbar zu sein (Dahm u.a. 1983, S. 9).

Der im Strukturplan diagnostizierte Bedarf an Höherqualifizierten und entsprechender Weiterbildung hat sich als Fehldiagnose erwiesen. Vielfach sind Dequalifizierungstendenzen und die Beschränkung auf kurzfristige, bedarfsakute Schulungen von Bedienerqualifikationen festzustellen. Darüber hinaus ist die berufliche und betriebliche Bildung nicht im erwarteten Maß zu einer Breitenbildung geworden. In den Genuß von Weiterbildung kommen meist nur Führungskräfte sowie gezielt ausgesuchte Mitarbeiter, deren Fortbildung aus bedarfs- und zweckorientierten, rationalisierungs- und organisationsbedingten Erwägungen erfolgt (Dahm u.a. 1983, S. 9f.). Trotz der gegenwärtig propagierten Qualifizierungsoffensive und dem vielfach beklagten Facharbeitermangel dürften diese Aussagen auch heute noch ihre Gültigkeit besitzen. Anpassungsfortbildung mit zweifelhaften Verwertungschancen für die meisten Arbeitnehmer dominiert gegenüber der Aufstiegsfortbildung für wenige Führungskräfte (vgl. Schlutz 1985, S. 9).

Diese "Ernüchterung" führt zu einer neuerlichen Wende bzw. zu einer zusätzlichen Orientierung neben den traditionellen Konzepten in der Erwachsenenbildung/ Weiterbildung: "Subjektivität" und "individuelle Biographie" geraten in den Blickpunkt. Weiterbildung orientiert sich hin zum "Alltag des einzelnen, zum überschaubaren Stadtteil, zur subjektiv gedeuteten Lebenswelt." - "Lebenswelt" wird zur Schlüsselkategorie (Siebert 1985, S. 579; vgl. kritisch dazu Alheit 1983).

Der Weiterbildung werden im Zusammenhang mit der allgemeinen politischen und soziokulturellen Entwicklung verstärkt "legitimatorische und sozialisatorische Aufgaben" (Huge 1984, S. 232) übertragen. Die Tendenz ist nicht zu übersehen, "Weiterbildung unter dem Druck vielfältiger gesellschaftlicher Anforderungen und Erwartungen eher zu einem Instrument gesellschaftlicher Krisenbewältigungsversuche zu entwickeln oder umzufunktionieren." (Kuhlenkamp 1983, S. 44) Weiterbildung soll vor allem als Mittel zur Bekämpfung der steigenden Arbeitslosigkeit dienen.[31] Es wird "sozialpolitisches Krisenmanagement durch die Umdefinition von Sozial- in Bildungsprobleme betrieben" (Dahm u.a. 1983, S. 11); Mißstände werden individualisiert. Es kann jedoch nicht Aufgabe der Weiterbildung sein, politische Versäumnisse und Systemschwächen als "Sozialfeuerwehr" zu bekämpfen. Zum einen kann sie diesen Anspruch aufgrund der gesellschaftlichen Problemverursachung gar nicht leisten und zum anderen gerät sie als Institution des Lehrens und des Lernens in Legitimationsschwierigkeiten (Dahm u.a. 1983, S. 11f.).

Inzwischen ist Weiterbildung einer noch viel größeren Gefahr ausgesetzt, nämlich der völligen Unterordnung unter Wirtschafts- und Technikpolitik (Schlutz 1988, S. 91). Unter den aktuellen Sichtweisen der Erwachsenenbildung/Weiterbildung dominiert in bildungspolitischer und bildungspraktischer Hinsicht eindeutig das "technokratische" Konzept. Weiterbildung aus "gesellschaftskritischer" Sicht, in "bildungstheoretischer" Hinsicht oder aus einer "ökologischen Perspektive" sind in den Hintergrund getreten (Siebert 1985). Von der "Qualifizierungsoffensive" wird die allgemeine Bildung abgekoppelt, die auf kulturelle Freizeitpädagogik und sozialpädagogische Bildungsangebote eingeengt wird oder im Sinne allgemeiner Schlüsselqualifikationen für die berufliche Leistungsfähigkeit funktionalisiert wird (Siebert 1988, S. 16). Individuelle Zwecke werden von Systemzwecken überformt. Weiterbildungsplanung erfolgt als Teilstrategie einer politisch-administrativen, ökonomischen und sozialen Steuerung (Dahm u.a. 1983, S. 12).

Berufliche Weiterbildung, Umschulung und Fortbildung werden einseitig prämiiert und damit die bildungspolitische Forderung nach mehr Chancengleichheit und Demokratisierung zunehmend verdrängt und preisgegeben. Durch Weiterbildung und "lebenslanges Lernen" sollen sich die Arbeitskräfte flexibel und mobil an die jeweiligen Anforderungen der wissenschaftlich-technischen Entwicklung anpassen (vgl. Kaiser 1981). Diese Forderung zur laufenden Requalifizierung ist zur "Verhaltenszumutung" geworden, um im Berufsleben überhaupt bestehen zu können. "Das klassische individuelle Erwartungsmuster, durch freiwillige Teilnahme an selbstbestimmten Lernprozessen, Bildungsprozessen, gesellschaftliche Partizipationschancen in Richtung Demokratisierung zu erwerben, finden kaum noch Erwähnung." - "Soziale und politische Bildungsprozesse degenerieren damit zum Luxus einer Minderheit." (Hamburger Jugendstudie 1983, S. 124)

Der Bildungsbegriff wird zunehmend ausgehöhlt und mehr und mehr vom Qualifikationsbegriff abgelöst; Maßstab ist nicht mehr das umfassend lernende Individuum, sondern der Berufstätige. Diese Entwicklung birgt die Gefahr in sich, daß Lernen auf Anpassung an und Disziplinierung für die Arbeit eingegrenzt wird (Denzin von Broich-Oppert 1980, S. 481).

Trotz gesetzlich verankertem "Pluralismus" haben sich die Trägerstrukturen in der Weiterbildung weitgehend verfestigt: es dominieren Volkshochschulen, Arbeitgeber, Gewerkschaften und konfessionell gebundene Einrichtungen. Stark vertreten sind auch privatwirtschaftliche Institute, die nach dem Gewinnprinzip arbeiten (Friebel 1987, S. 171). Gegenwärtig scheinen sich aufgrund der Förderungs- und Anerkennungspraxis fast ausschließlich ökonomisch potente öffentliche und private Träger auf dem "Weiterbildungsmarkt" behaupten zu können (Gerhard 1980, S. 191). Auch in dieser Hinsicht genießt der Bereich der beruflichen Bildung Priorität.

Weinberg (1986, S. 199) sieht unter den gegebenen Bedingungen die Entwicklung von zwei unverbunden nebeneinander existierenden Weiterbildungsbereichen: auf der einen Seite wird jener Bereich, der unmittelbar mit Industrie und Handel gekoppelt ist, weiterhin auch in seinem Finanzierungsvolumen wachsen; auf der anderen Seite wird der Bereich, der von den öffentlichen Händen finanziert wird, weniger investiv als vielmehr subsidiär behandelt.

Für den potentiellen Weiterbildungsteilnehmer ist diese Situation sehr verwirrend. Er wird mit einem unüberschaubaren, organisatorisch und inhaltlich unflexiblen, in viele isolierte und ausgegrenzte Einzelbereiche zersplitterten Weiterbildungsfeld konfrontiert (Friebel 1987, S. 171). Eine Koordination der Weiterbildungsträger auf verschiedenen Ebenen sowie eine Meldepflicht der Einrichtungen, wie sie der Strukturplan (Deutscher Bildungsrat 1970, S. 209ff.) als Möglichkeit zur Ordnung und Transparentmachung dieses Vielerlei und Nebeneinander vorgeschlagen hat, wird nicht praktiziert.

### 3.2.3. Aktuelle Tendenzen und Forderungen in der Bildungs- und Weiterbildungsdiskussion

Als Reaktion auf die tiefgreifenden gesellschaftlichen Wandlungen werden im Bereich Bildung und Weiterbildung seit einigen Jahren verstärkt Diskussionen um einen neuen Bildungsbegriff geführt. Es werden bildungstheoretische und bildungspolitische Antworten gesucht auf die Bedrohung der Umwelt, die Gefährdung des Friedens, die Probleme der Arbeitslosigkeit und die Entwicklung neuer Technologien, um nur einige Beispiele der großen gesellschaftlichen Herausforderungen zu nennen. Im folgenden kann nur auf einige Punkte der sehr breit geführten Diskussion eingegangen werden; ausführliche Beiträge finden sich z.B. in den Veröffentlichungen zum 10. Kongreß der Deutschen Gesellschaft für Erziehungswissenschaft (Heid/Herrlitz

1987), bei Schweitzer 1986 oder im Themenheft 7/8/1988 der Zeitschrift "Pädagogik". In diesem Rahmen muß auch eine Auseinandersetzung mit dem traditionellen Bildungsbegriff und Bildungstheorien unterbleiben.

Einen Schwerpunkt der Debatte bildet die Frage, wie Bildung auf die "Dritte Industrielle Revolution" reagieren muß und kann. Es wird argumentiert, daß Bildung und Weiterbildung sich nicht darauf beschränken dürfen, hier nur ein instrumentelles Verhältnis zu schaffen, also den Menschen zu befähigen, die neuen Technologien zu bedienen. Vielmehr bedürfen die Menschen der Weiterbildung gerade, "um die Chancen und Gefahren der bereits entwickelten neuen Technologien von ihren Bedürfnissen und Interessen her zu beurteilen, um über die Weiterverwendung von neuen Technologien zu entscheiden, und um die künftige technische Entwicklung mitgestalten zu können." (Nuissl 1986, S. 201) Es geht um die "gezielte Vermittlung der möglichen positiven und negativen Effekte der neuen Technologien." (Sauberzweig 1986, S. 2) Weiterbildung muß dazu beitragen, "daß die Menschen Technologien entwickeln, die nicht isolieren, sondern zusammenführen, die nicht intensivieren, sondern erleichtern, die nicht Arbeitsplätze vernichten, sondern erhalten und verbessern." (Nuissl 1986, S. 202) Diese Forderung beinhaltet die Unterstützung der Entwicklung von Kreativität, Phantasie und Transferkompetenz (Nuissl 1986, S. 202).

Von Vertretern der politischen Bildung wird gefordert, daß einer "technokratischen Verengung des Bildungsbegriffs zu Lasten gesellschaftspolitischer Partizipation und Mündigkeit entgegenzuwirken" sei. Durch den Einsatz des aufklärerischen Potentials der politischen Bildung müsse der "Qualifizierungsboom" im Bereich der Weiterbildung kritisch begleitet werden. Die Kombination von beruflicher Weiterbildung und gesellschaftspolitischer Kompetenz sei essentielle Voraussetzung für die Gestaltung einer menschenwürdigen Zukunft (Materialien zur politischen Bildung 1987, S. 3). Griese (1983a, S. 53) ist der Meinung, daß Bildung "nur als politische Bildung mit einem reflexiv-aufklärerischen und einem handlungsorientierten Aspekt (Bildung einer Gegenöffentlichkeit und von Initiativen) ihren gesellschaftlich-zukunftsbezogenen Sinn" erhält.

Im Zuge der Technologisierung der Arbeitswelt wird von einigen Autoren[32] das "Ende der Arbeitsteilung" und eine Rückkehr zu mehr ganzheitlichen Aufgabenzuschnitten in der Arbeitswelt diagnostiziert. Wenn dieser These auch nur sehr bedingt zugestimmt werden kann, so werden in der Argumentation doch potentielle "Gestaltungsspielräume" in der Arbeitsorganisation sichtbar, die so genutzt werden könnten, daß sich Arbeitsteilung auch zurückdrängen ließe und damit ganzheitlichere Bildung möglich wäre. Nach Meinung von Klemm (1987, S. 109f.) müsse dazu schon das allgemeinbildende Schulsystem einen Beitrag leisten, indem es mit dem Lernziel "Gestaltungsfähigkeit" naturwissenschaftlich-technische, erkenntniskritische und gesellschaftswissenschaftliche Bildungsgehalte zu vermitteln habe. Die Aufdeckung und Nutzung dieser Gestaltungsspielräume muß auch als Aufgabe für die Weiterbildung gefordert werden.

In engem Zusammenhang mit der Diskussion um die Folgen der Technologisierung steht die vielzitierte These von der "Krise der Arbeitsgesellschaft": der Arbeitsgesellschaft geht die Arbeit aus (Hannah Arendt). Daneben ist die identitätsstiftende Funktion von Arbeit bedroht; postmaterialistische Orientierungen nehmen an Bedeutung zu (vgl. 1.3.3.3.). Dies hat veränderte Einstellungen zu Arbeit und Freizeit zur Folge. Im Übergang von der Arbeitsgesellschaft zur "Mußekultur" müssen wir "lernen, auch nicht zu arbeiten." (Nahrstedt 1983) Weiterbildung ist aufgefordert, das neue Bewußtsein von Freizeit zu thematisieren, Wege sinnvoller Freizeitgestaltung aufzuzeigen und zu diskutieren, Freizeitberatung zu leisten sowie der gesteigerten Nachfrage nach Angeboten und Möglichkeiten der Freizeitgestaltung nachzukommen. Vor allem für Gruppen, für die Freizeit besonders mit Problemen belastet ist, wie z.B. ältere Menschen, könnten entsprechende Programme "freizeitbezogene Lebenshilfe" bedeuten (Hamann 1986a, S. 914).

Opaschowski (1983a, S. 248) fordert in diesem Zusammenhang, daß Bildung wieder ganzheitlicher verstanden werden müsse. "In einem integrierten Bildungskonzept müssen Berufs- und Freizeitkompetenzen gleichermaßen vermittelt und aufeinander bezogen werden." - "Die bildungspolitische Aufgabe der Zukunft kann nur heißen: *Lernziel Leben, Erziehung zur Lebenskompetenz*, wozu die Vorbereitung auf das Berufsleben genauso gehört wie die Vorbereitung auf das Freizeitleben."

Die Forderung nach einem ganzheitlichen Bildungsbegriff als Integration von allgemeiner, beruflicher und politischer Bildung ist zentral in den Diskussionen um die "neue Allgemeinbildung" bzw. in den Bemühungen, den Begriff der Bildung wieder als "pädagogischen Leitbegriff", als "Maßstab des pädagogischen Gesamtauftrags" einzuführen (Hansmann/Marotzki 1988, S. 25; Bastian/Liebau 1988, S. 8). Allgemeinbildung soll "eine weitere Spezialisierung und Fragmentierung des Bildungsprozesses überwinden und Getrenntes wieder zusammenführen." (Sauberzweig 1986, S. 4)

Schlutz (1985, S. 15) stellt fest, daß "für Bildungstheorie und Bildungsdenken ... auf die Orientierung an der Arbeit weniger denn je verzichtet werden (kann)." Damit soll nicht die Allgemeinbildung "gänzlich zur informationstechnologischen Bildung umgebogen werden, es geht vielmehr um die Amalgamierung von traditionalen Elementen mit neuzeitlichen." (Knoll 1988, S. 4) Allgemeinbildung muß sich auch den Bereichen Politik und Wirtschaft zuwenden sowie ihre traditionellen Bereiche Wissenschaft, Kultur, Kunst und Religion unter politischer und ökonomischer Perspektive durchleuchten und thematisieren (Pöggeler 1987a, S. 132).

Wesentliches Kennzeichen der neuen Allgemeinbildung ist die Fähigkeit, die täglich auf uns hereinbrechende Informationsflut sichten und ihre wichtigsten Botschaften in das "Personsein" integrieren zu können (Pöggeler 1987a, S. 132). Das explosionsartig anwachsende Wissen und die drohenden gesellschaftlichen Krisen müssen vom einzelnen so verarbeitet werden können, daß eine Orientierung für seine Persönlichkeitsentwicklung gewährleistet ist (Hansmann/Marotzki 1988, S. 25).

Es geht um die Frage nach der Bedeutung von Bildung für die subjektiven und objektiven Bewältigungsmöglichkeiten zentraler Gegenwartsprobleme. Dies bedeutet, auch zu überlegen, wie demokratische Mitbestimmungs- und praktische Beteiligungsmöglichkeiten für alle Menschen erschlossen werden können (Bastian/Liebau 1988, S. 9). Das Konzept der Allgemeinbildung muß sowohl Identitätsfindung als auch produktives gesellschaftliches Engagement beinhalten. Sie muß "wesentlich eine identitäts- und lebensweltbezogene Menschenbildung" sein (Siebert 1985a, S. 209), Orientierung bieten und Sinn ermöglichen (Hansmann/Marotzki 1988, S. 27f.).

"Zur humanen und sozialen Gestaltung der Zukunft müssen die Menschen den neuen Anforderungen und Problemen gewachsen sein, sie müssen mit den Entwicklungen umgehen und sie gestalten können. Dazu gehört politische und berufliche Handlungsfähigkeit, kulturelles Bewußtsein ebenso wie Bewußtsein für Umwelt. Es ist anzunehmen, daß zukünftige Probleme durch eine Weiterbildung vermieden werden können, die nicht nur den technischen Fortschritt im Auge hat, sondern mit politischen, kulturellen und sozialen Aspekten verknüpft wird." (Schmidt 1987, S. 28)

Bildung muß ihren Ausgangspunkt in der allgemeine Krise nehmen und sich als Bildung für die Zukunft und die Bewältigung von Krisen verstehen. Dies erfordert ein Verständnis von Bildung "in Richtung auf Betroffenheit ('aus Betroffenheit lernen'), Zukunft ('antizipatorische Aktivität'), Alltag (Lebensweltorientierung) und generationsübergreifendes Lernen." - "Über den Sinn und Zweck von Bildung muß im Hinblick auf die Überlebensfrage der Menschheit zwischen den Generationen herrschaftsfrei diskutiert werden, wobei dann die Rollen 'Lehrender' und 'Lernender' ihre Kontur verlieren." (Griese 1983a, S. 52)

### 3.2.4. Zusammenfassung

Weiterbildung unterliegt im Lauf ihrer Entwicklung einem mehrfachen Perspektivenwechsel. Nach der "realistischen Wende" in den 60er Jahren ist gegenwärtig die technokratische Sichtweise vorherrschend, die Weiterbildung fast ausschließlich auf den beruflichen Aspekt reduziert und zum arbeitsmarkt- und wirtschaftspolitischen Instrument degradiert.

Die aktuellen Tendenzen und Forderungen in der Bildungs- und Weiterbildungsdiskussion beziehen sich vor allem auf eine Re-Integration von allgemeiner, beruflicher und politischer Bildung. Weiterbildung muß sich von der Verabsolutierung des beruflichen Bereichs lösen und diesen mit Elementen allgemeiner und politischer Bildung verbinden. Gleichzeitig muß Allgemeinbildung ihre Abstinenz gegenüber Arbeit und Beruf aufgeben und eine ebensolche Verbindung anstreben.

Nur in dieser Integration von allgemeiner, beruflicher und politischer Bildung bestehen Chancen, dem Menschen Potentiale für die Bewältigung der großen gesellschaftlichen Herausforderungen zu vermitteln. Insofern wird Weiterbildung vor allem für die junge Generation relevant, die auf die Bearbeitung dieser Herausforderungen vorbereitet werden muß.

## 3.3. Jugend und (Weiter-)Bildung

Das Jugendalter spielt eine wesentliche Rolle für das Lernen im Lebenslauf und damit für Bildung und Weiterbildung. "Soweit in dieser Phase nicht Erfahrungen damit gewonnen werden, die eine ... Form der Selbstverwirklichung eigenen Lebens attraktiv erscheinen lassen, fehlt einer lebensbegleitenden Wertschätzung von Lernen und Bildung die Grundlage. Insofern kommt dem Lernen im Jugendalter für die lebensbegleitende Entfaltung menschlicher Lernfähigkeit größte Bedeutung zu." (Prokop 1985, S. 75) Im folgenden wird davon ausgegangen, daß der Jugendphase eine "potentielle Bildungsmobilität" eigen ist, deren Realisierung und Ausschöpfung jedoch Hindernisse entgegenstehen. Dies belegen auch Untersuchungen zu den Bestimmungsfaktoren der Weiterbildungsbereitschaft, zum subjektiven Bildungsverständnis und zu Weiterbildungserfahrungen und -planungen von Jugendlichen.

### 3.3.1. Jugend als (Weiter-)Bildungsprozeß

Jugend kann als Phase "antizipatorischer Aktivität" charakterisiert werden, d.h. "als biographische Zeit des Lebensentwurfs und der Zukunftsplanung, als vorweggenommene Auseinandersetzung mit zukünftigen individuellen und damit zusammenhängenden gesellschaftlichen Problemen und Themen." (Griese 1983a, S. 42) Diese Vorstellung hängt eng zusammen mit (aus-)bildungs- und berufsorientierten Erwartungen, Erfahrungen und Wünschen der Jugendlichen, da in unserer Gesellschaft zukünftige Chancen und sozialer Status nahezu ausschließlich durch den Beruf bzw. durch erworbene Qualifikationen bestimmt werden (vgl. 1.3.3.). Bildung verspricht sozialen Aufstieg, Sicherheit und Prestige und gilt sowohl individuell als auch gesellschaftlich-ökonomisch als Investition und Kapital für die Zukunft. Der Erwerb des "know-how" ist primär Aufgabe und Inhalt der Jugend als Zeit der Herstellung von Arbeitsvermögen (Griese 1983a, S. 42).

Jugend ist jedoch nicht nur eine Phase zur "Herstellung von Arbeitsvermögen"; sie ist gleichermaßen auf den Erwerb von "Ich-Identität" gerichtet (Friebel 1983, S. 30; Hamburger Jugendstudie 1985, S. 28). Für diesen Prozeß wird der Jugend eine bestimmte Zeit zugestanden und zwar mehr oder weniger Zeit, je nach sozialer Lage und Ergebniserwartung. Jugend ist "eine gesellschaftlich prozessierte und individuell erlebte Lebensphase von unterschiedlich zeitlicher Erstreckung zur Entwicklung von psychisch-sozialer Identität und Herstellung von Arbeitsvermögen." Damit ist Jugend ein "Lern- und Bildungsprozeß" (Friebel 1986, S. 267f.).

Die konstitutiven Merkmale dieser Phase treten biographisch weder früher noch später in gleicher Weise auf; sie sind jugendtypisch. Die "gesellschaftlichen Imperative" (Entwicklungsaufgaben) sind "adressiert an eine psychisch-sozial und ökonomisch-politisch korrespondierende Existenz. Jugend ist 'bereit', diese gesellschaftlichen Imperative als jeweils persönliches einmaliges Interesse zu übernehmen, gesellschaftliche Ansprüche zu individuellen Bedürfnissen zu transformieren." (Friebel 1986, S. 268)

Bedingt wird diese Bereitschaft zum einen durch die Tatsache, daß Jugend als besonders kritisches Ereignis im Lebenslauf durch Wendepunkte, Verhaltensunsicherheiten und Identitätsdiffusion geprägt ist. Zum anderen entfaltet sich in der Jugend körperliche, psychisch-soziale und kognitiv-moralische Kompetenz mit "manifestem Omnipotenzgefühl". Schließlich ist Jugend im Übergang von der Anpassung an die Ansprüche der Herkunftsfamilie an diejenigen der Arbeitswelt ein sozialräumlich relativ offener Handlungskontext (Friebel 1986, S. 268).

"Indem sich Jugend selbst zum Problem wird, indem Jugend der Gesellschaft zum Problem wird, verhält sich Jugend nicht mehr in der ihr vorgegebenen Objektrolle; sie wird Subjekt, sie thematisiert und lokalisiert sich "selbst" in sozial-räumlich relativ offenen Handlungskontexten zwischen Identitätsfusion und Omnipotenzgefühl." (Friebel 1986, S. 268) Jugend erhält damit subjektiven Sinn, eine Lebensperspektive im allgemeinen, die zugleich auch eine Bildungsperspektive im besonderen ist.

Diese Konstellation fördert eine "der Möglichkeit nach unbegrenzte Lern- und Bildungsbereitschaft", eine "potentielle Bildungsmobilität", in der sich subjektiver Sinn, Perspektiven, Potenzen etc. ausdrücken. Bildung erhält für die Jugendlichen jedoch "nur einen Sinn im Zusammenhang mit Vorstellungen über eine vernünftige und lebenswerte Zukunft und konkrete Möglichkeiten der Mitgestaltung." (Griese 1983a, S. 42) "Voraussetzung für die eigene aktive Lebensplanung wie für die Mitarbeit an gesellschaftlichen Problemen ist das Bewußtsein, daß man tatsächlich ein Stück weit darüber verfügen und entscheiden kann." (Schlutz 1985, S. 16)

Die realen Verhältnisse sind nicht dazu angetan, diese "potentielle Bildungsmobilität" der Jugendlichen zu nutzen und zu fördern. Lern- und Bildungsprozesse sind begrenzt durch soziale Selektion, geprägt durch gesellschaftliche Herrschaft und Chancenungleichheit. Statt Förderung findet Auslese statt (Friebel 1986, S. 268). Trotz des Ausbaus des Bildungswesens in den vergangenen beiden Jahrezehnten ist die Gewährung bzw. Verweigerung von Jugend als Bildungsprozeß nach wie vor abhängig von den sozialen Determinanten Geschlecht, soziale Herkunft und nicht zuletzt von der Nationalität (Friebel 1986, S. 269f.; vgl. 1.3.1.3.).

Darüber hinaus ist Jugend - wie bereits ausführlich erörtert wurde - gegenwärtig starken Verunsicherungen ausgesetzt, die auch dazu führen, daß der Glaube an Wachstum und Wohlstand, an den Sinn der Investition in Bildung einer Unsicherheit und Angst aufgrund kumulativ und qualitativ neuartiger gesellschaftlicher Krisen weicht. "Zukunft ist grundsätzlich fraglich und problematisch geworden." Das Bildungswesen erfüllt zunehmend eine "Parkplatzfunktion" - "Bildung verliert daher ihre

Zukunftsbedeutung." (Griese 1983a, S. 48) Die sozialen Deutungsmuster "Aufstieg durch Bildung" haben "zwar nicht pauschal ihren Wert als Orientierungsmarken für individuelle Bildungsentscheidungen verloren, doch werden sie anscheinend für eine größere Zahl von Heranwachsenden immer weniger überzeugend und erfahren inzwischen sogar die Opposition von Sichtweisen, die institutionalisierte Bildung und Wissenschaft als dominanter Erkenntnisform eine dezidierte Skepsis entgegenbringen." (Schmitz 1982, S. 104)

Hornstein (1981, S. 51) spricht von einer "Zerstörung des gesellschaftlichen Sinns des Jugendalters": die herkömmliche Definition dieser Lebensphase als Vorbereitung auf etwas Späteres nach dem Muster der "aufgeschobenen Bedürfnisbefriedigung" ist nicht mehr aufrechtzuerhalten (vgl. 1.3.3.4.). Leistung, Lernen und Bildung verlieren tendenziell ihren Sinn für viele Jugendliche, womit auch die integrierende Kraft von Bildung schwindet. "Der bisher gültige Lebensentwurf Jugend, der an Bildung und Zukunft gekoppelt war, ist heute gefährdet. Wenn die Zukunft konturlos und kaum antizipierbar ist, verliert Bildung ihren biographischen Stellenwert und Sinn." (Griese 1983a, S. 50; vgl. auch Czerwenka 1988, S. 133)

Inwieweit ist nun die heranwachsende Generation noch motiviert für Bildung und Weiterbildung und welchen Sinn und Zweck sieht sie darin?

### 3.3.2. Determinanten der Weiterbildungsbereitschaft und subjektive Deutungsmuster der Jugendlichen von "Bildung" und "Weiterbildung"

"Das *Bildungsverständnis* und die *Weiterbildungsbereitschaft* innerhalb der Jugendphase hat die Funktion einer Weichenstellung für die weitere Bildungsgeschichte, damit auch für die weitere Lebensgeschichte des Individuums." (Hamburger Jugendstudie 1985, S. 43) Aufschluß über die Determinanten der Weiterbildungsbereitschaft von Jugendlichen und ihre subjektiven Deutungsmuster von "Bildung" und "Weiterbildung" gibt die Hamburger Jugendstudie (1983, 1985; Friebel 1986), eine Längsschnittuntersuchung, die jugendliche Schulabgänger in den Jahren 1979 - 1986 in ihrem Lebens- und Bildungsverhalten forschend begleitet hat. In vier Befragungswellen werden typische Wendepunkte und Schwerpunkte des Verberuflichungsprozesses Jugendlicher thematisiert.

Für die Weiterbildungsbereitschaft Jugendlicher sind deren Beurteilung ihrer bisherigen Bildungsbiographie (Partizipation an Schullaufbahn- und Berufswahlentscheidung) sowie inhaltliche Aspekte der Bildungsorientierung vor allem in der Herkunftsfamilie bedeutsam. Sowohl bei hohem als auch bei niedrigem Aspirationsniveau der Eltern, das wesentlich durch den Sozialstatus bestimmt ist, ist die Schullaufbahn der Kinder weitgehend vorbestimmt. Die Begründung der Schulwahl wird in Zusammenhang gebracht mit der zu erbringenden Leistung; die Partizipation der Jugendlichen ist hier naturgemäß eher gering. Die Berufswahlentscheidung dagegen wird von den Jugendlichen überwiegend auf eigene Interessen aber auch auf objektive Bedingungen zurückgeführt. In beiden Fällen sind "Harmonisierungstendenzen" feststellbar, d.h. ein großer Teil der Jugendlichen zeigt sich im Rückblick sowohl mit der Schul- als auch mit der Berufswahl zufrieden.

Ein Vergleich der Stellungnahmen Jugendlicher zu Aussagen zur "Bedeutung von Bildung im Elternhaus" mit ihrer eigenen Einschätzung der Bedeutung von Weiterbildung zeigt, daß das (Weiter-)Bildungsverständnis der Jugendlichen weitgehend dem der Eltern entspricht, d.h. "es wird die 'Vererbung' des Bildungsverständnisses auf die Kindgeneration deutlich." (Hamburger Jugendstudie 1983, S. 73) Dominant sind sowohl bei den Eltern als auch bei den Jugendlichen instrumentelle Auffassungen von Bildung, d.h. Erwartungen, "Bildung im Beruf verwerten zu können", durch Bildungsmobilität die Qualifikationen und Wettbewerbsfähigkeit auf dem Arbeitsmarkt zu erhalten (vgl. 1.3.2.2.). Diese unbedingte instrumentelle Orientierung reduziert sich jedoch mit zunehmendem Berufsstatus. Das jeweilige Bildungsverständis, also sowohl instrumentelles, personal-differenzierendes als auch sozial-differenzierendes wird durch den sozialen Status des Vaters und die Schul- bzw. Berufsausbildung der Befragten bestimmt. "Indem also Bildungsvorstellungen - eher unbewußt als bewußt - von den Eltern- zur Kindgeneration 'vererbt' werden, das familiäre Bildungsverständnis von den Jugendlichen verinnerlicht wird, die Deutung über lebensgeschichtlich zentrale Bildungsentscheidungen aber sehr prononciert von Autonomie-Idealisierungen der Jugendlichen selbst ausgeht, kommt es schließlich zu einer Akzeptanz der persönlichen Bildungsgeschichte." (Hamburger Jugendstudie 1983, S. 73)

Die Vererbung des Bildungsverständnisses je nach sozialer Herkunft der Jugendlichen wird auch an den subjektiven Deutungsmustern von "Bildung" und "Weiterbildung" deutlich. Zur Erhellung dieser persönlichen Sichtweisen wurden in den verschiedenen Befragungswellen folgende Themenkomplexe angesprochen und die Antworten der Jugendlichen in Abhängigkeit ihrer Schulbildung ausgewertet: "Anregung zum Lernen", "Nutzen von Bildung", "Gebildeter Mensch", "Lebenslanges Lernen", "persönliche Lerninteressen".

Jugendliche mit Hauptschulabschluß sehen "Lernen" eher als "Muß". Die Anregung zum Lernen erfolgt bei ihnen vorwiegend über sozialen Außendruck. Sie sehen Lernen vor allem im Dienst der beruflichen Ausbildung und als persönliche Intervention gegen erfahrene oder antizipierte Vorurteile und Qualifikationsdefizite. Demgegenüber betrachten Realschüler und Abiturienten (zwischen diesen beiden Gruppen liegen nur graduelle Unterschiede) Lernen unter dem Aspekt "Ich will". Lernen erfolgt durch Animation und Idealbildung ("jetzt vorsorgen") oder aufgrund Selbstmotivierung und autonomer Entscheidungen ("sich selbst verwirklichen") (Hamburger Jugendstudie 1983, S. 80ff.).

Den "Nutzen von Bildung" sehen Hauptschulabgänger im allgemeinen Weiterkommen und in der Berufsbezogenheit. Realschüler betrachten Bildung als Zukunftsinvestition für den Beruf sowie in privater Hinsicht als qualifiziertes Kommunikationsmittel ("mitreden können"). Abiturienten sehen in Bildung auch einen "innerlichen" Gewinn (Hamburger Jugendstudie 1983, S. 82ff.).

Nahezu unabhängig vom Schulabschluß betonen die Jugendlichen das "Allround-Wissen" als eine Art umfassender Allgemeinbildung und breiter Berufspraxiserfahrung als wesentliches Merkmal einer "gebildeten Person".[33] Hauptschüler akzentuieren hier vor allem die Praxisnähe; Abiturienten stellen mehr auf die Abgrenzung zum "Fachidioten" ab. Auch Realschüler halten Allgemeinbildung für ein wichtiges Kennzeichen und nennen darüber hinaus das Element des "Ratgeben", des sozialen Verhaltens und die Alterserfahrung. Abiturienten ergänzen die Fähigkeit zum Dialog, zur Kommunikation. Insgesamt verbindet die Mehrzahl der Jugendlichen positive Assoziationen mit dem Begriff des "gebildeten Menschen" (Hamburger Jugendstudie 1983, S. 84ff.).

Mit dem Begriff "lebenslanges Lernen" verbinden vor allem Jugendliche mit Abitur positive Assoziationen, während Jugendliche mit Hauptschulabschluß diesem Begriff eher reserviert gegenüberstehen. Dies läßt darauf schließen, daß die Anregung zum Lernen, Spaß am Lernen nicht zu den Zielen bzw. Resultaten der Hauptschule gezählt werden kann. Ca. 2/3 der Jugendlichen sieht im lebenslangen Lernen eine gewisse Normalität und deutet den Begriff in Richtung "Alltagslernen" und "Erfahrungslernen", wobei hier Jugendliche mit einem weiterführenden Schulabschluß in der Mehrheit vertreten sind.

Nur ca. 1/3 der Jugendlichen äußert Gedankengänge, die die strukturellen Bedingungen von Weiterbildung bzw. einen gesellschaftsstrukturellen Zwang zum lebenslangen Lernen einschließen. Die Aussagen dieses Deutungsmuster vom Typ "Institutionalisierung" konzentrieren sich auf drei gesellschaftliche Strukturebenen: die Familie als prägendes Interaktions- und Sozialisationsfeld kann die Bereitschaft zum lebenslangen Lernen fördern oder mindern; die Erwerbstätigkeit allgemein sowie der technische Wandel im besonderen erfordern ständig Qualifikationsnachweise und neue Qualifikationen. Deutungen vom Typ "Personalisierung" tauchen vor allem auf die Frage auf, ob Bildung jedem die Chance biete, weiterzukommen. Hier zeigt sich, daß die Jugendlichen individuelle Zuschreibungen des persönlichen Charakters, der persönlichen Begabung und des persönlichen Habitus als Bedingung von Bildungserfolg, von Aufstieg durch Bildungserfolg, von Weiterkommen überhaupt sehen (Hamburger Jugendstudie 1983, S. 122ff.).

Insgesamt kann festgehalten werden, daß lebenslanges Lernen als normative Anforderung zwar nicht "grenzenlose Begeisterung" bei den Jugendlichen mobilisiert, aber als Normalität im Sinne eines umfassenden Verständnisses von Lernen und Bildung, der Prozesse organisierten Lernens in Bildungseinrichtungen sowie des Alltagslernens und Erfahrungslernens im Lebensalltag akzeptiert wird. Strukturelle Zwänge zum lebenslangen Lernen und/oder sozialselektive Bedingungen der Weiterbildung werden nur von wenigen Jugendlichen wahrgenommen und systematisiert (Hamburger Jugendstudie 1983, S. 128).

Bei der Frage "Was würden Sie persönlich gerne noch lernen, noch können? (Hamburger Jugendstudie 1985, S. 144ff.) zeigen sich vor allem bei Hauptschülern Diskrepanzen zwischen den Jugendlichen, die noch im Qualifikationsprozeß stehen und denjenigen, die bereits einer Erwerbstätigkeit nachgehen. Während die erste Gruppe ihre Lerninteressen ausschließlich auf berufliche Qualifikation bezieht, bekunden die berufstätigen Jugendlichen eine allgemeine Lernunlust. "Die Beendigung der Prozesse organisierten Lernens führt zur allgemeinen Rücknahme von Bildungsperspektiven." (Hamburger Jugendstudie 1985, S. 146) Realschüler und Abiturienten, vor allem Mädchen, möchten ihre fremdsprachlichen Kompetenzen erweitern. Diesen bildungsprivilegierten Jugendlichen "gelingt in der Regel eine Integration von persönlichem Bildungsideal und beruflicher Qualifikation." (Hamburger Jugendstudie 1985, S. 146) Unabhängig vom Schulabschluß äußern die Jugendlichen den Wunsch nach kreativen Fähigkeiten, sportlicher Kompetenz und sonstige, ganz individuelle Lernwünsche, die die Persönlichkeitsentwicklung fördern. Der Persönlichkeitsaspekt wird bemerkenswert häufiger von Mädchen genannt. Diese Wünsche der Jugendlichen nach Entwicklung bzw. Vervollständigung von persönlichen Entwicklungsmerkmalen läßt auf gravierende Unsicherheiten und Defiziterfahrungen in der Identitätsfindung schließen (Friebel 1986, S. 271).

Bildungsverständnis und Bildungsinteresse der Jugendlichen sind somit in der Regel abhängig von ihrer sozialen Lage. Unabhängig von sozialem Status, Schulabschluß und Geschlecht entwerfen fast alle Jugendlichen ein Bild von der weiterführenden beruflichen Zukunft. Trotz der vielfach erlebten Enttäuschungen beim Übergang vom Bildungs- in das Beschäftigungssystem plant die überwiegende Mehrheit der Jugendlichen weitere, umfassendere Qualifikationsprozesse. Die nachfolgenden Ausführungen werden jedoch zeigen, daß die potentielle Bildungsmobilität um so weniger zur realen Mobilität wird, je niedriger der Schulabschluß ist.

### 3.3.3. Weiterbildungserfahrungen und Weiterbildungsplanungen Jugendlicher

Die Teilnahmeerfahrungen und -bereitschaft der Jugendlichen sind überdurchschnittlich hoch, was als allgemeines Indiz für weitergehende berufliche und persönliche Entwicklungsinteressen gewertet werden kann (Hamburger Jugendstudie 1985, S. 137). Im Lauf der Befragungswellen der Hamburger Jugendstudie hat sich die Weiterbildungsteilnahme erhöht, wobei Mädchen insgesamt überrepräsentiert sind. Die Intensität der Teilnahme bleibt während der Untersuchung konstant hoch: die meisten Jugendlichen besuchen langfristige und mehrmalige Kurse. Eine erstmalige Teilnahme hat Multiplikationseffekt und regt zu weiteren Planungen an. Die Träger der von den Jugendlichen besuchten Weiterbildungseinrichtungen sind im Lauf der Studie heterogener geworden. Zwar dominiert noch die Volkshochschule, aber es werden zunehmend auch Angebote der Arbeitgeber wahrgenommen. Die inhaltlichen Präferenzen beziehen sich konstant vorwiegend auf Weiterbildung im Dienste der beruflichen Entwicklung, gefolgt von Sprachen, politisch-gewerkschaftlichen und künstlerisch-kreativen Angeboten (mit relativ niedrigen Teilnahmequoten). Während Jungen sich vor allem betrieblichen Maßnahmen zur beruflichen Weiterbildung zuwenden, konzentrieren sich die Mädchen besonders auf nicht-betriebliche Maßnahmen zur Allgemeinbildung. Friebel (1986, S. 273) sieht hierin "Ansätze einer subtilen Selektion."

Wie auch andere Untersuchungen bestätigen (z.B. Schulenberg u.a. 1979; Fallenstein 1984; Braun/Fischer 1984), ist die Weiterbildungsteilnahme abhängig vom

Sozialstatus der Eltern, von den Weiterbildungserfahrungen der Eltern, von der Schulbildung und dem Geschlecht der Befragten (Hamburger Jugendstudie 1983, S. 74; 1985, S. 137). Darüber hinaus sind ungleiche Bildungsbeteiligungen auch auf sozialökologische Komponenten zurückzuführen (Eirmbter 1977). Im lebensgeschichtlichen Prozeß der Qualifikationsentwicklung des Jugendlichen besteht ein enger Zusammenhang zwischen sozialer Herkunft, Schulkarriere und Weiterbildungsteilnahme: ein günstiger Status der Herkunftsfamilie hat nahezu zwangsläufig ein hohes Schulbildungsniveau der Jugendlichen zur Folge und beides hat positive Auswirkungen auf die Teilnahme an Weiterbildungsveranstaltungen (Hamburger Jugendstudie 1983, S. 77). Mit zunehmender Schulbildung steigt auch der Bekanntheitsgrad von und die konkrete Informiertheit über Weiterbildungsmöglichkeiten. Bei den meisten Jugendlichen aus bildungsbenachteiligten Familien beschränkt sich das Wissen auf "davon gehört zu haben" (Bednarz 1978, S. 35).

Wesentlich mehr Jugendliche als diejenigen, die an einer Weiterbildungsveranstaltung teilnehmen, planen Weiterbildungsaktivitäten. Es besteht also eine Kluft zwischen Planung, Bereitschaft und konkreter Aktivität, eine "Schere zwischen Wertschätzung und Teilnahme." (Schulenberg u.a. 1979, S. 235)

Eine hohe Weiterbildungsbereitschaft äußern auch Schüler ohne Abschluß bzw. mit Hauptschulabschluß - vielfach geleitet von dem subjektiven Gefühl, Bildungsdefizite aufholen zu müssen. Auch diese Weiterbildungspläne stehen vorwiegend (2/3) in berufsbezogenem Kontext. Doch Planung und Bereitschaft haben selten die konkrete Teilnahme zur Folge. Friebel (1986) geht dennoch von einer Realisierungsquote von 50 % aus. Unabhängig vom Geschlecht und vom sozialen Status ist der Entwurf von Bildungsperspektiven vielfach Ausdruck jugendlichen Evasionismus.

Die Weiterbildungsplanung ist also weniger sozial-selektiv "programmiert" als die Weiterbildungsteilnahme (Hamburger Jugendstudie 1985, S. 137). Weiterbildungsplanungen stehen in engem Zusammenhang mit erfahrenen Diskontinuitäten (Schulkarriere) und Diskrepanzen (alternative Berufswünsche) in der bisherigen Bildungs- und Ausbildungsbiographie sowie mit den sozialen Anregungsmilieus in Familie und Formalorganisationen (z.B. Sportvereine, kirchliche Organisationen). Die tatsächlichen Weiterbildungsaktivitäten sind jedoch zurückzuführen auf die Bedingungen der objektiven Chancenstruktur, auf die jeweilige konkrete Lebenslage der Jugendlichen. Der Zugang zur Weiterbildung ist sozial-selektiv "geregelt" durch Alter, Geschlecht, soziale Herkunft, familiäre Situation sowie besonders durch die Art der Berufsausbildung, die Position im Beruf und den Schulabschluß (Friebel 1987, S. 167). Die Bildungsgeschichte der Jugendlichen ist damit sowohl durch strukturgewordene Erfahrungen vorberuflicher Sozialisation als auch durch aktuelle Sozialisationsprozesse in der Herkunftsfamilie, in der Arbeitswelt und im Freundeskreis bedingt (Hamburger Jugendstudie 1985, S. 44).

"Insofern ist das Weiterbildungssystem geeignet zur bildungsspezifischen Verstetigung von gesellschaftlicher Privilegierung und Diskriminierung." (Friebel 1986, S. 273) Letztlich erfolgt in der Weiterbildung eine "Selbstrekrutierung" der ohnehin Bildungsprivilegierten und eine "Selbsteliminierung" der ohnehin Bildungsdiskriminierten (Friebel 1987, S. 169). Das Weiterbildungsverhalten Jugendlicher kann demnach wie folgt charakterisiert werden:

"- Bildungsprivilegierte Jugendliche steuern in vielfältigen Suchprozessen auf adäquate Weiterbildungsangebote zu, sofern diese vorhanden sind.
- Bildungsdiskriminierte Jugendliche sind abhängig von zufälligen Informationen über Weiterbildungsmöglichkeiten; sie haben zudem vielfältige Hemmnisse, diese Angebote wahrzunehmen." (Friebel 1986, S. 273)

Nach einer Untersuchung von Braun/Fischer (1984, S. 157f.) liegen die wesentlichen Teilnahmehemmnisse darin, daß die Angebote nicht bekannt, nicht zugänglich (z.B. lange Wartezeiten) oder im örtlichen Weiterbildungsbereich gar nicht vorhanden sind. Viele potentielle Teilnehmer haben auch Schwellenängste vor bestimmten Angeboten oder Einrichtungen und/oder empfinden die Gebühren der Weiterbildungsveranstalter als zu hoch.

### 3.3.4. Zusammenfassung

Jugend kann als Phase "potentieller Bildungsmobilität" charakterisiert werden, die jedoch unter den gegebenen Zugangsbedingungen zum Bildungs- und Weiterbildungssystem kaum gefördert wird. Nach wie vor bestimmen Selektionsmechanismen und Chancenungleichheit die Bildungskarrieren der Jugendlichen.

Schichtenspezifische Benachteiligungen setzen sich von der Schule über die Berufswahl bis hinein in den Weiterbildungsbereich fort. Bildungsverständnis und Weiterbildungsteilnahme von Jugendlichen werden geprägt durch ihre konkrete Lebenslage, die weitgehend durch die soziale Herkunft bestimmt ist. Dennoch zeigen auch Jugendliche mit ungünstigen sozialen Voraussetzungen eine hohe Weiterbildungsbereitschaft. Dieser Befund verweist nochmals auf die potentielle Lern- und Bildungsbereitschaft in der Jugendphase: "Bildungspolitische Optionen für Chancengleichheit/Chancenausgleich müßten auf die Jugendphase konzentriert werden, eben weil die Diskrepanzerfahrung zwischen gesellschaftlicher Plazierung und persönlichem Lebensplan zentrale Voraussetzungen für eine umfassende Bildungsförderung - insbesondere sozial benachteiligter - Jugendlicher bietet." (Hamburger Jugendstudie 1983, S. 68)

Damit spricht auch einiges für eine bildungspolitisch innovative "Diskontinuitätsthese", d.h., daß frühkindliche Bildungserfahrungen und die darauf aufbauenden Schulkarrieren die weitere Bildungsgeschichte des Individuums nicht unbedingt kontinuierlich fortschreiben müssen ("Kontinuitätsthese"), sondern daß "soziale Erfahrungen als Lern- und Bildungserfahrung immer wieder eine Reorganisation des Bildungsprozesses ermöglichen; daß bestimmte Defiziterfahrungen, Diskrepanzerfahrungen in der Jugendphase und im Erwachsenenalter zur persönlichen Neubestimmung des Verhältnisses zur Bildung als Problemlösungs- zumindest Problembearbeitungsstrategie führt." (Hamburger Jugendstudie 1985, S. 44)

Ein erster Schritt zu einem Aufbrechen der "Kontinuitätsthese" und zu einer umfassenden Bildungsförderung der Jugendlichen kann eine entsprechende Weiterbildungsberatung sein.

### 3.4. Weiterbildungsberatung für Jugendliche: ein Modell

Die bisherigen Ausführungen haben deutlich gemacht, welche wesentliche Bedeutung einer allgemeine, berufliche und politische Bildung integrierenden Weiterbildung angesichts der bestehenden und zukünftigen gesellschaftlichen Herausforderungen zukommt. Ferner wurde gezeigt, daß das Jugendalter als eine Phase "potentieller Bildungsmobilität" prädestiniert wäre für Lern- und Bildungsprozesse; dies läßt sich auch an den Weiterbildungsplanungen und Zukunftstraumen der Jugendlichen ablesen. Der Umsetzung in eine Weiterbildungsteilnahme stehen jedoch schichtspezifische Faktoren entgegen, so daß es zu einer Fortsetzung der "Vererbung gesellschaftlicher Ungleichheit" auch im Weiterbildungssektor kommt. Es kann angenommen werden, daß auch die Informationsbeschaffung von Weiterbildungsinteressenten zu einem "sozialen Selektionsprozeß wird, bzw. daß der Mangel an Information und Beratung von vornherein eine *zusätzliche* soziale Zugangsschwelle zur Weiterbildung darstellt." (Krüger 1978, S. 60).

Angesichts dieser Situation ist eine Weiterbildungsberatung zu fordern, die besonders auf die Lage und Probleme der Jugendlichen eingeht, die versucht, die Pluralität des Angebots transparent zu machen und durch Bildungswerbung und Bildungsinformation schichtspezifische Schranken aufzubrechen. Institutionen, die Beratung in der Weiterbildung leisten, werden seit Ende der 70er Jahre in vom Bundesministerium für Bildung und Wissenschaft geförderten Modellversuchen erprobt und heute vereinzelt als eigenständige Beratungsstellen für Weiterbildung fortgeführt. Anlaß für dieses Projekt kommunaler Weiterbildungsberatungsstellen waren die Herausforderungen der zunehmenden und konstant hohen Arbeitslosigkeit und der raschen technologischen Entwicklung (Braun/Fischer 1984).

Für Jugendliche exisitieren keine speziellen Einrichtungen oder zielgruppenorientierte Angebote für Weiterbildungsfragen. Zwar werden diese Aufgaben zum Teil von der Berufsberatung oder von Bildungsberatungsstellen (falls vorhanden) sozusagen "nebenbei" mitübernommen; die Probleme und Mängel dieser rein auf den schulischen bzw. beruflichen Bereich bezogenen Institutionen stehen jedoch einer Nutzung durch die Jugendlichen entgegen (vgl. 2.4.3.). Darüber hinaus erfordert die Komplexität des Weiterbildungsbereichs eine fundierte Informationssammlung und -vermittlung, die nicht am Rande erfolgen und geleistet werden kann.

Im folgenden werden "Idealvorstellungen" von Weiterbildungsberatung aufgezeigt und ihrer gegenwärtigen Situation gegenübergestellt. Grundlage hierfür ist eine umfassende Untersuchung von Kejcz (1988) über den aktuellen Stand von Weiterbildungsberatungsstellen in der Bundesrepublik Deutschland, in die auch Erfahrungen aus den genannten Modellversuchen einfließen. Unter Berücksichtigung der entwickelten alternativen Modelle der Jugendberatung müssen für eine Weiterbildungsberatung für Jugendliche besondere Merkmale eingefordert werden, deren Realisierung in verschiedenen, sich zum Teil ergänzenden Formen denkbar ist. Im Hintergrund steht die Frage, ob angesichts der mit einer Institutionalisierung verbundenen Probleme (vgl. 2.4.2.) besondere Weiterbildungsberatungsstellen für Jugendliche eingerichtet werden sollten; nicht zuletzt ist hier auch die Finanzierung zu bedenken, die allgemein eines der größten Hindernisse dieser Einrichtungen darstellt. Hier werden Überlegungen angestellt, inwieweit ein Verbundsystem verschiedener Beratungsformen in Zusammenarbeit mit der Schule, dem Arbeitsamt und sonstigen Institutionen in der Lage ist, sowohl den besonderen Bedürfnissen und Interessen der Jugendlichen als auch den gesellschaftlichen Anforderungen hinsichtlich der Weiterbildung gerecht zu werden. In diesem Zusammenhang ist eine Rückkoppelung der

Weiterbildungsberatung mit der Weiterbildungsplanung und der Bedarfsermittlung unerläßlich.

### 3.4.1. Idealvorstellungen und gegenwärtige Situation der Weiterbildungsberatung

Vorab bedarf es einer kurzen Klärung des Verhältnisses der Begriffe "Beratung" und "Weiterbildung/Erwachsenenbildung". Einige Autoren gehen davon aus, daß eine enge Verbindung zwischen diesen beiden Bereichen besteht. So stellt Schmitz (1983, S. 61) zur Struktur therapeutischen, beratenden und erwachsenenpädagogischen Handelns die These auf, "daß man eine Unterscheidung zwischen Therapie, Beratung und Erwachsenenbildung a priori gar nicht treffen kann; denn das, was ein Therapeut, ein Berater oder ein Erwachsenenpädagoge praktisch tut, enthält in jedem Fall zugleich Elemente therapeutischen, beratenden und erwachsenenpädagogischen Handelns. Unterschiede ergeben sich lediglich dadurch, daß in den einzelnen Typen intervenierenden Handelns eines dieser Elemente überwiegt." Und Schlutz (1983, S. 17) ist der Meinung, daß "die Koppelung von Bildung und sozialer Arbeit ... von Anfang an in vielen Bildungskonzepten der Erwachsenenbildung mitgedacht (ist), wenn auch mit unterschiedlichen Zielen und Motiven." Andere Autoren, so z.B. Siebert (1985a, S. 201) leugnen nicht die psychosozialen, sozialpsychologischen und gesellschaftlichen Funktionen der Weiterbildung, betonen aber als primäre Aufgabe "die Hilfe bei der Aneignung strukturierten Wissens." Auch Schillo (1987, S. 48) ist der Meinung, daß Bildungsarbeit die Aufgaben der Beratung und Lebenshilfe nicht von sich weisen, diese jedoch auch nicht in den Mittelpunkt ihrer Arbeit rücken könne. Im folgenden wird davon ausgegangen, daß zwar grundsätzlich zwischen Weiterbildung und Beratung zu unterscheiden ist, Weiterbildung jedoch durchaus beratende Elemente einschließen kann, ebenso wie Beratung - zumal in der entwickelten Form alternativer Jugendberatung - weiterbildende Elemente beinhaltet.

Die Empfehlungen des Deutschen Bildungsrats im Strukturplan für das Bildungswesen stellen erstmals eine Verbindung her zwischen Beratung und Weiterbildung. Eine Beratung im Bildungswesen sei nur denkbar als Einheit, "die vom Elementarbereich bis in die Weiterbildung reicht." (Deutscher Bildungsrat 1970, S. 91) Die ersten Ansätze von Weiterbildungsberatung setzen es sich, analog zu den Schulberatungsstellen, zum Ziel, Begabungsreserven bei Erwachsenen vor allem über den Zweiten Bildungsweg auszuschöpfen, um einen Beitrag zur Abwendung der drohenden "Bildungskatastrophe" zu leisten. Inhalte und Zielgruppen dieser Beratungsarbeit werden damit weitgehend festgelegt; die Einrichtungen werden meist an Träger von entsprechenden Angeboten angebunden. Gegenwärtig sind Zielgruppen, Inhalte und Funktionen einer Weiterbildungsberatung nicht mehr so eindeutig bestimmbar. Die Begründungszusammenhänge von Weiterbildungsberatung liegen in verschiedenen gesellschaftlichen Entwicklungen und Aufgaben. Ausgehend von der allgemeinen Zielsetzung, den Ratsuchenden bei der Entscheidung für oder gegen eine Bildungsmaßnahme sachkundig zu unterstützen, den komplexen Weiterbildungsbereich transparent zu machen und bei der Passung von Motivation, Lernbedürfnis und Maßnahme zu helfen, können folgende Spezifizierungen vorgenommen werden (Kejcz 1988, S. 27).

Die anhaltende strukturelle Arbeitslosigkeit ist Herausforderung für die Weiterbildungsberatung, "die individuellen, subjektiven Bedingungen im konkurrenzhaften Arbeitsmarkt zu verbessern." (Kejcz 1988, S. 28). Beratung muß dazu beitragen, die Bereitschaft und Motivation von Arbeitslosen zur Weiterbildung zu verbessern; sie muß gemeinsam mit dem Ratsuchenden die Chancen der Realisierung der Weiterbildungswünsche abwägen und ihm zu einer selbständigen Bildungsentscheidung verhelfen. Darüber hinaus muß diese Zielgruppe mit verschiedenen Arten der Bildungswerbung und -information, mit aufsuchender Beratung und anwaltlicher Unterstützung angesprochen und vor und während der Weiterbildungsteilnahme mit konkreten Hilfen unterstützt werden (vgl. auch Braun/Fischer 1984, S. 73ff.).

Aufgrund der gesteigerten Nachfrage nach Weiterbildung nicht nur im beruflichen Bereich - hier ist sie für viele schon zu einer Selbstverständlichkeit bzw. zu einem Muß geworden - sondern auch im Bereich allgemeiner und kultureller Bildung, hat Weiterbildungsberatung "Orientierungswissen zu liefern, das eine Passung zwischen Lerninteresse und Lernangebot ermöglicht." (Kejcz 1988, S. 29) Eng damit verbunden ist die Aufgabe, die Nachteile der Pluralität des Angebots für den potentiellen Nutzer zu mildern. Weiterbildungsberatung fungiert als "Vermittlungsinstanz, die im Interesse des Ratsuchenden Transparenz stiftet angesichts eines unübersichtlichen Bildungsangebots einer Vielzahl von Weiterbildungseinrichtungen und -träger." (Haas/Müller 1986, S. 2). Als "Gelenkstelle zwischen Anbieter und Nachfrager" sorgt sie gleichzeitig für die "bedarfsgerechte Ausgestaltung des Weiterbildungsbereichs." (Kejcz 1988, S. 31) Die Erfahrungen der Weiterbildungsberatung müssen in die Institutionenberatung, d.h. in die Beratung von Weiterbildungseinrichtungen einfließen. Diese Beratung bezieht sich sowohl auf das Aufdecken von Lücken im Angebot als auch auf didaktisch-methodische Hinweise und dient als Mittel zur Kooperation zwischen den Weiterbildungseinrichtungen. Eine gute Zusammenarbeit muß auch mit anderen Beratungseinrichtungen und sozialen Diensten erfolgen (Kejcz 1988, S. 45, 48).

Angesichts der sozial-selektiv geregelten Weiterbildungsteilnahme hat Beratung die Aufgabe, "über aktivierende Formen der Bildungswerbung und Bildungsinformation sowie über vorbereitende und motivierende Ansprachemethoden einen Beitrag zur Erhöhung der Chancengleichheit im Weiterbildungsbereich zu leisten." (Kejcz 1988, S. 30) Weiterbildungsberatung muß über ihr Angebot für alle Bürger hinaus bestimmte Zielgruppen, vor allem bildungsbenachteiligte Personenkreise ansprechen. Werbung und Information müssen auf die Existenz der Beratungsstelle aufmerksam machen und zur Inanspruchnahme animieren. Bei bildungsbenachteiligten Gruppen sind personale Ansprachemethoden den medialen Informationen vorzuziehen (Kejcz 1988, S. 39ff.). Motivation und Aktivierung ist also in zweierlei Hinsicht notwendig: zum einen zur Inanspruchnahme von Weiterbildungsberatung und zum anderen zur Weiterbildungsteilnahme.

Weiterbildungsberatung hat schließlich die Funktion "eines Katalysators für eine Integration neuer Bildungsbedürfnisse und herkömmlicher Strukturen auszufüllen." (Kejcz 1988, S. 32) Dies bedeutet, daß Beratung in der Weiterbildung aktuelle Lernbedürfnisse und neue Lernformen, die im Umfeld institutionalisierter Weiterbildung in Selbsthilfegruppen und neuen sozialen Bewegungen artikuliert und erprobt werden, ohne Zeitverzögerung aufnehmen und in die Weiterbildungsplanung einbringen muß.

Weiterbildungsberatung kann nur dann produktiv arbeiten und die genannten Aufgaben erfüllen, wenn sie für die Ratsuchenden gut erreichbar ist, d.h. wenn sie innerhalb eines bestimmten regional überschaubaren Einzugsbereichs wirkt (Kejcz 1988, S. 33). Hinsichtlich der Trägerschaft kann davon ausgegangen werden, daß sich Ratsuchende eher an trägerunabhängige Einrichtungen wenden, in der Vermutung, daß hier mehr auf Ihre Bedürfnisse eingegangen wird. Neben kommunalen Trägerschaften sind z.B. deren Verbindung auf regionaler Ebene sowie vielfältige andere Möglichkeiten denkbar (Kejcz 1988, S. 34f.). Ein zentrales Problem von Weiterbildungsberatung ist ihre Finanzierung; hier müßten Splittingmodelle (Kommune/Land) oder kooperative Finanzierungsmodelle entwickelt und erprobt werden, um eine kontinuierliche finanzielle Absicherung als Grundlage einer effektiven Arbeit zu gewährleisten (Kejcz 1988, S. 35, 176f.). Die Mitarbeiter, für deren Tätigkeit bislang keine spezielle Ausbildung existiert und deren Qualifizierung im wesentlichen in und durch die Berufstätigkeit erfolgt, müssen Gelegenheit zur Supervision, zur ständigen Fortbildung und zur Teamarbeit haben (Kejcz 1988, S. 37f.). Die Beratungsstellen müssen materiell ausreichend ausgestattet sein; im Idealfall verfügen sie über elektronische Hilfsmittel zur Informationsbeschaffung und -verarbeitung (Kejcz 1988, S. 38). Dadurch wird die Pflege und Aktualisierung der Informations- und Datensammlung, die Grundlage der Beratungstätigkeit ist, entscheidend erleichtert. Angesichts der 1992 bevorstehenden Öffnung des EG-Binnenmarktes kommen hier auf die Weiterbildungsberatung neue Herausforderungen zu, die wohl nur computerunterstützt bewältigt werden können.

Die Beratungstätigkeit umfaßt die Exploration des Weiterbildungswunsches, die Identifikation des geeigneten Bildungsweges, die Erarbeitung eines konkreten Vorschlags und gegebenenfalls die praktische Unterstützung bei der Realisierung des Weiterbildungswunsches. Dabei müssen auch Probleme des Ratsuchenden zur Sprache kommen können, die nicht unmittelbar auf Weiterbildung bezogen sind. Nach welcher Beratungsmethode hierbei zu verfahren ist, wird unterschiedlich beurteilt. Krüger (1978) geht davon aus, daß die klientenzentrierte Methode in Anschluß an Rogers (vgl. 2.1.3.1.) "wichtige Anhaltspunkte für ein adäquates Beraterverhalten gibt. Diese Vorgehensweise zielt von ihren Bedingungen und ihrer Struktur her auf die Autonomie und Selbständigkeit des Klienten; sie eignet sich deshalb besonders für Beratungsaufgaben in der WB/EB." (S. 47) Auch Braun/Fischer (1984, S. 84) betrachten die von Rogers formulierten Einstellungen des Beraters dem Ratsuchenden gegenüber (Echtheit/Kongruenz, Akzeptieren, einfühlendes Verstehen/Empathie) als grundlegende gesprächsmethodische Vorgaben der Weiterbildungsberatung. Haas/ Müller (1986, S. 35f.) wenden gegen eine strenge Orientierung an dem Konzept von Rogers ein, daß die Beratungsstituation nicht getrennt vom Problem gelingen könne, dieses vielmehr konstitutiv für die Beratungssituation sei. Darüber hinaus fungiere bei dieser Methode das Problem des Ratsuchenden nur als "Material" der emotionalen Befindlichkeit. Schließlich werde durch die Überbetonung des emotionalen Erlebens der Gefahr einer typischen psychologischen Verkehrung von Ursache und Wirkung Vorschub geleistet und mögliche strukturelle, objektive Ursachen des Problems von vornherein ausgeklammert. Zu dieser kontroversen Einschätzung ist, wie zur Methodendiskussion im allgemeinen, zu sagen, daß Methoden nicht als "formale detaillierte Verfahrensregeln", als "erlernbares Umgehen mit intrapsychischen und innerpsychischen Gesetzmäßigkeiten" (Thiersch/Frommann/Schramm 1977, S. 123) begriffen werden dürfen, sondern immer in ihrer Abhängigkeit vom Inhalt der Beratung zu sehen sind, von der "materiell, institutionell und situativ bestimmten jeweiligen Bedürfnislage." - "Die Art der Gesprächsführung, die Konsequenzen des Akzeptierens und des Nicht-Akzeptierens, der Zusammenhang von Sachinformation, praktischer Hilfe und Training bestimmter Konsequenzen können nicht unabhängig von den betreffenden inhaltlich und institutionellen Beratungsanlässen diskutiert werden, weil sie nur in solcher Abhängigkeit existieren." (Thiersch/Frommann/Schramm 1977, S. 124)

Weiterbildungsberatungsstellen übernehmen in idealer Vorstellung also die Aufgaben der Bildungswerbung und Bildungsinformation, der individuellen bzw. Gruppenberatung sowie der Trägerberatung. Der eigentliche Sinn von Weiterbildungsberatung liegt jedoch in der Verknüpfung dieser Aufgaben zu einem "Transmissionsriemen regionaler und kommunaler Bildungspolitik" (Kejcz 1988, S. 172), der in der Lage ist, eine entwickelnde und vorantreibende Funktion im gesamten Weiterbildungssektor auszuüben.

In der Bundesrepublik Deutschland exisitieren derzeit nur sehr wenige Weiterbildungsberatungsstellen, die den genannten umfassenden Ansprüchen annähernd genügen. Kennzeichnend für diese Beratungsstellen, "Typ 3" in der Studie von Kejcz (1988, S. 105ff.), ist eine intensive Zielgruppenarbeit, die durch aktive und offensive Bildungswerbung eine Erhöhung der Bildungsbeteiligung anstrebt. Dabei stoßen die Institutionen vielfach an die Grenzen der Angebotsstruktur, weshalb in diesem Bereich die Trägerberatung und die kontinuierliche Bedarfsanalyse hinsichtlich Inhalt, methodisch-didaktischer Aufbereitung und zeitlicher Organisation der Weiterbildungsmaßnahmen relativ weit ausgebaut sind. Die Beratungsstellen werden zum Teil dezentralisiert in Stadtteilen eingerichtet, in denen ein hoher Anteil bildungsbenachteiligter Bürger lebt. Die "Filialen" teilen die Aufgabenbereiche (z.B. Informationsbeschaffung und -aufbereitung) untereinander auf und stehen in regelmäßigem Erfahrungsaustausch. Mit dieser Organisationsform soll vor allem die Zielgruppenansprache erleichtert werden. Von besonderer Bedeutung sind hierbei Multiplikatoren (z.B. allgemeine soziale Dienste, Arbeitsamt, Pfarreien, Bürgerinitiativen etc.) sowie Informationsmaterial, das nicht schon ein bestimmtes Bildungsziel zur Grundlage hat, sondern von der Lebenssituation der Zielgruppen ausgeht. Dabei steigt die Wirksamkeit der einzelnen verschiedenen Ansprachemedien im Verbund. Manche Beratungsstellen bieten zudem Angebote, die über die Einzelberatung hinausgehen, wie z.B. Tages- und Wochenendveranstaltungen und Gesprächskreise als begleitende Maßnahmen während der Weiterbildungsteilnahme.

Wesentlich ist, daß diese Einrichtungen träger- und institutionenunabhängig arbeiten und damit eine mögliche Lenkung in Kurse und Maßnahmen zur Komplettierung der Teilnehmerzahl ausgeschlossen ist. Dies ist bei Weiterbildungsberatung als Teilaufgabe innerhalb einer Institution ("Typ 1") nicht unbedingt gewährleistet. Einige Volkshochschulen bieten über eine Kursauswahlberatung hinaus auch Beratung über die Angebote anderer Träger an. Diese Form der Weiterbildungsberatung, die meist von einem hauptamtlichen Mitarbeiter nebenbei geleistet wird, hat aber nur einen begrenzten Wirkungskreis. Sie erreicht vor allem Personen, die gerade eine Weiterbildungsmaßnahme absolvieren bzw. deren Bildungswünsche bereits feststehen. Eine Bildungswerbung und Bildungsinformation findet - schon allein aus Zeitmangel - nicht statt. Zudem sind diese Beratungsstellen mit sehr bescheidenen materiellen Mitteln ausgestattet, wodurch vor allem eine adäquate Informationsbeschaffung und -aufbereitung nicht gewährleistet ist (Kejcz 1988, S. 52ff.; Braun/Fischer 1984, S. 61).

Auch Weiterbildungsberatung als kommunale Dienstleistung ("Typ 2") - eine weitere Organisationsform - vermag die formulierten Ansprüche nicht voll zu erfüllen. Diese Beratungsstellen sind sehr unterschiedlich ausgebaut und verfolgen je nach Entstehungsgeschichte verschiedene Ziele und Aufgaben. Grundsätzlich verstehen sie sich als Angebot an alle Bürger in der Kommune, ohne besondere Zielgruppen anzusprechen. Eine gezielte, kontinuierliche Öffentlichkeitsarbeit wird von diesen Einrichtungen nur vereinzelt geleistet (Kejcz 1988, S. 72ff.).

Insgesamt bietet die Weiterbildungsberatung in der Bundesrepublik Deutschland ein sehr uneinheitliches Bild. Sie wird "gegenwärtig betrieben als relativ kleines Teilgebiet im Rahmen einer anderen pädagogischen oder beratenden Tätigkeit, sie kann aber auch relativ hochinstitutionalisiert als Moderator im Weiterbildungsbereich wirken, der die Beteiligten aus Politik, Ämtern und dem Trägerbereich zusammenführt zu einer koordinierten Vorgehensweise bei bestimmten Problemen und für bestimmte Zielgruppen." (Kejcz 1988, S. 149) Unabhängig von diesem unterschiedlichen Ausbaustand ist Weiterbildungsberatung allgemein noch zu gering entwickelt. Dies liegt vor allem an den Vorbehalten mancher Träger und der ungeklärten Finanzierungsfrage. Defizite in der Versorgung bestehen vor allem außerhalb der Großstädte und Ballungszentren (Kejcz 1988, S. 173f.). Aber auch nicht jede Großstadt verfügt über eine Weiterbildungsberatungsstelle. In München z.B. existiert nur eine "Weiterbildungsbörse", die Anfang 1989 der Öffentlichkeit vorgestellt wurde: dahinter verbirgt sich eine Datenbank, in der Weiterbildungsangebote gespeichert sind, die telefonisch oder per Post vom Interessenten für ein bestimmtes Gebiet abgefragt werden können (vgl. SZ Nr. 40/1989; eine ähnliche Einrichtung gibt es in Berlin, vgl. Kejcz 1988, S. 141ff.). Eine persönliche Beratung und Abklärung der Wünsche und Realisierungschancen erfolgt nicht. Wenn auch die Unterstützung der Weiterbildungsberatung durch elektronische Hilfsmittel zu begrüßen und zu forcieren ist, so ist dennoch davor zu warnen, Weiterbildungsberatung mit einem "Selbstbedienungsladen" gleichzusetzen. Für die meisten Ratsuchenden ist das persönliche Gespräch unabdingbar. Entwickelt werden müßten integrierte, elektronische Informations- und Auskunftssysteme vorwiegend zur Unterstützung des Beraters. Erprobt werden solche Formen computerunterstützter Beratung z.B. im Bereich der Sozialhilfe und der Schuldnerberatung (vgl. Keller L. 1988, S. 19f.).

Weiterbildungsberatungsstellen leisten zwar in ihrer optimalen Ausprägung Zielgruppenarbeit, von Jugendlichen als Ansprechpartnern und besonders zu fördernder Gruppe ist jedoch nur im Zusammenhang mit Defiziten - arbeitslos, ohne Schulabschluß - die Rede. Eine spezielle Weiterbildungsberatung für Jugendliche findet nicht statt. Dies läßt sich vielleicht damit erklären, daß diese Altersgruppe offiziell in den Zuständigkeitsbereich der Schul- und Bildungsberatung, in beruflicher Hinsicht in den der Berufsberatung fällt. Es wurde jedoch bereits darauf hingewiesen, daß diese Beratungsdienste zum einen überfordert sind mit dem hochkomplexen Beratungsgegenstand Weiterbildung und zum anderen von den Jugendlichen ohnehin nicht angenommen werden. Im folgenden ist der Frage nachzugehen, welche besonderen Merkmale eine Weiterbildungsberatung für Jugendliche aufweisen muß und in welcher Form sie sinnvollerweise anzubieten ist.

### 3.4.2. Formen und besondere Kennzeichen einer Weiterbildungsberatung für Jugendliche

Es wurde bereits angedeutet, daß mit dem hier zu entwickelnden Modell einer Weiterbildungsberatung für Jugendliche dem Spektrum der institutionalisierten Beratungseinrichtungen nicht noch eine weitere spezialisierte Variante hinzugefügt werden soll, die mit den Problemen der gesellschaftlichen Involviertheit, der Institutionalisierung und der Professionalisierung belastet wäre. Es wird vielmehr, unter Einbeziehung der alternativen Modelle von Jugendberatung, davon ausgegangen, daß sich für eine Weiterbildungsberatung für Jugendliche erfolgversprechende Ansatzmöglichkeiten auf drei Ebenen bieten: zum einen können bestehende Weiterbildungsberatungsstellen des "Typs 3" weiter ausgebaut und im Hinblick auf die Zielgruppe Jugendliche erweitert werden, wobei Anregungen zur Überwindung der negativen Aspekte der Institutionalisierung und Professionalisierung in der Konzeption zu berücksichtigen sind. Zum anderen können bestehende Jugendberatungsstellen den Sektor der Weiterbildung sowohl als Problemanlaß als auch als möglichen Weg der Problemlösung in ihre Arbeit aufnehmen. Schließlich kann Jugendarbeit diesen Komplex beratend und aktivierend thematisieren und sogar z.B. im Rahmen von politischer Jugendbildungsarbeit selbst Weiterbildung anbieten. Die beiden letztgenannten Formen einer Weiterbildungsberatung für Jugendliche entfernen sich von der Idealvorstellung von Weiterbildungsberatung und sind angesichts des geringen Ausbaustandes des Weiterbildungsberatungsnetzes als ersetzende bzw. ergänzende Maßnahmen zu betrachten.

#### 3.4.2.1. Institutionalisierte Weiterbildungsberatung für die Zielgruppe Jugendliche

Der Ausbau von Weiterbildungsberatungsstellen, die den genannten "Idealvorstellungen" nahe kommen ("Typ 3"), muß weiter forciert werden und konzeptuell auch im Hinblick auf die Zielgruppe Jugendliche vorangetrieben werden. Dabei muß versucht werden, die durch Institutionalisierung und Professionalisierung entstehenden Probleme (vgl. 2.4.2.) zumindest zu minimieren. Durch Vermeidung eines amtlichen Charakters und unverbindliche, unbürokratische Zugangswege, wie z.B. freizeit- und kommunikationsbezogene Angebote, können Zugangsschwellen - nicht nur für jugendliche Ratsuchende - abgebaut werden. Geeignet sind kleinere, dezentralisierte Einrichtungen, deren Versorgung mit notwendigem Informationsmaterial durch eine übergeordnete Zentrale jedoch gewährleistet sein muß; eine eigenständige Informationssammlung und -aufbereitung würde Beratungsstellen dieser Art überfordern. Wesentlich für die Akzeptanz in der Bevölkerung und speziell bei den Jugendlichen ist die Öffentlichkeitsarbeit der Beratungsstelle selbst, in der sie ihre eigene Arbeit, ihre Methoden und Zugangswege soweit wie möglich transparent machen muß. Die Einbindung in einen Stadtteil erleichtert solche Werbemaßnahmen und trägt zu einer schnelleren und bereitwilligeren Annahme der Beratungsstelle bei den Bürgern bei.

Wie bereits erwähnt, beziehen sich Weiterbildungsberatungsstellen bislang auf Jugendliche nur, wenn diese bestimmte "Defizite" aufweisen, z.B. Arbeitslosigkeit oder fehlende Schulabschlüsse (z.B. Braun/Fischer 1984). Vermutlich wird keine Beratungsstelle jugendliche Ratsuchende, auf die solche Zuschreibungen nicht zutreffen, abweisen, wenn sie zu ihr kommen; aber es existieren weder für die informierende noch für die aktivierende und motivierende Arbeit der Weiterbildungsberatung Konzepte, die ein besonderes Vorgehen und spezifische Aufgabenstellungen in

Bezug auf die Zielgruppe Jugendliche thematisieren. Zu betonen ist, daß eine zielgruppenspezifische Beratung in Weiterbildungsfragen nicht unbedingt die Auswahl eines zielgruppenspezischen Angebots - hier für Jugendliche - zur Folge haben muß. Es ist im Gegenteil Aufgabe der Weiterbildung wie der Weiterbildungsberatung, generationsübergreifendes Lernen zu fördern bzw. dazu anzuregen, um den Dialog zwischen den Generationen unter der Zielperspektive gemeinsam zu lösender gesellschaftlicher Herausforderungen neu zu beleben.

Es ist unbestritten, daß aufgrund von Arbeitslosigkeit und fehlenden Schulabschlüssen ein drängender und unmittelbarer Handlungsbedarf auf Seiten der Weiterbildungsberatung besteht, vergegenwärtigt man sich die Lage junger Menschen in Beruf und Ausbildung (vgl. 1.3.3.) und die unzureichende Unterstützungsleistung der Berufsberatung (vgl. 2.3.4.; 2.4.). Die Situation arbeitsloser Jugendlicher darf in der Beratung jedoch nicht als Konsequenz von Qualifikationsdefiziten gedeutet werden, sondern vielmehr - angesichts struktureller Ursachen - als Ansatzpunkt, durch Weiterbildung zumindest die Ausgangsposition im Konkurrenzkampf auf dem Arbeitsmarkt zu verbessern. Beratung muß jede Form einer negativen Zuschreibung vermeiden und den Jugendlichen erfahrbar machen, "daß jeder seine spezifischen Möglichkeiten hat und daß Lernen und Über-Wissen-Verfügen Spaß machen kann." (Burger/Seidenspinner 1977, S. 166; vgl. auch 2.3.7.5.).

Weiterbildungsberatung muß sich darüber hinaus auch an diejenigen Jugendlichen wenden, die in schulischen "Umleitungsmaßnahmen" und "Warteschleifen" Schutz vor Arbeitslosigkeit suchen; an diejenigen, die zwar über eine abgeschlossene Berufsausbildung verfügen, im erlernten Beruf aber nicht beschäftigt werden und deshalb zu Neuorientierungen gezwungen sind; an den nicht unerheblichen Anteil Jugendlicher ohne Berufsausbildung, die in Anlern- und Hilfsjobs ständig der Gefahr der Arbeitslosigkeit ausgesetzt sind (vgl. 1.3.3.1.). Nicht zuletzt muß sich Weiterbildungsberatung in besonderer Weise der Mädchen und jungen Frauen annehmen, die zwar schulische Bildungsbenachteiligungen aufgeholt haben, aber nun um so mehr an den Hürden des Beschäftigungssystems scheitern. Aufgabe der Weiterbildungsberatung ist es nicht nur, die Bereitschaft und Motivation dieser Jugendlichen zur Weiterbildung zu verbessern und adäquate Angebote zu vermitteln; vielmehr muß sie sich als Orientierungs- und Entscheidungshilfe für alle Jugendlichen in Hinsicht auf den Komplex Arbeit und Beruf verstehen und dabei auch gesellschaftliche Hintergründe und Ursachen transparent und bewußt machen, d.h. den Zusammenhang von neuen Technologien, Arbeitsplatzentwicklung und notwendiger ständiger Weiterbildung aufzeigen. Es gilt, "Beratungen anzubieten, die die Jugendlichen für die bewußte Planung ihrer beruflichen Entwicklung in Anspruch nehmen können." (Gluntz/Harris/Troscheit 1975, S. 518) Dabei muß Weiterbildungsberatung darauf hinwirken, die Isolation bzw. die Verabsolutierung der beruflichen Weiterbildung aufzulösen und deren enge Verflechtung mit allgemeinen und politischen Bildungsinhalten zu verdeutlichen; dieses Bewußtsein muß sich allerdings auch erst in der Weiterbildungsplanung durchsetzen.

Weiterbildungsberatung muß ihren Ausgangspunkt in der "potentiellen Bildungsmobilität" Jugendlicher nehmen und als Ansatzmöglichkeit für Bildungsförderung Diskrepanzerfahrungen zwischen gesellschaftlicher Plazierung und persönlichem Lebensplan nutzen (vgl. 3.3.4.). Dies bedeutet zunächst, Kenntnisse über das Jugendalter und Bildungsprozesse und -verläufe in der Jugendphase in die Beratung miteinzubeziehen, im jeweiligen Einzelfall exakte Informationen über die Bildungsbiographie und die gesamte Lebenssituation der Jugendlichen einzuholen und für den Beratungsprozeß fruchtbar zu machen. Dabei muß gewährleistet sein, daß der Jugendliche nicht auf ein "Weiterbildungsproblem" reduziert wird, sondern daß auch persönliche, alltägliche Dinge zur Sprache kommen können. Übersteigen diese Probleme ein Ausmaß, dem der Berater sich nicht mehr gewachsen fühlt, ist es angezeigt, zusammen mit dem Ratsuchenden eine Weitervermittlung an spezielle Beratungseinrichtungen zu überlegen.

In der Beratung sind auch mögliche Folge- bzw. Realisierungsprobleme einer Weiterbildungsteilnahme anzusprechen (vgl. Krüger 1980, S. 44f.). Folgeprobleme können sich z.B. dergestalt ergeben, daß eine berufliche Weiterbildungsmaßnahme, die vom Jugendlichen mit großem Einsatz absolviert wird, doch nicht zum erhofften Erfolg, nämlich zum Erhalt einer Arbeitsstelle bzw. einer höher qualifizierten Beschäftigung führt und beim Jugendlichen Resignation und Abwehr gegenüber weiteren Bildungsmaßnahmen auslöst. Insgesamt sind die Vorschläge von Bildungsmaßnahmen mit den weiteren Entwicklungsoptionen der Jugendlichen und ihren - eventuell erst mit ihnen herauszuarbeitenden - Zielperspektiven abzustimmen. Auch der finanzielle Aspekt der Teilnahme an einer Weiterbildungsveranstaltung ist abzuklären. Das Budget vieler Jugendlicher reicht nicht aus (vgl. Sinus-Institut 1985, S. 5ff.), um freizeitbezogene, kulturell oder politisch orientierte Kurse, die ja in keiner Weise bezuschußt werden, finanzieren zu können. Hinsichtlich zum Teil öffentlich geförderter beruflicher Weiterbildung muß der Berater alle zur Verfügung stehenden Beihilfen und Unterstützungsleistungen ausschöpfen, dem Jugendlichen gegebenenfalls bei der Durchsetzung von Ansprüchen behilflich sein und auch mögliche Rückzahlungsmodalitäten klären. Dabei ist zu berücksichtigen, daß es für ökonomisch bereits unabhängige Jugendliche wenig attraktiv ist, sich erneut in finanzielle Abhängigkeit - von wem auch immer - zu begeben.

Realisierungsprobleme können auch auftreten, wenn die Eltern gegen die Weiterbildungswünsche ihrer Kinder sind oder dazu ihre finanzielle Unterstützung verweigern. In solchen Fällen kann die Einbeziehung der Eltern in den Beratungsprozeß und damit die Respektierung des "Elternrechts" (bei Minderjährigen) sinnvoll sein; nicht zuletzt könnte dies den positiven Effekt nach sich ziehen, daß auch die Eltern "Geschmack" an einer Weiterbildungsteilnahme finden und sich entsprechend beraten lassen.

Es ist anzunehmen, daß Jugendliche selten konkrete Pläne und Anliegen in Bezug auf Weiterbildungsveranstaltungen vortragen, die nur einer entsprechenden Information über das Angebot zu ihrer Umsetzung bedürfen und ansonsten bereits abgeklärt sind. Vielmehr bilden die Bildungs- und Weiterbildungsperspektiven in der Person des Jugendlichen eine Einheit, d.h. sie können nicht einfach in verschiedene Weiterbildungsinteressen aufgespalten werden (Friebel 1986, S. 273). In der Beratung sind diese Perspektiven gemeinsam mit dem Jugendlichen vor dem Hintergrund seiner Lebenssituation zu eruieren und zu konkretisieren. Ausgehend von der Annahme, daß "Lernprozesse, die bildungswirksam werden sollen, ... inhaltlich bedeutsam für den Lernenden sein (müssen)" (Siebert 1985a, S. 202), muß Weiterbildungsberatung in diesem Klärungsprozeß verstärkt auf die Interessen und Bedürfnisse der Jugendlichen eingehen.

Dabei wird sie jedoch schnell an die Grenzen des Angebots stoßen. Eine Rückkopplung der in den Beratungsprozessen aufgedeckten Bedürfnisse mit der Weiterbildungsplanung sowie die Transparentmachung dieser Mechanismen für die Ratsuchenden ist unerläßlich. Dem potentiellen Weiterbildungsteilnehmer ist nicht damit gedient, daß in der Beratung gemeinsam mit ihm seine spezifischen Interessen und subjektiven Weiterbildungsbedürfnisse herausgefunden werden, die dann gar nicht durch ein entsprechendes Angebot befriedigt werden können. Die "Passung zwischen Lerninteresse und Lernangebot" darf nicht so erfolgen, daß das Interesse entsprechend dem Angebot "zurechtgebogen" wird. Natürlich können Weiterbildungsangebote nicht auf jeden einzelnen zugeschnitten, "individualisiert" werden, aber die Chance, über Weiterbildungsberatung eine Bedarfsermittlung und damit eine bedarfsgerechte Planung vornehmen zu können, darf nicht ungenutzt bleiben. Diese Möglichkeit der Einflußnahme innerhalb gesellschaftlicher Rahmensetzungen ist auch dem Ratsuchenden zu vermitteln.

Neben der Ausrichtung des mehr informierenden Anteils der Beratungsarbeit auf Jugendliche, muß auch die aufsuchende Arbeit mit ihren vorwiegend motivierenden und aktivierenden Elementen auf Jugendliche, vor allem auf bildungsbenachteiligte Gruppen ausgedehnt werden. Bildungswerbung und Bildungsinformation müssen attraktiv und ansprechend für die Jugendlichen gestaltet und mit persönlichen Ansprachemethoden kombiniert werden. Auf das behutsame Vorgehen, das hierfür notwendig ist, wurde bereits hingewiesen (vgl. 3.1.2.). Bei Jugendlichen Motivation für Weiterbildung zu wecken, bedeutet, ihnen Chancen aufzuzeigen, von denen sie sich persönlich angesprochen fühlen. "Gerade weil (Erwerbs-)Arbeit für viele Jugendliche problematisch geworden ist (Stichwort: Jugendarbeitslosigkeit), müssen neue Möglichkeiten zu subjektorientierten Lernprozessen und Arbeitsmöglichkeiten zugänglich gemacht werden." (Friebel 1986, S. 274) Damit verbunden ist auch, Jugendlichen nahe zu bringen, daß Lernen Spaß machen kann und nicht unbedingt mit schulischem Lernen identisch sein muß. Weiterbildungsberatung muß also auch gegen das negative Image der Schule und die dort erlebten angstbesetzten Erfahrungen ankämpfen (Boßmann 1982, S. 13), die bei vielen Jugendlichen noch durch die Berufsschule verstärkt wurden.

Diese Bewertungen sind nicht in einem einmaligen Beratungsgespräch zu revidieren. Auch Weiterbildungsberatung muß bestrebt sein, längerfristige Kontakte zu den Jugendlichen aufzubauen. Eine weitere Betreuung, z.B. in Form der Lernberatung (Krüger 1980, S. 45), ist vor allem auch während der Teilnahme an einer Weiterbildungsveranstaltung und im Anschluß daran bei der Verarbeitung der dort gesammelten Eindrücke angezeigt. Nicht zuletzt können daraus wiederum Rückschlüsse für die Weiterbildungsplanung gewonnen werden. Begleitende Weiterbildungsberatung kann hier auch präventiv wirken, indem sie zunächst zur Wahl der "richtigen" Kurse verhilft, das Durchhaltevermögen der Jugendlichen stärkt und damit - dem Selbstwertgefühl nicht gerade zuträgliche - Abbrüche vermeiden hilft. Die Erfahrungen der bereits angeführten Modellversuche kommunaler Weiterbildungsberatungsstellen zeigen, daß die Abbruchquote, die durchschnittlich bei 40-50 % liegt, durch Beratung verringert werden kann (Braun/Fischer 1984, S. 130).

Ziel der Weiterbildungsberatung ist es zunächst - ganz pragmatisch - den Jugendlichen so handlungs- und entscheidungsfähig zu machen, daß er an einer Weiterbildungsveranstaltung teilnimmt, die seinen Bedürfnissen und Interessen entspricht, zumindest entgegenkommt. Die konkreten Schritte werden nach gemeinsamer Abklärung auch eventuell auftretender Folge- und Realisierungsprobleme zusammen mit dem Ratsuchenden erarbeitet. Eine direkte Anmeldung des Jugendlichen für das betreffende Angebot durch den Berater ist nicht unbedingt zu befürworten. In den meisten Fällen sollte mehr auf die Eigenaktivität der Jugendlichen vertraut und ihnen auch eine Frist zum Überdenken der Vorschläge zugestanden werden.

Ein weiteres Ziel der Weiterbildungsberatung ist eine Verstärkung der - ohnehin schon gegebenen - Multiplikatorenwirkung: eine für den Jugendlichen erfolgreich und befriedigend verlaufene Weiterbildungsteilnahme regt zu künftigen Aktivitäten an. Weiterbildungsberatung kann sich jedoch trotz der "Transferleistungen" der Jugendlichen nicht "selbst überflüssig" machen. Dies ist zum einen darin begründet, daß die mangelnde Transparenz und die Komplexität des Weiterbildungsbereichs für den Ratsuchenden in der Beratung nicht dauerhaft überwunden werden können; zum anderen sind Bildungsentscheidungen in den Rahmen der je spezifischen Lebenssituation eingebettet und erfordern eine jeweils aktuelle Abklärung unter den gegebenen Bedingungen.

Weiterbildungsberatung kann jedoch insofern längerfristig und emanzipatorisch wirken, als sie dazu beitragen kann, die Artikulations- und Definitionsfähigkeit der Jugendlichen in Bezug auf Weiterbildungsbedürfnisse und -wünsche zu verbessern und die Kompetenzen zur Durchsetzung dieser Ansprüche zu stärken. Gleichzeitig kann sie den Weiterbildungsmarkt in Teilbereichen und Schritt für Schritt etwas durchschaubarer machen; zumindest kann Weiterbildungsberatung den Jugendlichen einen groben Überblick und eine Vorstellung davon vermitteln, was für sie machbar ist. Unter diesen Voraussetzungen sind Jugendliche vielleicht in der Lage, vorab eine eigene Sichtung des Angebots vorzunehmen; hierfür sind Einrichtungen wie z.B. die "Weiterbildungsbörse", eine Datenbank bestehender Weiterbildungsangebote, eine mögliche Ergänzung zur personalen Beratung - sie können diese jedoch nicht ersetzen.

Die Institutionen- oder Systemberatung richtet sich vornehmlich an die Trägerseite und Programmplanung der Weiterbildung, die auf die in der Beratung erfolgte Bedarfsermittlung reagieren muß, wenn Weiterbildungsberatung ihren eigentlichen

Sinn und Zweck erfüllen soll. Von den Bildungsmaßnahmen selbst, zu denen Weiterbildungsberatung anregt, können weitergehende Impulse zur Veränderung des sozialen Umfeldes ausgehen. Vor allem eine stadtteilbezogene Bildungsarbeit kann die Möglichkeit eines "nicht nur begreifenden, sondern auch eingreifenden Lernens" (Beier 1984, S. B70) eröffnen. Indem der Stadtteil als Lebenszusammenhang in all seinen Brüchen und Widersprüchen, Kontinuitäten und perspektivischen Entwicklungen zum Gegenstand der Weiterbildung gemacht wird, kann sowohl die öffentliche Auseinandersetzung über die Entwicklung des Stadtteils gefördert, als auch die Ausdrucks- und Handlungsfähigkeit derjenigen gestärkt werden, deren Partizipationschancen bislang gering waren (Beier 1984, S. B70; vgl. z.B. auch Baacke u.a. 1982; Noll/Blumbach/Goldmann 1984).

Weiterbildungsberatung für Jugendliche in der beschriebenen Form kann somit sowohl die Weiterbildungsbereitschaft als auch die konkrete Weiterbildungsteilnahme nachhaltig stärken und verbessern. Wesentlich dabei ist, daß hierbei die Interessen und Bedürfnisse der potentiellen Teilnehmer im Mittelpunkt stehen und in Abwägung mit gesellschaftlichen Erfordernissen über die Bedarfsermittlung und Institutionenberatung auf die Angebotsplanung zurückwirken. Dadurch kann sich auch die Zukunftsperspektive von Bildung wieder eröffnen: Weiterbildung kann Teil der aktiven Lebensplanung werden und konkrete Möglichkeiten der Mitgestaltung eröffnen. Damit kann Weiterbildungsberatung indirekt und im Zusammenspiel mit der Weiterbildungsplanung verändernd auf das soziale Umfeld der Ratsuchenden einwirken. "Weiterbildungsberatung in diesem Sinne ist ein *handlungs- und entscheidungsorientiertes Beratungskonzept*, das in Interaktion zwischen Ratsuchendem und Berater aktive Hilfeleistung zur Veränderung der Lebenssituation des Ratsuchenden durch Erwerb von Qualifikationen und/oder Handlungskompetenz zu erreichen versucht." (Braun/Fischer 1984, S. 85)

### 3.4.2.2. Weiterbildungsberatung in Jugendberatungsstellen

Die bislang genannten Aufgaben und Ziele gelten auch für eine Weiterbildungsberatung, sofern sie im Rahmen einer Jugendberatungsstelle durchgeführt wird. Es wurde ausführlich erörtert, daß Jugendberatungsstellen gute Voraussetzungen für die Beratung Jugendlicher aufweisen, vor allem aufgrund ihrer Offenheit für alle anstehenden Probleme. Diese Forderung wurde nochmals ausdrücklich als Kennzeichen der alternativen Jugendberatung hervorgehoben. Jugendberatungsstellen müssen damit auch Weiterbildungsprobleme und Weiterbildungswünsche der Jugendlichen ernst nehmen, sie also als Beratungsanlässe begreifen und gemeinsam mit dem Jugendlichen nach Lösungen suchen. Durch entsprechende Öffentlichkeitsarbeit können die Institutionen signalisieren, daß bei ihnen auch der Komplex der Weiterbildung zur Sprache kommen kann.

Die Möglichkeiten einer Jugendberatungsstelle werden hierbei jedoch begrenzt sein aufgrund fehlender, umfassender Informationen über vorhandene Weiterbildungsangebote. Denkbar ist hier ein Materialaustausch mit der Weiterbildungsberatungsstelle eventuell auch durch computerunterstützte Verfahren. Einschränkend muß jedoch auf die begrenzten Kapazitäten und die diesbezüglich mangelnde Qualifikation der Jugendberater hingewiesen werden, die ohnehin mit einer kaum zu bewältigenden Vielfalt an Beratungsproblemen konfrontiert werden.

Die Jugendlichen können aber auch direkt an eine Weiterbildungsberatungsstelle - soweit vorhanden - weitervermittelt werden, wobei dies in einer Form zu erfolgen hat, die dem Jugendlichen nicht das Gefühl gibt, "herumgereicht" zu werden. Auch unter diesem Aspekt erweist sich eine stadtteilnahe Einbindung der Weiterbildungsberatungsstelle als sinnvoll.

Für Jugendberatungsstellen ist der Komplex Weiterbildung jedoch nicht nur ein weiterer Beratungsanlaß, sondern auch ein möglicher Ansatz zur Problemlösung, genauer ein potentieller "Weg vom Reden zum Handeln" (vgl. 3.1.1.). Vor allem bei - verstärkt auftretenden - Problemen, die mit Lebenssinnfragen, Selbstwertproblemen und allgemeiner Werteverunsicherung verbunden sind, können dem Jugendlichen über den Beratungsprozeß hinaus, sozusagen als begleitende Maßnahme zur Beratung, Weiterbildungsveranstaltungen empfohlen werden, in denen der Jugendliche - bei entsprechendem Angebot - wieder Perspektiven zur eigenen Lebensplanung und damit zur Gestaltung von Zukunft finden kann. Vorsicht ist jedoch insofern geboten, als damit nicht gesellschaftliche Problemlagen und Alltagsprobleme Jugendlicher in Bildungsprobleme umgedeutet, "pädagogisiert" werden dürfen. Vielmehr muß ein Anstoß zu Bildung und Weiterbildung beinhalten, "daß mehr politisch agiert statt reagiert wird, daß die Bedürfnisse und Interessen der Menschen, nicht die der Institutionen im Mittelpunkt stehen, daß Weiterbildung ihre Funktion in Richtung auf 'Sich-Einmischen', Aktivieren und Politisieren, im Sinne einer 'brandstiftenden Feuerwehr' (auf Probleme aufmerksam machen und sie gemeinsam-solidarisch angehen) deutlich macht." (Griese 1983a, S. 53) Damit ist wiederum die Weiterbildungsplanung zu Innovationen und Neuorientierungen herausgefordert.

Jugendberatungsstellen müssen in dem Maß, wie Weiterbildungsberatungsstellen umfassende Problemlagen der Jugendlichen zu berücksichtigen haben, auch auf "Weiterbildungsprobleme" Jugendlicher eingehen. Angesichts der mangelnden Versorgungslage mit Weiterbildungsberatungsstellen und der fehlenden Akzeptanz der Bildungs- und Berufsberatung wird dieser Komplex hier sehr häufig zur Sprache kommen (vgl. den Katalog der Tätigkeitsschwerpunkte der Jugendberatungsstellen in 2.3.7.3.); dies erfordert ein hohes Maß an Eigeninitiative auf Seiten der Berater, die versuchen müssen, zumindest ein gewisses Maß an Informationen zu beschaffen und entsprechend aufzubereiten.

### 3.4.2.3. Weiterbildungsberatung als Möglichkeit der Jugendarbeit

Jugendarbeit bietet - wie bereits ausgeführt wurde (3.1.3.) - gute Voraussetzungen als Beratungsraum für Jugendliche. Gleichzeitig erfüllt Jugendarbeit auch eine Bildungsfunktion, besitzt korrektive und eigenständige Einwirkungsmöglichkeiten, die jedoch gegenwärtig durch eine sozialpolitische, auf Kompensation gerichtete Inpflichtnahme überlagert werden (vgl. Hornstein u.a. 1982, S. 194). Angesichts der herausragenden Bedeutung von Bildung und Weiterbildung müssen diese Potentiale auch für eine Beratung in Weiterbildungsangelegenheiten genutzt werden, wobei die aufgezeigten besonderen Kennzeichen einer Weiterbildungsberatung für Jugendliche im Grundsatz auch für dieses Handlungsfeld gelten. Ebenso wie bei Jugendberatungsstellen ist die Kapazität hinsichtlich der Informationsbeschaffung und -aufbereitung in der Jugendarbeit eingeschränkt. Demnach ist auch hier eine Versorgung durch und eine gute Kooperation mit zentralen Informationsstellen zu fordern.

Im Bereich der Jugendarbeit bietet es sich vor allem an, Weiterbildung im Rahmen von Gruppenarbeit zu thematisieren und hier zu Bildungsmaßnahmen anzuregen. Dadurch können auch Konflikte ausgeschaltet werden, die sich möglicherweise aus der Inkongruenz von Weiterbildungsplanungen der Jugendlichen und der Meinung ihrer gleichaltrigen Bezugsgruppe ergeben. Gute Ansatzmöglichkeiten ergeben sich daraus, daß vielfach schon längerfristige Kontakte zu den Jugendlichen bestehen und die Jugendarbeiter über genaue Kenntnisse der Lebensumstände der Jugendlichen verfügen.

Auch Jugendarbeit kann Weiterbildung als einen möglichen Weg der Problemlösung anbieten - unter den gleichen Vorbehalten wie Jugendberatungsstellen. Dabei besteht die Möglichkeit, auf eigene Angebote der Jugendbildung zurückzugreifen. So kann Jugendarbeit in ihrer offenen Form als spezifische Ausgestaltung der Zielgruppenansprache und Zielgruppenentwicklung verstanden werden, durch die Jugendliche organisiert und zu zielgerichteten Lernprozessen motiviert werden. Speziell die außerschulische Jugendbildung wendet sich an bereits bestehende Gruppen von Jugendlichen, die über Schule oder Jugendverbände etc. zueinander gefunden haben (vgl. Schäffner 1980, S. 39).

In einer Weiterbildungsberatung als Möglichkeit der Jugendarbeit sind, sofern auf Maßnahmen im eigenen Feld zurückgegriffen wird, Beratungs- und Bildungsprozesse nicht mehr scharf voneinander zu trennen. Dies eröffnet jedoch die Chance, sozialpolitische Aufgabenzuweisungen in der Jugendarbeit zurückzudrängen und ihre eigentliche Bildungsfunktion zu stärken.

Weiterbildungsberatung als Möglichkeit der Jugendarbeit entfernt sich am weitesten von der "idealen Weiterbildungsberatung". Es erfolgt eine Bildungswerbung, eingeschränkt auch Bildungsinformation, aber eine Abklärung der Weiterbildungsinteressen anhand des gesamten Weiterbildungsspektrums kann nicht vorgenommen werden. Diese Form erfüllt jedoch im Hinblick auf die Besonderheiten der Zielgruppe Jugendliche wichtige Funktionen in Ergänzung zu den genannten Idealvorstellungen.

#### 3.4.2.4. Weiterbildungsberatung für Jugendliche im Rahmen eines Verbundsystems

Die aufgezeigten Möglichkeiten einer Weiterbildungsberatung für Jugendlichen beinhalten eine Reihe von Problemen, die einer Umsetzung der konzeptuellen Überlegungen entgegenstehen. So können zwar Weiterbildungsberatungsstellen vom "Typ 3" einen optimalen Informationsservice bieten, bedürfen aber hierzu eines hohen Institutionalisierungsgrades, der wiederum Zugangsschwellen, negative Folgen der Professionalisierung etc. erzeugt. Es wurde zwar auf Möglichkeiten der Minimierung dieser negativen Begleiterscheinungen hingewiesen, aber eine vollständige Ausschaltung wird wohl nicht gelingen können. Es ist vor allem auch fraglich, inwieweit ausreichend Personal für langwierige und mühsame Prozesse der Bildungswerbung in Form der aufsuchenden Beratung, zudem aufgefächert nach verschiedenen Zielgruppen, finanziert werden kann. Jugendberatungsstellen scheinen angesichts der auf sie hereinbrechenden Flut von vielfältigen Beratungsanlässen ohnehin die Grenzen ihrer Kapazität erreicht zu haben. Diese Einrichtungen bieten zwar gute Voraussetzungen für Beratung in allen Fragen, oft aber fehlt ihnen der nötige Informationshintergrund über das komplexe Sachgebiet Weiterbildung.

Jugendarbeit schließlich hat mit Problemen in der eigenen Sphäre zu kämpfen: unter der Last sozialpolitischer Aufgabenzuweisungen und in Konkurrenz zu kommerziellen Freizeitanbietern ist es ihr zunehmend erschwert, Bildungsprozesse zu initiieren.

Weiterbildungsberatung, die den genannten Idealvorstellungen entsprechen und gleichzeitig die Zielgruppe Jugendliche erreichen soll, kann damit nicht von einer Institution oder von einem Handlungsfeld alleine geleistet werden. Die hier vorgestellten potentiellen Anbieter einer Weiterbildungsberatung müssen sich in einem "Verbundsystem" zusammenschließen, in dem die jeweiligen Vorzüge der Einrichtungen in optimaler Weise genutzt und die jeweiligen ungünstigen Voraussetzungen bzw. Konsequenzen minimiert werden. Eine grobe, keineswegs starre Aufgabenaufteilung kann in der Weise erfolgen, daß Weiterbildungsberatungsstellen den mehr informierenden, Jugendberatungsstellen und Jugendarbeit den mehr motivierenden und aktivierenden Sektor abdecken. Zwischen den einzelnen Beteiligten am Verbundsystem ist ein eigenständiger und kontinuierlicher Erfahrungsaustausch über alle Arbeitsfelder (die Beratungsvorgänge selbst, Formen der Zielgruppenansprache, Feedback der Teilnehmer etc.) einzurichten, der dann wiederum in die Art und Weise der Informationssammlung und -aufbereitung, in die Institutionenberatung sowie in die Weiterbildungsentwicklungsplanung einfließen muß. Damit ist das Informationsmaterial keine reine Datensammlung mehr, sondern kann weitergehende Auskünfte über Teilnehmerstrukturen, Erfahrungen und Urteile der Teilnehmer bieten. In diese Sammlung sind im übrigen auch Angebote der betrieblichen Weiterbildung aufzunehmen - ein Bereich, der der Weiterbildungsberatung bislang nicht zugänglich war. Ebenso sind Maßnahmen der Außerschulischen Jugendbildung mit einzuschließen.

Weiterbildungsberatungsstellen sind damit, soweit vorhanden, sozusagen das Informationszentrum des Verbundsystems. Ihre Rolle kann auch von entsprechend ausgebauten Bildungsberatungsstellen oder speziellen Abteilungen der Berufsberatung, also in Angliederung an Arbeitsämter, übernommen werden. Hier muß dann besonders intensive Öffentlichkeitsarbeit betrieben werden, um die Bevölkerung auf diesen neuen Service aufmerksam zu machen. Weiterbildungsberatungsstellen, oder adäquate Einrichtungen, übernehmen darüber hinaus die Aufgaben der Institutionenberatung und der Rückkoppelung mit der Weiterbildungsplanung. Unter Einbeziehung der Erfahrungen aus der eigenen Arbeit und der Arbeit der kooperierenden Einrichtungen muß sie auch Innovationen in didaktisch-methodischer Hinsicht anregen.

Der Anteil der Jugendberatungsstellen und der Jugendarbeit bezieht sich mehr auf die aktivierenden und motivierenden Elemente der Weiterbildungsberatung. In diesen Handlungsfeldern besteht zumindest die Möglichkeit, längerfristige Kontakte zu Jugendlichen aufzubauen, ihre Lebenswelt genau kennenzulernen und damit Ansatzpunkte für Bildungsförderung zu finden. Zwischen allen beteiligten Einrichtungen muß Klarheit über die jeweiligen Grenzen der eigenen Kapazität bestehen und Einigkeit darüber, daß Weitervermittlungsprozesse in einer sehr behutsamen Weise vor sich zu gehen haben. Für die Jugendlichen sollte eine der Institutionen die von ihnen erwartete "Drehpunktfunktion" als erste Anlaufstelle übernehmen. Angesichts der komplexen Problemlagen der Jugendlichen und der Vagheit ihrer Bildungswünsche bieten sich hier Jugendberatungsstellen oder Einrichtungen der Jugendarbeit an, bei deren Aufsuchen keinerlei Vorab-Problemdefinitionen notwendig sind. Wenn sich Schule ihrem veränderten Bildungsauftrag stellt (Fauser/Schweitzer 1983), kann auch sie diese Funktion als Koordinations- und Anlaufstelle zumindest für einen Teil der Jugendlichen erfüllen. Hurrelmann/Wolf (1986, S. 190ff.) schlagen die Einführung einer integrierten Bildungs-, Berufs- und Jugendberatung vor, die vor allem Probleme im Übergang von der Schule in die Arbeitswelt entgegenwirken und frühzeitig zur Weiterbildung motivieren könnte.

An diesem Verbundsystem müssen sich darüber hinaus auch andere Beratungsdienste, vor allem die Schul- und Erziehungsberatung sowie die Berufsberatung beteiligen. Sie müssen zumindest um Möglichkeiten der Weiterbildungsberatung wissen und einen Erfahrungsaustausch mit den Einrichtungen des Verbundsystems anstreben. Darüber hinaus sind auch Jugendverbände, Gewerkschaften, Kirchen etc., also auch Weiterbildungsträger im weitesten Sinne, miteinzubeziehen.

Es muß nachdrücklich betont werden, daß die Möglichkeiten dieses Verbundsystems nicht dazu mißbraucht werden dürfen, Alltagsprobleme Jugendlicher oder gesellschaftlich verursachte Problemlagen in Bildungsprobleme umzudeuten. Weiterbildungsberatung im Verbundsystem muß sich stets ihrer gesellschaftlichen Dimension bewußt sein und darf nicht zum Spielball sozial- oder arbeitsmarktpolitischer Entscheidungen werden. Auch in ihren aufsuchenden und werbenden Elementen darf sie nie ihren Angebotscharakter verlieren und Jugendliche auf Schritt und Tritt mit Beratung und dem Ruf nach Weiterbildung verfolgen.

### 3.4.3. Forderungen an die Weiterbildungsentwicklungsplanung

Es wurde bereits mehrfach betont, daß Aufgaben und Ziele von Weiterbildungsberatung nicht losgelöst vom bestehenden Angebot an Weiterbildungsmaßnahmen und von der Art und Weise ihrer Darbietung formuliert werden können. Die sowohl informierend als auch motivierend wie auch aktivierend vermittelten Anregungen müssen ihren Niederschlag in entsprechenden Weiterbildungsangeboten finden können.

Gegenwärtig orientieren sich "Bildungs- und Programmplanung in der Weiterbildung nicht so sehr an 'subjektiver' oder 'objektiver' Nachfrage, sondern vielmehr an faktischer Beteiligung." (Kuhlenkamp 1982, S. 42) Angesichts des sozial-strukturell bestimmten Zugangs zur Weiterbildung macht sich diese damit "auch zur Funktion herrschender gesellschaftlicher Zustände und sozialer Ungleichheiten." (Kuhlenkamp 1982, S. 42)

Zu fordern ist ein Perspektivenwechsel von der angebots- zur bedarfsorientierten Weiterbildung, wobei hinsichtlich der derzeitigen angebotsorientierten Praxis einschränkend hinzuzufügen ist, "daß funktionale Erfordernisse der Gesellschaft schon immer das Bildungswesen im allgemeinen und die Weiterbildung im besonderen objektiv gesteuert haben." (Friebel 1987, S. 176) Weiterbildung muß den "lebensweltlichen Bedarf" von Teilnehmern und potentiellen Teilnehmern überhaupt erst einmal zur Kenntnis nehmen; sie muß sich "auf Lebenssituationen und -konstellationen ihrer Adressaten beziehen, soll Programmplanung sich nicht nur vorhandener Beteiligungsbereitschaft anpassen, sondern auch neue erzeugen." (Kuhlenkamp 1982, S. 43)

"Bedarf" kann im Bereich der Weiterbildung auf verschiedenen Dimensionen lokalisiert und klassifiziert werden. Zumeist wird unterschieden zwischen "gesellschaftlichem Bedarf" ("manpower"- oder "social-demand"-Ansatz) und "individuellen Bedürfnissen" ("individual-demand"-Ansatz) (Kuhlenkamp 1982, S. 42). Weitere Klassifikationsansätze unterteilen in "sozialen Bedarf", "institutionellen Bedarf" oder "Qualifikationsnachfrage" und "individuellen Bedarf" (vgl. Ortner und Krüger; zit.n. Friebel 1987, S. 177). Entscheidend unterstützt werden kann eine valide Bedarfsermittlung durch Weiterbildungsberatung: Weiterbildung "muß Bedarfsanalyse und Entwicklungsplanung mit Weiterbildungsberatung im Sinne einer 'intelligenten Rückkopplung' verknüpfen." (Friebel 1987, S. 179) Dies bedeutet, daß Weiterbildungsberatung Ratsuchenden bei der Entfaltung und Substantiierung von Weiterbildungsinteressen hilft und gleichzeitig Grundlagen, Informationen für Bedarfsanalysen, für die Angebotsplanung erfährt. Dadurch kann Weiterbildung auch schneller auf gesellschaftliche Wandlungsprozesse reagieren. "Die intelligente Rückkopplung ermöglicht der Planung manifeste *und* latente Weiterbildungsbedürfnisse zu berücksichtigen, hilft der Beratung, Möglichkeits- *und* Wirklichkeitsperspektiven der Weiterbildung zu vermitteln." (Friebel 1987, S. 181)

Nicht zuletzt müssen in die Angebotsplanung der Weiterbildung auch Ergebnisse der Jugendforschung einfließen. So liefern die von den Jugendlichen selbst formulierten Entwicklungsaufgaben (1.2.1.3.), wie z.B. Verbesserung der sozialen Kompetenz, komplexe Strukturen des Staates und der Umwelt begreifen oder ein Bewußtsein für die Umwelt entwickeln, Hinweise darauf, in welchen Bereichen Interessen und Bedürfnisse vorhanden sind. Ebenso sind die in der Hamburger Jugendstudie erfragten "persönlichen Lerninteressen" der Jugendlichen (3.3.2.) für eine Programmplanung ernst zu nehmen.

Es ist jedoch nicht nur eine bedarfsorientierte Veränderung des Gegenstandes der Weiterbildung notwendig. Wie die Auflistung der Teilnahmehemmnisse in Kap. 3.3.3. zeigt, müssen auch Innovationen bezüglich der sozial- und zeiträumlichen Bedingungen von Weiterbildung in Angriff genommen werden. Vor allem regionale Defizite müssen durch eine Anhebung der "Weiterbildungsdichte" in ländlichen und kleinstädtischen Gebieten beseitigt werden (Kuhlenkamp 1980, S. 269). Darüber hinaus sind auch didaktisch-methodische Neuorientierungen zu überlegen. Weiterbildungsangebote müssen die Jugendlichen nicht nur inhaltlich ansprechen, sondern auch von ihrer Darbietungsform her attraktiv für sie sein. Vor allem müssen sie sich von der Art des schulischen Lernens unterscheiden; in diesem Zusammenhang werden die Stichworte "Entschulung" und "selbstorganisiertes Lernen" (vgl. z.B. Meueler 1980, 1980a) relevant. Zu bedenken ist hier jedoch, daß unter dem Aspekt der optimalen Verwertbarkeit viele Teilnehmer eher straff organisierte Formen des Lernens bevorzugen - hier bekommt das "Lernen lernen" einen neuen Akzent. Weiterbildung muß sich mit den sozialen Bewegungen, die neue Lernformen erproben, auseinandersetzen und sie als Partner anerkennen. "Organisierte Weiterbildung und Soziokultur sind mit ihren jeweiligen Aufgaben und Möglichkeiten aufeinander angewiesen." (Schmidt 1987, S. 29)

Zusammenfassend kann mit Friebel resümiert werden: "Verzichtet die Gesellschaft weiterhin auf den institutionalisierten Dialog zwischen Weiterbildungsentwicklungsplanung und Weiterbildungsberatung für Jugendliche, dann ist sie mit verantwortlich für die Wende von der *potentiellen Bildungsmobilität Jugendlicher* zur *Bildungsabstinenz* junger Erwachsener." (Friebel 1986, S. 274)

## Rückblick und kritische Einschätzung

Ausgehend von den auf verschiedenen Ebenen untersuchten Grundproblemen heutiger Jugendlicher werden die ihnen zur Verfügung stehenden institutionalisierten Beratungsangebote anhand ausgewählter Beispiele einer Überprüfung unterzogen. Die Situationsanalysen zeigen, daß für die Problemlagen Jugendlicher weitgehend entsprechende Beratungsstellen existieren, diese jedoch von den Jugendlichen nur in begrenztem Umfang freiwillig in Anspruch genommen und eher negativ eingeschätzt werden. Gründe hierfür liegen in der mangelnden Berücksichtigung der besonderen Merkmale von Jugendberatung, in der gesellschaftlichen Dimension von Beratung und in den mit Institutionalisierung und Professionalisierung von Beratungsprozessen verbundenen Problemen. Nicht zuletzt wirken sich unter diesen Voraussetzungen störende Einflußgrößen in Beratungssituationen in besonderer Weise aus. Beratungsstellen sind angesichts dieser Bedingungen nur in sehr eingeschränktem Umfang in der Lage, ihre theoretischen Ansprüche bzw. den ihnen zum Teil zugrundeliegenden gesetzlichen Auftrag in der Praxis zu realisieren.

Die als "Alternative" hierzu entworfenen Konzepte der Jugendberatung versuchen, diese Diskrepanz zu überwinden; es werden Neuorientierungen bezüglich der Aufgaben- und Zielsetzung von Jugendberatung, ihrer Arbeitsweisen, der Funktionen der Berater sowie geeigneter Organisationsformen entwickelt. Die Vorschläge zielen vor allem darauf ab, den Jugendlichen nicht auf ein bestimmtes Problemsymptom zu reduzieren, sondern ihn in seiner Gesamtpersönlichkeit wahrzunehmen und zu respektieren. Als längerfristiger, entwicklungsbegleitender Prozeß muß Beratung den jeweils spezifischen individuell-biographischen sowie aktuellen Kontext der Ratsuchenden miteinbeziehen und zwischen objektiven und subjektiven Sichtweisen zu vermitteln versuchen. Über die individuelle Ebene hinaus müssen vor allem unter präventivem Aspekt Veränderungen nicht nur in erzieherischen Feldern, sondern auch im gesamten sozialen Umfeld der Jugendlichen angestrebt werden. Für die Organisation einer solchermaßen konzipierten Jugendberatung bietet sich die Einbindung in Stadtteile bzw. überschaubare Einheiten an, in denen sie zusammen mit anderen formellen und auch informellen Unterstützungssystemen zwischen dem einzelnen in seiner Lebenswelt und gesellschaftlichen Strukturen vermitteln kann. Gleichermaßen geeignet zur Initiierung von effektiven Beratungsprozessen erscheint die Jugendarbeit.

Auf der Grundlage der "alternativen Konzepte" werden schließlich Modellvorstellungen für eine Weiterbildungsberatung für Jugendliche entwickelt. Durch informierende sowie aktivierende und motivierende Beratung muß versucht werden, die gegenwärtig durch schicht- und geschlechtsspezifische Selektion verdeckte "potentielle Bildungsmobilität" Jugendlicher zu mobilisieren und umzusetzen. Angesichts der Komplexität und des mangelnden Ausbaustandes dieses Beratungsbereichs sowie der zunehmenden Bedeutung von Weiterbildung ist eine Institution alleine kaum in der Lage, die umfänglichen Beratungsaufgaben zu leisten. Es wird deshalb ein Verbundsystem entworfen, in dem Weiterbildungsberatungsstellen mit Jugendberatungsstellen und Jugendarbeit kooperieren und an dem darüber hinaus auch andere Beratungsdienste sowie Schule und Weiterbildungsträger teilhaben müssen. Unabdingbare Voraussetzung für die Produktivität und Effektivität dieses an den Bedürfnissen und Interessen der Jugendlichen orientierten Beratungskonzepts ist die ständige Rückkoppelung der Weiterbildungsberatung mit der Weiterbildungsentwicklungsplanung.

Vereinzelt wurde bereits auf Probleme, die auch "alternative Jugendberatung" und das vorgestellte Modell der Weiterbildungsberatung beinhalten, hingewiesen. Einige dieser Grenzen und möglichen Fehlentwicklungen sollen abschließend etwas ausführlicher behandelt bzw. zur Sprache gebracht werden.

Zunächst ist nochmals ausdrücklich zu betonen, daß Beratung bei aller Notwendigkeit immer ein Angebot bleiben muß und zwar ein Angebot des Gesprächs zur Problemidentifikation, Problembearbeitung und Problemlösung. Der Berater hat die Funktion, zu klären, zu unterstützen und zu besprechen. In jeder Phase der Beratung muß der Ratsuchende Herr seines Handelns, seiner Entschlüsse und seiner Autonomie bleiben (Bönsch 1985, S. 121). Dies gilt vor allem für die aufsuchende Arbeit, die versucht, Jugendliche im Freizeitbereich anzusprechen. Der Jugendberater darf sich nicht aufdrängen und damit einen weiteren, von den Jugendlichen bislang als "sicher" empfundenen Bereich ihrer Lebenswelt besetzen. Vielmehr muß er sich den an diesen Orten vorherrschenden und von den Jugendlichen bestimmten "Spielregeln" anpassen, damit er zu einem akzeptierten und nicht nur geduldeten Partner der Jugendlichen werden kann.

Jugendberatung muß sich stets bewußt sein, daß soziale Hilfe allzuleicht in soziale Kontrolle umschlagen kann und die Gefahr der "Überversorgung" immer gegeben ist: "Wo man auch hinkommt, der Mitarbeiter vom psychosozialen Dienst ist schon da."

(Gerlicher 1982, S. 62) Eine Orientierung von Beratung an Lebenswelt und Stadtteil mit seinen formellen und informellen Unterstützungssystemen darf nicht dazu führen, daß Beratung zur Kontrollpraxis wird, die "zunehmend alle Lebensprobleme einem totalisierenden regulativen Zugriff unterwirft und staatliche Ordnungsfunktionen in immer neue Bereiche des Alltags trägt." (Herriger 1983, S. 235) Hier ist nochmals auf die besondere Bedeutung einer "strukturbezogenen Prävention" hinzuweisen: durch Beratung müssen auch Veränderungen in der sozialen Lebenswelt der Betroffenen initiiert werden. Damit ist zunächst die Jugendpolitik aufgefordert, "die Lebensbedingungen so zu gestalten, daß die heranwachsende Generation in dieser Gesellschaft und ihrem Wandel Perspektiven für eine erfüllte, humane Zukunft erkennen kann." (Hamann 1983, S. 448) Dieses Postulat muß auf alle Altersstufen und auf alle Ressorts der Politik ausgeweitet werden.

Nicht zuletzt erhebt sich die Frage, ob Beratung ein "Allheilmittel" bei der Lösung aller Probleme sein kann. Die Grenzen der Beratung liegen, wie gezeigt wurde, vor allem bei materiellen Notlagen. Darüber hinaus muß auch überlegt werden, ob es immer sinnvoll ist, ein Problem durch Beratung zu "beseitigen". Dietrich (1987, S. 191f.) weist darauf hin, daß das Durchleben von Konflikten dem Betroffenen oft mehr persönlichen Sinn geben kann als deren Lösung. Dunde (1987, S. 422) sieht eine positive Funktion von Konflikten, eine "Chance statt Störung": das Problemverhalten fordere die Suche nach Alternativen heraus, wodurch Flexibilität und Verwandlungskompetenzen gestärkt würden. Auch Brandtstädter (1985a, S. 4) betont "die entwicklungsdynamische Funktion von Krisen- und Konfliktsituationen." Diese Einschätzungen treffen sicherlich auf Einzelfälle zu und es ist zweifelsohne wichtig, sich darüber als Berater Gedanken zu machen. Angesichts der Situation heutiger Jugendlicher ist jedoch anzunehmen, daß in sehr vielen Fällen schon die Grundvoraussetzungen eines Problemverhaltens fehlen und eine Suche nach Alternativen ohne Unterstützung nicht möglich ist. Bezüglich der positiven Wirkung des Durchlebens von Konflikten ist einzuschränken, daß dies nur bis zu einem gewissen Grad gesellschaftlich erlaubt ist und ansonsten sehr schnell als abweichendes Verhalten definiert wird.

Die aufgeworfenen Fragen betreffen auch die Modellvorstellungen der Weiterbildungsberatung für Jugendliche. Dieser Beratungsbereich ist darüber hinaus mit weiteren Problemen belastet. Einer Umsetzung der hier vorgeschlagenen Weiterbildungsberatung steht tendenziell die Dominanz gesellschaftlicher Interessen entgegen: Weiterbildungsaktivitäten werden gesellschaftlich nur honoriert, soweit sie arbeitsmarkt- und wirtschaftspolitisch nützlich sind. Insbesondere politische Bildungsinhalte werden dagegen geradezu diskreditiert. Hier ist vor allem ein grundlegendes politisches Umdenken über den Wert, den Sinn und Zweck von Bildung erforderlich und zwar nicht im Sinne jener "Sonntagsreden", die den "mündigen politischen Bürger" beschwören, ihm aber kaum Entwicklungsmöglichkeiten dazu bieten.

Damit verbunden ist auch die Frage, ob es überhaupt "freie Entscheidungen" für Bildungsprozesse auf der Grundlage der festgestellten "individuellen Bedürfnisse" geben kann. Die Entscheidung wird wohl immer zugunsten von bestimmten Verwertungschancen, vornehmlich in beruflicher Hinsicht erfolgen. Die Realisierbarkeit der entwickelten Modellvorstellungen hängt entscheidend auch von der weiteren Entwicklung des Arbeitsmarktes, des Freizeitbereichs und den damit zusammenhängenden gesellschaftlichen Erfordernissen ab.

## ANMERKUNGEN

1) Einen zusammenfassenden Überblick über die Entwicklung der Jugendforschung bieten z.B. Hamann 1986; Hornstein 1980, 1980a; Wilbert 1983; Tippelt 1984.

2) Vgl. z.B. Allerbeck/Rosenmayr 1976; Clausen 1976; Griese 1977.

3) Inglehart, R.: The Silent Revolution. Changing Values and Political Styles Among Western Publics. Princeton 1977

4) Kmieciak, P.: Wertstrukturen und Wertwandel in der Bundesrepublik Deutschland. Göttingen 1976

5) Noelle-Neumann, E.: Werden wir alle Proletarier? Wertwandel in unserer Gesellschaft. Zürich 1978

6) Zum sozialökologischen Ansatz vgl. Baacke 1979; Untersuchungen liegen z.B. vor von Tippelt/Krauß/Baron 1986.

7) Zur Problematik des Datenmaterials zu diesem Bereich der Jugendstudien vgl. Bertram 1987, S. 8ff.

8) Vgl. zum Thema "Familie und Arbeitslosigkeit" als vernachlässigtes Problem der pädagogischen Forschung: Hornstein/Lüders 1987; Schütze (1988, S. 239f.) geht von einem vermehrten Familienzusammenhalt im Fall von Arbeitslosigkeit aus.

9) Die Anzahl von Forschungen, die sich mit "retroaktiver Sozialisation", d.h. den Einflüssen der jungen auf die Elterngeneration beschäftigen, ist sehr gering; vgl. Schütze 1988, S. 237 f.; zu diesem Problem aus familientheoretischer Sicht und mehr in Richtung konfliktuöse Ablösungsprozesse vgl. Stierlin, H.: Eltern und Kinder im Prozeß der Ablösung. Frankfurt 1975; Ders. u.a.: Zentrifugale und zentripetale Ablösung in der Adoleszenz. In: Döbert, R. u.a. (Hrsg.): Die Entwicklung des Ichs. Köln 1977, S. 46f.

10) Natürlich ist unter gewissen Voraussetzungen auch "soziale Mobilität", Schichtdurchlässigkeit möglich. Gesetzgeberisch-politische Praktiken erschweren jedoch derzeit zusätzlich die Chancen, das Herkunftsmilieu zu überwinden. Man denke z.B. an die ständigen "Modifizierungen", sprich Abstriche bei der Ausbildungsförderung.

11) In diesem Zusammenhang ist auch das Themenheft "Zum Wandel der Vaterrolle" der Zeitschrift für Sozialisationsforschung und Erziehungssoziologie 4(1988) Heft 4 interessant.

12) Die Länge der Schulbesuchszeit in der Bundesrepublik Deutschland wird gegenwärtig wieder diskutiert. Befürworter einer Verkürzung auf 12 Jahre betonen die Notwendigkeit der Angleichung an europäische Gewohnheiten und schlagen zur Unterbringung des Lernstoffs Ganztagsschulen vor. Gegner dieser Verkürzungen führen die neuen Anforderungen auf den Gebieten der Umwelt- und Friedenserziehung etc. an, die in einer selbst organisatorisch veränderten Form nicht in kürzerer Zeit zu bewältigen seien.

13) Zur Problematik der offiziellen Arbeitsmarktstatistik vgl. z.B. Petzold/Schlegel 1983. Nach einigen "Bereinigungsmaßnahmen" der Statistiker der Bundesanstalt für Arbeit dürfte die Kluft zwischen registrierten und tatsächlichen Arbeitslosen noch größer geworden sein. Es steht zu befürchten, daß ein nicht unerheblicher Teil mittlerweile in den formalen Zuständigkeitsbereich der Sozialhilfe fällt.

14) Man vergleiche hierzu z.B. eine Untersuchung über den Zusammenhang von Arbeitslosigkeit bei Jugendlichen und politischer Sozialisation in Baumann u.a. 1979, S. 19-48.

15) Vgl. z.B. die Hinweise bei Berger u.a. 1985; Schusser, H.: Wehrpflichtige - Dienen in Uniform. In: Deutsches Jugendinstitut (Hrsg.): Immer diese Jugend. Ein zeitgeschichtliches Mosaik. 1945 bis heute. München: Kösel 1980, S. 452-480.

16) Daneben finden sich z.B. auch Untersuchungen über Beratung im medizinischen oder juristischen Bereich sowie über Beratung unter organisationssoziologischen Gesichtspunkten, z.B. Schliehe 1985.

17) Eine Auseinandersetzung mit "Casework", der klassischen und vielfach kritisierten Methode der sozialpädagogischen Beratung kann hier nicht erfolgen; zur Diskussion vgl. z.B. Thiersch 1974; Thiersch/Frommann/ Schramm 1977. Zum Zusammenhang von "Beratung" und "Fürsorge" vgl. Hörmann 1985, Bäuerle 1980.

18) Zu juristischen Aspekten der Beratung vgl. ausführlich Giese/Melzer 1978 , S. 13-68; speziell für Erziehungsberatung Hölzel 1981, S. 27-41; siehe auch Bott 1975, S. 176f.

19) Zur Jugendhilfe im NS-Staat vgl. Jordan/Sengling 1988, S. 52ff.

20) Der im Bundesrat gescheiterte Referentenentwurf zum JWG sieht sogar einen Rechtsanspruch auf fachliche Beratung und therapeutische Hilfe vor.

21) Zur Problemgeschichte der Bildungsberatung vgl. ausführlich Benz/Caroli 1977, S. 13ff.; Heller 1975, S. 16f.; Hoffmann M. 1975.

22) Zu Problemen und offenen Fragen der Empfehlungen des Strukturplans vgl. Benz/Caroli 1977, S. 37ff.

23) Zur Fernstudienberatung vgl. Balser 1982.

24) In diesem Rahmen kann nicht ausführlich auf den genauen Beratungsmodus eingegangen werden. Hier sei nur ergänzt, daß er in den einzelnen Ländergesetzen unterschiedliche Modifikationen erfährt.

25) Die Autoren sprechen der Jugendarbeit auch besondere Chancen zu im Hinblick auf die Bearbeitung eines Problembereichs, der hier ausgeklammert blieb: Aids. Sexualberatung muß hier vor allem präventive, jugendbezogene Konzepte entwickeln. Erfahrungsberichte aus der Aids-Beratung für Jugendliche, einem eigenständigen Beratungsfeld, liegen nur vereinzelt vor (vgl. allgemein z.B. Scheiblich 1986).

26) Die Autorin betont, daß die Ergebnisse ihrer Untersuchung nicht als repräsentativ gelten können. Probleme, welche Beratungsstellen überhaupt vergleichbar sind und mangelnde Rücklaufquoten bei der Fragebogenaktion erschweren grundsätzlich Studien dieser Art. Dennoch liefert diese Expertise wichtige Angaben zur Arbeit von Jugendberatungsstellen, die durch Erfahrungsberichte weitgehend bestätigt werden.

27) Der Begriff des "sozialen Netzwerks" soll hier nicht im strengen Sinne des "Netzwerk-Konzepts" oder gemeindepsychologischer Ansätze verstanden werden (vgl. hierzu ausführlich: Keupp, H./Rerrich, D. (Hrsg.): Psychosoziale Praxis - gemeindepsychologische Perspektiven. Ein Handbuch in Schlüsselbegriffen. München, Wien, Baltimore: Urban & Schwarzenberg 1982; Keupp, H.: Psychosoziale Praxis im gesellschaftlichen Umbruch. Sieben Essays. Bonn: Psychiatrie Verl. 1987); vielmehr soll damit ein Kooperationsverbund von Unterstützungssystemen bezeichnet werden, der in der Lage ist, zwischen gesellschaftlichen Strukturen und dem einzelnen in seiner Lebenswelt zu vermitteln. Das Netzwerk muß Angebot bleiben und darf den einzelnen nicht vereinnahmen. Auch Keupp, exponierter aber auch kritischer Vertreter des Netzwerk-Konzepts, betont seine zwiespältigen Gefühle gegenüber der "Modewelle" Netzwerk und bringt seine Befürchtungen vor einer Totalisierung der Netzwerkperspektive zum Ausdruck. Buer (1988) plädiert aufgrund einer kritischen Beurteilung des Netzwerkansatzes dafür, der Debatte eine deutlichere Ausrichtung zu geben auf eine Neuordnung der Gesellschaft durch Orientierung an den Ideen des freiheitlichen Sozialismus.

28) Auf die Notwendigkeit und "Fruchtbarkeit" der Einbindung von Beratungsarbeit in die überschaubare Einheit eines Stadtteils weisen eine Reihe von Erfahrungsberichten über Beratung von Jugendlichen hin, z.B. Göres/Jürgens 1980; Sowade u.a. 1975, 1975a; Welt 1974.

29) In Bayern z.B. werden Begriff und Aufgaben der Erwachsenenbildung wie folgt festgelegt: Erwachsenenbildung (Weiterbildung) ist ein eigenständiger, gleichberechtigter Hauptbereich des Bildungswesens. Sie verfolgt das Ziel, zur Selbstverantwortung und Selbstbestimmung beizutragen. Sie gibt mit ihren Bildungangeboten Gelegenheit, die in der Schule, in der Hochschule oder in der Berufsausbildung erworbene Bildung zu vertiefen, zu erneuern und zu erweitern; ihr Bildungsangebot erstreckt sich auf persönliche, gesellschaftliche, politische und berufliche Bereiche. Sie ermöglicht dadurch den Erwerb von zusätzlichen Kenntnissen und Fähigkeiten, fördert die Urteils- und Entscheidungsfähigeit, führt zum Abbau von Vorurteilen und befähigt zu einem besseren Verständnis gesellschaftlicher und politischer Vorgänge als Voraussetzung eigenen verantwortungsbewußten Handelns. Sie fördert die Entfaltung schöpferischer Fähigkeiten.

30) Die Träger der Weiterbildung können zunächst nach der Offenheit des Zugangs in Einrichtungen der geschlossenen und der offenen Weiterbildung unterteilt werden. Zur geschlossenen Weiterbildung zählen der Öffentliche Dienst, Betriebe/Verbände und andere Organisationen und Institutionen mit einem exklusiven Weiterbildungangebot. Offene Weiterbildung wird entweder von öffentlichen (Bund, Länder, Kommunen, Rundfunk- und Fernsehanstalten) oder nicht-öffentlichen Trägern (freie Träger wie z.B. Kirchen oder Gewerkschaften, kommerzielle Einrichtungen) angeboten. Diese Einrichtungen stehen grundsätzlich jedermann offen; der potentielle Nutzer kann sowohl die Einrichtung als auch das konkrete Angebot frei wählen (vgl. Gerhard 1980, S. 189f.).

31) Vgl. ausführlich und kritisch Faulstich 1985. Der Autor wendet sich vor allem gegen die "Beschränktheit" der Maßnahmen und entwirft das Konzept einer "arbeitsorientierten Erwachsenenbildung", die nicht nur "Erwerbslosenbildung", sondern Bildungsarbeit allgemein sein muß.

32) Klemm (1987, S. 108) führt hier Ergebnisse aus der Arbeitssoziologie an, vor allem Kern, H./Schumann, M.: Das Ende der Arbeitsteilung? München 1984; für den Verwaltungsbereich: Baethge, M./Oberborbeck, H.: Zukunft der Angestellten. Neue Technologien und berufliche Perspektiven in Büro und Verwaltung. Frankfurt/M. 1986; bezogen auf internationale Entwicklungen: Sorge, A. u.a.: Mikroelektronik und Arbeit in der Industrie. München 1982

33) Unabhängig vom sozialen Status verfolgt Schlömerkemper (1988) in einer Untersuchung allgemein die Frage, welche Merkmale Jugendliche einer gebildeten Person zuschreiben. Dabei stellt er fest, daß es den Jugendlichen insgesamt schwerfällt, mit dem Begriff Bildung eindeutige Vorstellungen zu verbinden. Bei der Gewichtung vorgegebener Dimensionen fand der Bereich, bei dem es um Kenntnisse und Kulturtechniken geht (Geschichte, Sprachen, Naturwissenschaften) relativ starke Zustimmung, was auf ein eher traditionelles Verständnis schließen läßt. Ebenso stark befinden die Jugendlichen formale Fertigkeiten, wie Zusammenhänge durchschauen, Wissen praktisch anwenden und logisch denken, als Merkmale eines gebildeten Menschen. Weniger Zustimmung fanden die Dimensionen "soziales Verhalten" und traditionelle Vorstellungen einer bildungsbürgerlichen Persönlichkeit. Deutlich lehnen die Jugendlichen "pragmatische Fähigkeiten" als Merkmal einer gebildeten Person ab. Insgesamt zeigt sich auch hier die Dominanz instrumenteller und formaler Deutungsmuster.

## LITERATURVERZEICHNIS

Alheit, P.: "Lebensweltorientierung" - Symptom einer Krise in der Weiterbildung? In: Schlutz, E. (Hrsg.): Erwachsenenbildung zwischen Schule und sozialer Arbeit. Einführende Beiträge in gegenwärtige Aufgaben und Handlungsprobleme. Bad Heilbrunn: Klinkhardt 1983, S. 155-167 (Theorie und Praxis der Erwachsenenbildung)

Allerbeck, K./Hoag, W.J.: Jugend ohne Zukunft? Einstellungen, Umwelt, Lebensperspektiven. München, Zürich: Piper 1985

Allerbeck, K./Hoag, W.J.: Jugend und Wandel - Ergebnisse einer Replikationsstudie. In: Zeitschrift für Sozialisationsforschung und Erziehungssoziologie 5(1985a)1, S. 29-42

Allerbeck, K./Rosenmayr, L.: Einführung in die Jugendsoziologie. Theorien, Methoden und empirische Materialien. Heidelberg: Quelle & Meyer 1976

Andre, K.: Erziehungsberatung. In: Daumenlang K./Andre, K. (Hrsg.): Taschenbuch der Schul- und Erziehungsberatung. Baltmannsweiler: Burgbücherei Schneider 1983, S. 71-81

Arbeitskreis Deutscher Bildungsstätten e.V. (Hrsg.): "Das Schicksal in die eigene Hand nehmen". Beispiele aus der politischen Jugendbildungsarbeit. Bonn 1983

Arbogast, Ch./Schoßig, B.: Beratung ehrenamtlicher Mitarbeiter: Alltagsberatung in der Jugendarbeit. In: Deutsche Jugend 26(1978)10, S. 466-472

Arbogast, Ch./Tippelt, R.: Jugendarbeit. München: Kösel 1981 (Praxisfelder der Sozialarbeit/Sozialpädagogik)

Artmann, Th.: Jugend, Jugendarbeit und Kommerz. In: Deutsche Jugend 34(1986)3, S. 112-121

Aster, R./Kuckartz, U.: Jugend und Schule. Eine Sekundäranalyse schulspezifischer Fragen der Shell-Studie "Jugendliche und Erwachsene '85". In: Zeitschrift für Sozialisationsforschung und Erziehungssoziologie 8(1988)3, S. 200-212

Aurin, K.: Beratung. In: Schiefele, H./Krapp, A. (Hrsg.): Handlexikon zur Pädagogischen Psychologie. München: Ehrenwirth 1981, S. 42-47

Aurin, K.: Beratung in der Erziehung. In: Twellmann, W. (Hrsg.): Handbuch Schule und Unterricht. Bd. 2: Die Schule als Institution und Organisation. Düsseldorf: Schwann 1981a, S. 103-108

Aurin, K. (Hrsg.): Beratung als pädagogische Aufgabe. Bad Heilbrunn: Klinkhardt 1984

Aurin, K.: Beratung als pädagogische Aufgabe im Spannungsfeld zwischen pädagogischer und psychologischer Theorie und Praxis. In: Ders. (Hrsg.): Beratung als pädagogische Aufgabe. Bad Heilbrunn: Klinkhardt 1984a, S. 13-30

Aurin, K./Gaude, P./Zimmermann, K. (Hrsg.): Bildungsberatung. Perspektiven ihrer Entwicklung in der Bundesrepublik Deutschland. Frankfurt/M.: Diesterweg 1973 (Unesco-Institut für Pädagogik, Hamburg; Internationale pädagogische Studien; 31)

Baacke, D.: Die 13 bis 18jährigen. Einführung in Probleme des Jugendalters. 2., erw. Aufl. München, Wien, Baltimore: Urban & Schwarzenberg 1979

Baacke, D.: Der sozialökologische Ansatz zur Beschreibung und Erklärung des Verhaltens Jugendlicher. In: Deutsche Jugend 28(1980)11, S. 493-505

Baacke, D.: Außerschulische Jugendbildung und Jugendarbeit in Forschung und Lehre. In: Wollenweber, H. (Hrsg.): Außerschulische Jugendbildung und Jugendarbeit. Paderborn u.a.: Schöningh 1981, S. 163-180

Baacke, D.: Jugend und Jugendkulturen. Darstellung und Deutung. Weinheim, München: Juventa 1987 (Jugendforschung)

Baacke, D. u.a.: Bildungsarbeit im Stadtteil. Erfahrungen aus dem Projekt Stieghorst. München: Juventa 1982

Baacke, D./Ferchhoff, W.: Jugend, Kultur und Freizeit. In: Krüger, H.-H. (Hrsg.): Handbuch der Jugendforschung. Opladen: Leske und Budrich 1988, S. 291-325
Baacke, D./Heitmeyer, W.: Neue Widersprüche. Zur Notwendigkeit einer integrierten Jugendtheorie. In: Dies. (Hrsg.): Neue Widersprüche. Jugendliche in den achtziger Jahren. Weinheim, München: Juventa 1985, S. 7-23 (Jugendforschung)
Bachmair, S. u.a.: Beraten will gelernt sein. Ein Übungsbuch für Anfänger und Fortgeschrittene. 3. Aufl. Weinheim, Basel: Beltz 1985
Baethge, M.: Die Bedeutung von Arbeit im Entwicklungsprozeß von Jugendlichen. In: Heid, H./Klafki, W. (Hrsg.): Arbeit - Bildung - Arbeitslosigkeit. Beiträge zum 9. Kongreß der Dt. Gesellschaft für Erziehungswissenschaft. Weinheim, Basel: Beltz 1985, S. 281-289 (Zeitschrift für Pädagogik: Beiheft; 19)
Baethge, M. u.a.: Ausbildungs- und Berufsstartprobleme Jugendlicher unter den Bedingungen verschärfter Situationen auf dem Arbeits- und Ausbildungsstellenmarkt. Abschlußbericht. Göttingen: Soziologisches Forschungsinstitut 1980 (Forschungsberichte des Soziologischen Forschungsinstituts Göttingen (SOFI))
Baethge, M. u.a.: Jugend und Krise - Krise aktueller Jugendforschung. Frankfurt/M., New York: Campus 1983 (Forschungsberichte des Soziologischen Forschungsinstituts Göttingen (SOFI))
Bäuerle, D./König, H./Pedina, H.: Praxis der Drogenberatung. 2. Aufl. Stuttgart u.a.: Kohlhammer 1980
Bäuerle, W.: Beratung. In: Kreft, D./Mielenz, I. (Hrsg.): Wörterbuch Soziale Arbeit. Aufgaben, Praxisfelder, Begriffe und Methoden der Sozialarbeit und Sozialpädagogik. Weinheim, Basel: Beltz 1980, S. 65-70
Balser, F.: Probleme der Beratung in der Weiterbildung am Beispiel des Fernstudiums. In: Becker, H. u.a.: Wissenschaftliche Perspektiven zur Erwachsenenbildung. Braunschweig: Westermann 1982, S. 277-291 (Theorie und Praxis der Erwachsenenbildung)
Bastian, J./Liebau, E.: Bildung oder: Wohin erziehen wir unsere Kinder. In: Pädagogik 40(1988)7/8, S. 8-10
Bauer, K.-O./Hellmann, D./Pardon, H.: Einstellungen und Sichtweisen von Jugendlichen. Trends und neue Ergebnisse der Jugendforschung. Weinheim, Basel: Beltz 1983
Bauer, K.-O./Zimmermann, P.: Faszination und Skepsis gegenüber Bildschirmmedien. Ergebnisse einer schriftlichen Befragung von Hauptschülern und Gymnasiasten. In: Heid, H./Herrlitz, H.-G. (Hrsg.): Allgemeinbildung. Beiträge zum 10. Kongreß der Dt. Gesellschaft für Erziehungswissenschaft. Weinheim, Basel: Beltz 1987, S. 112-118 (Zeitschrift für Pädagogik: Beiheft; 21)
Baumann, U. u.a.: Handlungsperspektiven und politische Einstellungen arbeitsloser Jugendlicher. Frankfurt/M., New York: Campus 1979
Baur, D.: Wie Ärzte Süchtigen den Rückweg verbauen. In: Süddeutsche Zeitung Nr. 227 vom 3.10.1989, S. 28
Beck, U./Brater, M./Wegener, B.: Berufswahl und Berufszuweisung. Zur sozialen Verwandtschaft von Ausbildungsberufen. Frankfurt/M.: Campus 1979 (Forschungsberichte aus dem Sonderforschungsbereich 101 der Universität München)
Becker, P.: Psychologie der seelischen Gesundheit. Band 1: Theorien, Modelle, Diagnostik. Göttingen, Toronto, Zürich: Verl. für Psychologie Hogrefe 1982
Bednarz, I.: Einstellungen von Arbeiterjugendlichen zu Bildung und Ausbildung. Eine Dokumentation. München: Verl. Deutsches Jugendinstitut 1978
Behr, W.: Jugendkrise und Jugendprotest. Stuttgart u.a.: Kohlhammer 1982
Beier, P.: "Vor Ort" und "draußen" - über das Zusammenspiel von Stadtteilarbeit und Bildungsstätte. In: Außerschulische Bildung -(1984)B70-B73
Bender, H.: Lehrerberatung. In: Daumenlang, K./Andre, K. (Hrsg.): Taschenbuch der Schul- und Erziehungsberatung. Baltmannsweiler: Burgbücherei Schneider 1983, S. 175-177

Bender-Szymanski, D.: Bedingungen der Bewältigung der Berufswahlproblematik im Jugendalter. In: Olbrich, E./Todt E. (Hrsg.): Probleme des Jugendalters. Neuere Sichtweisen. Berlin u.a.: Springer 1984, S. 209-225

Benz, E./Caroli, W.: Beratung im Kontext der Schule. Ravensburg: Maier 1977 (EGS-Texte)

Benz, E./Rückriem, N.: Der Lehrer als Berater. Heidelberg: Quelle & Meyer 1978

Berger, M. u.a.: Wahlverhalten - begrünte Parteienlandschaft. In: Deutsches Jugendinstitut (Hrsg.): Immer diese Jugend! Ein zeitgeschichtliches Mosaik. 1945 bis heute. München: Kösel 1985, S. 482-492

Berger, St./Gotthardt, A.: Zur Realisierung von Projektberatung in der Jugend- und Sozialarbeit. In: Jugendwohl 62(1981)3, S. 93-99

Bergmann-Krauss, B.: Legitimation und Funktion der Weiterbildung. In: Dahm, G. (Hrsg.): Wörterbuch der Weiterbildung. München: Kösel 1980, S. 201-204

Bericht der Enquête-Kommission: "Jugendprotest im demokratischen Staat". Bundestagsdrucksache 9/2390. Bonn 1983

Bertram, H.: Jugend heute. Die Einstellungen der Jugend zu Familie, Beruf und Gesellschaft. München: Beck 1987 (Perspektiven und Orientierungen; Bd.1)

Bietau, A./Breyvogel, W./Helsper, W.: Zur Selbstkrise Jugendlicher in Schule und Subkultur. In: Zeitschrift für Pädagogik 27(1981)3, S. 339-362

Bilden, H. u.a.: Was bedeutet Arbeitslosigkeit für junge Mädchen? In: Roer, D. (Hrsg.): Persönlichkeitstheoretische Aspekte von Frauenarbeit und Frauenarbeitslosigkeit. Köln: Pahl-Rugenstein 1980, S. 113-136 (Studien zur Kritischen Psychologie; Bd. 23)

Bilden, H. u.a.: Arbeitslose junge Mädchen. Berufseinstieg, Familiensituation und Beziehung zu Gleichaltrigen. In: Zeitschrift für Pädagogik 27(1981)5, S. 677-695

Bluhm, G./Deuber, W.: Beratungspraxis im Spiegel bedarfs- und alltagsorientierter Beratungskonzepte. Auswertung einer empirischen Untersuchung. In: Sozialpädagogik 28(1986)6, S. 273-282

Böhnisch, L.: Über den öffentlichen Umgang mit der Jugend heute. In: Heid, H./ Klafki, W. (Hrsg.): Arbeit - Bildung - Arbeitslosigkeit. Beiträge zum 9. Kongreß der Dt. Gesellschaft für Erziehungswissenschaft. Weinheim, Basel: Beltz 1985, S. 302-308 (Zeitschrift für Pädagogik: Beiheft; 19)

Böhnisch, L./Münchmeier, R.: Wozu Jugendarbeit? Orientierungen für Ausbildung, Fortbildung und Praxis. Weinheim, München: Juventa 1987

Böhnisch, L./Schefold, W.: Sozialisation durch sozialpädagogische Institutionen. In: Hurrelmann, K./Ulich, D. (Hrsg.): Handbuch der Sozialisationsforschung. Weinheim, Basel: Beltz 1980, S. 551-573

Böhnisch, L./Schefold, W.: Lebensbewältigung. Soziale und pädagogische Verständigungen an den Grenzen der Wohlfahrtsgesellschaft. Weinheim, München: Juventa 1985

Bönsch, M.: Beratung - Pannenhilfe, sublime Form der Beeinflussung oder ein neuer schulischer Aufgabenbereich? In: Sonderpädagogik 15(1985)3, S. 114-123

Bohnsack, R.: Handlungskompetenz und Jugendkriminalität. Neuwied, Berlin: Luchterhand 1973 (Kritische Texte zur Sozialarbeit und Sozialpädagogik)

Bollnow, O.F.: Existenzphilosophie und Pädagogik. Versuch über unstetige Formen der Erziehung. 6. Aufl. Stuttgart u.a.: Kohlhammer 1983

Bommert, H./Plessen, U.: Psychologische Erziehungsberatung. Stuttgart u.a.: Kohlhammer 1978 (Verhaltensmodifikation)

Bommert, H.: Erziehungsberatung zwischen Beratung und Therapie. In: Jugendwohl 61(1980)11, S. 424-430

Bopp, J.: Das riskante Unternehmen "Postadoleszenz". In: Pädagogik 40(1988)3, S. 28-32

Boßmann, D.: Zukunftserwartungen der Jugend. Eine Schülerumfrage. Tübingen: Katzmann 1982

Bott, W.: Psycho-soziale Jugendberatung. Skizze eines Modells. In: Deutsche Jugend 23(1975)4, S. 169-177
Bott, W./Hetges, G./Weiß, B.: Jugendberatung. Inhaltlicher und organisatorischer Rahmenvorschlag für Jugendberatungsdienste. München 1975 (Schriftenreihe des Bayerischen Jugendrings; Heft 9)
Brandtstädter, J.: Entwicklungsprobleme des Jugendalters als Probleme des Aufbaus von Handlungsorientierung. In: Liepmann, D./Stiksrud, A. (Hrsg.): Entwicklungsaufgaben und Bewältigungsprobleme in der Adoleszenz. Sozial- und entwicklungspsychologische Perspektiven. Göttingen, Toronto, Zürich: Verl. für Psychologie Hogrefe 1985, S. 5-12
Brandtstädter, J.: Entwicklungsberatung unter dem Aspekt der Lebensspanne: Zum Aufbau eines entwicklungspsychologischen Anwendungskonzepts. In: Brandt städter, J./Gräser, H. (Hrsg.): Entwicklungsberatung unter dem Aspekt der Lebensspanne. Göttingen, Toronto, Zürich: Verl. für Psychologie Hogrefe 1985a, S. 1-15
Braun, F.: Maßnahmen in der Jugendhilfe für Jugendliche ohne Ausbildungsplatz. In: Recht der Jugend und des Bildungswesens 34(1986)1, S. 24-36
Braun, J./Fischer, L.: Bedarfsorientierte Beratung in der Weiterbildung. Technologische Entwicklung und Arbeitslosigkeit als Herausforderung für die Weiterbildungsberatung. Ismaning b. München: Lexika Verlag 1984 (Weiterbildung. Strukturen und Aspekte. Bd. 11)
Bremer Jugendstudie: Berufsfindung und Arbeitsmarkt. In: Friebel, H. (Hrsg.): Von der Schule in den Beruf. Alltagserfahrungen Jugendlicher und sozialwissenschaftliche Deutung. Opladen: Westdeutscher Verl. 1983, S. 147-175 (Jugendliche zwischen Familie, Bildung, Beruf und Freizeit; Bd. 1)
Brenner, G.: Besetzt euren Platz! Über die Vernachlässigung des Territorialen in der Jugendarbeit. In: Deutsche Jugend 35(1987)2, S. 62-70 (Teil 1); 3, S. 123-130 (Teil 2)
Brezinka, W.: Über Erziehungsbegriffe. Eine kritische Analyse und ein Explikationsvorschlag. In: Zeitschrift für Pädagogik 17(1971)5, S. 567-615
Brucker, H.-P. u.a.: Lebensziel Beruf. Arbeitshilfen und Lernmaterialien für Hauptschule und Jugendgruppen zur Berufsvorbereitung, Berufsentscheidung, Berufsrealität. Reinbeck: Rowohlt 1980
Brusten, M./Herriger, N./Malinowski, P.: "Jugend" - ein gesellschaftliches Problem. Perspektiven einer sozialwissenschaftlichen Analyse der Problematisierung und gesellschaftlichen "Verarbeitung" von Jugendproblemen. In: Brusten, M./ Malinowski, P. (Hrsg.): Jugend - ein soziales Problem? Opladen: Westdeutscher Verlag 1983, S. 17-41
Buddeberg, C.: Sexualberatung. Eine Einführung für Ärzte, Psychotherapeuten und Familienberater. Stuttgart: Enke 1983
Buj, V./Specht, F./Zuschlag, B.: Erziehungs- und Familienberatung in der Bundesrepublik Deutschland. In: Spittler, H.-D./Specht, F. (Hrsg.): Basistexte und Materialien zur Erziehungs- und Familienberatung. Ein Arbeitsbuch für Psychologen und andere Berufe an und im Umfeld von Erziehungsberatungsstellen. Göttingen: Vandenhoeck & Ruprecht 1984, S. 13-35 (Neue Beiträge zur Erziehungs- und Familienberatung; Bd. 7)
Bundesminister für Jugend, Familie und Gesundheit (Hrsg.): Mehr Chancen für die Jugend. Grundlegende Vorstellungen über Inhalt und Begriff moderner Jugendhilfe. Stuttgart u.a.: Kohlhammer 1974 (Schriftenreihe des Bundesministers für Jugend, Familie und Gesundheit; Bd. 13)
Bundesminister für Jugend, Familie und Gesundheit: Verbesserung der Chancengleichheit von Mädchen in der Bundesrepublik Deutschland. Sechster Jugendbericht. Bundestags-Drucksache 10/1007. Bonn 1984

Bundesminister für Jugend, Familie, Frauen und Gesundheit: Jugendhilfe und Familie - die Entwicklung familienunterstützender Leistungen der Jugendhilfe und ihre Perspektiven. Siebter Jugendbericht. Bundestags-Drucksache 10/6730. Bonn 1986

Bund-Länder-Kommission für Bildungsplanung: Bildungsgesamtplan. Bd. I. Stuttgart: Klett 1973

Burger, A./Seidenspinner, G.: Jugend unter dem Druck der Arbeitslosigkeit. München: Juventa 1977 (Reihe Deutsches Jugendinstitut aktuell)

Caplan, G./Grunebaum H.: Perspektiven Primärer Prävention. In: Sommer, G./Ernst, H. (Hrsg.): Gemeindepsychologie. Therapie und Prävention in der sozialen Umwelt. München: Urban & Schwarzenberg 1977, S. 51-69 (Fortschritte der Klinischen Psychologie; 11)

Christe, G.: Aspekte der Lebenswelt arbeitsloser Jugendlicher in einer ländlichen Region. In: Zeitschrift für Sozialisationsforschung und Erziehungssoziologie 9(1989)1, S. 41-58

Clausen, L.: Jugendsoziologie. Stuttgart u.a.: Kohlhammer 1976

Crusius, R.: Berufsberatung. In: Kreft, D./Mielenz, I. (Hrsg.): Wörterbuch Soziale Arbeit. Aufgaben, Praxisfelder, Begriffe und Methoden der Sozialarbeit und Sozialpädagogik. Weinheim, Basel: Beltz 1980, S. 74-75

Czerwenka, K.: Beratung als "vernetztes System"? In: Soziale Arbeit 35(1986)2, S. 42-48

Czerwenka, K. u.a.: Was Schüler von der Schule halten. Bericht über die ersten laufenden Ergebnisse des Forschungsprojekts: Internationale Untersuchung von Schülerurteilen über die Schule (INSCHUR). In: Deutsche Schule 80(1988)2, S. 132-146

Dahm, G./Wilkiewicz, L.: Bildungstheorien. In: Dahm, G. u.a. (Hrsg.): Wörterbuch der Weiterbildung. München: Kösel 1980, S. 77-83

Dahm, G. u.a. (Hrsg.): Werkstatt Weiterbildung 3. Thema: Null Bock auf Bildung. München: Kösel 1983

Damm, D.: Die Praxis bedürfnisorientierter Jugendarbeit: Projekte und Anregungen. München: Juventa 1980 (Reihe Deutsches Jugendinstitut aktuell)

Damm, D.: Wenn der Alltag zur Sprache kommt. Die Lebenswelt der Jugendlichen als Inhalt der Jugendarbeit. München: Juventa 1981 (Reihe Deutsches Jugendinstitut aktuell)

Damm, D.: Freizeit - ein Hauch von Freiheit. In: Deutsches Jugendinstitut (Hrsg.): Immer dieser Jugend! Ein zeitgeschichtliches Mosaik. 1945 bis heute. München: Kösel 1985, S. 25-36

Damm, D.: Hat Jugendarbeit noch Perspektiven? In: Deutsche Jugend 35(1987)1, S. 17-27

Damm, D.: Thesen zu Chancen und Problemen offener Jugendarbeit heute. In:. Deutsche Jugend 36(1988)10, S. 431-438

Dauber, H. u.a.: Lebenslanges Lernen - lebenslängliche Schule? Analyse und Kritik des OECD-Berichts "Recurrent education". In: Zeitschrift für Pädagogik 21(1975)2, S. 173-192

Deichsel, W.: Die offene Tür. Jugendberatungsstellen in der Bundesrepublik Deutschland, in Holland und in den Vereinigten Staaten. Eine vergleichende empirische Untersuchung. München: Profil Verl. 1987 (Reihe Wissenschaft)

Deinet, U.: Gibt es Ansätze von Beratung in der Jugendarbeit? Ergebnisse einer Befragung von hauptamtlichen Mitarbeitern in der Jugendarbeit. In: Deutsche Jugend 27(1979)6, S. 262-267

Deinet, U.: Problemskizze einer Offenen Arbeit mit Kindern und Jugendlichen aus Arbeiterfamilien. In: Deutsche Jugend 28(1980)2, S. 71-80

Denzin v. Broich-Oppert, U.: Weiterbildung. In: Kreft, D./Mielenz, I. (Hrsg.): Wörterbuch Soziale Arbeit. Aufgaben, Praxisfelder, Begriffe und Methoden der Sozialarbeit und Sozialpädagogik. Weinheim, Basel: Beltz 1980, S. 481-486

Deutscher Bildungsrat: Empfehlungen der Bildungskommission: Strukturplan für das Bildungswesen. Stuttgart: Klett 1970

Deutsches Jugendinstitut (Hrsg.): Familienalltag. Ein Report des Deutschen Jugendinstituts. Frauensichten - Männersichten. Reinbek: Rowohlt 1989

Dieckmann, H./Hafeneger, B.: Jugendarbeitslosigkeit und Berufsnot - Eine Krise ohne Ende. In: Deutsche Jugend 33(1985)9, S. 377-386

Dietrich, G.: Allgemeine Beratungspsychologie. Eine Einführung in die psychologische Theorie und Praxis der Beratung. Göttingen, Toronto, Zürich: Verl. für Psychologie Hogrefe 1983

Dietrich, G.: Pädagogische Psychologie. Eine Einführung auf handlungstheoretischer Grundlage. Bad Heilbrunn: Klinkhardt 1984

Dietrich, G.: Spezielle Beratungspsychologie. Göttingen, Toronto, Zürich: Verl. für Psychologie Hogrefe 1987

Döbert, R./Nunner-Winkler, G.: Adoleszenzkrise und Identitätsbildung. Psychische und soziale Aspekte des Jugendalters in modernen Gesellschaften (1975). 3. Aufl. Frankfurt/M.: Suhrkamp 1982

Doerfert, H.: Berufsberatung. In: Daumenlang, K./Andre, K. (Hrsg.): Taschenbuch der Schul- und Erziehungsberatung. Baltmannsweiler: Burgbücherei Schneider 1983, S. 38-40

Döring, R.: Psychosozialer Gemischtwarenladen? - Zwischen systemorientierter und persönlichkeitsorientierter Hilfe. In: Geier, R. (Hrsg.): Suchtkrankenhilfe. Perspektiven und Tendenzen. Freiburg: Lambertus 1986, S. 37-48

Dreher, E./Dreher, M.: Entwicklungsaufgaben im Jugendalter: Bedeutsamkeit und Bewältigungskonzepte. In: Liepmann, D./Stiksrud, A. (Hrsg.): Entwicklungsaufgaben und Bewältigungsprobleme in der Adoleszenz. Sozial- und entwicklungspsychologische Perspektiven. Göttingen, Toronto, Zürich: Verl. für Psychologie Hogrefe 1985, S. 56-70

Dreher, E./Dreher, M.: Wahrnehmung und Bewältigung von Entwicklungsaufgaben im Jugendalter: Fragen, Ergebnisse und Hypothesen zum Konzept einer Entwicklungs- und Pädagogischen Psychologie des Jugendalters. In: Oerter, R. (Hrsg.): Lebensbewältigung im Jugendalter. Weinheim: VCH Verl. GmbH 1985a, S. 30-61 (Ergebnisse der pädagogischen Psychologie; Bd. 3)

Dunde, S.R.: Von der Störung zur Veränderungschance. Wandlungen der Beratung in der Jugendhilfe. In: Recht der Jugend und des Bildungswesens 35(1987)4, S. 418-424

Eirmbter, W.H.: Ökologische und strukturelle Aspekte der Bildungsbeteiligung. Weinheim, Basel: Beltz 1977

Ell, E.: Jugendberatung. In: Lexikon der Pädagogik. Hrsg. vom Willmann-Institut. Freiburg: Herder 1970, S. 346-347

Engel, U./Hurrelmann, K.: Bildungschancen und soziale Ungleichheit. In: Müller-Rolli, S. (Hrsg.): Das Bildungswesen der Zukunft. Stuttgart: Klett-Cotta 1987, S. 77-97

Fallenstein, K.: Sozialkognitive Determinanten der Weiterbildungsbeteiligung. Eine empirische Untersuchung zum Problem unterschiedlich ausgeprägter Bildungsbereitschaft Erwachsener auf der Basis eines lerntheoretischen Modells. München: Profil Verl. 1984 (Regensburger Studien zur Außerschulischen Bildung; Bd. 1)

Farin, K./Müller, L.A.: Die Wende-Jugend. Reinbek: Rowohlt 1984

Faulstich, P.: "Maßnahmen" gegen Arbeitslosigkeit - Aufgaben der Erwachsenenbildung? In: Schlutz, E. (Hrsg.): Krise der Arbeitsgesellschaft - Zukunft der Weiterbildung. Frankfurt/M.: Diesterweg 1985, S. 86-97

Faulstich-Wieland, H.: Beratung und Betreuung von arbeitslosen Jugendlichen. In: Deutsche Jugend 27(1979)6, S. 253-261

Fauser, P./Schweitzer, F.: Schule und Jugend in der modernen Gesellschaft. Zu den Ergebnissen des Symposions. In: Schweitzer, F./Thiersch, H.: Jugendzeit - Schulzeit. Von den Schwierigkeiten, die Jugendliche und Schule miteinander haben. Weinheim, Basel: Beltz 1983, S. 177-188

Feidel-Mertz, H.: Von der Erwachsenenbildung zur Weiterbildung. Ein Literatur- und Lagebericht. In: Zeitschrift für Pädagogik 23(1977)5, S. 681-701

Fend, H./Prester, H.G.: Jugend in den 70er und 80er Jahren: Wertwandel, Bewußtseinswandel und potentielle Arbeitslosigkeit. In: Zeitschrift für Sozialisationsforschung und Erziehungssoziologie 5(1985)1, S. 43-70

Ferchhoff, W.: Zur Pluralisierung und Differenzierung von Lebenszusammenhängen bei Jugendlichen. In: Baacke, D./Heitmeyer, W. (Hrsg.): Neue Widersprüche. Jugendliche in den achtziger Jahren. Weinheim, München: Juventa 1985, S. 46-85 (Jugendforschung)

Frackmann, M.: Mittendrin und voll daneben. Jugend heute. Hamburg: VSA-Verl. 1985

Frackmann, M./Kuhls, H./Lühn, K.-D.: Null Bock - oder Mut zur Zukunft. Jugendliche in der Bundesrepublik. Hamburg: VSA-Verl. 1981

Friebel, H.: Jugend: Individuelle Erfahrung und gesellschaftliche Prägung - Sozialwissenschaftliche Jugendforschung. In: Ders. (Hrsg.): Von der Schule in den Beruf. Alltagserfahrungen Jugendlicher und sozialwissenschaftliche Deutung. Opladen: Westdeutscher Verl. 1983, S. 14-38 (Jugendliche zwischen Familie, Bildung, Beruf und Freizeit; Bd. 1)

Friebel, H.: Jugend als (Weiter-)Bildungsprozeß. In: Deutsche Jugend 34(1986)6, S. 267-275

Friebel, H.: Lebenslanges Lernen? In: Müller-Rolli, S. (Hrsg.): Das Bildungswesen der Zukunft. Stuttgart: Klett-Cotta 1987, S. 165-183

Fuchs, W.: Jugendliche Statuspassage oder individualisierte Jugendbiographie? In: Soziale Welt 34(1983) S. 341-371

Fuchs, W.: Methoden und Ergebnisse der qualitativ orientierten Jugendforschung. In: Krüger, H.-H. (Hrsg.): Handbuch der Jugendforschung. Opladen: Leske und Budrich 1988, S. 181-204

Gaiser, W./Hübner-Funk, S./Müller, H.-U.: "Die sind ja froh, wenn man kommt ..." Wie wichtig ist Jugendarbeit für Jugendliche. In: Böhnisch, L. u.a. (Hrsg.): Abhauen oder Bleiben? Berichte und Analysen aus der Jugendarbeit. München, Zürich: Piper 1980, S. 39-51

Gaude, P.: Bildungsberatung auf alten oder neuen Wegen? Eine Diskussion neuerer Literatur. In: Zeitschrift für Pädagogik 22(1976)5, S. 761-773

Geißler, K.-H./Hege, M.: Konzepte sozialpädagogischen Handelns. 3., korr. Aufl. Weinheim, Basel: Beltz 1985

Gerhard, R.: Institutionen der Weiterbildung. In: Dahm, G. u.a. (Hrsg.): Wörterbuch der Weiterbildung. München: Kösel 1980, S. 187-192

Gerlicher, K.: Einige Überlegungen zu Problemen heutiger Jugendlicher. In: Unsere Jugend 34(1982)2, S. 59-63

Gerlicher, K./Bebber, G./Stockhammer, M.: Laienhelfer in der Erziehungsberatung. Ein neuer Weg in der Jugendhilfe. Weinheim, Basel: Beltz 1979

Gerstenmaier, J./Nestmann, F.: Alltagstheorien von Beratung. Opladen: Westdeutscher Verlag 1984 (Beiträge zur psychologischen Forschung; Bd. 1)

Gerstung, K.: Soziale Lage und Bewußtseinsformen arbeitsloser Mädchen. Ein Praxisbericht. In: Roer, D. (Hrsg.): Persönlichkeitstheoretische Aspekte von Frauenarbeit und Frauenarbeitslosigkeit. Köln: Pahl-Rugenstein 1980, S. 137-159 (Studien zur Kritischen Psychologie; Bd. 23)

Giese, D./Melzer, G.: Die Beratung in der sozialen Arbeit. Rechtsfragen, Methoden, Gespräche. 2., neubearb. Aufl. Frankfurt/M.: Dt. Verein für Öffentliche und Private Fürsorge 1978 (Kleinere Schriften 52)
Gillis, J.R.: Geschichte der Jugend. Tradition und Wandel im Verhältnis der Altersgruppen und Generationen in Europa von der zweiten Hälfte des 18. Jahrhunderts bis zur Gegenwart. Weinheim, Basel: Beltz 1980
Gluntz, U./Harris, D./Troscheit, P.: Beratung für Arbeiterjugendliche. In: Deutsche Jugend 23(1975)11, S. 513-518
Göres, H.-G./Jürgens, E.: MONDO X: Ansätze einer präventiv orientierten Jugendberatung. In: Deutsche Jugend 28(1980)12, S. 547-555
Göritz, A./Kommer, A.: Rechtliche und finanzielle Grundlagen der Weiterbildung. In: Dahm, G. u.a. (Hrsg.): Wörterbuch der Weiterbildung. München: Kösel 1980, S. 281-285
Görlitz, A.: Politische Teilnahme - was bringt's? Politisches Desinteresse und politische Apathie Jugendlicher. In: Furian, M. (Hrsg.): Gefährdete Jugend. Zwischen Zweifel, Resignation und Hoffnung. Heidelberg: Quelle & Meyer 1979, S. 151-160
Görs, D.: Berufliche Weiterbildung: ökonomisch nützlich oder sozialstaatlich verpflichtend? - Zu einigen rechts- und bildungspolitischen Aspekten der beruflichen Weiterbildung. In: Schlutz, E. (Hrsg.): Krise der Arbeitsgesellschaft - Zukunft der Weiterbildung. Frankfurt/M.: Diesterweg 1985, S. 124-139
Goldstein, M.: Jugendberatung. In: Keil, S. (Hrsg.): Familien- und Lebensberatung. Ein Handbuch. Stuttgart, Berlin: Kreuz Verl. 1975, S. 541-543
Griese, H.M.: Entwicklung und Stand sozialwissenschaftlicher Jugendforschung. In: Deutsche Jugend 28(1980)9, S. 391-401
Griese, H.M.: Sozialwissenschaftliche Jugendtheorien. Eine Einführung. (1977) 2., erw. Auflage. Weinheim, Basel: Beltz 1982
Griese, H.M.: Probleme Jugendlicher oder "Jugend als soziales Problem?" Thesen zur Vermittlung von Jugendtheorie und Theorie sozialer Probleme. In: Brusten, M./Malinowski, P. (Hrsg.): Jugend - ein soziales Problem? Opladen: Westdeutscher Verlag 1983, S. 2-16
Griese, H.M.: No future für die Weiterbildung. Die Jugend der achtziger Jahre und ihr Verhältnis zur Bildung. In: Dahm G. u.a. (Hrsg.): Werkstatt Weiterbildung 3. Thema: Null Bock auf Bildung. München: Kösel 1983a, S. 41-54
Grosse, S.: "Auf die heilenden Kräfte des Erwachsenwerdens hoffen" - Jugendliche in der Beratung. In: Unsere Jugend 33(1981)5, S. 197-208
Grymer, H.: Protest in der jungen Generation als gesellschaftliches Problem - Überlegungen zu einem "alternativen" Verständnis. In: Brusten, M./Malinowski, P. (Hrsg.): Jugend - ein soziales Problem? Opladen: Westdeutscher Verlag 1983, S. 54-72
Gutenberger, B./Sprau-Kuhlen, V.: Erziehungshilfen. Gegenwärtige Situation und Tendenzen in der Entwicklung. München: Verl. Deutsches Jugendinstitut 1980 (Materialien zum 5. Jugendbericht; Bd. 5)

Haar, E.v.d./Haar, H.v.d./Harris, D. (Hrsg.): Jugendberatung. Ein Handbuch für die Praxis. Berlin: Verl. Allg. Jugendberatung e.V. 1985 (Beiträge zur kritischen Praxis der Jugendarbeit)
Haar, H.v.d./Stark-v.d.Haar, E.: Jugendarbeitslosigkeit und soziale Sicherung. Eine Studie zur materiellen und sozialen Notlage arbeitsloser Jugendlicher. Berlin: Verl. Die Arbeitswelt 1982
Haas, W./Müller, A.: Weiterbildungsberatung. Standort, Dilemma und Perspektiven. Hamburg 1986 (Beiträge aus dem Fachbereich Pädagogik der Universität der Bundeswehr Hamburg)
Hamann, B.: Jugend im Blickfeld der Wissenschaften. Theorien der Human- und Sozialwissenschaften. Bad Heilbrunn: Klinkhardt 1982

Hamann, B.: Streiflichter zur Lebenssituation und zu Grundeinstellungen der Gegenwartsjugend. In: Jugendwohl 64(1983)11, S. 443-449
Hamann, B: Problemstellung und historische Entwicklung der Jugendforschung in Deutschland. In: Jugendwohl 67(1986)4, S. 139-148
Hamann, B.: Von der Ausbildung zur Weiterbildung. In: Universitas 41(1986a)9, S. 909-915
Hamann, B.: Familie heute. Ihre Funktion und Aufgabe als gesellschaftliche und pädagogische Institution. Frankfurt/M.: Diesterweg 1988
Hamburger Jugendstudie: Jugend beim Übergang von der Schule in den Beruf. In: Friebel, H. (Hrsg.): Von der Schule in den Beruf. Alltagserfahrungen Jugendlicher und sozialwissenschaftliche Deutung. Opladen: Westdeutscher Verl. 1983, S. 39-146 (Jugendliche zwischen Familie, Bildung, Beruf und Freizeit; Bd. 1)
Hamburger Jugendstudie: "Herstellung von Arbeitsvermögen" und "Entwicklung des Ichs". In: Friebel, H. (Hrsg.): Berufliche Qualifikation und Persönlichkeitsentwicklung. Alltagserfahrungen Jugendlicher und sozialwissenschaftliche Deutung. Opladen: Westdeutscher Verl. 1985, S. 26-146 (Jugendliche zwischen Familie, Bildung, Beruf und Freizeit; Bd. 2)
Hansmann, O./Marotzki, W.: Zur Aktualität des Bildungsbegriffs unter veränderten Bedingungen der gegenwärtigen Gesellschaft. In: Pädagogik 40(1988)7/8, S. 25-29
Hauke, H.: Sexualität und Partnerbeziehung. In: Schwarzer, R. (Hrsg.): Beraterlexikon. Ein praktisches Nachschlagewerk für Erziehung und Unterricht. München: Kösel 1977, S. 198-201
Heid, H./Herrlitz, H.-G. (Hrsg.): Allgemeinbildung. Beiträge zum 10. Kongreß der Dt. Gesellschaft für Erziehungswissenschaft. Weinheim, Basel: Beltz 1987 (Zeitschrift für Pädagogik: Beiheft; 21)
Heimann, K.: Erziehungsberatung: Sparen am falschen Platz. In: betrifft:erziehung 17(1984)3, S. 17-18
Heinemann, K.: Arbeitslose Jugendliche. Ursachen und individuelle Bewältigung eines sozialen Problems. Eine empirische Untersuchung. Darmstadt, Neuwied: Luchterhand 1978 (Soziologische Texte: N.F.; Bd. 107)
Heinz, W.R.: Jugend und Arbeit - Kontinuität und Diskontinuität. In: Baacke, D./ Heitmeyer, W. (Hrsg.): Neue Widersprüche. Jugendliche in den achtziger Jahren. Weinheim, München: Juventa 1985, S. 131-153 (Jugendforschung)
Heinz, W.R. u.a.: "Hauptsache eine Lehrstelle": Jugendliche vor den Hürden des Arbeitsmarktes. Weinheim, Basel: Beltz 1985
Heisterkamp, G.: Weniger Engagement für Mädchen. In: betrifft:erziehung 14(1981)6, S. 68-70
Heitmeyer, W.: Jugendforschung und (interdisziplinäre) Wissenschaftspraxis. Ein Beitrag zur Soziologie von Jugendforschung. In: Ders. (Hrsg.): Interdisziplinäre Jugendforschung. Fragestellungen, Problemlagen, Neuorientierungen. Weinheim, München: Juventa 1986, S. 17-38 (Jugendforschung)
Heitmeyer, W./Hurrelmann, K.: Sozialisations- und handlungstheoretische Ansätze in der Jugendforschung. In: Krüger, H.-H. (Hrsg.): Handbuch der Jugendforschung. Opladen: Leske und Budrich 1988, S. 47-70
Heller, K.: Einführung in den Problembereich der Bildungsberatung. In: Ders. (Hrsg.): Handbuch der Bildungsberatung. Bd. 1. Stuttgart: Klett 1975, S. 15-35
Heller, K.: Bildungsberatung und Lehrerbildung. In: Ders. (Hrsg.): Handbuch der Bildungsberatung. Bd. 1. Stuttgart: Klett 1975a, S. 255-265
Heller, K.: Schullaufbahnberatung. In: Schwarzer, R. (Hrsg.): Beraterlexikon. Ein praktisches Nachschlagewerk für Erziehung und Unterricht. München: Kösel 1977, S. 179-184
Heller, K.: Beratungslehrer. In: Schwarzer, R. (Hrsg.): Beraterlexikon. Ein praktisches Nachschlagewerk für Erziehung und Unterricht. München: Kösel 1977a, S. 23-27

Heller, K.: Tests in der Schulberatung. In: Schwarzer, R. (Hrsg.): Beraterlexikon. Ein praktisches Nachschlagewerk für Erziehung und Unterricht. München: Kösel 1977b, S. 216-221
Heller, K.: Abiturientenberatung. In: Blankertz, H. u.a. (Hrsg.): Sekundarstufe II - Jugendbildung zwischen Schule und Beruf. Enzyklopädie Erziehungswissenschaft. Bd. 9.2. Stuttgart: Klett-Cotta 1983, S. 19-22
Heller, K.: Bildungsberatung. In: Blankertz, H. u.a. (Hrsg.): Sekundarstufe II - Jugendbildung zwischen Schule und Beruf. Enzyklopädie Erziehungswissenschaft. Bd. 9.2. Stuttgart: Klett-Cotta 1983a, S. 193-197
Heller, K.: Schullaufbahnberatung. In: Blankertz, H. u.a. (Hrsg.): Sekundarstufe II - Jugendbildung zwischen Schule und Beruf. Enzyklopädie Erziehungswissenschaft. Bd. 9.2. Stuttgart: Klett-Cotta 1983b, S. 488-490
Heller, K./Nickel, H./Rosemann, B.: Beurteilen und Beraten. Stuttgart: Klett-Cotta 1978 (Psychologie in der Erziehungswissenschaft; Bd. IV)
Helsper, W.: Jugend und Schule. In: Krüger, H.-H. (Hrsg.): Handbuch der Jugendforschung. Opladen: Leske und Budrich 1988, S. 249-272
Herfellner, Ch.: Fragen der Berufsfindung und Erfahrungen mit der Berufsberatung - Auswertung und Interpretation von Interviews (mit Jugendlichen und Eltern) unter Einbezug ausgewählter Literatur zu strukturellen Aspekten von Berufsfindung und Berufsberatung. In: Sommerkorn, I.N. (Hrsg.): Beruflich-soziale Lebensperspektiven von Jugendlichen. Analysen ausgewählter Aspekte. München: DJI-Verl. 1981, S. 369-399 (Materialien zum 5. Jugendbericht; Bd. 12)
Herriger, N.: Präventive Jugendkontrolle - eine staatliche Strategie zur Kolonisierung des Alltags. In: Benner, D./Heid, H./Thiersch, H. (Hrsg.): Beiträge zum 8. Kongreß der Dt. Gesellschaft für Erziehungswissenschaft. Weinheim, Basel. Beltz 1983, S. 231-236 (Zeitschrift für Pädagogik: Beiheft; 18)
Herzog, W.: Problemschilderung und Problembewältigung bei Jugendlichen mit erhöhter Problembelastung. In: Zeitschrift für Entwicklungspsychologie und Pädagogische Psychologie 19(1987)2, S. 143-157
Hölzel, S.: Erziehungsberatung. München: Kösel 1981 (Praxisfelder der Sozialarbeit/ Sozialpädagogik)
Hörmann, G.: Beratung zwischen Fürsorge und Therapie. In: Zeitschrift für Pädagogik 31(1985)6,S. 805-820
Hoffmann, E.: Jugend - Lehrer - Jugendforscher oder: Neues aus dem Bermuda-Dreieck. In: Die Deutsche Schule 79(1987)1, S. 117-123
Hoffmann, M.: Zur Problemgeschichte. In: Heller, K. (Hrsg.): Handbuch der Bildungsberatung. Bd. 2. Stuttgart: Klett 1975, S. 345-350
Hoffmann, M.: Zur Situation der Beratungslehrerausbildung in der Bundesrepublik Deutschland. In: Heller, K. (Hrsg.): Handbuch der Bildungsberatung. Bd. 1. Stuttgart: Klett 1975a, S. 275-288
Hoffmann, W./Liebel, H.J.: Schulpsychologe in Bayern. Eine empirische Berufsfeldanalyse. Bad Heilbrunn: Klinkhardt 1983
Honig, M.-S.: Anmerkungen zum gegenwärtigen Beratungsboom. In: Neue Praxis 6(1976)4, S. 342-349
Hopf, V.: Wem hilft die Schulberatung? In: betrifft:erziehung 16(1983)3, S. 22-30
Hornstein, W.: Beratung in der Erziehung. Aufgaben der Erziehungswissenschaft. In: Zeitschrift für Pädagogik 22(1976)5, S. 673-697
Hornstein, W.: Beratung in der Erziehung - eine Einführung. In: Ders. u.a. (Hrsg.): Funkkolleg Beratung in der Erziehung. Bd. 1. Frankfurt/M.: Fischer 1977, S. 21-60
Hornstein, W.: Jugendberatung. In: Ders. u.a. (Hrsg.): Funkkolleg Beratung in der Erziehung. Bd. 2. Frankfurt/M.: Fischer 1977a, S. 503-543
Hornstein, W.: Probleme der Organisation von Beratung. In: Ders. u.a. (Hrsg.): Funkkolleg Beratung in der Erziehung. Bd. 2. Frankfurt/M.: Fischer 1977b, S. 717-755

Hornstein, W. u.a.: Interaktion und Organisation in der pädagogischen Beratung - Theoretische Ansätze und Planungen. In: Blankertz, H. (Hrsg.): Interaktion und Organisation in pädagogischen Feldern. Bericht über den 5. Kongreß der Dt. Gesellschaft für Erziehungswissenschaft. Weinheim, Basel: Beltz 1977c, S. 133-156 (Zeitschrift für Pädagogik: Beiheft; 13)
Hornstein, W.: Jugend als Problem. Analyse und pädagogische Perspektiven. In: Zeitschrift für Pädagogik 25(1979)5, S. 671-696
Hornstein, W.: Jugendforschung. In: Roth, L. (Hrsg.): Handlexikon der Erziehungswissenschaft. Bd. 2. Reinbek: Rowohlt 1980, S. 240-244
Hornstein, W.: Kindheit - Jugend. In: Wulf, Ch. (Hrsg.): Wörterbuch der Erziehung. 5. Aufl. München: Piper 1980a, S. 316-321
Hornstein, W.: Kindheit und Jugend heute. Erwachsenwerden im Spannungsfeld politischer, sozialer und ökonomischer Anforderungen und Widersprüche. In: Furian, M. (Hrsg.): Gefährdete Jugend. Zwischen Zweifel, Resignation und Hoffnung. Heidelberg: Quelle & Meyer 1980b, S. 13-35
Hornstein, W.: Kindheit und Jugend im Spannungsfeld gesellschaftlicher Entwicklungen. In: Bayerischer Jugendring (Hrsg.): Jugend in den achtziger Jahren: Eine Generation ohne Zukunft? München 1981
Hornstein, W.: Jugendprobleme, Jugendforschung und politisches Handeln. In: Aus Politik und Zeitgeschichte B3/1982 vom 23.1.1982, S. 3-37
Hornstein, W.: Unsere Jugend. Über Liebe, Arbeit, Politik. Weinheim, Basel: Beltz 1982a
Hornstein, W.: Die Erziehung und das Verhältnis der Generationen heute. In: Benner, D./Heid, H./Thiersch, H. (Hrsg.): Beiträge zum 8. Kongreß der Dt. Gesellschaft für Erziehungswissenschaft. Weinheim, Basel: Beltz 1983, S. 59-79 (Zeitschrift für Pädagogik: Beiheft; 18)
Hornstein, W.: Jugendforschung - kennt sie die Jugend? In: Deutsches Jugendinstitut (Hrsg.): Immer diese Jugend! Ein zeitgeschichtliches Mosaik. 1945 bis heute. München: Kösel 1985, S. 352-361
Hornstein, W.: Auf der Suche nach Neuorientierung: Jugendforschung zwischen Ästhetisierung und neuen Formen politischer Thematisierung der Jugend. Über einige neuere Tendenzen in der Jugendforschung. In: Zeitschrift für Pädagogik 35(1989)1, S. 107-125
Hornstein, W. u.a.: Situation und Perspektiven der Jugend. Problemlagen und gesellschaftliche Maßnahmen. Weinheim, Basel: Beltz 1982 (5. Jugendbericht der Bundesregierung)
Hornstein, W./Lüders, Ch.: Arbeitslosigkeit - und was sie für Familie und Kinder bedeutet. Kritik der Forschung und Entwicklung von Forschungsperspektiven in pädagogischer Sicht. In: Zeitschrift für Pädagogik 33(1987)5, S. 595-614
Hubner-Hampp, A.: Unmotivierte Klienten oder versagende Therapeuten? - Ein Plädoyer für Aktivität und Kreativität in der Suchtkrankenarbeit. In: Geier, R. (Hrsg.): Suchtkrankenhilfe. Perspektiven und Tendenzen. Freiburg: Lambertus 1986, S. 9-18
Hübner-Funk, S.: Hauptschüler auf Lehrstellensuche in verschiedenen städtischen Umwelten. In: Demokratische Erziehung 4(1978) S. 389-397
Hübner-Funk, S.: Berufliche Orientierungshilfen von Schule und Arbeitsamt. Ergebnisse einer empirischen Studie zum Berufsfindungsprozeß von Hauptschülern. In: Zeitschrift für Pädagogik 25(1979)5, S. 747-766
Hübner-Funk, S./Müller, H.-U.: Hauptschüler vor dem Eintritt in die Arbeitswelt. Eine vergleichende sozialökologische Studie aus bayerischen Stadtgebieten. In: Heinz, W. (Hrsg.): Region und Sozialisation. Beiträge zur sozialökologischen Präzisierung menschlicher Entwicklungsvoraussetzungen. Bd. II. Stuttgart : frommann-holzboog 1981, S. 137-187 (problemata; 82)

Hülster, M.: Innovationsorientierte Jugendberatung in den Niederlanden. In: Böhnisch, L. (Hrsg.): Jugendarbeit in der Diskussion. Pädagogische und politische Perspektiven. München, Zürich: Piper 1973, S. 316-326
Hülster, M.: Jugendberatung in den Niederlanden. Kritische Bestandsaufnahme nach fünf Jahren. In: Neue Praxis 6(1976) S. 21-28
Hülster, M.: Jugendberatung. In: Schwarzer, R. (Hrsg.): Beraterlexikon. Ein praktisches Nachschlagewerk für Erziehung und Unterricht. München: Kösel 1977, S. 98-101
Huge, W.: Weiterbildung in der Bundesrepublik. Historische Entwicklung, gesellschaftliche Funktionen und Emanzipationschancen im quartären Bildungssektor. Münster: Lit Verlag 1984 (Erziehungswissenschaften; Bd. 9)
Hurrelmann, K.: Schule als alltägliche Lebenswelt im Jugendalter. In: Schweitzer, F./ Thiersch, H. (Hrsg.): Jugendzeit - Schulzeit. Von den Schwierigkeiten, die Jugendliche und Schule miteinander haben. Weinheim, Basel: Beltz 1983, S. 30-56
Hurrelmann, K.: Probleme mit dem Erwachsenwerden: Trotz materiellem Überfluß zunehmende psychosoziale Belastung? Ergebnisse des Bielefelder Jugendforschungsprojekts. In: Deutsche Jugend 35(1987)12, S. 544-551
Hurrelmann, K./Rosewitz, B./Wolf, H.K.: Lebensphase Jugend. Eine Einführung in die sozialwissenschaftliche Jugendforschung. Weinheim, München: Juventa 1985
Hurrelmann, K./Wolf, H.K.: Schulerfolg und Schulversagen im Jugendalter: Fallanalysen von Bildungslaufbahnen. Weinheim, München: Juventa 1986 (Jugendforschung)

Iben, G.: Die Methoden der Sozialpädagogik und Sozialarbeit. In: Klafki, W. u.a.: Funkkolleg Erziehungswissenschaft. Bd. 2. Frankfurt/M.: Fischer 1970, S. 188-205
Inglehart, R.: Zusammenhang zwischen sozioökonomischen Bedingungen und individuellen Wertprioritäten. In: Kölner Zeitschrift für Soziologie und Sozialpsychologie 32(1980) S. 144-153

Janig, H.: Zur allgemeinen Situation der heutigen Jugend. In: Ders. (Hrsg.): Jugend heute - betreut oder selbstbestimmt? München: Kösel 1981, S. 8-20
Jenschke, B.: Berufsberatung. In: Blankertz, H. u.a. (Hrsg.): Sekundarstufe II - Jugendbildung zwischen Schule und Beruf. Enzyklopädie Erziehungswissenschaft. Bd. 9.2. Stuttgart: Klett-Cotta 1983, S. 137-140
Jordan, E./Sengling, D.: Einführung in die Jugendhilfe. München: Juventa 1977
Jordan, E./Sengling, D.: Jugendhilfe. Eine Einführung in Geschichte und Handlungsfelder, Organisationsformen und gesellschaftliche Problemlagen. München: Juventa 1988 (Grundlagentexte Pädagogik)
Jugendwerk der Deutschen Shell: Jugend '81. Lebensentwürfe, Alltagskulturen, Zukunftsbilder. Fischer, A. u.a. (Autoren). Leverkusen: Leske und Budrich 1982
Jugendwerk der Deutschen Shell: Jugend und Erwachsene '85. Generationen im Vergleich. 5 Bände. Opladen: Leske und Budrich 1985
Jungermann, H./Franke, G./Schneider, B.: Beratung bei Schwangerschaftskonflikten. Bericht über die Entwicklung und Erprobung eines Modells zur sozialen Beratung gemäß § 218. Stuttgart u.a.: Kohlhammer 1981 (Schriftenreihe des Bundesministers für Jugend, Familie und Gesundheit; Bd. 122)
Junker, H.: Theorien der Beratung. In: Hornstein, W. u.a. (Hrsg.): Funkkolleg Beratung in der Erziehung. Bd. 1. Frankfurt/M.: Fischer 1977, S. 285-309
Junker, H.: Das Beratungsgespräch. Zur Theorie und Praxis kritischer Sozialarbeit. 2. Aufl. München: Kösel 1978

Kabel, R./Sönnichsen, M./Splanemann, A.: Jugend der 80er Jahre im Spiegel von Umfragen. Berlin: VISTAS Verl. 1987

Kaiser, M.: Verhältnis zwischen beruflicher Flexibilität und Recurrent Education. In: Tietgens, H. (Hrsg.): Sozialpolitische Aspekte der Weiterbildung. Braunschweig: Westermann 1981, S. 39-73 (Theorie und Praxis der Erwachsenenbildung)

Kejcz, Y.: Weiterbildungsberatung. Eine Untersuchung im Auftrag des Bundesministers für Bildung und Wissenschaft. Heidelberg: Vorstand d. AfeB 1988

Kelch, J.: Projekte mit jungen Arbeitslosen - Selbsthilfe in der Jugendarbeit. In: Deutsche Jugend 34(1986)1, S. 18-25

Keller, L.: Computerisierung der Klienten? In: Sozialmagazin 13(1988)6, S. 18-23

Keller, M.: Jugend zwischen den Zeiten. In: Jugendwohl 69(1988)6, S. 261-268

Kerscher, I.: Sexualberatung und Sexualerziehung. In: Kluge, N. (Hrsg.): Handbuch der Sexualpädagogik. Bd. 2: Aufgaben, Probleme und Erfahrungshorizonte der Sexualerziehung in relevanten Problemfeldern. Düsseldorf: Schwann 1984, S. 135-152

Klages, H.: Die Jugend im gesellschaftlichen Wertwandel - Eine gesamtgesellschaftliche Analyse akuter Problemlagen. In: Rabe, H. (Hrsg.): Jugend. Beiträge zum Verständnis und zur Bewertung des Jugendproblems. Konstanz: Universitätsverl. 1984, S. 95-106

Klawe, W.: Der Rückzug Jugendlicher ins Private. Aufgaben für Jugendgruppenleiter. In: Deutsche Jugend 28(1980)11, S. 515-520

Klawe, W.: Anpassen, aussteigen - oder was sonst? Zur gegenwärtigen Lebenssituation Jugendlicher und notwendigen pädagogischen Konsequenzen. In: Sozialpädagogische Blätter (1982)4, S. 97-109

Klawe, W.: Zur gegenwärtigen Krise der offenen Jugendarbeit. In: Deutsche Jugend 30(1982a)8, S. 349-354

Klawe, W.: Arbeit mit Jugendlichen. Einführung in Bedingungen, Ziele, Methoden und Sozialformen der Jugendarbeit. Weinheim, München: Juventa 1986 (Grundlagentexte Soziale Berufe)

Klemm, K.: Technologischer Wandel in der Arbeitswelt - Konsequenzen für das allgemeinbildende Schulsystem. In: Heid, H./Herrlitz, H.-G. (Hrsg.): Allgemeinbildung. Beiträge zum 10. Kongreß der Dt. Gesellschaft für Erziehungswissenschaft. Weinheim, Basel: Beltz 1987, S. 105-111 (Zeitschrift für Pädagogik: Beiheft; 21)

Klemm, K.: Jugend - Ausbildung - Arbeit: Zur Situation Ende der 80er Jahre. In: Pädagogik 40(1988)5, S. 8-10

Klingler, J.: Jugendliche und Werthaltungen. In: Janig, H. (Hrsg.): Jugend heute - betreut oder selbstbestimmt? München: Kösel 1981, S. 45-61

Kloas, P.-W.: Mit der Ausbildung zufrieden ... aber Sorgen vor der beruflichen Zukunft. In: Recht der Jugend und des Bildungswesens 35(1987)3, S. 354-364

Kloas, P.-W.: Lernen nach der Lehre. Die ersten Berufsjahre als Qualifizierungsphase. Hrsg. vom Bundesinstitut für Berufsbildung. Berlin, Bonn 1988 (Berichte zur beruflichen Bildung; H. 103)

Knoll, J.H.: Erwachsenenbildung/Weiterbildung zwischen Marktgängigkeit und Kompetenz. Zu diesem Heft. In: Bildung und Erziehung 41(1988)1, S.1-6

Knoll, H.J./Schoeps, J./Kick, H.-W.: Handbuch Außerschulische Jugendbildung. Dokumente, Materialien und Gesetzesauszüge. Grafenau: expert Verl. 1983 (Beruf und Bildung; Bd. 10)

Kolfhaus, St.: Informationstechnik in ihren Folgen für die Jugend- und Erwachsenenbildung. In: Bildung und Erziehung 41(1988)1, S. 73-88

Krause, J.: Berufsberatung in der Schule. Was will denn der Mann vom Arbeitsamt? In: betrifft:erziehung 15(1982)1, S. 49-53

Krauß, G.M.: Konfliktberatung mit Drogenkonsumenten. Überlegungen zu einer Beratungsstrategie. Weinheim, Basel: Beltz 1984 (Arbeitsergebnisse aus der Suchtforschung; Bd. 9)

Kraußlach, J.: Streetwork - eine Möglichkeit wirksamer Jugendarbeit? In: Faltermeier, J./Sengling, D. (Hrsg.): Wenn Kinder und Jugendliche an ihren Lebenswelten scheitern - Herausforderung für die Sozialpädagogik. Stuttgart u.a.: Kohlhammer 1983, S. 194-211 (Arbeitshilfen. Eine Schriftenreihe für Sozialhilfe, Jugendhilfe und Gesundheitshilfe. Hrsg. vom Dt. Verein für öffentliche und private Fürsorge; H. 22)

Kreckl, F.: Erziehungsberatung. In: Kreft, D./Mielenz, I. (Hrsg.): Wörterbuch Soziale Arbeit. Aufgaben, Praxisfelder, Begriffe und Methoden der Sozialarbeit und Sozialpädagogik. Weinheim, Basel: Beltz 1980, S. 136-137

Kremser, G.: Sexualberatung mit Jugendlichen. In: Specht, F./Gerlicher, K./Schütt, K. (Hrsg.): Beratungsarbeit mit Jugendlichen. Fragestellungen - Erfahrungen - Anregungen. Göttingen: Vandenhoeck & Ruprecht 1979, S. 106-109 (Neue Beiträge zur Erziehungs- und Familienberatung; Bd. 1)

Kreutz, H.: Zur Situation der jungen Menschen in der Bundesrepublik. In: Deutsche Jugend 28(1980)8, S. 345-351

Kreutz, H./Wuggenig, U.: Auswirkungen der Jugendarbeitslosigkeit - Versuch einer Diagnose. In: Deutsche Jugend 26(1978)11, S. 491-502

Krüger, H.-H.: Geschichte und Perspektiven der Jugendforschung - historische Entwicklungslinien und Bezugspunkte für eine theoretische und methodische Neuorientierung. In: Ders. (Hrsg.): Handbuch der Jugendforschung. Opladen: Leske und Budrich 1988, S. 13-26

Krüger, W.: Beratung in der Weiterbildung. Paderborn u.a.: Schöningh 1978 (Weiterbildung; Bd.1)

Krüger, W.: Beratung in der Weiterbildung. In: Dahm, G. u.a. (Hrsg.): Wörterbuch der Weiterbildung. München: Kösel 1980, S. 42-47

Küchenhoff, W.: Beratung, (sozial)pädagogische. In: Lexikon der Pädagogik. Hrsg. vom Willmann-Institut. Freiburg: Herder 1970, S. 144-145

Kuhlenkamp, D.: Programmplanung und -organisation. In: Dahm, G. u.a. (Hrsg.): Wörterbuch der Weiterbildung. München: Kösel 1980, S. 267-273

Kuhlenkamp, D.: Programmplanung zwischen didaktischen Ansprüchen und knappen Ressourcen. In: Becker, H. u.a.: Wissenschaftliche Perspektiven zur Erwachsenenbildung. Braunschweig: Westermann 1982, S. 39-53 (Theorie und Praxis der Erwachsenenbildung)

Kuhlenkamp, D.: Weiterbildung zwischen Bildungs- und Sozialpolitik. Grenzen und Kongruenzen. In: Schlutz, E. (Hrsg.): Erwachsenenbildung zwischen Schule und sozialer Arbeit. Einführende Beiträge in gegenwärtige Aufgaben und Handlungsprobleme. Bad Heilbrunn: Klinkhardt 1983, S. 29-48

Kummer, I.: Beratung und Therapie bei Jugendlichen. München: Kösel 1986

Lang, P.: Beratung in einem Haus der Jugend - sozialpädagogische Hilfe für Heranwachsende in der Offenen Jugendarbeit. In: Aurin, K. (Hrsg.): Beratung als pädagogische Aufgabe. Bad Heilbrunn: Klinkhardt 1984, S. 201-217

Langenmayr, A.: Diskriminierung von Mädchen in Erziehungsberatungsstellen. Frankfurt/M.: Campus 1980

Lehmann, R.: Jugendforschung. Im Bermuda-Dreieck. In: betrifft:erziehung 19(1986)2, S. 28-34

Leischner, D.: Bildungsberatung. In: Wulf, Ch. (Hrsg.): Wörterbuch der Erziehung. 5. Aufl. München: Piper 1980, S. 69-75

Lüttge, D.: Beraten und helfen. Beratung als Aufgabe des Lehrers. Bad Heilbrunn: Klinkhardt 1981

Mader, W.: Alltagswissen, Diagnose und Deutung: Zur Wirksamkeit von Wissensbeständen in Beratungssituationen. In: Zeitschrift für Pädagogik 22(1976)5, S. 699-714

Mair, H.: Jugendprobleme als Probleme normativer Desorientierung - problemangemessene Maßnahmen. In: Soziale Arbeit 28(1979)7-8, S. 289-302
Malinowski, P.: Jugendkriminalität ein Folgeproblem von Jugendarbeitslosigkeit? Diskussion und Revision einer "klassischen" Fragestellung der Kriminalsoziologie. In: Brusten, M./Malinowski, P. (Hrsg.): Jugend - ein soziales Problem? Opladen: Westdeutscher Verl. 1983, S. 232-264
Manstetten, R.: Pädagogische Beratung. Eine Einführung für Berater, Lehrer, Ausbilder und Erzieher. 2. Aufl. Darmstadt: Winklers 1987 (Wirtschaftspädagogische Perspektiven; Bd. 3)
Martin, L.R.: Bildungsberatung in der Schule. Konzeptionen, Praktiken und Erfahrungen in den USA, England und der Bundesrepublik Deutschland. Bad Heilbrunn: Klinkhardt 1974
Martin, L.R.: Ansätze zu einer Theorie der Bildungsberatung. In: Heller, K. (Hrsg.): Handbuch der Bildungsberatung. Bd. 2. Stuttgart: Klett 1975, S. 407-427
Martin, L.R.: Schulberatung - Anlässe, Aufgaben, Methodenkonzeption. Stuttgart: Klett 1981
Martin, L.R.: Erziehungsberatung und Berufsberatung. In: Twellmann, W. (Hrsg.): Handbuch Schule und Unterricht. Bd. 2: Die Schule als Institution und Organisation. Düsseldorf: Schwann 1981a, S. 97-102
Martin, L.R.: Edukative Schulberatung, ein offenes Modell wissenschaftlich begründeter Hilfe. In: Westermanns Pädagogische Beiträge 39(1987)1, S. 14-19
Mees-Jacobi, J.: Zur Bedeutung psychologischer Beratungskonzepte für die Einzelfallhilfe. In: Lukas, H. (Hrsg.): Sozialpädagogik/Sozialarbeit - Eine Einführung. Zur Praxis, Theorie und Forschung. Berlin: Spiess 1977, S. 183-202 (Sozialpädagogik, Sozialarbeit in Wissenschaft und Praxis; Bd. 1)
Meisel, H.: Die deutsche Berufsberatung. Gesamtüberblick. Stuttgart u.a.: Kohlhammer 1978 (Aufgaben und Praxis der Bundesanstalt für Arbeit; H. 10)
Meueler, E.: Entschulung. In: Dahm, G. u.a. (Hrsg.): Wörterbuch der Weiterbildung. München: Kösel 1980, S. 107-111
Meueler, E.: Selbstorganisiertes Lernen. In: Dahm, G. u.a. (Hrsg.): Wörterbuch der Weiterbildung. München: Kösel 1980a, S. 289-292
Miltner, W.: Streetwork im Arbeiterviertel. Eine Praxis-Studie zur Jugendberatung. Neuwied, Darmstadt: Luchterhand 1982
Mitterauer, M.: Sozialgeschichte der Jugend. Frankfurt/M.: Suhrkamp 1986
Mollenhauer, K.: Ist das Verhältnis zwischen den Generationen gestört? Pädagogische Anmerkungen zu gegenwärtigen Jugendproblemen. In: Deutsche Jugend 30(1982)1, S. 27-37
Mollenhauer, K./Müller, C.W.: "Führung" und "Beratung" in pädagogischer Sicht. Heidelberg: Quelle & Meyer 1965
Moll-Strobel, H. (Hrsg.): Schullaufbahnberatung und schulpsychologische Beratung (Guidance and counseling). Darmstadt: Wissenschaftliche Buchgesellschaft 1978 (Wege der Forschung; Bd. 478)
Müller, P.: Jugend in der modernen Gesellschaft - Aspekte zur Bestimmung ihrer Situation. In: Wollenweber, H. (Hrsg.): Außerschulische Jugendbildung und Jugendarbeit. Paderborn u.a.: Schöningh 1981, S. 11-33
Münch, J.: Jugendberatungsstelle zwischen Anspruch und Anpassung. Probleme der Entwicklung eines Modellversuchs. Eine emirische Analyse. Frankfurt/M., New York: Campus 1983
Münchener Jugendstudie: Berufsfindung in sozialökologischer Perspektive: Sozialisation und Umwelt. Geschlechts- und umweltspezifische Strategien der Lehrstellensuche bei Hauptschulabsolventen (S. Hübner-Funk). In: Friebel, H. (Hrsg.): Von der Schule in den Beruf. Alltagserfahrungen Jugendlicher und sozialwissenschaftliche Deutung. Opladen. Westdeutscher Verl. 1983, S. 176-203 (Jugendliche zwischen Familie, Bildung, Beruf und Freizeit; Bd. 1)

Münchmeier, R.: Wandel der Jugend? Neue Herausforderungen für die Jugendarbeit - Ergebnisse der Jugendforschung. In: Außerschulische Bildung -(1986)2, S. B44-49

Nahrstedt, W.: Wir müssen lernen, auch nicht zu arbeiten. In: Sozialmagazin 8(1983)3, S. 42-49

Neidhardt, F.: Die junge Generation. Jugend und Gesellschaft in der Bundesrepublik. 3. überarb. u. erw. Aufl. Opladen: Leske 1970 (Struktur und Wandel der Gesellschaft: R.B.; H. 6)

Nestmann, F.: Beratung und Beraterqualifikation. In: Müller, S. u.a. (Hrsg.): Handlungskompetenz in der Sozialarbeit/Sozialpädagogik I. Interventionsmuster und Praxisanalysen. Bielefeld: AJZ Druck & Verl. GmbH 1982, S. 33-64

Nestmann, F.: Beratung von sozialpädagogischen Institutionen - Plädoyer für einen eklektischen Ansatz. In: Neue Praxis 15(1985)1, S. 12-25

Neumann, S./Neumann, W.: Tendenzwende im Beratungsbereich? In: Neue Praxis 6(1976)4, S. 350-352

Noll, A./Blumbach, H./Goldmann, M.: Wie man kleine Netze baut. Ein Handbuch stadtteilorientierter Kultur- und Bildungsarbeit. Gelsenkirchen: Zwingmann 1984

Nürnberger Zentrum für angewandte Psychologie: Wissenschaftliche Begleitung Modellprogramm "Beratungsstellen" - § 218. Schlußbericht. Stuttgart u.a.: Kohlhammer 1982 (Schriftenreihe des Bundesministers für Jugend, Familie und Gesundheit; Bd. 127)

Nuissl, E.: Weiterbildung: Integration, Technologie, Finanzierung. In: Schweitzer, J. (Hrsg.): Bildung für eine menschliche Zukunft: Solidarität lernen - Technik beherrschen - Frieden sichern - Umwelt gestalten. Weinheim, München: Juventa 1986, S. 200-205

Nunner-Winkler, G.: Berufsfindung und Sinnstiftung. In: Kölner Zeitschrift für Soziologie und Sozialpsychologie 33(1981) S. 115-131

Oerter, R.: Jugendalter. In: Oerter, R./Montada, L. (Hrsg.): Entwicklungspsychologie. Ein Lehrbuch. München, Wien, Baltimore: Urban & Schwarzenberg 1982, S. 242-313

Oerter, R.: Aspekte einer entwicklungspsychologischen Beratung im Jugendalter. In: Brandtstädter, J./Gräser, H. (Hrsg.): Entwicklungsberatung unter dem Aspekt der Lebensspanne. Göttingen, Toronto, Zürich: Verl. für Psychologie Hogrefe 1985, S. 65-82

Offe, H.: Die Arbeit in Arbeitslosenzentren. In: Neue Praxis 18(1988)2, S. 128-140

Olbrich, E.: Jugendalter - Zeit der Krise oder der produktiven Anpassung? In: Olbrich, E./Todt, E. (Hrsg.): Probleme des Jugendalters. Neuere Sichtweisen. Berlin u.a.: Springer 1984, S. 1-47

Olbrich, E.: Konstruktive Auseinandersetzung im Jugendalter: Entwicklung, Förderung und Verhaltenseffekte. In: Oerter, R. (Hrsg.): Lebensbewältigung im Jugendalter. Weinheim: VCH Verl. GmbH 1985, S. 7-29

Olk, Th.: Jugend und gesellschaftliche Differenzierung - Zur Entstrukturierung der Jugendphase. In: Heid, H./Klafki, W.: Arbeit - Bildung - Arbeitslosigkeit. Beiträge zum 9. Kongreß der Dt. Gesellschaft für Erziehungswissenschaft. Weinheim, Basel: Beltz 1985, S. 290-301 (Zeitschrift für Pädagogik: Beiheft; 19)

Olk, Th.: Jugend und Gesellschaft. Entwurf für einen Perspektivenwechsel in der sozialwissenschaftlichen Jugendforschung. In: Heitmeyer, W. (Hrsg.): Interdisziplinäre Jugendforschung. Fragestellungen, Problemlagen, Neuorientierungen. Weinheim, München: Juventa 1986, S. 41-62 (Jugendforschung)

Olk Th.: Gesellschaftstheoretische Ansätze in der Jugendforschung. In: Krüger, H.-H. (Hrsg.): Handbuch der Jugendforschung. Opladen: Leske und Budrich 1988, S. 113-134

Onna, B. van: Jugend und Vergesellschaftung. Eine Auseinandersetzung mit der Jugendsoziologie. Frankfurt/M. 1976
Opaschowski, H.W.: Arbeit. Freizeit. Lebenssinn? Orientierungen für eine Zukunft, die längst begonnen hat. Opladen: Leske und Budrich 1983
Opaschowski, H.W.: Neue Erziehungsziele als Folge des Wertwandels von Arbeit und Freizeit. In: Benner, D./Heid, H./Thiersch, H. (Hrsg.): Beiträge zum 8. Kongreß der Dt. Gesellschaft für Erziehungswissenschaft. Weinheim, Basel: Beltz 1983a, S. 237-249 (Zeitschrift für Pädagogik: Beiheft; 18)

Pätzoldt, G.: Jugend, Ausbildung und Beruf. In: Krüger, H.-H. (Hrsg.): Handbuch der Jugendforschung. Opladen: Leske und Budrich 1988, S. 273-290
Pagenstecher, L.: Jugend und Sexualität. In: Krüger, H.-H. (Hrsg.): Handbuch der Jugendforschung. Opladen: Leske und Budrich 1988, S. 327-342
Pagenstecher, L./Hartmann, E.: Sexualität - Versuche und Tabus. In: Deutsches Jugendinstitut (Hrsg.): Immer diese Jugend. Ein zeitgeschichtliches Mosaik. 1945 bis heute. München: Kösel 1985, S. 47-68
Peise-Seithe, M.: Erziehungsberatung als Bestandteil von Gemeinwesenarbeit. In: Specht, F./Spittler, H.-D.: Wie Berater helfen. Integration und Kombination von Methoden in der Erziehungsberatung. Göttingen: Vandenhoeck & Ruprecht 1982, S. 22-30
Petermann, U.: Kinder und Jugendliche besser verstehen. Ein Ratgeber bei seelischen Problemen. München: Kösel 1985
Pettinger, R.: Familie - Autorität und Autonomie. In: Deutsches Jugendinstitut (Hrsg.): Immer diese Jugend. Ein zeitgeschichtliches Mosaik. 1945 bis heute. München: Kösel 1985, S. 265-274
Petzold, H.-J.: "Problemgruppen" des Ausbildungsmarktes? Bilanz eines Siebzehnjährigen. In: Deutsche Jugend 31(1983)5, S. 203-211
Petzold, H.-J./Schlegel, W.: Qual ohne Wahl. Jugend zwischen Schule und Beruf. Frankfurt/M.: Verl. Jugend und Politik 1983
Peuckert, R.: Stigmatisierung in der Beratung. In: Daumenlang, K./Andre, K. (Hrsg.): Taschenbuch der Schul- und Erziehungsberatung. Baltmannsweiler: Burgbücherei Schneider 1983, S. 277-280
Pintar, R.: Betroffenheit durch Arbeitslosigkeit: Überblick über die veränderte Situation und das Verhalten von Arbeitslosen. In: Kutsch, Th./Wiswede, G. (Hrsg.): Arbeitslosigkeit 2. Psychosoziale Belastungen. Königstein: Hain, Meisenheim 1978, S. 14-95
Pöggeler, F.: Auf der Suche nach der "normalem" Jugend - Neue Thesen zur Jugendforschung. In: Jugendwohl 63(1982)10, S. 384-392
Pöggeler, F.: Postadoleszenz oder die künstliche Verlängerung der Jugend. In: Jugendwohl 67(1986)1, S. 3-8
Pöggeler, F.: Jugend als Minderheit. Konsequenzen der Bevölkerungsentwicklung. In: Jugendwohl 68(1987)2, S. 53-58
Pöggeler, F.: Neue Allgemeinbildung im Spannungsfeld zwischen Beruf und Freizeit. In: Heid, H./Herrlitz, H.-G. (Hrsg.): Allgemeinbildung. Beiträge zum 10. Kongreß der Dt. Gesellschaft für Erziehungswissenschaft. Weinheim, Basel: Beltz 1987a, S. 131-136 (Zeitschrift für Pädagogik: Beiheft; 21)
Presting, G./Sielert, U./Westphal, R.: Erziehungskonflikte und Beratung. Institutionelle Hilfen für Familien und Jugendliche. München: DJI-Verlag 1987 (Materialien zum Siebten Jugendbericht; Bd. 7)
Projektgruppe "Arbeitslose Mädchen", München: Neue Wege statt Rückzug - Erste Erfahrungen im Projekt "Beratung und Anleitung zur Selbsthilfe für arbeitslose Mädchen". In: Informationsdienst Sozialarbeit -(1979)23, S. 59-64
Projektgruppe Jugendbüro und Hauptschülerarbeit: Die Lebenswelt von Hauptschülern. Ergebnisse einer Untersuchung. 2. Aufl. München: Juventa 1977

Prokop, E.: Orientierungsdaten für die Erwachsenenbildung. Impulse aus der Wissenschaft vom Lehren und Lernen. München: Kösel 1985 (Reihe Kirchliche Erwachsenenbildung)

Raapke, H.-D.: Weiterbildung. In: Wulf, Ch. (Hrsg.): Wörterbuch der Erziehung. 5. Aufl. München, Zürich: Piper 1980, S. 625-630

Rademacker, H.: Schulbildung - Reform und Formung. In: Deutsches Jugendinstitut (Hrsg.): Immer diese Jugend. Ein zeitgeschichtliches Mosaik. 1945 bis heute. München: Kösel 1985, S. 147-160

Reichenbecher, H.: Bildungsberatung in der Bundesrepublik Deutschland. In: Heller, K. (Hrsg.): Handbuch der Bildungsberatung. Bd. 1. Stuttgart: Klett 1975, S. 41-73

Reuband, K.-H.: Drogenkonsum im Wandel. Eine retrospektive Prävalenzmessung der Drogenerfahrung Jugendlicher in den Jahren 1967-1987. In: Zeitschrift für Sozialisationsforschung und Erziehungssoziologie 8(1988)1, S. 54-68

Röhm, H.: Supermann in der Liebe? Leistungsdruck, Versagensangst und Konsumhaltungen in Liebesbeziehungen. In: Furian, M. (Hrsg.): Gefährdete Jugend. Zwischen Zweifel, Resignation und Hoffnung. Heidelberg: Quelle & Meyer 1980, S. 161-170

Röttger, W.A./Oberborbeck, K.W.: Ein Gang zur Erziehungsberatungsstelle. In: Hornstein, W. u.a. (Hrsg.): Funkkolleg Beratung in der Erziehung. Bd. 1. Frankfurt/M.: Fischer 1977, S. 353-380

Rogers, C.R.: Die klientenzentrierte Gesprächspsychotherapie. Cliented Centered Therapy (1951). Frankfurt/M.: Fischer 1983

Rogers, C.R.: Die nicht-direktive Beratung. Counseling and Psychotherapy (1942). 6. Aufl. Frankfurt/M.: Fischer 1985

Rosemann, B.: Perspektiven der Bildungsberatung. In: Heller, K. (Hrsg.): Handbuch der Bildungsberatung. Bd. 2. Stuttgart: Klett 1975, S. 351-364

Rückriem, N.: Didaktische Aspekte der Beratung durch den Lehrer. In: Benz, E./ Rückriem, N. (Hrsg.): Der Lehrer als Berater. Heidelberg: Quelle & Meyer 1978, S. 31-50

Saterdag, H./Stegmann, H.: Jugendliche beim Übergang vom Bildungs- in das Beschäftigungssystem. Ergebnisse der Basiserhebungen einer Längsschnitt Untersuchung. Beiträge zur Arbeitsmarkt- und Berufsforschung 41. Nürnberg 1980

Sauberzweig, D.: Zukunft und Weiterbildung. In: Das Forum 26(1986)4, S. 2-9

Savier, M./Wildt, C.: Mädchen zwischen Anpassung und Widerstand. Neue Ansätze zur feministischen Jugendarbeit. 4. Aufl. München: Verl. Frauenoffensive 1983

Schad, A.: Jugendberatung als eigenständiges Angebot der Jugendhilfe? In: Jugendwohl 69(1988)3, S. 123-127

Schäffner, L.: Soziologische und psychologische Grundlagen der außerschulischen Jugendbildung. In: Siebert, H. (Hrsg.): Taschenbuch der Weiterbildungsforschung. Baltmannsweiler: Burgbücherei Schneider 1979, S. 211-245

Schäffner, L.: Außerschulische Jugendbildung. In: Dahm G. u.a. (Hrsg.): Wörterbuch der Weiterbildung. München: Kösel 1980, S. 39-42

Schäffner, L.: Jugend und Erwachsensein als konstitutive Kategorien unterschiedlicher pädagogischer Aufgaben- und Handlungsbereiche? In: Schlutz, E. (Hrsg.): Erwachsenenbildung zwischen Schule und sozialer Arbeit. Einführende Beiträge in gegenwärtige Aufgaben und Handlungsprobleme. Bad Heilbrunn: Klinkhardt 1983, S. 49-59

Scheibe, W.: Erwachsenenbildung/Weiterbildung auf dem Weg zur Wissenschaftlichkeit. Ein Literaturbericht. In: Zeitschrift für Pädagogik 29(1983)1, S. 139-152

Scheiblich, W.: Zwischen Verleugnung und Verzweiflung - Die Angst vor Aids. In: Geier, R.: (Hrsg.): Suchtkrankenhilfe. Perspektiven und Tendenzen. Freiburg: Lambertus 1986, S. 75-88

Scheller, R./Heil, F.E.: Beratung. In: Herrmann, Th. u.a. (Hrsg.): Handbuch psychologischer Grundbegriffe. München: Kösel 1977, S. 74-85

Schillo, J.: Schulische Erwachsenenbildung. In: Materialien zur politischen Bildung 15(1987)1, S. 42-49

Schliehe, F.: Organisation sozialer Dienste: Das Beispiel Drogenberatung. Frankfurt/M., Bern, New York: Lang 1985 (Europäische Hochschulschriften: Reihe 22; Soziologie: Bd. 104)

Schlutz, E.: Zu Funktion und Bedeutung der Erwachsenenbildung - Eine Einleitung. In: Ders. (Hrsg.): Erwachsenenbildung zwischen Schule und sozialer Arbeit. Einführende Beiträge in gegenwärtige Aufgaben und Handlungsprobleme. Bad Heilbrunn: Klinkhardt 1983, S. 7-26

Schlutz, E.: Krise der Arbeitsgesellschaft - Zukunft der Weiterbildung. Frankfurt/M.: Diesterweg 1985

Schlutz, E.: Bildungspolitische Kontroversen und wissenschaftliche Aufgaben. In: Bildung und Erziehung 41(1988)1, S. 89-101

Schmiel, M.: Berufsberatung. In: Schwarzer, R. (Hrsg.): Beraterlexikon. Ein praktisches Nachschlagewerk für Erziehung und Unterricht. München: Kösel 1977, S. 27-29

Schmidt, F.: Die Zukunft der Weiterbildung. Wo liegt sie, wie sieht sie aus? In: Materialien zur politischen Bildung 15(1987)1, S. 24-30

Schmitz, E.: Zur Begründung von Weiterbildung als einer "recurrent education". In: Becker, H. (Hrsg.): Weiterbildung. Göttingen: Vandenhoeck & Ruprecht 1975, S. 69-95 (Neue Sammlung: Sonderheft; 7)

Schmitz, E.: "Recurrent Education", "lifelong learning", "éducation permanente". In: Dahm, G. u.a. (Hrsg.): Wörterbuch der Weiterbildung. München: Kösel 1980, S. 285-289

Schmitz, E.: Antizipatorische Sozialisation - Bildungsinteresse und Statusübergänge. In: Becker, H. u.a.: Wissenschaftliche Perspektiven zur Erwachsenenbildung. Braunschweig: Westermann 1982, S. 100-111 (Theorie und Praxis der Erwachsenenbildung)

Schmitz, E.: Zur Struktur therapeutischen, beratenden und erwachsenenpädagogischen Handelns. In: Schlutz, E. (Hrsg.): Erwachsenenbildung zwischen Schule und sozialer Arbeit. Einführende Beiträge in gegenwärtige Aufgaben und Handlungsprobleme. Bad Heilbrunn: Klinkhardt 1983, S. 60-78

Schneermann, R./Werres, W.: Jugend und Berufswahl. Das Elternhaus ist von ausschlaggebender Bedeutung. In: betrifft:erziehung 18(1985)10, S. 25-27

Schober-Gottwald, K.: Der Weg in die Arbeitslosigkeit. Berufliche und soziale Herkunft von jugendlichen Arbeitslosen. In: Mitteilungen aus der Arbeitsmarkt- und Berufsforschung 1977,1, S. 143-165

Schorb, B.: Die mediatisierte Jugendwelt. In: Schweitzer, J. (Hrsg.): Bildung für eine menschliche Zukunft. Solidarität lernen - Technik beherrschen - Frieden sichern - Umwelt gestalten. Weinheim, München: Juventa 1986, S. 139-148

Schuchardt, E.: Erziehungsberatung. In: Wörterbuch der Pädagogik. Hrsg. vom Willmann-Institut. Freiburg: Herder 1977, S. 251-254

Schütze, Y.: Jugend und Familie. In. Krüger, H.-H. (Hrsg.): Handbuch der Jugendforschung. Opladen: Leske und Budrich 1988, S. 233-247

Schulenberg, W. u.a.: Soziale Lage und Weiterbildung. Braunschweig: Westermann 1979 (Theorie und Praxis der Erwachsenenbildung)

Schwarzer, Ch.: Perspektiven der Pädagogischen Beratungswissenschaft. In: Universitas 41(1986)5, S. 495-503

Schweitzer, J. (Hrsg.): Bildung für eine menschliche Zukunft. Solidarität lernen - Technik beherrschen - Frieden sichern - Umwelt gestalten. Bildungspolitischer Kongreß der GEW 1986 in Hannover. Weinheim, München: Juventa 1986 (Veröffentlichungen der Max-Traeger-Stiftung; Bd. 3)

Seibert, U.: Soziale Arbeit als Beratung. Ansätze und Methoden für eine nicht-stigmatisierende Praxis. Weinheim, Basel: Beltz 1978
Seidenspinner, G./Burger, A.: Mädchen 82: Bericht. Eine repräsentative Untersuchung über die Lebenssituation und das Lebensgefühl 15- bis 19jähriger Mädchen in der Bundesrepublik, durchgef. vom Dt. Jugendinstitut München im Auftr. der Zeitschr. Brigitte. Hamburg: Gruner + Jahr, Dt. Jugendinstitut 1982
Seiffge-Krenke, I.: Problembewältigung im Jugendalter. In: Zeitschrift für Entwicklungspsychologie und Pädagogische Psychologie 18(1986)2, S. 122-152
Sengling, D.: Jugendberatung. In: Blankertz, H. u.a. (Hrsg.): Sekundarstufe II - Jugendbildung zwischen Schule und Beruf. Bd. 9.2. Stuttgart: Klett-Cotta 1983, S. 321-325
Sengling, D.: Stadtteilorientierte Sozialarbeit - Begründung und Modelle. In: Faltermeier, J./Sengling, D. (Hrsg.): Wenn Kinder und Jugendliche an ihren Lebenswelten scheitern - Herausforderung für die Sozialpädagogik. Stuttgart u.a.: Kohlhammer 1983, S. 243-256 (Arbeitshilfen. Eine Schriftenreihe für Sozialhilfe, Jugendhilfe und Gesundheitshilfe. Hrsg. vom Dt. Verein für öffentliche und private Fürsorge; H. 22)
Sengling, D./Eisenberg, K.: Stadtteilorientierte Erziehungsberatung - Möglichkeiten, Erfahrungen und Probleme. In: Specht, F./Spittler, H.-D. (Hrsg.): Wie Berater helfen. Integration und Kombination von Methoden in der Erziehungsberatung. Göttingen: Vandenhoeck & Ruprecht 1982, S. 31-39 (Neue Beiträge zur Erziehungs- und Familienberatung; Bd. 4)
Sickinger, R.: Drogenhilfe. München: Kösel 1982 (Praxisfelder der Sozialarbeit/ Sozialpädagogik)
Siebert, H.: Paradigmen der Erwachsenenbildung. In: Zeitschrift für Pädagogik 31(1985)5, S. 577-596
Siebert, H.: Allgemeinbildung zwischen Identität und Beruf. In: Schlutz, E. (Hrsg.): Krise der Arbeitsgesellschaft - Zukunft der Weiterbildung. Frankfurt/M.: Diesterweg 1985a, S. 195-211
Siebert, H.: Rückkehr zum Begriff der "Erwachsenenbildung"? In: Bildung und Erziehung 41(1988)1, S. 13-17
Silbereisen, R.K.: Entwicklung als Handlung im Kontext. Entwicklungsaufgaben und Problemverhalten im Jugendalter. In: Zeitschrift für Sozialisationsforschung und Erziehungssoziologie 6(1986)1, S. 29-46
Silbereisen, R.K./Kastner, P.: Neue Orientierungen in der psychologischen Jugendforschung. In: Heitmeyer, W. (Hrsg.): Interdisziplinäre Jugendforschung. Fragestellungen, Problemlagen, Neuorientierungen. Weinheim, München: Juventa 1986, S. 63-75 (Jugendforschung)
Sinus-Institut: Die verunsicherte Generation - Jugend und Wertewandel. Opladen: Leske und Budrich 1983
Sinus-Institut: Jugend privat: Verwöhnt? Bindungslos? Hedonistisch? Opladen: Leske und Budrich 1985
Sonnen, F.-R.: Beratung in Not. Oder: Die Reichen werden reicher, die Armen immer ärmer - auch bei uns? In: Unsere Jugend 35(1983)8, S. 335-341
Sowade, Ch. u.a.: Kooperative Jugendberatung Quiddestraße. Teil 1: Zur Konzeption einer "informativen Freizeitpädagogik". In: Deutsche Jugend 23(1975)8, S. 349-358; Teil 2: Neue Vermittlungsformen in der Jugendberatung. In: Deutsche Jugend 23(1975a)9, S. 417-425
Sozialreferat der Landeshauptstadt München (Hrsg.): Lebenssituation junger Erwachsener in München. Repräsentativerhebung, Gruppendiskussionen und Expertengespräche. München o.J.
Specht, F./Gorlicher, K./Schütt, K. (Hrsg.): Beratungsarbeit mit Jugendlichen. Fragestellungen - Erfahrungen - Anregungen. Göttingen: Vandenhoeck & Ruprecht 1978 (Neue Beiträge zur Erziehungs- und Familienberatung; Bd. 1)

Spittler, H.-D./Specht, F.: Basistexte und Materialien zur Erziehungs- und Familienberatung. Ein Arbeitsbuch für Psychologen und andere Berufe an und im Umfeld von Erziehungsberatungsstellen. Göttingen: Vandenhoeck & Ruprecht 1984 (Neue Beiträge zur Erziehungs- und Familienberatung; Bd. 7)

Sprey, Th.: Beraten und Ratgeben in der Erziehung. Zur Differenzierung einer pädagogischen Handlungsform. Weinheim, Berlin, Basel: Beltz 1968

Stein, R.: Erziehungsberatung. In: Roth, L. (Hrsg.): Handlexikon zur Erziehungswissenschaft. Bd. 1. Reinbek: Rowohlt 1980, S. 133-136

Steinkamp, G.: Jugendbezogene Lebenslagenforschung als interdisziplinäre Mehrebenen-Analyse. In: Heitmeyer, W. (Hrsg.): Interdisziplinäre Jugendforschung. Fragestellungen, Problemlagen, Neuorientierungen. Weinheim, München: Juventa 1986, S. 133-154 (Jugendforschung)

Tausch, R./Tausch, A.-M.: Gesprächspsychotherapie. Einfühlsame hilfreiche Gruppen- und Einzelgespräche in Psychotherapie und alltäglichem Leben. 7., völlig neugest. Aufl. Göttingen, Toronto, Zürich: Verl. für Psychologie Hogrefe 1979

Tauschmann, U.: Erziehungs-, Jugend- und Familienberatungsstellen. Ihre Möglichkeiten und ihre Grenzen - auf dem Hintergrund der lokalen Gegebenheiten in der Region. In: Unsere Jugend 34(1982)8, S. 359-363

Textor, M.R.: Beratung, Erziehung, Psychotherapie. Eine Begriffsbestimmung. In: Psychologie in Erziehung und Unterricht 34(1987)1, S. 1-13

Thiersch, H.: Zum Unbehagen bei unserem Reden über Jugendprobleme. In: Schweitzer, F./Thiersch, H. (Hrsg.): Jugendzeit - Schulzeit. Von den Schwierigkeiten, die Jugendliche und Schule miteinander haben. Weinheim, Basel: Beltz 1983, S. 18-29

Thiersch, H./Frommann, A./Schramm, D.: Sozialpädagogische Beratung. In: Ders. u.a.: Kritik und Handeln. Interaktionistische Aspekte der Sozialpädagogik. Neuwied, Darmstadt: Luchterhand: 1977, S. 95-130 (Kritische Texte - Sozialarbeit, Sozialpädagogik, Soziale Probleme)

Tippelt, R.: Die Bedeutung informeller Gruppen in einer präventiven Sozialpädagogik. In: Neue Praxis 12(1982)3, S. 219-240

Tippelt, R.: Jugendforschung in der Bundesrepublik. Bericht des Sinus-Instituts. Opladen: Leske und Budrich 1984

Tippelt, R.: Methoden und Ergebnisse der qualitativ orientierten Jugendforschung. In: Krüger, H.-H. (Hrsg.): Handbuch der Jugendforschung. Opladen: Leske und Budrich 1988, S. 159-180

Tippelt, R.: Kinder und Jugendliche im Spannungsfeld zwischen Familie und anderen Sozialiationsinstanzen. In: Zeitschrift für Pädagogik 34(1988a)5, S. 621-640

Tippelt, R./Krauß, J./Baron, St.M.: Jugend und Umwelt. Soziale Orientierungen und soziale Basisprozesse im regionalen Vergleich. Weinheim, Basel: Beltz 1986

Tips für Jugendliche zwischen Schule und Beruf. Eine Broschüre der Münchner JAL-Projekte und des Stadtjugendamtes München. 4. Aufl. 10/1987

Throtha, T.v.: Zur Entstehung der Jugend. In: Kölner Zeitschrift für Soziologie und Sozialpsychologie 34(1982)2, S. 254-277

Ulich, K.: Eltern und Schüler: Die Schule als Problem in der Familienerziehung. In: Zeitschrift für Sozialisationsforschung und Erziehungssoziologie 9(1989)3, S. 179-194

Vormann, G.: Drogenberatung. In: Daumenlang, K./Andre, K. (Hrsg.): Taschenbuch der Schul- und Erziehungsberatung. Baltmannsweiler: Burgbücherei Schneider 1983, S. 56-57

Vulpius, A.: "Weiterbildung" statt "Erwachsenenbildung" - terminologische "Missetat" oder bildungspolitische Notwendigkeit? In: Bildung und Erziehung 41(1988)1, S. 7-12

Wacker, A.: Arbeitslosigkeit. Soziale und psychische Voraussetzungen und Folgen. Frankfurt/M.: Europäische Verlagsanstalt 1976

Wartenberg, G.: Von der Identitäts-Krise zur Lebensstil-Suche. Zur Situation der Jugend in unserer Gesellschaft. In: Specht, F./Gerlicher, K./Schütt, K. (Hrsg.): Beratungsarbeit mit Jugendlichen. Fragestellungen - Erfahrungen - Anregungen. Göttingen 1979, S. 13-22 (Neue Beiträge zur Erziehungs- und Familienberatung; Bd. 1)

Wasmund, K.: Das Verhältnis der Jugend zu Staat und Gesellschaft. In: Ders. (Hrsg.): Jugendliche - Neue Bewußtseinsformen und politische Verhaltensweisen. Stuttgart: Klett 1982, S. 53-80

Weinberg, J.: Zukunft der Weiterbildung aus gewerkschaftlicher Sicht. In: Schweitzer, J. (Hrsg.): Bildung für eine menschliche Zukunft. Solidarität lernen - Technik beherrschen - Frieden sichern - Umwelt gestalten. Weinheim, München: Juventa 1986, S. 194-200

Welt, H.-J.: Erfahrungen mit einem Jugendinformationszentrum für Jugendliche. In: Deutsche Jugend 22(1974)4, S. 178-183

Wilbert, J.: Jugendforschung. In: Blankertz, H. u.a. (Hrsg.): Sekundarstufe II - Jugendbildung zwischen Schule und Beruf. Enzyklopädie Erziehungswissenschaft. Bd. 9.2. Stuttgart: Klett Cotta 1983, S. 334-338

Wilhelmi, J.: Jugendforschung. Staatlich verordneter Optimismus. In: betrifft: erziehung 19(1986)1, S. 15-16

Wöbcke, M.: Drogen- und Alkoholabhängigkeit. In: Schwarzer, R. (Hrsg.): Beraterlexikon. Ein praktisches Nachschlagewerk für Erziehung und Unterricht. München: Kösel 1977, S. 41-44

Wolffersdorff-Ehlert, Ch.v.: Beratung in der Erziehungshilfe und Resozialisierung. In: Hornstein, W. u.a. (Hrsg.): Funkkolleg Beratung in der Erziehung. Bd. 2. Frankfurt/M.: Fischer 1977, S. 545-582

Wolffersdorff-Ehlert, Ch.v.: Drogen - Neugier, Krankheit und Geschäft. In: Deutsches Jugendinstitut (Hrsg.): Immer diese Jugend. Ein zeitgeschichtliches Mosaik. 1945 bis heute. München 1985, S. 101-116

Wortmann, R./Berg, R.: Gratwanderungen. Erfahrungen in der offenen Jugendhilfe. Frankfurt/M., New York: Campus 1983

Wulf, Ch.: Kritik der Bildungsberatung. In: Schwarzer, R. (Hrsg.): Beraterlexikon. Ein praktisches Nachschlagewerk für Erziehung und Unterricht. München: Kösel 1977, S. 111-116

Wulf, Ch.: Beratung in der Schule. In: Hornstein, W. u.a. (Hrsg.): Funkkolleg Beratung in der Erziehung. Bd. 2. Frankfurt/M.: Fischer 1977a, S. 675-696

Zalfen, M.: Beratung in der Sozialarbeit. In: Petzold, H.-J./Speichert, H. (Hrsg.): Handbuch pädagogischer und sozialpädagogischer Praxisbegriffe. Reinbek: Rowohlt 1981, S. 67-69

Ziehe, Th.: Pubertät und Narzißmus. Sind Jugendliche entpolitisiert? 3. Aufl. Frankfurt/M.: Europäische Verlagsanstalt 1979